Suhrkamp BasisBibliothek 18

Diese Ausgabe der »Suhrkamp BasisBibliothek – Arbeitstexte für Schule und Studium« bietet nicht nur Franz Kafkas weltberühmten Roman *Der Prozeß*, sondern auch die unvollendeten Kapitel, die vom Autor gestrichenen Stellen sowie die Nachworte des Herausgebers Max Brod. Ergänzt wird diese Edition durch einen Kommentar, der alle für das Verständnis des Buches erforderlichen Informationen enthält: die Entstehungs- und Textgeschichte, einen Forschungsüberblick, Literaturhinweise sowie ausführliche Wort- und Sacherläuterungen. Der Kommentar ist entsprechend den neuen Rechtschreibregeln verfasst.
Zu diesem Band der Suhrkamp BasisBibliothek ist im Cornelsen Verlag ein Hörbuch und eine CD-ROM erschienen. Weitere Informationen erhalten Sie unter www.cornelsen.de.
Heribert Kuhn, geboren 1953, ist freier Publizist. Veröffentlichungen u. a. zu Theodor Storm (SBB 9), Franz Kafka (SBB 13) und Hermann Hesse (SBB 2, SBB 12, SBB 16, SBB 34).

Franz Kafka
Der Prozeß

Roman

Mit einem Kommentar
von Heribert Kuhn

Suhrkamp

Der Prozeß, herausgegeben von Max Brod, erschien erstmals 1925 im Verlag Die Schmiede, Berlin. Der vorliegende Text folgt der so genannten Dritten Ausgabe: Franz Kafka, *Gesammelte Werke*. Herausgegeben von Max Brod. *Der Prozeß*. Roman. S. Fischer Verlag.
Lizenzausgabe von Schocken Books, New York, 1950.

10. Auflage 2018

Erste Auflage 2000
Suhrkamp BasisBibliothek 18
Originalausgabe

Der Prozeß: Copyright 1935 by Schocken Verlag, Berlin.
Copyright 1946 by Schocken Books, Inc., New York City, USA.
Alle Rechte vorbehalten.
Kommentar: © Suhrkamp Verlag, Frankfurt am Main 2000.
Alle Rechte vorbehalten, insbesondere das der Übersetzung,
des öffentlichen Vortrags sowie der Übertragung durch Rundfunk
und Fernsehen, auch einzelner Abschnitte.
Kein Teil des Werkes darf in irgendeiner Form (durch Fotografie,
Mikrofilm oder andere Verfahren) ohne schriftliche Genehmigung des
Verlages reproduziert oder unter Verwendung elektronischer Systeme
verarbeitet, vervielfältigt oder verbreitet werden.

Satz: pagina GmbH, Tübingen
Druck: CPI – Ebner & Spiegel, Ulm
Umschlaggestaltung: Hermann Michels und Regina Göllner
Printed in Germany

ISBN 978-3-518-18818-7

Inhalt

Franz Kafka, Der Prozeß 7

Anhang

    Die unvollendeten Kapitel 247

    Die vom Autor gestrichenen Stellen 272

    Nachworte des Herausgebers Max Brod 280

Kommentar

    Entstehungsgeschichte 293

    Textgeschichte 308

    Deutungsansätze 313

    Literaturhinweise 319

    Wort- und Sacherläuterungen 320

⌜Der Prozeß⌝

Erstes Kapitel

Verhaftung · Gespräch mit Frau Grubach · Dann Fräulein
Bürstner

Jemand mußte Josef K. verleumdet haben, denn ohne daß
er etwas Böses getan hätte, wurde er eines Morgens verhaftet. Die Köchin der Frau Grubach, seiner Zimmervermieterin, die ihm jeden Tag gegen acht Uhr früh das Frühstück brachte, kam diesmal nicht. Das war noch niemals
geschehen. K. wartete noch ein Weilchen, sah von seinem
Kopfkissen aus die alte Frau, die ihm gegenüber wohnte
und die ihn mit einer an ihr ganz ungewöhnlichen Neugierde beobachtete, dann aber, gleichzeitig befremdet und
hungrig, läutete er. Sofort klopfte es und ein Mann, den er
in dieser Wohnung noch niemals gesehen hatte, trat ein. Er
war schlank und doch fest gebaut, ⌐er trug ein anliegendes
schwarzes Kleid, das, ähnlich den Reiseanzügen, mit verschiedenen Falten, Taschen, Schnallen, Knöpfen und einem
Gürtel versehen war und infolgedessen, ohne daß man sich
darüber klar wurde, wozu es dienen sollte, besonders praktisch erschien⌐. »Wer sind Sie?« fragte K. und ⌐saß gleich
halb aufrecht im Bett⌐. Der Mann aber ging über die Frage
hinweg, als müsse man seine Erscheinung hinnehmen, und
sagte bloß seinerseits: »Sie haben geläutet?« »Anna soll
mir das Frühstück bringen«, sagte K. und versuchte, zunächst stillschweigend, durch Aufmerksamkeit und Überlegung festzustellen, wer der Mann eigentlich war. Aber
dieser setzte sich nicht allzulange seinen Blicken aus, sondern wandte sich zur Tür, die er ein wenig öffnete, um
jemandem, der offenbar knapp hinter der Tür stand, zu
sagen: »Er will, daß Anna ihm das Frühstück bringt.« Ein
kleines Gelächter im Nebenzimmer folgte, es war nach

dem Klang nicht sicher, ob nicht mehrere Personen daran beteiligt waren. Obwohl der fremde Mann dadurch nichts erfahren haben konnte, was er nicht schon früher gewußt hätte, sagte er nun doch zu K. im Tone einer Meldung: »Es ist unmöglich.« »Das wäre neu«, sagte K., sprang aus dem Bett und zog rasch seine Hosen an. »Ich will doch sehen, was für Leute im Nebenzimmer sind und wie Frau Grubach diese Störung mir gegenüber verantworten wird.« Es fiel ihm zwar gleich ein, daß er das nicht hätte laut sagen müssen und daß er dadurch gewissermaßen ein Beaufsichtigungsrecht des Fremden anerkannte, aber es schien ihm jetzt nicht wichtig. Immerhin faßte es der Fremde so auf, denn er sagte: »Wollen Sie nicht lieber hierbleiben?« »Ich will weder hierbleiben, noch von ihnen angesprochen werden, solange Sie sich mir nicht vorstellen.« »Es war gut gemeint«, sagte der Fremde und öffnete nun freiwillig die Tür. Im Nebenzimmer, in das K. langsamer eintrat, als er wollte, sah es auf den ersten Blick fast genauso aus wie am Abend vorher. Es war das Wohnzimmer der Frau Grubach, vielleicht war in diesem mit Möbeln, Decken, Porzellan und Photographien überfüllten Zimmer heute ein wenig mehr Raum als sonst, man erkannte das nicht gleich, um so weniger, als die Hauptveränderung in der Anwesenheit eines Mannes bestand, der beim offenen Fenster mit einem Buch saß, von dem er jetzt aufblickte, »Sie hätten in Ihrem Zimmer bleiben sollen! Hat es Ihnen denn Franz nicht gesagt?« »Ja, was wollen Sie denn?« sagte K. und sah von der neuen Bekanntschaft zu dem mit Franz Benannten, der in der Tür stehengeblieben war, und dann wieder zurück. ⌜Durch das offene Fenster erblickte man wieder die alte Frau, die mit wahrhaft greisenhafter Neugierde zu dem jetzt gegenüberliegenden Fenster getreten war, um auch weiterhin alles zu sehen⌝. »Ich will doch Frau Grubach –«, sagte K., machte eine Bewegung, als reiße er sich von den zwei Männern los, die aber weit von ihm entfernt standen, und wollte weitergehen. »Nein«, sagte der Mann beim Fenster, warf das Buch auf ein Tischchen und stand auf. »Sie dürfen nicht weggehen, Sie sind ja verhaftet.« »Es sieht so aus«, sagte K. »Und warum denn?« fragte er dann. »Wir sind nicht dazu bestellt, Ihnen das zu sagen. Gehen Sie in Ihr Zimmer und warten Sie. Das Verfahren ist nun einmal eingeleitet, und Sie werden alles zur richtigen Zeit erfahren. Ich gehe über meinen Auftrag hinaus, wenn ich Ihnen so freundschaftlich zurede. Aber ich hoffe, es hört es niemand sonst als Franz, und der ist selbst gegen alle Vorschrift freundlich zu Ihnen. Wenn Sie auch weiterhin so viel Glück haben wie bei der Bestimmung Ihrer Wächter, dann können Sie zuversichtlich sein.« K. wollte sich setzen, aber nun sah er, daß im ganzen Zimmer keine Sitzgelegenheit war, außer dem Sessel beim Fenster. »Sie werden noch einsehen, wie wahr das alles ist«, sagte Franz und ging gleichzeitig mit dem andern Mann auf ihn zu. Besonders der letztere überragte K. bedeutend und klopfte ihm öfters auf die Schulter. Beide prüften K.s Nachthemd und sagten, daß er jetzt ein viel schlechteres Hemd werde anziehen müssen, daß sie aber dieses Hemd wie auch seine übrige Wäsche aufbewahren und, wenn seine Sache günstig ausfallen sollte, ihm wieder zurückgeben würden. »Es ist besser, Sie geben die Sachen uns als ins Depot*«, sagten sie, »denn im Depot kommen öfters Unterschleife* vor und außerdem verkauft man dort alle Sachen nach einer gewissen Zeit, ohne Rücksicht, ob das betreffende Verfahren zu Ende ist oder nicht. Und wie lange dauern doch derartige Prozesse, besonders in letzter Zeit! Sie bekämen dann schließlich allerdings vom Depot den Erlös, aber dieser Erlös ist erstens an sich schon gering, denn beim Verkauf entscheidet nicht die Höhe des Angebotes, sondern die Höhe der Bestechung, und weiter verringern sich solche Erlöse erfahrungsgemäß, wenn sie von Hand zu Hand und von Jahr zu Jahr weitergegeben werden.« K. achtete auf diese Reden

Aufbewahrungsort; hier: zur Hinterlegung der persönlichen Gegenstände für die Dauer der Untersuchung

(österr.) Unterschlagungen, Betrügereien, Diebstähle

kaum, das Verfügungsrecht über seine Sachen, das er vielleicht noch besaß, schätzte er nicht hoch ein, viel wichtiger war es ihm, Klarheit über seine Lage zu bekommen; in Gegenwart dieser Leute konnte er aber nicht einmal nachdenken, immer wieder stieß der Bauch des zweiten Wächters – es konnten ja nur Wächter sein – förmlich freundschaftlich an ihn, sah er aber auf, dann erblickte er ein zu diesem dicken Körper gar nicht passendes trockenes, knochiges Gesicht mit starker, seitlich gedrehter Nase, das sich über ihn hinweg mit dem anderen Wächter verständigte. Was waren denn das für Menschen? Wovon sprachen sie? Welcher Behörde gehörten sie an? K. lebte doch in einem Rechtsstaat, überall herrschte Friede, alle Gesetze bestanden aufrecht, wer wagte, ihn in seiner Wohnung zu überfallen? Er neigte stets dazu, alles möglichst leicht zu nehmen, das Schlimmste erst beim Eintritt des Schlimmsten zu glauben, keine Vorsorge für die Zukunft zu treffen, selbst wenn alles drohte. Hier schien ihm das aber nicht richtig, man konnte zwar das Ganze als Spaß ansehen, als einen groben Spaß, den ihm aus unbekannten Gründen, vielleicht weil heute sein ⌈dreißigster Geburtstag⌉ war, die Kollegen in der Bank veranstaltet hatten, es war natürlich möglich, vielleicht brauchte er nur auf irgendeine Weise den Wächtern ins Gesicht zu lachen, und sie würden mitlachen, vielleicht waren es Dienstmänner* von der Straßenecke, sie sahen ihnen nicht unähnlich – trotzdem war er diesmal, förmlich schon seit dem ersten Anblick des Wächters Franz, entschlossen, nicht den geringsten Vorteil, den er vielleicht gegenüber diesen Leuten besaß, aus der Hand zu geben. Darin, daß man später sagen würde, er habe keinen Spaß verstanden, sah K. eine ganz geringe Gefahr, wohl aber erinnerte er sich – ohne daß es sonst seine Gewohnheit gewesen wäre, aus Erfahrungen zu lernen – an einige, an sich unbedeutende Fälle, in denen er zum Unterschied von seinen Freunden mit Bewußtsein, ohne das ge-

---

Männer, die gegen Entgelt kleinere Aufträge und Botengänge übernahmen

ringste Gefühl für die möglichen Folgen, sich unvorsichtig benommen hatte und dafür durch das Ergebnis gestraft worden war. Es sollte nicht wieder geschehen, zumindest nicht diesmal; war es eine Komödie, so wollte er mitspielen.

Noch war er frei. »Erlauben Sie«, sagte er und ging eilig zwischen den Wächtern durch in sein Zimmer. »Er scheint vernünftig zu sein«, hörte er hinter sich sagen. In seinem Zimmer riß er gleich die Schubladen des Schreibtischs auf, es lag dort alles in großer Ordnung, aber gerade die Legitimationspapiere*, die er suchte, konnte er in der Aufregung nicht gleich finden. Schließlich fand er seine Radfahrlegitimation* und wollte schon mit ihr zu den Wächtern gehen, dann aber schien ihm das Papier zu geringfügig und er suchte weiter, bis er den Geburtsschein fand. Als er wieder in das Nebenzimmer zurückkam, öffnete sich gerade die gegenüberliegende Tür und Frau Grubach wollte dort eintreten. Man sah sie nur einen Augenblick, denn kaum hatte sie K. erkannt, als sie offenbar verlegen wurde, um Verzeihung bat, verschwand und äußerst vorsichtig die Tür schloß. »Kommen Sie doch herein«, hatte K. gerade noch sagen können. Nun aber stand er mit seinen Papieren in der Mitte des Zimmers, sah noch auf die Tür hin, die sich nicht wieder öffnete, und wurde erst durch einen Anruf der Wächter aufgeschreckt, die bei dem Tischchen am offenen Fenster saßen und, wie K. jetzt erkannte, sein Frühstück verzehrten. »Warum ist sie nicht eingetreten?« fragte er. »Sie darf nicht«, sagte der große Wächter. »Sie sind doch verhaftet.« »Wie kann ich denn verhaftet sein? Und gar auf diese Weise?« »Nun fangen Sie also wieder an«, sagte der Wächter und tauchte ein Butterbrot ins Honigfäßchen. »Solche Fragen beantworten wir nicht.« »Sie werden sie beantworten müssen«, sagte K. »Hier sind meine Legitimationspapiere, zeigen Sie mir jetzt die Ihrigen und vor allem den Verhaftbefehl.« »Du lieber Himmel!« sagte der

> Ausweispapiere

> Erlaubnis zum Führen eines Fahrzeugs, die in der k. u. k. Monarchie zeitweise verlangt wurde

Wächter. »Daß Sie sich in Ihre Lage nicht fügen können und daß Sie es darauf angelegt zu haben scheinen, uns, die wir Ihnen jetzt wahrscheinlich von allen Ihren Mitmenschen am nächsten stehen, nutzlos zu reizen!« »Es ist so, glauben Sie es doch«, sagte Franz, führte die Kaffeetasse, die er in der Hand hielt, nicht zum Mund, sondern sah K. mit einem langen, wahrscheinlich bedeutungsvollen, aber unverständlichen Blick an. K. ließ sich, ohne es zu wollen, in ein ⌜Zwiegespräch der Blicke⌝ mit Franz ein, schlug dann aber doch auf seine Papiere und sagte: »Hier sind meine Legitimationspapiere.« »Was kümmern uns denn die?« rief nun schon der große Wächter. »Sie führen sich ärger auf als ein Kind. Was wollen Sie denn? Wollen Sie Ihren großen, verfluchten Prozeß dadurch zu einem raschen Ende bringen, daß Sie mit uns, den Wächtern, über Legitimation und Verhaftbefehl diskutieren? Wir sind niedrige Angestellte, die sich in einem Legitimationspapier kaum auskennen und die mit Ihrer Sache nichts anderes zu tun haben, als daß sie zehn Stunden täglich bei Ihnen Wache halten und dafür bezahlt werden. Das ist alles, was wir sind, trotzdem aber sind wir fähig, einzusehen, daß die hohen Behörden, in deren Dienst wir stehen, ehe sie eine solche Verhaftung verfügen, sich sehr genau über die Gründe der Verhaftung und die Person des Verhafteten unterrichten. Es gibt darin keinen Irrtum. Unsere Behörde, soweit ich sie kenne, und ich kenne nur die niedrigsten Grade, sucht doch nicht etwa die Schuld in der Bevölkerung, sondern wird, wie es im Gesetz heißt, von der Schuld angezogen und muß uns Wächter ausschicken. Das ist Gesetz. Wo gäbe es da einen Irrtum?« »Dieses Gesetz kenne ich nicht«, sagte K. »Desto schlimmer für Sie«, sagte der Wächter. »Es besteht wohl auch nur in Ihren Köpfen«, sagte K., er wollte sich irgendwie in die Gedanken der Wächter einschleichen, sie zu seinen Gunsten wenden oder sich dort einbürgern. Aber der Wächter sagte nur abweisend: »Sie werden es zu fühlen bekommen.« Franz mischte sich ein und sagte: »Sieh, Willem, er gibt zu, er kenne das Gesetz nicht, und behauptet gleichzeitig, schuldlos zu sein.« »Du hast ganz recht, aber ihm kann man nichts begreiflich machen«, sagte der andere. K. antwortete nichts mehr; muß ich, dachte er, durch das Geschwätz dieser niedrigsten Organe – sie geben selbst zu, es zu sein – mich noch mehr verwirren lassen? Sie reden doch jedenfalls von Dingen, die sie gar nicht verstehen. Ihre Sicherheit ist nur durch ihre Dummheit möglich. Ein paar Worte, die ich mit einem mir ebenbürtigen Menschen sprechen werde, werden alles unvergleichlich klarer machen als die längsten Reden mit diesen. Er ging einige Male in dem freien Raum des Zimmers auf und ab, drüben sah er die alte Frau, die einen noch viel älteren Greis zum Fenster gezerrt hatte, den sie umschlungen hielt. K. mußte dieser Schaustellung ein Ende machen: »Führen Sie mich zu Ihrem Vorgesetzten«, sagte er. »Wenn er es wünscht; nicht früher«, sagte der Wächter, der Willem genannt worden war. »Und nun rate ich Ihnen«, fügte er hinzu, »in Ihr Zimmer zu gehen, sich ruhig zu verhalten und darauf zu warten, was über Sie verfügt werden wird. Wir raten Ihnen, zerstreuen Sie sich nicht durch nutzlose Gedanken, sondern sammeln Sie sich, es werden große Anforderungen an Sie gestellt werden. Sie haben uns nicht so behandelt, wie es unser Entgegenkommen verdient hätte, Sie haben vergessen, daß wir, mögen wir auch sein was immer, zumindest jetzt Ihnen gegenüber freie Männer sind, das ist kein kleines Übergewicht. Trotzdem sind wir bereit, falls Sie Geld haben, Ihnen ein kleines Frühstück aus dem Kaffeehaus drüben zu bringen.«

Ohne auf dieses Angebot zu antworten, stand K. ein Weilchen lang still. Vielleicht würden ihn die beiden, wenn er die Tür des folgenden Zimmers oder gar die Tür des Vorzimmers öffnete, gar nicht zu hindern wagen, vielleicht wäre es die einfachste Lösung des Ganzen, daß er es auf die

Spitze trieb. Aber vielleicht würden sie ihn doch packen und, war er einmal niedergeworfen, so war auch alle Überlegenheit verloren, die er jetzt ihnen gegenüber in gewisser Hinsicht doch wahrte. Deshalb zog er die Sicherheit der Lösung vor, wie sie der natürliche Verlauf bringen mußte, und ging in sein Zimmer zurück, ohne daß von seiner Seite oder von Seite der Wächter ein weiteres Wort gefallen wäre.
Er warf sich auf sein Bett und nahm vom Waschtisch einen schönen Apfel, den er sich gestern abend für das Frühstück vorbereitet hatte. Jetzt war er sein einziges Frühstück und jedenfalls, wie er sich beim ersten großen Bissen versicherte, viel besser, als das Frühstück aus dem schmutzigen Nachtcafé gewesen wäre, das er durch die Gnade der Wächter hätte bekommen können. Er fühlte sich wohl und zuversichtlich, in der Bank versäumte er zwar heute vormittag seinen Dienst, aber das war bei der verhältnismäßig hohen Stellung, die er dort einnahm, leicht entschuldigt. Sollte er die wirkliche Entschuldigung anführen? Er gedachte es zu tun. Würde man ihm nicht glauben, was in diesem Fall begreiflich war, so konnte er Frau Grubach als Zeugin führen oder auch die beiden Alten von drüben, die wohl jetzt auf dem Marsch zum gegenüberliegenden Fenster waren. Es wunderte K., wenigstens aus dem Gedankengang der Wächter wunderte es ihn, daß sie ihn in das Zimmer getrieben und ihn hier allein gelassen hatten, wo er doch zehnfache Möglichkeit hatte, sich umzubringen. Gleichzeitig allerdings fragte er sich, diesmal aus seinem Gedankengang, was für einen Grund er haben könnte, es zu tun. Etwa weil die zwei nebenan saßen und sein Frühstück abgefangen hatten? Es wäre so sinnlos gewesen, sich umzubringen, daß er, selbst wenn er es hätte tun wollen, infolge der Sinnlosigkeit dazu nicht imstande gewesen wäre. Wäre die geistige Beschränktheit der Wächter nicht so auffallend gewesen, so hätte man annehmen können, daß

auch sie, infolge der gleichen Überzeugung, keine Gefahr darin gesehen hätten, ihn allein zu lassen. Sie mochten jetzt, wenn sie wollten, zusehen, wie er zu einem Wandschränkchen ging, in dem er einen guten Schnaps aufbewahrte, wie er ein Gläschen zuerst zum Ersatz des Frühstücks leerte und wie er ein zweites Gläschen dazu bestimmte, sich Mut zu machen, das letztere nur aus Vorsicht für den unwahrscheinlichen Fall, daß es nötig sein sollte.

Da erschreckte ihn ein Zuruf aus dem Nebenzimmer derartig, daß er mit den Zähnen ans Glas schlug. »Der Aufseher ruft Sie!« hieß es. Es war nur das Schreien, das ihn erschreckte, dieses kurze, abgehackte, militärische Schreien, das er dem Wächter Franz gar nicht zugetraut hätte. Der Befehl selbst war ihm sehr willkommen. »Endlich!« rief er zurück, versperrte den Wandschrank und eilte sofort ins Nebenzimmer. Dort standen die zwei Wächter und jagten ihn, als wäre das selbstverständlich, wieder in sein Zimmer zurück. »Was fällt Euch ein?« riefen sie. »Im Hemd wollt Ihr vor den Aufseher? Er läßt Euch durchprügeln und uns mit!« »Laßt mich, zum Teufel!« rief K., der schon bis zu seinem Kleiderkasten* zurückgedrängt war, »wenn man mich im Bett überfällt, kann man nicht erwarten, mich im Festanzug zu finden.« »Es hilft nichts«, sagten die Wächter, die immer, wenn K. schrie, ganz ruhig, ja fast traurig wurden und ihn dadurch verwirrten oder gewissermaßen zur Besinnung brachten. »Lächerliche Zeremonien!« brummte er noch, hob aber schon einen Rock vom Stuhl und hielt ihn ein Weilchen mit beiden Händen, als unterbreite er ihn dem Urteil der Wächter. Sie schüttelten die Köpfe. »Es muß ein schwarzer Rock sein«, sagten sie. K. warf daraufhin den Rock zu Boden und sagte – er wußte selbst nicht, in welchem Sinne er es sagte –: »Es ist doch noch nicht die Hauptverhandlung.« Die Wächter lächelten, blieben aber bei ihrem: »Es muß ein schwarzer

*(süddt.-österr.) Kleiderschrank

Rock sein.« »Wenn ich dadurch die Sache beschleunige, soll es mir recht sein«, sagte K., öffnete den Kleiderkasten, suchte lange unter den vielen Kleidern, wählte sein bestes schwarzes Kleid, ein Jackettkleid, das durch seine Taille unter den Bekannten fast Aufsehen gemacht hatte, zog nun auch ein anderes Hemd hervor und begann, sich sorgfältig anzuziehen. ⌐Im geheimen glaubte er, eine Beschleunigung des Ganzen damit erreicht zu haben, daß die Wächter vergessen hatten, ihn zum Bad zu zwingen. Er beobachtete sie, ob sie sich vielleicht daran doch erinnern würden, aber das fiel ihnen natürlich gar nicht ein, dagegen vergaß Willem nicht, Franz mit der Meldung, daß sich K. anziehe, zum Aufseher zu schicken.

Als er vollständig angezogen war, mußte er knapp vor Willem durch das leere Nebenzimmer in das folgende Zimmer gehen, dessen Tür mit beiden Flügeln bereits geöffnet war. Dieses Zimmer wurde, wie K. genau wußte, seit kurzer Zeit von einem Fräulein Bürstner, einer Schreibmaschinistin, bewohnt, die sehr früh in die Arbeit zu gehen pflegte, spät nach Hause kam und mit der K. nicht viel mehr als die Grußworte gewechselt hatte. ⌐Jetzt war das Nachttischchen von ihrem Bett als Verhandlungstisch in die Mitte des Zimmers gerückt, und der Aufseher saß hinter ihm.⌐ Er hatte die Beine übereinandergeschlagen und einen Arm auf die Rückenlehne des Stuhles gelegt.

In einer Ecke des Zimmers standen drei junge Leute und sahen die Photographien des Fräulein Bürstner an, die in einer an der Wand aufgehängten Matte steckten. An der Klinke des offenen Fensters hing eine weiße Bluse. Im gegenüberliegenden Fenster lagen wieder die zwei Alten, doch hatte sich ihre Gesellschaft vergrößert, denn hinter ihnen, sie weit überragend, stand ein Mann mit einem auf der Brust offenen Hemd, der seinen rötlichen Spitzbart mit den Fingern drückte und drehte. ⌐»Josef K.?« fragte der Aufseher, vielleicht nur um K.s zerstreute Blicke auf sich zu lenken. K. nickte.⁷ »Sie sind durch die Vorgänge des heutigen Morgens wohl sehr überrascht?« fragte der Aufseher und verschob dabei mit beiden Händen die wenigen Gegenstände, die auf dem Nachttischchen lagen, die Kerze mit Zündhölzchen, ein Buch und ein Nadelkissen, als seien es Gegenstände, die er zur Verhandlung benötige. »Gewiß«, sagte K., und das Wohlgefühl, endlich einem vernünftigen Menschen gegenüberzustehen und über seine Angelegenheit mit ihm sprechen zu können, ergriff ihn. »Gewiß, ich bin überrascht, aber ich bin keineswegs sehr überrascht.« »Nicht sehr überrascht?« fragte der Aufseher und stellte nun die Kerze in die Mitte des Tischchens, während er die anderen Sachen um sie gruppierte. »Sie mißverstehen mich vielleicht«, beeilte sich K. zu bemerken. »Ich meine« – hier unterbrach sich K. und sah sich nach einem Sessel um. »Ich kann mich doch setzen?« fragte er. »Es ist nicht üblich«, antwortete der Aufseher. »Ich meine«, sagte nun K. ohne weitere Pause, »ich bin allerdings sehr überrascht, aber man ist, wenn man dreißig Jahre auf der Welt ist und sich allein hat durchschlagen müssen, wie es mir beschieden war, gegen Überraschungen abgehärtet und nimmt sie nicht zu schwer. Besonders die heutige nicht.« »Warum besonders die heutige nicht?« »Ich will nicht sagen, daß ich das Ganze für einen Spaß ansehe, dafür scheinen mir die Veranstaltungen, die gemacht wurden, doch zu umfangreich. Es müßten alle Mitglieder der Pension daran beteiligt sein und auch Sie alle, das ginge über die Grenzen eines Spaßes. Ich will also nicht sagen, daß es ein Spaß ist.« »Ganz richtig«, sagte der Aufseher und sah nach, wieviel Zündhölzchen in der Zündhölzchenschachtel waren. »Anderseits aber«, fuhr K. fort und wandte sich hierbei an alle und hätte gern sogar die drei bei den Photographien sich zugewendet, »anderseits aber kann die Sache auch nicht viel Wichtigkeit haben. Ich folgere das daraus, daß ich angeklagt bin, aber nicht die geringste

Schuld auffinden kann, wegen deren man mich anklagen könnte. Aber auch das ist nebensächlich, die Hauptfrage ist, von wem bin ich angeklagt? Welche Behörde führt das Verfahren? Sind Sie Beamte? ⌈Keiner hat eine Uniform, wenn man nicht Ihr Kleid« – hier wandte er sich an Franz – »eine Uniform nennen will, aber es ist doch eher ein Reiseanzug.⌉ In diesen Fragen verlange ich Klarheit, und ich bin überzeugt, daß wir nach dieser Klarstellung voneinander den herzlichsten Abschied werden nehmen können.« Der Aufseher schlug die Zündhölzchenschachtel auf den Tisch nieder. »Sie befinden sich in einem großen Irrtum«, sagte er. »Diese Herren hier und ich sind für Ihre Angelegenheit vollständig nebensächlich, ja wir wissen sogar von ihr fast nichts. Wir könnten die regelrechtesten Uniformen tragen, und Ihre Sache würde um nichts schlechter stehen. Ich kann Ihnen auch durchaus nicht sagen, daß Sie angeklagt sind oder vielmehr, ich weiß nicht, ob Sie es sind. Sie sind verhaftet, das ist richtig, mehr weiß ich nicht. Vielleicht haben die Wächter etwas anderes geschwätzt, dann ist es eben nur Geschwätz gewesen. Wenn ich nun aber auch Ihre Fragen nicht beantworte, so kann ich Ihnen doch raten, denken Sie weniger an uns und an das, was mit Ihnen geschehen wird, denken Sie lieber mehr an sich. Und machen Sie keinen solchen Lärm mit dem Gefühl Ihrer Unschuld, es stört den nicht gerade schlechten Eindruck, den Sie im übrigen machen. Auch sollten Sie überhaupt im Reden zurückhaltender sein, fast alles, was Sie vorhin gesagt haben, hätte man auch, wenn Sie nur ein paar Worte gesagt hätten, Ihrem Verhalten entnehmen können, außerdem war es nichts für Sie übermäßig Günstiges.«
K. starrte den Aufseher an. Schulmäßige Lehren bekam er hier von einem vielleicht jüngeren Menschen? Für seine Offenheit wurde er mit einer Rüge bestraft? Und über den Grund seiner Verhaftung und über deren Auftraggeber erfuhr er nichts? Er geriet in eine gewisse Aufregung, ging auf

und ab, woran ihn niemand hinderte, schob seine Manschetten zurück, befühlte die Brust, strich sein Haar zurecht, kam an den drei Herren vorüber, sagte: »Es ist ja sinnlos«, woraufsich diese zu ihm umdrehten und ihn entgegenkommend, aber ernst ansahen, und machte endlich wieder vor dem Tisch des Aufsehers halt. »Der Staatsanwalt Hasterer ist mein guter Freund«, sagte er, »kann ich ihm telephonieren?«, »Gewiß«, sagte der Aufseher, »aber ich weiß nicht, welchen Sinn das haben sollte, es müßte denn sein, daß Sie irgendeine private Angelegenheit mit ihm zu besprechen haben.« »Welchen Sinn?« rief K., mehr bestürzt als geärgert. »Wer sind Sie denn? Sie wollen einen Sinn und führen dieses Sinnloseste auf, das es gibt? Ist es nicht zum Steinerweichen? Die Herren haben mich zuerst überfallen, und jetzt sitzen oder stehen sie hier herum und lassen mich vor Ihnen die Hohe Schule reiten*. Welchen Sinn es hätte, an einen Staatsanwalt zu telephonieren, wenn ich angeblich verhaftet bin? Gut, ich werde nicht telephonieren.« »Aber doch«, sagte der Aufseher und streckte die Hand zum Vorzimmer aus, wo das Telephon war, »bitte, telephonieren Sie doch.« »Nein, ich will nicht mehr«, sagte K. und ging zum Fenster. Drüben war noch die Gesellschaft beim Fenster und schien nur jetzt dadurch, daß K. ans Fenster herangetreten war, in der Ruhe des Zuschauens ein wenig gestört. Die Alten wollten sich erheben, aber der Mann hinter ihnen beruhigte sie. »Dort sind auch solche Zuschauer«, rief K. ganz laut dem Aufseher zu und zeigte mit dem Zeigefinger hinaus. »Weg von dort«, rief er dann hinüber. Die drei wichen auch sofort ein paar Schritte zurück, die beiden Alten sogar noch hinter den Mann, der sie mit seinem breiten Körper deckte und, nach seinen Mundbewegungen zu schließen, irgend etwas auf die Entfernung hin Unverständliches sagte. Ganz aber verschwanden sie nicht, sondern schienen auf den Augenblick zu warten, in dem sie sich unbemerkt wieder dem Fenster nähern

»Hohe Schule« bezeichnet ein Dressurniveau des Reitsports.

Erstes Kapitel 21

könnten. »Zudringliche, rücksichtslose Leute!« sagte K., als er sich ins Zimmer zurückwendete. Der Aufseher stimmte ihm möglicherweise zu, wie K. mit einem Seitenblick zu erkennen glaubte. Aber es war ebensogut möglich, daß er gar nicht zugehört hatte, denn er hatte eine Hand fest auf den Tisch gedrückt und ⌜schien die Finger ihrer Länge nach zu vergleichen⌝. Die zwei Wächter saßen auf einem mit einer Schmuckdecke verhüllten Koffer und rieben ihre Knie. Die drei jungen Leute hatten die Hände in die Hüften gelegt und sahen ziellos herum. Es war still wie in irgendeinem vergessenen Büro. »Nun, meine Herren«, rief K., es schien ihm einen Augenblick lang, als trage er alle auf seinen Schultern, »Ihrem Aussehen nach zu schließen, dürfte meine Angelegenheit beendet sein. Ich bin der Ansicht, daß es am besten ist, über die Berechtigung oder Nichtberechtigung Ihres Vorgehens nicht mehr nachzudenken und der Sache durch einen gegenseitigen Händedruck einen versöhnlichen Abschluß zu geben. Wenn auch Sie meiner Ansicht sind, dann bitte –« und er trat an den Tisch des Aufsehers hin und reichte ihm die Hand. Der Aufseher hob die Augen, nagte an den Lippen und sah auf K.s ausgestreckte Hand; noch immer glaubte K., der Aufseher werde einschlagen. Dieser aber stand auf, nahm einen harten, runden Hut, der auf Fräulein Bürstners Bett lag, und setzte sich ihn vorsichtig mit beiden Händen auf, wie man es bei der Anprobe neuer Hüte tut. »Wie einfach Ihnen alles scheint!« sagte er dabei zu K., »wir sollten der Sache einen versöhnlichen Abschluß geben, meinten Sie? Nein, nein, das geht wirklich nicht. Womit ich andererseits durchaus nicht sagen will, daß Sie verzweifeln sollen. Nein, warum denn? Sie sind nur verhaftet, nichts weiter. Das hatte ich Ihnen mitzuteilen, habe es getan und habe auch gesehen, wie Sie es aufgenommen haben. Damit ist es für heute genug und wir können uns verabschieden, allerdings nur vorläufig. Sie werden wohl jetzt in die Bank gehen wollen?« »In die Bank?« fragte K., »ich dachte, ich wäre verhaftet.« K. fragte mit einem gewissen Trotz, denn obwohl sein Handschlag nicht angenommen worden war, fühlte er sich, insbesondere seitdem der Aufseher aufgestanden war, immer unabhängiger von allen diesen Leuten. Er spielte mit ihnen. Er hatte die Absicht, falls sie weggehen sollten, bis zum Haustor nachzulaufen und ihnen seine Verhaftung anzubieten. Darum wiederholte er auch: »Wie kann ich denn in die Bank gehen, da ich verhaftet bin?« »Ach so«, sagte der Aufseher, der schon bei der Tür war, »Sie haben mich mißverstanden. Sie sind verhaftet, gewiß, aber das soll Sie nicht hindern, Ihren Beruf zu erfüllen. Sie sollen auch in Ihrer gewöhnlichen Lebensweise nicht gehindert sein.« »Dann ist das Verhaftetsein nicht sehr schlimm«, sagte K. und ging nahe an den Aufseher heran. »Ich meinte es niemals anders«, sagte dieser. ⌐»Es scheint aber dann nicht einmal die Mitteilung der Verhaftung sehr notwendig gewesen zu sein«, sagte K. und ging noch näher. Auch die anderen hatten sich genähert. Alle waren jetzt auf einem engen Raum bei der Tür versammelt.⌐ »Es war meine Pflicht«, sagte der Aufseher. »Eine dumme Pflicht«, sagte K. unnachgiebig. »Mag sein«, antwortete der Aufseher, »aber wir wollen mit solchen Reden nicht unsere Zeit verlieren. Ich hatte angenommen, daß Sie in die Bank gehen wollen. Da Sie auf alle Worte aufpassen, füge ich hinzu: ich zwinge Sie nicht, in die Bank zu gehen, ich hatte nur angenommen, daß Sie es wollen. Und um Ihnen das zu erleichtern und Ihre Ankunft in der Bank möglichst unauffällig zu machen, habe ich diese drei Herren, Ihre Kollegen, hier zu Ihrer Verfügung gestellt.« »Wie?« rief K. und staunte die drei an. Diese so uncharakteristischen, blutarmen, jungen Leute, die er immer noch nur als Gruppe bei den Photographien in der Erinnerung hatte, waren tatsächlich Beamte aus seiner Bank, nicht Kollegen, das war zu viel gesagt und bewies eine Lücke in der Allwissenheit des Aufsehers, aber untergeordnete Beamte aus der Bank waren es allerdings. Wie hatte K. das übersehen können? Wie hatte er doch hingenommen* sein müssen von dem Aufseher und den Wächtern, um diese drei nicht zu erkennen! Den steifen, die Hände schwingenden Rabensteiner, den blonden Kullich mit den tiefliegenden Augen und Kaminer mit dem unausstehlichen, durch eine chronische Muskelzerrung bewirkten Lächeln. »Guten Morgen«, sagte K. nach einem Weilchen und reichte den sich korrekt verbeugenden Herren die Hand. »Ich habe Sie gar nicht erkannt. Nun werden wir also an die Arbeit gehen, nicht?« Die Herren nickten lachend und eifrig, als hätten sie die ganze Zeit über darauf gewartet, nur als K. seinen Hut vermißte, der in seinem Zimmer liegengeblieben war, liefen sie sämtlich hintereinander, ihn holen, was immerhin auf eine gewisse Verlegenheit schließen ließ. K. stand still und sah ihnen durch die zwei offenen Türen nach, der letzte war natürlich der gleichgültige Rabensteiner, der bloß einen eleganten Trab angeschlagen hatte. Kaminer überreichte den Hut, und K. mußte sich, wie dies übrigens auch öfters in der Bank nötig war, ausdrücklich sagen, daß Kaminers Lächeln nicht Absicht war, ja daß er überhaupt absichtlich nicht lächeln konnte. Im Vorzimmer öffnete dann Frau Grubach, die gar nicht sehr schuldbewußt aussah, der ganzen Gesellschaft die Wohnungstür, und ⌜K. sah, wie so oft, auf ihr Schürzenband nieder, das so unnötig tief in ihren mächtigen Leib einschnitt⌝. Unten entschloß sich K., die Uhr in der Hand, ein Automobil zu nehmen, um die schon halbstündige Verspätung nicht unnötig zu vergrößern. Kaminer lief zur Ekke, um den Wagen zu holen, die zwei anderen versuchten offensichtlich, K. zu zerstreuen, als plötzlich Kullich auf das gegenüberliegende Haustor zeigte, in dem eben der große Mann mit dem blonden Spitzbart erschien und, im ersten Augenblick ein wenig verlegen darüber, daß er sich jetzt in seiner ganzen Größe zeigte, zur Wand zurücktrat

abgelenkt, beansprucht

und sich anlehnte. Die Alten waren wohl noch auf der Treppe. K. ärgerte sich über Kullich, daß dieser auf den Mann aufmerksam machte, den er selbst schon früher gesehen, ja den er sogar erwartet hatte. »Schauen Sie nicht hin!« stieß er hervor, ohne zu bemerken, wie auffallend eine solche Redeweise gegenüber selbständigen Männern war. Es war aber auch keine Erklärung nötig, denn gerade kam das Automobil, man setzte sich und fuhr los. Da erinnerte sich K., daß er das Weggehen des Aufsehers und der Wächter gar nicht bemerkt hatte, der Aufseher hatte ihm die drei Beamten verdeckt und nun wieder die Beamten den Aufseher. Viel Geistesgegenwart bewies das nicht, und K. nahm sich vor, sich in dieser Hinsicht genauer zu beobachten. Doch drehte er sich noch unwillkürlich um und beugte sich über das Hinterdeck des Automobils vor, um möglicherweise den Aufseher und die Wächter noch zu sehen. Aber gleich wendete er sich wieder zurück und lehnte sich bequem in die Wagenecke, ohne auch nur den Versuch gemacht zu haben, jemanden zu suchen. Obwohl es nicht den Anschein hatte, hätte er gerade jetzt Zuspruch nötig gehabt, aber nun schienen die Herren ermüdet, Rabensteiner sah rechts aus dem Wagen, Kullich links, und nur Kaminer stand mit seinem Grinsen zur Verfügung, über das einen Spaß zu machen ⌈leider die Menschlichkeit verbot⌉.

In diesem Frühjahr pflegte K. die Abende in der Weise zu verbringen, daß er nach der Arbeit, wenn dies noch möglich war – er saß meistens bis neun Uhr im Büro –, einen kleinen Spaziergang allein oder mit Beamten machte und dann in eine Bierstube ging, wo er an einem Stammtisch mit meist älteren Herren gewöhnlich bis elf Uhr beisammensaß. Es gab aber auch Ausnahmen von dieser Einteilung, wenn K. zum Beispiel vom Bankdirektor, der seine Arbeitskraft und Vertrauenswürdigkeit sehr schätzte, zu einer Autofahrt oder zu einem Abendessen in seiner Villa eingeladen wurde. Außerdem ging K. einmal in der Woche zu einem Mädchen namens Elsa, die während der Nacht bis in den späten Morgen als Kellnerin in einer Weinstube bediente und während des Tages nur vom Bett aus Besuche empfing.

An diesem Abend aber – der Tag war unter angestrengter Arbeit und vielen ehrenden und freundschaftlichen Geburtstagswünschen schnell verlaufen – wollte K. sofort nach Hause gehen. In allen kleinen Pausen der Tagesarbeit hatte er daran gedacht; ohne genau zu wissen, was er meinte, schien es ihm, als ob durch die Vorfälle des Morgens eine große Unordnung in der ganzen Wohnung der Frau Grubach verursacht worden sei und daß gerade er nötig sei, um die Ordnung wiederherzustellen. War aber einmal diese Ordnung hergestellt, dann war jede Spur jener Vorfälle ausgelöscht und alles nahm seinen alten Gang wieder auf. Insbesondere von den drei Beamten war nichts zu befürchten, sie waren wieder in die große Beamtenschaft der Bank versenkt, es war keine Veränderung an ihnen zu bemerken. ⌜K. hatte sie öfters einzeln und gemeinsam in sein Büro berufen, zu keinem andern Zweck, als um sie zu beobachten; immer hatte er sie befriedigt entlassen können.⌝ Als er um halb zehn Uhr abends vor dem Hause, in dem er wohnte, ankam, traf er im Haustor einen jungen Burschen, der dort breitbeinig stand und eine Pfeife rauchte. »Wer sind Sie?« fragte K. sofort und brachte sein Gesicht nahe an den Burschen, man sah nicht viel im Halbdunkel des Flurs. »Ich bin der Sohn des Hausmeisters, gnädiger Herr«, antwortete der Bursche, nahm die Pfeife aus dem Mund und trat zur Seite. »Der Sohn des Hausmeisters?« fragte K. und klopfte mit seinem Stock ungeduldig den Boden. »Wünscht der gnädige Herr etwas? Soll ich den Vater holen?« »Nein, nein«, sagte K., in seiner Stimme lag etwas Verzeihendes, als habe der Bursche etwas Böses ausgeführt, er aber verzeihe ihm. »Es ist gut«, sagte er dann und ging weiter, aber ehe er die Treppe hinaufstieg, drehte er sich noch einmal um.

Er hätte geradewegs in sein Zimmer gehen können, aber da er mit Frau Grubach sprechen wollte, klopfte er gleich an ihre Tür an. Sie saß mit einem Strickstrumpf am Tisch, auf dem noch ein Haufen alter Strümpfe lag. K. entschuldigte sich zerstreut, daß er so spät komme, aber Frau Grubach war sehr freundlich und wollte keine Entschuldigung hören, für ihn sei sie immer zu sprechen, er wisse sehr gut, daß er ihr bester und liebster Mieter sei. K. sah sich im Zimmer um, es war wieder vollkommen in seinem alten Zustand, das Frühstücksgeschirr, das früh auf dem Tischchen beim Fenster gestanden hatte, war auch schon weggeräumt. ⌈»Frauenhände bringen doch im stillen viel fertig«⌉, dachte er, er hätte das Geschirr vielleicht auf der Stelle zerschlagen, aber gewiß nicht hinaustragen können. Er sah Frau Grubach mit einer gewissen Dankbarkeit an. »Warum arbeiten Sie noch so spät?« fragte er. Sie saßen nun beide am Tisch, und K. vergrub von Zeit zu Zeit seine Hand in die Strümpfe. »Es gibt viel Arbeit«, sagte sie, »während des Tages gehöre ich den Mietern; wenn ich meine Sachen in Ordnung bringen will, bleiben mir nur die Abende.« »Ich habe Ihnen heute wohl noch eine außergewöhnliche Arbeit gemacht?« »Wieso denn?« fragte sie, etwas eifriger werdend, die Arbeit ruhte in ihrem Schoße. »Ich meine die Männer, die heute früh hier waren.« »Ach so«, sagte sie und kehrte wieder in ihre Ruhe zurück, »das hat mir keine besondere Arbeit gemacht.« K. sah schweigend zu, wie sie den Strickstrumpf wieder vornahm. Sie scheint sich zu wundern, daß ich davon spreche, dachte er, sie scheint es nicht für richtig zu halten, daß ich davon spreche. Desto wichtiger ist es, daß ich es tue. Nur mit einer alten Frau kann ich davon sprechen. »Doch, Arbeit hat es gewiß gemacht«, sagte er dann, »aber es wird nicht wieder vorkommen.« »Nein, das kann nicht wieder vorkommen«, sagte sie bekräftigend und lächelte K. fast wehmütig an. »Meinen Sie das ernstlich?« fragte K. »Ja«, sagte sie leiser, »aber

vor allem dürfen Sie es nicht zu schwer nehmen. Was geschieht nicht alles in der Welt! Da Sie so vertraulich mit mir reden, Herr K., kann ich Ihnen ja eingestehen, daß ich ein wenig hinter der Tür gehorcht habe und daß mir auch die beiden Wächter einiges erzählt haben. Es handelt sich ja um Ihr Glück und das liegt mir wirklich am Herzen, mehr als mir vielleicht zusteht, denn ich bin ja bloß die Vermieterin. Nun, ich habe also einiges gehört, aber ich kann nicht sagen, daß es etwas besonders Schlimmes war. Nein. Sie sind zwar verhaftet, aber nicht so wie ein Dieb verhaftet wird. Wenn man wie ein Dieb verhaftet wird, so ist es schlimm, aber diese Verhaftung –. Es kommt mir wie etwas Gelehrtes vor, entschuldigen Sie, wenn ich etwas Dummes sage, es kommt mir wie etwas Gelehrtes vor, das ich zwar nicht verstehe, das man aber auch nicht verstehen muß.«
»Es ist gar nichts Dummes, was Sie gesagt haben, Frau Grubach, wenigstens bin auch ich zum Teil Ihrer Meinung, nur urteile ich über das Ganze noch schärfer als Sie und halte es einfach nicht einmal für etwas Gelehrtes, sondern überhaupt für nichts. Ich wurde überrumpelt, das war es. Wäre ich gleich nach dem Erwachen, ohne mich durch das Ausbleiben der Anna beirren zu lassen, aufgestanden und ohne Rücksicht auf irgend jemand, der mir in den Weg getreten wäre, zu Ihnen gegangen, hätte ich diesmal ausnahmsweise etwa in der Küche gefrühstückt, hätte mir von Ihnen die Kleidungsstücke aus meinem Zimmer bringen lassen, kurz, hätte ich vernünftig gehandelt, so wäre nichts weiter geschehen, es wäre alles, was werden wollte, erstickt worden. Man ist aber so wenig vorbereitet. In der Bank zum Beispiel bin ich vorbereitet, dort könnte mir etwas Derartiges unmöglich geschehen, ich habe dort einen eigenen Diener, das allgemeine Telephon und das Bürotelephon stehen vor mir auf dem Tisch, immerfort kommen Leute, Parteien und Beamte, außerdem aber und vor allem bin ich dort immerfort im Zusammenhang der Arbeit,

daher geistesgegenwärtig, es würde mir geradezu ein Vergnügen machen, dort einer solchen Sache gegenübergestellt zu werden. Nun, es ist vorüber und ich wollte eigentlich auch gar nicht mehr darüber sprechen, nur Ihr Urteil, das Urteil einer vernünftigen Frau, wollte ich hören und bin sehr froh, daß wir darin übereinstimmen. ⌈Nun müssen Sie mir die Hand reichen, eine solche Übereinstimmung muß durch Handschlag bekräftigt werden.«

Ob sie mir die Hand reichen wird? Der Aufseher hat mir die Hand nicht gereicht, dachte er und sah die Frau anders als früher, prüfend an. Sie stand auf, weil auch er aufgestanden war, sie war ein wenig befangen, weil ihr nicht alles, was K. gesagt hatte, verständlich gewesen war. Infolge dieser Befangenheit sagte sie aber etwas, was sie gar nicht wollte und was auch gar nicht am Platze war: »Nehmen Sie es doch nicht so schwer, Herr K.«, sagte sie, hatte Tränen in der Stimme und vergaß natürlich auch den Handschlag.⌉ »Ich wüßte nicht, daß ich es schwer nehme«, sagte K., plötzlich ermüdet und das Wertlose aller Zustimmungen dieser Frau einsehend.

Bei der Tür fragte er noch: »Ist Fräulein Bürstner zu Hause?« »Nein«, sagte Frau Grubach und lächelte bei dieser trockenen Auskunft mit einer verspäteten vernünftigen Teilnahme. »Sie ist im Theater. Wollten Sie etwas von ihr? Soll ich ihr etwas ausrichten?« »Ach, ich wollte nur ein paar Worte mit ihr reden.« »Ich weiß leider nicht, wann sie kommt; wenn sie im Theater ist, kommt sie gewöhnlich spät.« »Das ist ja ganz gleichgültig«, sagte K. und drehte schon den ⌈gesenkten Kopf⌉ der Tür zu, um wegzugehen, »ich wollte mich nur bei ihr entschuldigen, daß ich heute ihr Zimmer in Anspruch genommen habe.« »Das ist nicht nötig, Herr K., Sie sind zu rücksichtsvoll, das Fräulein weiß ja von gar nichts, sie war seit dem frühen Morgen noch nicht zu Hause, es ist auch schon alles in Ordnung gebracht, sehen Sie selbst.« Und sie öffnete die Tür zu Fräulein Bürstners Zimmer. »Danke, ich glaube es«, sagte K., ging dann aber doch zu der offenen Tür. Der Mond schien still in das dunkle Zimmer. Soviel man sehen konnte, war wirklich alles an seinem Platz, auch die Bluse hing nicht mehr an der Fensterklinke. ⌜Auffallend hoch schienen die Polster im Bett, sie lagen zum Teil im Mondlicht.⌝ »Das Fräulein kommt oft spät nach Hause«, sagte K. und sah Frau Grubach an, als trage sie die Verantwortung dafür. »Wie eben junge Leute sind!« sagte Frau Grubach entschuldigend. »Gewiß, gewiß«, sagte K., »es kann aber zu weit gehen.« »Das kann es«, sagte Frau Grubach, »wie sehr haben Sie recht, Herr K. Vielleicht sogar in diesem Fall. Ich will Fräulein Bürstner gewiß nicht verleumden, sie ist ein gutes, liebes Mädchen, freundlich, ordentlich, pünktlich, arbeitsam, ich schätze das alles sehr, aber eines ist wahr, sie sollte stolzer, zurückhaltender sein. Ich habe sie in diesem Monat schon zweimal in entlegenen Straßen und immer mit einem andern Herrn gesehen. Es ist mir sehr peinlich, ich erzähle es, beim wahrhaftigen Gott, nur Ihnen, Herr K., aber es wird sich nicht vermeiden lassen, daß ich auch mit dem Fräulein selbst darüber spreche. Es ist übrigens nicht das Einzige, das sie mir verdächtig macht.« »Sie sind auf ganz falschem Weg«, sagte K. wütend und fast unfähig, es zu verbergen, »übrigens haben Sie offenbar auch meine Bemerkung über das Fräulein mißverstanden, so war es nicht gemeint. Ich warne Sie sogar aufrichtig, dem Fräulein irgend etwas zu sagen, Sie sind durchaus im Irrtum, ich kenne das Fräulein sehr gut, es ist nichts davon wahr, was Sie sagten. Übrigens, vielleicht gehe ich zu weit, ich will Sie nicht hindern, sagen Sie ihr, was Sie wollen. Gute Nacht.« »Herr K.«, sagte Frau Grubach bittend und eilte K. bis zu seiner Tür nach, die er schon geöffnet hatte, »ich will ja noch gar nicht mit dem Fräulein reden, natürlich will ich sie vorher noch weiter beobachten, nur Ihnen habe ich anvertraut, was ich wußte. Schließlich muß es

doch im Sinne jedes Mieters sein, wenn man die Pension rein zu erhalten sucht, und nichts anderes ist mein Bestreben dabei.« »Die Reinheit!« rief K. noch durch die Spalte der Tür, »wenn Sie die Pension rein erhalten wollen, müssen Sie zuerst mir kündigen.« Dann schlug er die Tür zu, ein leises Klopfen beachtete er nicht mehr.
Dagegen beschloß er, da er gar keine Lust zum Schlafen hatte, noch wachzubleiben und bei dieser Gelegenheit auch festzustellen, wann Fräulein Bürstner kommen würde. Vielleicht wäre es dann auch möglich, so unpassend es sein mochte, noch ein paar Worte mir ihr zu reden. ⌜Als er im Fenster lag und die müden Augen drückte⌝, dachte er einen Augenblick sogar daran, Frau Grubach zu bestrafen und Fräulein Bürstner zu überreden, gemeinsam mit ihm zu kündigen. Sofort aber erschien ihm das entsetzlich übertrieben, und er hatte sogar den Verdacht gegen sich, daß er darauf ausging, die Wohnung wegen der Vorfälle am Morgen zu wechseln. Nichts wäre unsinniger und vor allem zweckloser und verächtlicher gewesen.
Als er des Hinausschauens auf die leere Straße überdrüssig geworden war, legte er sich auf das Kanapee*, nachdem er die Tür zum Vorzimmer ein wenig geöffnet hatte, um jeden, der die Wohnung betrat, gleich vom Kanapee aus sehen zu können. Etwa bis elf Uhr lag er ruhig, eine Zigarre rauchend, auf dem Kanapee. Von da ab hielt er es aber nicht mehr dort aus, sondern ging ein wenig ins Vorzimmer, als könne er dadurch die Ankunft des Fräulein Bürstner beschleunigen. Er hatte kein besonderes Verlangen nach ihr, er konnte sich nicht einmal genau erinnern, wie sie aussah, aber nun wollte er mit ihr reden und es reizte ihn, daß sie durch ihr spätes Kommen auch noch in den Abschluß dieses Tages Unruhe und Unordnung brachte. Sie war auch schuld daran, daß er heute nicht zu Abend gegessen und daß er den für heute beabsichtigten Besuch bei Elsa unterlassen hatte. Beides konnte er allerdings noch

*Sofa mit Rücken- und Seitenlehne

dadurch nachholen, daß er jetzt in das Weinlokal ging, in dem Elsa bedienstet war. Er wollte es auch noch später nach der Unterredung mit Fräulein Bürstner tun.

Es war halb zwölf vorüber, als jemand im Treppenhaus zu hören war. K., der, seinen Gedanken hingegeben, im Vorzimmer so, als wäre es sein eigenes Zimmer, laut auf und ab ging, flüchtete hinter eine Tür. Es war Fräulein Bürstner, die gekommen war. Fröstelnd zog sie, während sie die Tür versperrte, einen seidenen Schal um ihre schmalen Schultern zusammen. Im nächsten Augenblick mußte sie in ihr Zimmer gehen, in das K. gewiß um Mitternacht nicht eindringen durfte; er mußte sie also jetzt ansprechen, hatte aber unglücklicherweise versäumt, das elektrische Licht in seinem Zimmer anzudrehen, so daß sein Vortreten aus dem dunklen Zimmer den Anschein eines Überfalls hatte und wenigstens sehr erschrecken mußte. In seiner Hilflosigkeit und da keine Zeit zu verlieren war, flüsterte er durch den Türspalt: »Fräulein Bürstner.« Es klang wie eine Bitte, nicht wie ein Anruf. »Ist jemand hier?« fragte Fräulein Bürstner und sah sich mit großen Augen um. »Ich bin es«, sagte K. und trat vor. »Ach, Herr K.!« sagte Fräulein Bürstner lächelnd. »Guten Abend«, und sie reichte ihm die Hand. »Ich wollte ein paar Worte mit Ihnen sprechen, wollen Sie mir das jetzt erlauben?« »Jetzt?« fragte Fräulein Bürstner, »muß es jetzt sein? Es ist ein wenig sonderbar, nicht?« »Ich warte seit neun Uhr auf Sie.« »Nun ja, ich war im Theater, ich wußte doch nichts von Ihnen.« »Der Anlaß für das, was ich Ihnen sagen will, hat sich erst heute ergeben.« »So, nun ich habe ja nichts Grundsätzliches dagegen, außer daß ich zum Hinfallen müde bin. Also kommen Sie auf ein paar Minuten in mein Zimmer. Hier könnten wir uns auf keinen Fall unterhalten, wir wecken ja alle und das wäre mir unseretwegen noch unangenehmer als der Leute wegen. Warten Sie hier, bis ich in meinem Zimmer angezündet* habe, und drehen Sie dann hier das Licht ab.« K.

Licht eingeschaltet

tat so, wartete dann aber noch, bis Fräulein Bürstner ihn aus ihrem Zimmer nochmals leise aufforderte zu kommen. »Setzen Sie sich«, sagte sie und zeigte auf die Ottomane*, sie selbst blieb aufrecht am Bettpfosten trotz der Müdigkeit, von der sie gesprochen hatte; nicht einmal ihren kleinen, aber mit einer Überfülle von Blumen geschmückten Hut legte sie ab. »Was wollten Sie also? Ich bin wirklich neugierig.« ⌈Sie kreuzte leicht die Beine.⌉ »Sie werden vielleicht sagen«, begann K., »daß die Sache nicht so dringend war, um jetzt besprochen zu werden, aber –« »Einleitungen überhöre ich immer«, sagte Fräulein Bürstner. »Das erleichtert meine Aufgabe«, sagte K. »Ihr Zimmer ist heute früh, gewissermaßen durch meine Schuld, ein wenig in Unordnung gebracht worden, es geschah durch fremde Leute gegen meinen Willen und doch, wie gesagt, durch meine Schuld; dafür wollte ich um Entschuldigung bitten.« »Mein Zimmer?« fragte Fräulein Bürstner und sah statt des Zimmers K. prüfend an. »Es ist so«, sagte K., und nun sahen beide einander zum erstenmal in die Augen, »die Art und Weise, in der es geschah, ist an sich keines Wortes wert.« »Aber doch das eigentlich Interessante«, sagte Fräulein Bürstner. »Nein«, sagte K. »Nun«, sagte Fräulein Bürstner, »ich will mich nicht in Geheimnisse eindrängen, bestehen Sie darauf, daß es uninteressant ist, so will ich auch nichts dagegen einwenden. Die Entschuldigung, um die Sie bitten, gebe ich Ihnen gern, besonders da ich keine Spur einer Unordnung finden kann.« Sie machte, die flachen Hände tief an die Hüften gelegt, einen Rundgang durch das Zimmer. Bei der Matte mit den Photographien blieb sie stehen. »Sehen Sie doch!« rief sie. »Meine Photographien sind wirklich durcheinandergeworfen. Das ist aber häßlich. Es ist also jemand unberechtigterweise in meinem Zimmer gewesen.« K. nickte und verfluchte im stillen den Beamten Kaminer, der seine öde, sinnlose Lebhaftigkeit niemals zähmen konnte. »Es ist sonderbar«, sag-

*Sofaähnliche Sitzbank mit halbrunden Armlehnen

te Fräulein Bürstner, »daß ich gezwungen bin, Ihnen etwas zu verbieten, was Sie sich selbst verbieten mußten, nämlich in meiner Abwesenheit mein Zimmer zu betreten.« »Ich erklärte Ihnen doch, Fräulein«, sagte K. und ging auch zu den Photographien, »daß nicht ich es war, der sich an Ihren Photographien vergangen hat; aber da Sie mir nicht glauben, so muß ich also eingestehen, daß die Untersuchungskommission drei Bankbeamte mitgebracht hat, von denen der eine, den ich bei nächster Gelegenheit aus der Bank hinausbefördern werde, die Photographien wahrscheinlich in die Hand genommen hat. Ja, es war eine Untersuchungskommission hier«, fügte K. hinzu, da ihn das Fräulein mit einem fragenden Blick ansah. »Ihretwegen?« fragte das Fräulein. »Ja«, antwortete K. »Nein!« rief das Fräulein und lachte. »Doch«, sagte K., »glauben Sie denn, daß ich schuldlos bin?« »Nun, schuldlos...« sagte das Fräulein, »ich will nicht gleich ein vielleicht folgenschweres Urteil aussprechen, auch kenne ich Sie doch nicht, es muß doch schon ein schwerer Verbrecher sein, dem man gleich eine Untersuchungskommission auf den Leib schickt. Da Sie aber doch frei sind – ich schließe wenigstens aus Ihrer Ruhe, daß Sie nicht aus dem Gefängnis entlaufen sind – so können Sie doch kein solches Verbrechen begangen haben.« »Ja«, sagte K., »aber die Untersuchungskommission kann doch eingesehen haben, daß ich unschuldig bin oder doch nicht so schuldig, wie angenommen wurde.« »Gewiß, das kann sein«, sagte Fräulein Bürstner sehr aufmerksam. »Sehen Sie«, sagte K., »Sie haben nicht viel Erfahrung in Gerichtssachen.« »Nein, das habe ich nicht«, sagte Fräulein Bürstner, »und habe es auch schon oft bedauert, denn ich möchte alles wissen, und gerade Gerichtssachen interessieren mich ungemein. Das Gericht hat eine eigentümliche Anziehungskraft, nicht? Aber ich werde in dieser Richtung meine Kenntnisse sicher vervollständigen, denn ich trete nächsten Monat als Kanzleikraft in ein Advokatenbüro ein.« »Das ist sehr gut«, sagte K., »Sie werden mir dann in meinem Prozeß ein wenig helfen können.« »Das könnte sein«, sagte Fräulein Bürstner, »warum denn nicht? Ich verwende gern meine Kenntnisse.« »Ich meine es auch im Ernst«, sagte K., »oder zumindest in dem halben Ernst, in dem Sie es meinen. Um einen Advokaten heranzuziehen, dazu ist die Sache doch zu kleinlich, aber einen Ratgeber könnte ich gut brauchen.« »Ja, aber wenn ich Ratgeber sein soll, müßte ich wissen, worum es sich handelt«, sagte Fräulein Bürstner. »Das ist eben der Haken«, sagte K., »das weiß ich selbst nicht.« »Dann haben Sie sich also einen Spaß aus mir gemacht«, sagte Fräulein Bürstner übermäßig enttäuscht, »es war höchst unnötig, sich diese späte Nachtzeit dazu auszusuchen.« Und sie ging von den Photographien weg, wo sie so lange vereinigt gestanden hatten. »Aber nein, Fräulein«, sagte K., »ich mache keinen Spaß. Daß Sie mir nicht glauben wollen! Was ich weiß, habe ich Ihnen schon gesagt. Sogar mehr als ich weiß, denn es war gar keine Untersuchungskommission, ich nenne es so, weil ich keinen andern Namen dafür weiß. Es wurde gar nichts untersucht, ich wurde nur verhaftet, aber von einer Kommission.« Fräulein Bürstner saß auf der Ottomane und lachte wieder. »Wie war es denn?« fragte sie. »Schrecklich«, sagte K., aber er dachte jetzt gar nicht daran, sondern war ganz vom Anblick des Fräulein Bürstner ergriffen, die das Gesicht auf eine Hand stützte – der Ellbogen ruhte auf dem Kissen der Ottomane –, während die andere Hand langsam die Hüfte strich. »Das ist zu allgemein«, sagte Fräulein Bürstner. »Was ist zu allgemein?« fragte K. Dann erinnerte er sich und fragte: »Soll ich Ihnen zeigen, wie es gewesen ist?« Er wollte Bewegung machen und doch nicht weggehen. »Ich bin schon müde«, sagte Fräulein Bürstner. »Sie kamen so spät«, sagte K. »Nun endet es damit, daß ich Vorwürfe bekomme, es ist auch berechtigt, denn ich hätte Sie nicht mehr hereinlassen sollen. Notwendig war es ja auch nicht, wie es sich gezeigt hat.« »Es war notwendig, das werden Sie erst jetzt sehn«, sagte K. »Darf ich das Nachttischchen von Ihrem Bett herrücken?« »Was fällt Ihnen ein?« sagte Fräulein Bürstner, »das dürfen Sie natürlich nicht!« »Dann kann ich es Ihnen nicht zeigen«, sagte K. aufgeregt, als füge man ihm dadurch einen unermeßlichen Schaden zu. »Ja, wenn Sie es zur Darstellung brauchen, dann rücken Sie das Tischchen nur ruhig fort«, sagte Fräulein Bürstner und fügte nach einem Weilchen mit schwächerer Stimme hinzu: »Ich bin so müde, daß ich mehr erlaube, als gut ist.« ⌐K. stellte das Tischchen in die Mitte des Zimmers und setzte sich dahinter.¬ »Sie müssen sich die Verteilung der Personen richtig vorstellen, es ist sehr interessant. Ich bin der Aufseher, dort auf dem Koffer sitzen zwei Wächter, bei den Photographien stehen drei junge Leute. An der Fensterklinke hängt, was ich nur nebenbei erwähne, eine weiße Bluse. Und jetzt fängt es an. ⌐Ja, ich vergesse mich.¬ Die wichtigste Person, also ich, stehe hier vor dem Tischchen. Der Aufseher sitzt äußerst bequem, ⌐die Beine übereinandergelegt¬, den Arm hier über die Lehne hinunterhängend, ein Lümmel sondergleichen. Und jetzt fängt es also wirklich an. Der Aufseher ruft, als ob er mich wecken müßte, er schreit geradezu, ich muß leider, wenn ich es Ihnen begreiflich machen will, auch schreien, es ist übrigens nur mein Name, den er so schreit.« Fräulein Bürstner, die lachend zuhörte, legte den Zeigefinger an den Mund, um K. am Schreien zu hindern, aber es war zu spät. K. war zu sehr in der Rolle, er rief langsam: »Josef K.!«, übrigens nicht so laut, wie er gedroht hatte, aber doch so, daß sich der Ruf, nachdem er plötzlich ausgestoßen war, erst allmählich im Zimmer zu verbreiten schien.

Da klopfte es an die Tür des Nebenzimmers einigemal, stark, kurz und regelmäßig. Fräulein Bürstner erbleichte und legte die Hand aufs Herz. K. erschrak deshalb besonders stark, weil er noch ein Weilchen ganz unfähig gewesen war, an etwas anderes zu denken als an die Vorfälle des Morgens und an das Mädchen, dem er sie vorführte. Kaum hatte er sich gefaßt, sprang er zu Fräulein Bürstner und nahm ihre Hand. »Fürchten Sie nichts«, flüsterte er, »ich werde alles in Ordnung bringen. Wer kann es aber sein? Hier nebenan ist doch nur das Wohnzimmer, in dem niemand schläft.« »Doch«, flüsterte Fräulein Bürstner an K.s Ohr, »seit gestern schläft hier ein Neffe von Frau Grubach, ein Hauptmann. Es ist gerade kein anderes Zimmer frei. Auch ich habe es vergessen. Daß Sie so schreien mußten! Ich bin unglücklich darüber.« »Dafür ist gar kein Grund«, sagte K. und küßte, als sie jetzt auf das Kissen zurücksank, ihre Stirn. »Weg, weg«, sagte sie und richtete sich eilig wieder auf, »gehen Sie doch, gehen Sie doch, was wollen Sie, er horcht doch an der Tür, er hört doch alles. Wie Sie mich quälen!« »Ich gehe nicht früher«, sagte K., »als Sie ein wenig beruhigt sind. Kommen Sie in die andere Ecke des Zimmers, dort kann er uns nicht hören.« Sie ließ sich dorthin führen. »Sie überlegen nicht«, sagte er, »daß es sich zwar um eine Unannehmlichkeit für Sie handelt, aber durchaus nicht um eine Gefahr. Sie wissen, wie mich Frau Grubach, die in dieser Sache doch entscheidet, besonders da der Hauptmann ihr Neffe ist, geradezu verehrt und alles, was ich sage, unbedingt glaubt. Sie ist auch im übrigen von mir abhängig, denn sie hat eine größere Summe von mir geliehen. Jeden Ihrer Vorschläge über eine Erklärung für unser Beisammen nehme ich an, wenn es nur ein wenig zweckentsprechend ist, und verbürge mich, Frau Grubach dazu zu bringen, die Erklärung nicht nur vor der Öffentlichkeit, sondern wirklich und aufrichtig zu glauben. Mich müssen Sie dabei in keiner Weise schonen. Wollen Sie verbreitet haben, daß ich Sie überfallen habe, so wird Frau Grubach in diesem Sinne unterrichtet werden und wird es glauben, ohne das Vertrauen zu mir zu verlieren, so sehr hängt sie an mir.« Fräulein Bürstner sah, still und ein wenig zusammengesunken, vor sich auf den Boden. »Warum sollte Frau Grubach nicht glauben, daß ich Sie überfallen habe?« fügte K. hinzu. Vor sich sah er ihr Haar, geteiltes, niedrig gebauschtes, fest zusammengehaltenes, rötliches Haar. Er glaubte, sie werde ihm den Blick zuwenden, aber sie sagte in unveränderter Haltung: »Verzeihen Sie, ich bin durch das plötzliche Klopfen so erschreckt worden, nicht so sehr durch die Folgen, die die Anwesenheit des Hauptmannes haben könnte. Es war so still nach Ihrem Schrei, und da klopfte es, deshalb bin ich so erschrocken, ich saß auch in der Nähe der Tür, es klopfte fast neben mir. Für Ihre Vorschläge danke ich, aber ich nehme sie nicht an. Ich kann für alles, was in meinem Zimmer geschieht, die Verantwortung tragen, und zwar gegenüber jedem. Ich wundere mich, daß Sie nicht merken, was für eine Beleidigung für mich in Ihren Vorschlägen liegt, neben den guten Absichten natürlich, die ich gewiß anerkenne. Aber nun gehen Sie, lassen Sie mich allein, ich habe es jetzt noch nötiger als früher. Aus den wenigen Minuten, um die Sie gebeten haben, ist nun eine halbe Stunde und mehr geworden.« ⌜K. faßte sie bei der Hand und dann beim Handgelenk: »Sie sind mir aber nicht böse?« sagte er. Sie streifte seine Hand ab und antwortete: »Nein, nein, ich bin niemals und niemandem böse.« Er faßte wieder nach ihrem Handgelenk, sie duldete es jetzt und führte ihn so zur Tür.⌝ Er war fest entschlossen, wegzugehen. Aber vor der Tür, als hätte er nicht erwartet, hier eine Tür zu finden, stockte er, diesen Augenblick benützte Fräulein Bürstner, sich loszumachen, die Tür zu öffnen, ins Vorzimmer zu schlüpfen und von dort aus K. leise zu sagen: »Nun kommen Sie doch, bitte. Sehen Sie« – sie zeigte auf die Tür des Hauptmanns, unter der ein Lichtschein hervorkam – »er hat angezündet und unterhält sich über uns.« »Ich komme schon«, sagte K., lief vor, faßte sie, küßte sie auf den Mund und dann über das ganze Gesicht, wie ein durstiges Tier mit der Zunge über das endlich gefundene Quellwasser hinjagt. Schließlich küßte er sie ⌐auf den Hals, wo die Gurgel ist, und dort ließ er die Lippen lange liegen⌐. Ein Geräusch aus dem Zimmer des Hauptmanns ließ ihn aufschauen. »Jetzt werde ich gehen«, sagte er, er wollte Fräulein Bürstner beim Taufnamen nennen, wußte ihn aber nicht. ⌐Sie nickte müde, überließ ihm, schon halb abgewendet, die Hand zum Küssen, als wisse sie nichts davon⌐, und ging gebückt in ihr Zimmer. Kurz darauf lag K. in seinem Bett. Er schlief sehr bald ein, vor dem Einschlafen dachte er noch ein Weilchen über sein Verhalten nach, er war damit zufrieden, wunderte sich aber, daß er nicht noch zufriedener war; wegen des Hauptmanns machte er sich für Fräulein Bürstner ernstliche Sorgen.

Zweites Kapitel

Erste Untersuchung

K. war telephonisch verständigt worden, daß am nächsten Sonntag eine kleine Untersuchung in seiner Angelegenheit stattfinden würde. Man machte ihn darauf aufmerksam, daß diese Untersuchungen regelmäßig, wenn auch vielleicht nicht jede Woche, so doch häufiger einander folgen würden. Es liege einerseits im allgemeinen Interesse, den Prozeß rasch zu Ende zu führen, anderseits aber müßten die Untersuchungen in jeder Hinsicht gründlich sein und dürften doch wegen der damit verbundenen Anstrengung niemals allzulange dauern. Deshalb habe man den Ausweg dieser rasch aufeinanderfolgenden, aber kurzen Untersuchungen gewählt. Die Bestimmung des Sonntags als Untersuchungstag habe man deshalb vorgenommen, um K. in seiner beruflichen Arbeit nicht zu stören. Man setze voraus, daß er damit einverstanden sei, sollte er einen anderen Termin wünschen, so würde man ihm, so gut es ginge, entgegenkommen. Die Untersuchungen wären beispielsweise auch in der Nacht möglich, aber da sei wohl K. nicht frisch genug. Jedenfalls werde man es, solange K. nichts einwende, beim Sonntag belassen. Es sei selbstverständlich, daß er bestimmt erscheinen müsse, darauf müsse man ihn wohl nicht erst aufmerksam machen. Es wurde ihm die Nummer des Hauses genannt, in dem er sich einfinden solle, es war ein Haus in einer entlegenen Vorstadtstraße, in der K. noch niemals gewesen war.
K. hängte, als er diese Meldung erhalten hatte, ohne zu antworten, den Hörer an; er war gleich entschlossen, Sonntag hinzugehen, es war gewiß notwendig, der Prozeß kam in Gang und er mußte sich dem entgegenstellen, diese erste

Untersuchung sollte auch die letzte sein. Er stand noch nachdenklich beim Apparat, da hörte er hinter sich die Stimme des Direktor-Stellvertreters, der telephonieren wollte, dem aber K. den Weg verstellte. »Schlechte Nachrichten?« fragte der Direktor-Stellvertreter leichthin, nicht um etwas zu erfahren, sondern um K. vom Apparat wegzubringen. »Nein, nein«, sagte K., trat beiseite, ging aber nicht weg. Der Direktor-Stellvertreter nahm den Hörer und sagte, während er auf die telephonische Verbindung wartete, über das Hörrohr hinweg: »Eine Frage, Herr K.: Möchten Sie mir Sonntag früh das Vergnügen machen, eine Partie auf meinem Segelboot mitzumachen? Es wird eine größere Gesellschaft sein, gewiß auch Ihre Bekannten darunter. Unter anderem Staatsanwalt Hasterer. Wollen Sie kommen? Kommen Sie doch!« K. versuchte, darauf achtzugeben, was der Direktor-Stellvertreter sagte. Es war nicht unwichtig für ihn, denn diese Einladung des Direktor-Stellvertreters, mit dem er sich niemals sehr gut vertragen hatte, bedeutete einen Versöhnungsversuch von dessen Seite und zeigte, wie wichtig K. in der Bank geworden war und wie wertvoll seine Freundschaft oder wenigstens seine Unparteilichkeit dem zweithöchsten Beamten der Bank erschien. Diese Einladung war eine Demütigung des Direktor-Stellvertreters, mochte sie auch nur in Erwartung der telephonischen Verbindung über das Hörrohr hinweg gesagt sein. Aber K. mußte eine zweite Demütigung folgen lassen, er sagte: »Vielen Dank! Aber ich habe leider Sonntag keine Zeit, ich habe schon eine Verpflichtung.« »Schade«, sagte der Direktor-Stellvertreter und wandte sich dem telephonischen Gespräch zu, das gerade hergestellt worden war. Es war kein kurzes Gespräch, aber K. blieb in seiner Zerstreutheit die ganze Zeit über neben dem Apparat stehen. Erst als der Direktor-Stellvertreter abläutete, erschrak er und sagte, um sein unnützes Dasein nur ein wenig zu entschuldigen: »Ich bin jetzt antelephoniert worden, ich möchte irgendwo hinkommen, aber man hat vergessen, mir zu sagen, zu welcher Stunde.« »Fragen Sie doch noch einmal nach«, sagte der Direktor-Stellvertreter. »Es ist nicht so wichtig«, sagte K., obwohl dadurch seine frühere, schon an sich mangelhafte Entschuldigung noch weiter verfiel. Der Direktor-Stellvertreter sprach noch im Weggehen über andere Dinge. K. zwang sich auch zu antworten, dachte aber hauptsächlich daran, daß es am besten sein werde, Sonntag um neun Uhr vormittags hinzukommen, da zu dieser Stunde an Werktagen alle Gerichte zu arbeiten anfangen.

Sonntag war trübes Wetter. K. war sehr ermüdet, da er wegen einer Stammtischfeierlichkeit bis spät in die Nacht im Gasthaus geblieben war, er hätte fast verschlafen. Eilig, ohne Zeit zu haben, zu überlegen und die verschiedenen Pläne, die er während der Woche ausgedacht hatte, zusammenzustellen, kleidete er sich an und lief, ohne zu frühstücken, in die ihm bezeichnete Vorstadt. Eigentümlicherweise traf er, obwohl er wenig Zeit hatte, umherzublicken, die drei an seiner Angelegenheit beteiligten Beamten, Rabensteiner, Kullich und Kaminer. Die ersten zwei fuhren in einer Elektrischen quer über K.s Weg, Kaminer aber saß auf der Terrasse eines Kaffeehauses und beugte sich gerade, als K. vorüberkam, neugierig über die Brüstung. Alle sahen ihm wohl nach und wunderten sich, wie ihr Vorgesetzter lief; es war irgendein Trotz, der K. davon abgehalten hatte, zu fahren, er hatte Abscheu vor jeder, selbst der geringsten fremden Hilfe in dieser seiner Sache, auch wollte er niemanden in Anspruch nehmen und dadurch selbst nur im allerentferntesten einweihen; schließlich hatte er aber auch nicht die geringste Lust, sich durch allzu große Pünktlichkeit vor der Untersuchungskommission zu erniedrigen. Allerdings lief er jetzt, um nur möglichst um neun Uhr einzutreffen, obwohl er nicht einmal für eine bestimmte Stunde bestellt war.

Er hatte gedacht, das Haus schon von der Ferne an irgendeinem Zeichen, das er sich selbst nicht genau vorgestellt hatte, oder an einer besonderen Bewegung vor dem Eingang schon von weitem zu erkennen. Aber die Juliusstraße, in der es sein sollte und an deren Beginn K. einen Augenblick lang stehenblieb, enthielt auf beiden Seiten fast ganz einförmige Häuser, hohe, graue, von armen Leuten bewohnte Miethäuser. Jetzt, am Sonntagmorgen, waren die meisten Fenster besetzt, Männer in Hemdärmeln lehnten dort und rauchten oder hielten kleine Kinder vorsichtig und zärtlich an den Fensterrand. Andere Fenster waren hoch mit Bettzeug angefüllt, über dem flüchtig der zerraufte Kopf einer Frau erschien. Man rief einander über die Gasse zu, ein solcher Zuruf bewirkte gerade über K. ein großes Gelächter. Regelmäßig verteilt befanden sich in der langen Straße kleine, unter dem Straßenniveau liegende, durch ein paar Treppen erreichbare Läden mit verschiedenen Lebensmitteln. Dort gingen Frauen aus und ein oder standen auf den Stufen und plauderten. Ein Obsthändler, der seine Waren zu den Fenstern hinauf empfahl, hätte, ebenso unaufmerksam wie K., mit seinem Karren diesen fast niedergeworfen. Eben begann ein in besseren Stadtvierteln ausgedientes Grammophon mörderisch zu spielen.

K. ging tiefer in die Gasse hinein, langsam, als hätte er nun schon Zeit oder als sähe ihn der Untersuchungsrichter aus irgendeinem Fenster und wisse also, daß sich K. eingefunden habe. Es war kurz nach neun. Das Haus lag ziemlich weit, es war fast ungewöhnlich ausgedehnt, besonders die Toreinfahrt war hoch und weit. Sie war offenbar für Lastfuhren bestimmt, die zu den verschiedenen Warenmagazinen gehörten, die jetzt versperrt den großen Hof umgaben und Aufschriften von Firmen trugen, von denen K. einige aus dem Bankgeschäft kannte. Gegen seine sonstige Gewohnheit sich mit allen diesen Äußerlichkeiten genauer befassend, blieb er auch ein wenig am Eingang des Hofes stehen. In seiner Nähe auf einer Kiste saß ein bloßfüßiger Mann und las eine Zeitung. Auf einem Handkarren schaukelten zwei Jungen. Vor einer Pumpe stand ein schwaches, junges Mädchen in einer Nachtjoppe und blickte, während das Wasser in ihre Kanne strömte, auf K. hin. In einer Ecke des Hofes wurde zwischen zwei Fenstern ein Strick gespannt, auf dem die zum Trocknen bestimmte Wäsche schon hing. Ein Mann stand unten und leitete die Arbeit durch ein paar Zurufe.

K. wandte sich der Treppe zu, um zum Untersuchungszimmer zu kommen, stand dann aber wieder still, denn außer dieser Treppe sah er im Hof noch drei verschiedene Treppenaufgänge, und überdies schien ein kleiner Durchgang am Ende des Hofes noch in einen zweiten Hof zu führen. Er ärgerte sich, daß man ihm die Lage des Zimmers nicht näher bezeichnet hatte, es war doch eine sonderbare Nachlässigkeit oder Gleichgültigkeit, mit der man ihn behandelte, er beabsichtigte, das sehr laut und deutlich festzustellen. Schließlich stieg er doch die Treppe hinauf und spielte in Gedanken mit einer Erinnerung an den Ausspruch des Wächters Willem, daß das Gericht von der Schuld angezogen werde, woraus eigentlich folgte, daß das Untersuchungszimmer an der Treppe liegen mußte, die K. zufällig wählte.

Er störte im Hinaufgehen viele Kinder, die auf der Treppe spielten und ihn, wenn er durch ihre Reihe schritt, böse ansahen. »Wenn ich nächstens wieder hergehen sollte«, sagte er sich, »muß ich entweder Zuckerwerk mitnehmen, um sie zu gewinnen, oder den Stock, um sie zu prügeln.« Knapp vor dem ersten Stockwerk mußte er sogar ein Weilchen warten, bis eine Spielkugel ihren Weg vollendet hatte, zwei kleine Jungen mit den verzwickten* Gesichtern erwachsener Strolche hielten ihn indessen an den Beinkleidern; hätte er sie abschütteln wollen, hätte er ihnen weh tun müssen, und er fürchtete ihr Geschrei.

heimtückischen

Im ersten Stockwerk begann die eigentliche Suche. Da er doch nicht nach der Untersuchungskommission fragen konnte, erfand er einen Tischler Lanz – der Name fiel ihm ein, weil der Hauptmann, der Neffe der Frau Grubach, so hieß – und wollte nun in allen Wohnungen nachfragen, ob hier ein Tischler Lanz wohne, um so die Möglichkeit zu bekommen, in die Zimmer hineinzusehen. Es zeigte sich aber, daß das meistens ohne weiteres möglich war, denn fast alle Türen standen offen und die Kinder liefen ein und aus. Es waren in der Regel kleine, einfenstrige Zimmer, in denen auch gekocht wurde. Manche Frauen hielten Säuglinge im Arm und arbeiteten mit der freien Hand auf dem Herd. Halbwüchsige, scheinbar nur mit Schürzen bekleidete Mädchen liefen am fleißigsten hin und her. In allen Zimmern standen die Betten noch in Benützung, es lagen dort Kranke oder noch Schlafende oder Leute, die sich dort in Kleidern streckten. An den Wohnungen, deren Türen geschlossen waren, klopfte K. an und fragte, ob hier ein Tischler Lanz wohne. Meistens öffnete eine Frau, hörte die Frage an und wandte sich ins Zimmer zu jemandem, der sich aus dem Bett erhob. »Der Herr fragt, ob ein Tischler Lanz hier wohnt.« »Tischler Lanz?« fragte der aus dem Bett. »Ja«, sagte K., obwohl sich hier die Untersuchungskommission zweifellos nicht befand und daher seine Aufgabe beendet war. Viele glaubten, es liege K. sehr viel daran, den Tischler Lanz zu finden, dachten lange nach, nannten einen Tischler, der aber nicht Lanz hieß, oder einen Namen, der mit Lanz eine ganz entfernte Ähnlichkeit hatte, oder sie fragten bei Nachbarn oder begleiteten K. zu einer weit entfernten Tür, wo ihrer Meinung nach ein derartiger Mann möglicherweise in Aftermiete* wohne oder wo jemand sei, der bessere Auskunft als sie selbst geben könne. Schließlich mußte K. kaum mehr selbst fragen, sondern wurde auf diese Weise durch die Stockwerke gezogen. Er bedauerte seinen Plan, der ihm zuerst so praktisch er-

*zur Untermiete

schienen war. Vor dem fünften Stockwerk entschloß er sich, die Suche aufzugeben, verabschiedete sich von einem freundlichen, jungen Arbeiter, der ihn weiter hinaufführen wollte, und ging hinunter. Dann aber ärgerte ihn wieder das Nutzlose dieser ganzen Unternehmung, er ging nochmals zurück und klopfte an die erste Tür des fünften Stockwerkes. Das erste, was er in dem kleinen Zimmer sah, war eine große Wanduhr, die schon zehn Uhr zeigte. »Wohnt ein Tischler Lanz hier?« fragte er. »Bitte«, sagte eine junge Frau mit schwarzen, leuchtenden Augen, die gerade in einem Kübel Kinderwäsche wusch, und zeigte mit der nassen Hand auf die offene Tür des Nebenzimmers.
K. glaubte in eine Versammlung einzutreten. Ein Gedränge der verschiedensten Leute – niemand kümmerte sich um den Eintretenden – füllte ein mittelgroßes, zweifenstriges Zimmer, das knapp an der Decke von einer Galerie umgeben war, die gleichfalls vollständig besetzt war und ⌈wo die Leute nur gebückt stehen konnten und mit Kopf und Rücken an die Decke stießen⌉. K., dem die Luft zu dumpf war, trat wieder hinaus und sagte zu der jungen Frau, die ihn wahrscheinlich falsch verstanden hatte: »Ich habe nach einem Tischler, einem gewissen Lanz, gefragt?« »Ja«, sagte die Frau, »gehen Sie, bitte, hinein.« K. hätte ihr vielleicht nicht gefolgt, wenn die Frau nicht auf ihn zugegangen wäre, die Türklinke ergriffen und gesagt hätte: »Nach Ihnen muß ich schließen, es darf niemand mehr hinein.« »Sehr vernünftig«, sagte K., »es ist aber jetzt schon zu voll.« Dann ging er aber doch wieder hinein.
Zwischen zwei Männern hindurch, die sich unmittelbar bei der Tür unterhielten – der eine machte mit beiden, weit vorgestreckten Händen die Bewegung des Geldaufzählens, der andere sah ihm scharf in die Augen –, faßte eine Hand nach K. Es war ein kleiner, rotbäckiger Junge. »Kommen Sie, kommen Sie«, sagte er. K. ließ sich von ihm führen, es zeigte sich, daß in dem durcheinanderwimmelnden Ge-

dränge doch ein schmaler Weg frei war, der möglicherweise zwei Parteien schied; dafür sprach auch, daß K. in den ersten Reihen rechts und links kaum ein ihm zugewendetes Gesicht sah, sondern nur die Rücken von Leuten, welche ihre Reden und Bewegungen nur an Leute ihrer Partei richteten. Die meisten waren schwarz angezogen, in alten, lang und lose hinunterhängenden Feiertagsröcken. Nur diese Kleidung beirrte K., sonst hätte er das Ganze für eine politische Bezirksversammlung angesehen.

Am anderen Ende des Saales, zu dem K. geführt wurde, stand auf einem sehr niedrigen, gleichfalls überfüllten Podium ein kleiner Tisch, der Quere nach aufgestellt, und hinter ihm, nahe am Rand des Podiums, saß ein kleiner, dicker, schnaufender Mann, der sich gerade mit einem hinter ihm Stehenden – dieser hatte den Ellbogen auf die Sessellehne gestützt und ⌐die Beine gekreuzt⌐ – unter großem Gelächter unterhielt. Manchmal warf er den Arm in die Luft, als karikiere er jemanden. Der Junge, der K. führte, hatte Mühe, seine Meldung vorzubringen. Zweimal hatte er schon, auf den Fußspitzen stehend, etwas auszurichten versucht, ohne von dem Mann oben beachtet worden zu sein. Erst als einer der Leute oben auf dem Podium auf den Jungen aufmerksam machte, wandte sich der Mann ihm zu und hörte hinuntergebeugt seinen leisen Bericht an. Dann zog er seine Uhr und sah schnell nach K. hin. »Sie hätten vor einer Stunde und fünf Minuten erscheinen sollen«, sagte er. K. wollte etwas antworten, aber er hatte keine Zeit, denn kaum hatte der Mann ausgesprochen, erhob sich in der rechten Saalhälfte ein allgemeines Murren. »Sie hätten vor einer Stunde und fünf Minuten erscheinen sollen«, wiederholte nun der Mann mit erhobener Stimme und sah nun auch schnell in den Saal hinunter. Sofort wurde auch das Murren stärker und verlor sich, da der Mann nichts mehr sagte, nur allmählich. Es war jetzt im Saal viel stiller als bei K.s Eintritt. Nur die Leute auf der Galerie hörten nicht auf, ihre Bemerkungen zu machen. Sie schienen, soweit man oben in dem Halbdunkel, Dunst und Staub etwas unterscheiden konnte, schlechter angezogen zu sein als die unten. ⌜Manche hatten Polster mitgebracht, die sie zwischen den Kopf und die Zimmerdecke gelegt hatten, um sich nicht wundzudrücken.⌝

K. hatte sich entschlossen, mehr zu beobachten als zu reden, infolgedessen verzichtete er auf die Verteidigung wegen seines angeblichen Zuspätkommens und sagte bloß: »Mag ich zu spät gekommen sein, jetzt bin ich hier.« ⌜Ein Beifallklatschen⌝, wieder aus der rechten Saalhälfte, folgte. Leicht zu gewinnende Leute, dachte K. und war nur gestört durch die Stille in der linken Saalhälfte, die gerade hinter ihm lag und aus der sich nur ganz vereinzeltes Händeklatschen erhoben hatte. Er dachte nach, was er sagen könnte, um alle auf einmal oder, wenn das nicht möglich sein sollte, wenigstens zeitweilig auch die anderen zu gewinnen.

»Ja«, sagte der Mann, »aber ich bin nicht mehr verpflichtet, Sie jetzt zu verhören« – wieder das Murren, diesmal aber mißverständlich; denn der Mann fuhr, indem er den Leuten mit der Hand abwinkte, fort, – »ich will es jedoch ausnahmsweise heute noch tun. Eine solche Verspätung darf sich aber nicht mehr wiederholen. Und nun treten Sie vor!« Irgend jemand sprang vom Podium hinunter, so daß für K. ein Platz frei wurde, auf den er hinaufstieg. Er stand eng an den Tisch gedrückt, das Gedränge hinter ihm war so groß, daß er ihm Widerstand leisten mußte, wollte er nicht den Tisch des Untersuchungsrichters und vielleicht auch diesen selbst vom Podium hinunterstoßen.

Der Untersuchungsrichter kümmerte sich aber nicht darum, sondern saß recht bequem auf seinem Sessel und griff, nachdem er dem Mann hinter ihm ein abschließendes Wort gesagt hatte, nach einem kleinen Anmerkungsbuch, dem einzigen Gegenstand auf seinem Tisch. Es war schulheftartig, alt, durch vieles Blättern ganz aus der Form gebracht.

»Also«, sagte der Untersuchungsrichter, blätterte in dem Heft und wandte sich im Tone einer Feststellung an K., »Sie sind Zimmermaler?« »Nein«, sagte K., »sondern erster Prokurist einer großen Bank.« Dieser Antwort folgte bei der rechten Partei unten ein Gelächter, das so herzlich war, daß K. mitlachen mußte. Die Leute stützten sich mit den Händen auf ihre Knie und schüttelten sich wie unter schweren Hustenanfällen. Es lachten sogar einzelne auf der Galerie. Der ganz böse gewordene Untersuchungsrichter, der wahrscheinlich gegen die Leute unten machtlos war, suchte sich an der Galerie zu entschädigen, sprang auf, drohte der Galerie, und seine sonst wenig auffallenden Augenbrauen drängten sich buschig, schwarz und groß über seinen Augen.

Die linke Saalhälfte war aber noch immer still, die Leute standen dort in Reihen, hatten ihre Gesichter dem Podium zugewendet und hörten den Worten, die oben gewechselt wurden, ebenso ruhig zu wie dem Lärm der anderen Partei, sie duldeten sogar, daß einzelne aus ihren Reihen mit der anderen Partei hie und da gemeinsam vorgingen. Die Leute der linken Partei, die übrigens weniger zahlreich waren, mochten im Grunde ebenso unbedeutend sein wie die der rechten Partei, aber die Ruhe ihres Verhaltens ließ sie bedeutungsvoller erscheinen. Als K. jetzt zu reden begann, war er überzeugt, in ihrem Sinne zu sprechen.

»Ihre Frage, Herr Untersuchungsrichter, ob ich Zimmermaler bin – vielmehr, Sie haben gar nicht gefragt, sondern es mir auf den Kopf zugesagt –, ist bezeichnend für die ganze Art des Verfahrens, das gegen mich geführt wird. Sie können einwenden, daß es ja überhaupt kein Verfahren ist, Sie haben sehr recht, denn es ist ja nur ein Verfahren, wenn ich es als solches anerkenne. Aber ich erkenne es also für den Augenblick jetzt an, aus Mitleid gewissermaßen. Man kann sich nicht anders als mitleidig dazu stellen, wenn man es überhaupt beachten will. Ich sage nicht, daß es ein lie-

derliches Verfahren ist, aber ich möchte Ihnen diese Bezeichnung zur Selbsterkenntnis angeboten haben.«
K. unterbrach sich und sah in den Saal hinunter. Was er gesagt hatte, war scharf, schärfer, als er es beabsichtigt hatte, aber doch richtig. Es hätte Beifall hier oder dort verdient, es war jedoch alles still, man wartete offenbar gespannt auf das Folgende, es bereitete sich vielleicht in der Stille ein Ausbruch vor, der allem ein Ende machen würde. Störend war es, daß sich jetzt die Tür am Saalende öffnete, die junge Wäscherin, die ihre Arbeit wahrscheinlich beendet hatte, eintrat und trotz aller Vorsicht, die sie aufwendete, einige Blicke auf sich zog. Nur der Untersuchungsrichter machte K. unmittelbare Freude, denn er schien von den Worten sofort getroffen zu werden. Er hatte bisher stehend zugehört, denn er war von K.s Ansprache überrascht worden, während er sich für die Galerie aufgerichtet hatte. Jetzt, in der Pause, setzte er sich allmählich, als sollte es nicht bemerkt werden. Wahrscheinlich um seine Miene zu beruhigen, nahm er wieder das Heftchen vor.
»Es hilft nichts«, fuhr K. fort, »auch Ihr Heftchen, Herr Untersuchungsrichter, bestätigt, was ich sage.« Zufrieden damit, nur seine ruhigen Worte in der fremden Versammlung zu hören, wagte es K. sogar, kurzerhand das Heft dem Untersuchungsrichter wegzunehmen und es mit den Fingerspitzen, als scheue er sich davor, an einem mittleren Blatte hochzuheben, so daß beiderseits die engbeschriebenen, fleckigen, gelbrandigen Blätter hinunterhingen. »Das sind die Akten des Untersuchungsrichters«, sagte er und ließ das Heft auf den Tisch hinunterfallen. »Lesen Sie darin ruhig weiter, Herr Untersuchungsrichter, vor diesem Schuldbuch fürchte ich mich wahrhaftig nicht, obwohl es mir unzugänglich ist, denn ich kann es nur mit zwei Fingern anfassen und würde es nicht in die Hand nehmen.« Es konnte nur ein Zeichen tiefer Demütigung sein oder es mußte zumindest so aufgefaßt werden, daß der Untersu-

chungsrichter nach dem Heftchen, wie es auf den Tisch gefallen war, griff, es ein wenig in Ordnung zu bringen suchte und es wieder vornahm, um darin zu lesen.
Die Gesichter der Leute in der ersten Reihe waren so gespannt auf K. gerichtet, daß er ein Weilchen lang zu ihnen hinuntersah. Es waren durchwegs ältere Männer, einige waren ⌜weißbärtig⌝. Waren vielleicht sie die Entscheidenden, die die ganze Versammlung beeinflussen konnten, welche auch durch die Demütigung des Untersuchungsrichters sich nicht aus der Regungslosigkeit bringen ließ, in welche sie seit K.s Rede versunken war?
»Was mir geschehen ist«, fuhr K. fort, etwas leiser als früher, und suchte immer wieder die Gesichter der ersten Reihe ab, was seiner Rede einen etwas fahrigen Ausdruck gab, »was mir geschehen ist, ist ja nur ein einzelner Fall und als solcher nicht sehr wichtig, da ich es nicht sehr schwer nehme, aber es ist das Zeichen eines Verfahrens, wie es gegen viele geübt wird. Für diese stehe ich hier ein, nicht für mich.«
Er hatte unwillkürlich seine Stimme erhoben. Irgendwo klatschte jemand mit erhobenen Händen und rief: »Bravo! Warum denn nicht? Bravo! Und wieder Bravo!« Die in der ersten Reihe griffen hier und da in ihre Bärte, keiner kehrte sich wegen des Ausrufs um. Auch K. maß ihm keine Bedeutung bei, war aber doch aufgemuntert; er hielt es jetzt gar nicht mehr für nötig, daß alle Beifall klatschten, es genügte, wenn die Allgemeinheit über die Sache nachzudenken begann und nur manchmal einer durch Überredung gewonnen wurde.
»Ich will nicht Rednererfolg«, sagte K. aus dieser Überlegung heraus, »er dürfte mir auch nicht erreichbar sein. Der Herr Untersuchungsrichter spricht wahrscheinlich viel besser, es gehört ja zu seinem Beruf. Was ich will, ist nur die öffentliche Besprechung eines öffentlichen Mißstandes.
Hören Sie: Ich bin vor etwa zehn Tagen verhaftet worden,

über die Tatsache der Verhaftung selbst lache ich, aber das gehört jetzt nicht hierher. Ich wurde früh im Bett überfallen, vielleicht hatte man – es ist nach dem, was der Untersuchungsrichter sagte, nicht ausgeschlossen – den Befehl, irgendeinen Zimmermaler, der ebenso unschuldig ist wie ich, zu verhaften, aber man wählte mich. Das Nebenzimmer war von zwei groben Wächtern besetzt. Wenn ich ein gefährlicher Räuber wäre, hätte man nicht bessere Vorsorge treffen können. Diese Wächter waren überdies demoralisiertes Gesindel*, sie schwätzten mir die Ohren voll, sie wollten sich bestechen lassen, sie wollten mir unter Vorspiegelungen Wäsche und Kleider herauslocken, sie wollten Geld, um mir angeblich ein Frühstück zu bringen, nachdem sie mein eigenes Frühstück vor meinen Augen schamlos aufgegessen hatten. Nicht genug daran. Ich wurde in ein drittes Zimmer vor den Aufseher geführt. Es war das Zimmer einer Dame, die ich sehr schätze, und ich mußte zusehen, wie dieses Zimmer meinetwegen, aber ohne meine Schuld, durch die Anwesenheit der Wächter und des Aufsehers gewissermaßen verunreinigt wurde. Es war nicht leicht, ruhig zu bleiben. Es gelang mir aber, und ich fragte den Aufseher vollständig ruhig – wenn er hier wäre, müßte er es bestätigen –, warum ich verhaftet sei. Was antwortete nun dieser Aufseher, den ich jetzt noch vor mir sehe, wie er auf dem Sessel der erwähnten Dame als eine Darstellung des stumpfsinnigsten Hochmuts sitzt? Meine Herren, er antwortete im Grunde nichts, vielleicht wußte er wirklich nichts, er hatte mich verhaftet und war damit zufrieden. Er hat sogar noch ein übriges getan und in das Zimmer jener Dame drei niedrige Angestellte meiner Bank gebracht, die sich damit beschäftigten, Photographien, Eigentum der Dame, zu betasten und in Unordnung zu bringen. Die Anwesenheit dieser Angestellten hatte natürlich noch einen andern Zweck, sie sollten, ebenso wie meine Vermieterin und ihr Dienstmädchen, die Nachricht von

Leute ohne Anstand, Sitte und Moral

meiner Verhaftung verbreiten, mein öffentliches Ansehen schädigen und insbesondere in der Bank meine Stellung erschüttern. Nun ist nichts davon, auch nicht im geringsten, gelungen, selbst meine Vermieterin, eine ganz einfache Person – ich will ihren Namen hier in ehrendem Sinne nennen, sie heißt Frau Grubach –, selbst Frau Grubach war verständig genug, einzusehen, daß eine solche Verhaftung nicht mehr bedeutet als einen Anschlag, den nicht genügend beaufsichtigte Jungen auf der Gasse ausführen. Ich wiederhole, mir hat das Ganze nur Unannehmlichkeiten und vorübergehenden Ärger bereitet, hätte es aber nicht auch schlimmere Folgen haben können?«

Als K. sich hier unterbrach und nach dem stillen Untersuchungsrichter hinsah, glaubte er zu bemerken, daß dieser gerade mit einem Blick jemandem in der Menge ein Zeichen gab. K. lächelte und sagte: »Eben gibt hier neben mir der Herr Untersuchungsrichter jemandem von Ihnen ein geheimes Zeichen. Es sind also Leute unter Ihnen, die von hier oben dirigiert werden. Ich weiß nicht, ob das Zeichen jetzt Zischen oder Beifall bewirken sollte, und verzichte dadurch, daß ich die Sache vorzeitig verrate, ganz bewußt darauf, die Bedeutung des Zeichens zu erfahren. Es ist mir vollständig gleichgültig, und ich ermächtige den Herrn Untersuchungsrichter öffentlich, seine bezahlten Angestellten dort unten, statt mit geheimen Zeichen, laut mit Worten zu befehlen, indem er etwa einmal sagt: ›Jetzt zischt!‹ und das nächste Mal: ›Jetzt klatscht!‹«

In Verlegenheit oder Ungeduld rückte der Untersuchungsrichter auf seinem Sessel hin und her. Der Mann hinter ihm, mit dem er sich schon früher unterhalten hatte, beugte sich wieder zu ihm, sei es, um ihm im allgemeinen Mut zuzusprechen oder um ihm einen besonderen Rat zu geben. Unten unterhielten sich die Leute leise, aber lebhaft. Die zwei Parteien, die früher so entgegengesetzte Meinungen gehabt zu haben schienen, vermischten sich, einzelne Leute zeigten mit dem Finger auf K., andere auf den Untersuchungsrichter. Der neblige Dunst im Zimmer war äußerst lästig, er verhinderte sogar eine genauere Beobachtung der Fernerstehenden. Besonders für die Galeriebesucher mußte er störend sein, sie waren gezwungen, allerdings unter scheuen Seitenblicken nach dem Untersuchungsrichter, leise Fragen an die Versammlungsteilnehmer zu stellen, um sich näher zu unterrichten. Die Antworten wurden im Schutz der vorgehaltenen Hände ebenso leise gegeben.

»Ich bin gleich zu Ende«, sagte K. und schlug, da keine Glocke vorhanden war, mit der Faust auf den Tisch; im Schrecken darüber fuhren die Köpfe des Untersuchungsrichters und seines Ratgebers augenblicklich auseinander: »Mir steht die ganze Sache fern, ich beurteile sie daher ruhig, und Sie können, vorausgesetzt, daß Ihnen an diesem angeblichen Gericht etwas gelegen ist, großen Vorteil davon haben, wenn Sie mir zuhören. Ihre gegenseitigen Besprechungen dessen, was ich vorbringe, bitte ich Sie für späterhin zu verschieben, denn ich habe keine Zeit und werde bald weggehen.«

Sofort war es still, so sehr beherrschte K. schon die Versammlung. Man schrie nicht mehr durcheinander wie am Anfang, man klatschte nicht einmal mehr Beifall, aber man schien schon überzeugt oder auf dem nächsten Wege dazu.

»Es ist kein Zweifel«, sagte K. sehr leise, denn ihn freute das angespannte Aufhorchen der ganzen Versammlung, in dieser Stille entstand ein Sausen, das aufreizender war als der verzückteste Beifall, »es ist kein Zweifel, daß hinter allen Äußerungen dieses Gerichtes, in meinem Fall also hinter der Verhaftung und der heutigen Untersuchung, eine große Organisation sich befindet. Eine Organisation, die nicht nur bestechliche Wächter, läppische Aufseher und Untersuchungsrichter, die günstigsten Falles bescheiden sind, beschäftigt, sondern die weiterhin jedenfalls eine

Richterschaft hohen und höchsten Grades unterhält, mit dem zahllosen, unumgänglichen Gefolge von Dienern, Schreibern, Gendarmen und anderen Hilfskräften, vielleicht sogar Henkern, ich scheue vor dem Wort nicht zurück. Und der Sinn dieser großen Organisation, meine Herren? Er besteht darin, daß unschuldige Personen verhaftet werden und gegen sie ein sinnloses und meistens, wie in meinem Fall, ergebnisloses Verfahren eingeleitet wird. Wie ließe sich bei dieser Sinnlosigkeit des Ganzen die schlimmste Korruption der Beamtenschaft vermeiden? Das ist unmöglich, das brächte auch der höchste Richter nicht einmal für sich selbst zustande. Darum suchen die Wächter den Verhafteten die Kleider vom Leib zu stehlen, darum brechen Aufseher in fremde Wohnungen ein, darum sollen Unschuldige, statt verhört, lieber vor ganzen Versammlungen entwürdigt werden. Die Wächter haben nur von Depots erzählt, in die man das Eigentum der Verhafteten bringt, ich wollte einmal diese Depotplätze sehen, in denen das mühsam erarbeitete Vermögen der Verhafteten fault, soweit es nicht von diebischen Depotbeamten gestohlen ist.«

K. wurde durch ein Kreischen vom Saalende unterbrochen, er beschattete die Augen, um hinsehen zu können, denn das trübe Tageslicht machte den Dunst weißlich und blendete. Es handelte sich um die Waschfrau, die K. gleich bei ihrem Eintritt als eine wesentliche Störung erkannt hatte. Ob sie jetzt schuldig war oder nicht, konnte man nicht erkennen. K. sah nur, daß ein Mann sie in einen Winkel bei der Tür gezogen hatte und dort an sich drückte. Aber nicht sie kreischte, sondern der Mann, er hatte den Mund breit gezogen und blickte zur Decke. Ein kleiner Kreis hatte sich um beide gebildet, die Galeriebesucher in der Nähe schienen darüber begeistert, daß der Ernst, den K. in die Versammlung eingeführt hatte, auf diese Weise unterbrochen wurde. K. wollte unter dem ersten Eindruck gleich hinlaufen, auch dachte er, allen würde daran gelegen sein, dort Ordnung zu schaffen und zumindest das Paar aus dem Saal zu weisen, aber die ersten Reihen vor ihm blieben ganz fest, keiner rührte sich, und keiner ließ K. durch. Im Gegenteil, man hinderte ihn, alte Männer hielten den Arm vor, und irgendeine Hand – er hatte nicht Zeit, sich umzudrehen – faßte ihn hinten am Kragen. K. dachte nicht eigentlich mehr an das Paar, ihm war, als werde seine Freiheit eingeschränkt, als mache man mit der Verhaftung ernst, und er sprang rücksichtslos vom Podium hinunter. Nun stand er Aug in Aug dem Gedränge gegenüber. Hatte er die Leute richtig beurteilt? Hatte er seiner Rede zuviel Wirkung zugetraut? Hatte man sich verstellt, solange er gesprochen hatte, und hatte man jetzt, da er zu den Schlußfolgerungen kam, die Verstellung satt? Was für Gesichter rings um ihn! Kleine, schwarze Äuglein huschten hin und her, die Wangen hingen herab, wie bei Versoffenen, die langen Bärte waren steif und schütter, und griff man in sie, so war es, als bilde man bloß Krallen, nicht als griffe man in Bärte. Unter den Bärten aber – und das war die eigentliche Entdeckung, die K. machte – schimmerten am Rockkragen Abzeichen in verschiedener Größe und Farbe. Alle hatten diese Abzeichen, soweit man sehen konnte. Alle gehörten zueinander, die scheinbaren Parteien rechts und links, und als er sich plötzlich umdrehte, sah er die gleichen Abzeichen am Kragen des Untersuchungsrichters, der, die Hände im Schoß, ruhig hinuntersah. »So«, rief K. und warf die Arme in die Höhe, die plötzliche Erkenntnis wollte Raum, »ihr seid ja alle Beamte, wie ich sehe, ihr seid ja die korrupte Bande, gegen die ich sprach, ihr habt euch hier gedrängt, als Zuhörer und Schnüffler, habt scheinbare Parteien gebildet, und eine hat applaudiert, um mich zu prüfen, ihr wolltet lernen, wie man Unschuldige verführen soll! Nun, ihr seid nicht nutzlos hier gewesen, hoffe ich, entweder habt ihr euch darüber unterhalten, daß jemand die Verteidigung der

Unschuld von euch erwartet hat, oder aber – laß mich oder ich schlage«, rief K. einem zitternden Greis zu, der sich besonders nahe an ihn geschoben hatte – »oder aber ihr habt wirklich etwas gelernt. Und damit wünsche ich euch Glück zu euerem Gewerbe.« Er nahm schnell seinen Hut, der am Rande des Tisches lag, und ⌐drängte sich¬ unter allgemeiner Stille, jedenfalls der Stille vollkommenster Überraschung, zum Ausgang. Der Untersuchungsrichter schien aber noch schneller als K. gewesen zu sein, denn er erwartete ihn bei der Tür. »Einen Augenblick«, sagte er. K. blieb stehen, sah aber nicht auf den Untersuchungsrichter, sondern auf die Tür, deren Klinke er schon ergriffen hatte. »Ich wollte Sie nur darauf aufmerksam machen«, sagte der Untersuchungsrichter, »daß Sie sich heute – es dürfte Ihnen noch nicht zu Bewußtsein gekommen sein – des Vorteils beraubt haben, den ein Verhör für den Verhafteten in jedem Falle bedeutet.« K. lachte die Tür an. »Ihr Lumpen«, rief er, »ich schenke euch alle Verhöre«, öffnete die Tür und eilte die Treppe hinunter. Hinter ihm erhob sich der Lärm der wieder lebendig gewordenen Versammlung, welche die Vorfälle wahrscheinlich nach Art von Studierenden zu besprechen begann.

Drittes Kapitel

Im leeren Sitzungssaal · Der Student · Die Kanzleien

K. wartete während der nächsten Woche von Tag zu Tag auf eine neuerliche Verständigung, er konnte nicht glauben, daß man seinen Verzicht auf Verhöre wörtlich genommen hatte, und als die erwartete Verständigung bis Samstagabend wirklich nicht kam, nahm er an, er sei stillschweigend in das gleiche Haus für die gleiche Zeit wieder vorgeladen. Er begab sich daher Sonntags wieder hin, ging diesmal geradewegs über Treppen und Gänge; einige Leute, die sich seiner erinnerten, grüßten ihn an ihren Türen, aber er mußte niemanden mehr fragen und kam bald zu der richtigen Tür. Auf sein Klopfen wurde ihm gleich aufgemacht, und ohne sich weiter nach der bekannten Frau umzusehen, die bei der Tür stehenblieb, wollte er gleich ins Nebenzimmer. »Heute ist keine Sitzung«, sagte die Frau. »Warum sollte keine Sitzung sein?« fragte er und wollte es nicht glauben. Aber die Frau überzeugte ihn, indem sie die Tür des Nebenzimmers öffnete. Es war wirklich leer und sah in seiner Leere noch kläglicher aus als am letzten Sonntag. Auf dem Tisch, der unverändert auf dem Podium stand, lagen einige Bücher. »Kann ich mir die Bücher anschauen?« fragte K., nicht aus besonderer Neugierde, sondern nur, um nicht vollständig nutzlos hier gewesen zu sein. »Nein«, sagte die Frau und schloß wieder die Tür, »das ist nicht erlaubt. Die Bücher gehören dem Untersuchungsrichter.« »Ach so«, sagte K. und nickte, »die Bücher sind wohl Gesetzbücher, und es gehört zu der Art dieses Gerichtswesens, daß man nicht nur unschuldig, sondern auch unwissend verurteilt wird.« »Es wird so sein«, sagte die Frau, die ihn nicht genau verstanden hatte. »Nun, dann gehe ich wieder«, sagte K. »Soll ich dem Untersuchungsrichter etwas melden?« fragte die Frau. »Sie kennen ihn?« fragte K. »Natürlich«, sagte die Frau, »mein Mann ist ja Gerichtsdiener.« Erst jetzt merkte K., daß das Zimmer, in dem letzthin nur ein Waschbottich gestanden war, jetzt ein völlig eingerichtetes Wohnzimmer bildete. Die Frau bemerkte sein Staunen und sagte: »Ja, wir haben hier freie Wohnung, müssen aber an Sitzungstagen das Zimmer ausräumen. Die Stellung meines Mannes hat manche Nachteile.« »Ich staune nicht so sehr über das Zimmer«, sagte K. und blickte sie böse an, »als vielmehr darüber, daß Sie verheiratet sind.« »Spielen Sie vielleicht auf den Vorfall in der letzten Sitzung an, durch den ich Ihre Rede störte?« fragte die Frau. »Natürlich«, sagte K., »heute ist es ja schon vorüber und fast vergessen, aber damals hat es mich geradezu wütend gemacht. Und nun sagen Sie selbst, daß Sie eine verheiratete Frau sind.« »Es war nicht zu Ihrem Nachteil, daß Ihre Rede abgebrochen wurde. Man hat nachher noch sehr ungünstig über sie geurteilt.« »Mag sein«, sagte K. ablenkend, »aber Sie entschuldigt das nicht.« »Ich bin vor allen entschuldigt, die mich kennen«, sagte die Frau, »der, welcher mich damals umarmt hat, verfolgt mich schon seit langem. Ich mag im allgemeinen nicht verlockend sein, für ihn bin ich es aber. Es gibt hierfür keinen Schutz, auch mein Mann hat sich schon damit abgefunden; will er seine Stellung behalten, muß er es dulden, denn jener Mann ist Student und wird voraussichtlich zu größerer Macht kommen. Er ist immerfort hinter mir her, gerade ehe Sie kamen, ist er fortgegangen.« »Es paßt zu allem anderen«, sagte K., »es überrascht mich nicht.« »Sie wollen hier wohl einiges verbessern?« fragte die Frau langsam und prüfend, als sage sie etwas, was sowohl für sie als für K. gefährlich war. »Ich habe das schon aus Ihrer Rede geschlossen, die mir persönlich sehr gut gefallen hat. Ich habe allerdings nur einen Teil gehört, den Anfang habe ich versäumt und während des Schlusses lag ich mit dem Studenten auf dem Boden. – Es ist ja so widerlich hier«, sagte sie nach einer Pause und faßte K.s Hand. »Glauben Sie, daß es Ihnen gelingen wird, eine Besserung zu erreichen?« K. lächelte und drehte seine Hand ein wenig in ihren weichen Händen. »Eigentlich«, sagte er, »bin ich nicht dazu angestellt, Besserungen hier zu erreichen, wie Sie sich ausdrücken, und wenn Sie es zum Beispiel dem Untersuchungsrichter sagten, würden Sie ausgelacht oder bestraft werden. Tatsächlich hätte ich mich auch aus freiem Willen in diese Dinge gewiß nicht eingemischt, und meinen Schlaf hätte die Verbesserungsbedürftigkeit dieses Gerichtswesens niemals gestört. Aber ich bin dadurch, ⌜daß ich angeblich verhaftet wurde – ich bin nämlich verhaftet –, gezwungen worden, hier einzugreifen, und zwar um meinetwillen. Wenn ich aber dabei auch Ihnen irgendwie nützlich sein kann, werde ich es natürlich sehr gerne tun.⌝ Nicht etwa nur aus Nächstenliebe, sondern außerdem deshalb, weil auch Sie mir helfen können.« »Wie könnte ich denn das?« fragte die Frau. »Indem Sie mir zum Beispiel die Bücher dort auf dem Tisch zeigen.« »Aber gewiß«, rief die Frau und zog ihn eiligst hinter sich her. Es waren alte, abgegriffene Bücher, ein Einbanddeckel war in der Mitte fast zerbrochen, die Stücke hingen nur durch Fasern zusammen. »Wie schmutzig hier alles ist«, sagte K. kopfschüttelnd, ⌜und die Frau wischte mit ihrer Schürze, ehe K. nach den Büchern greifen konnte, wenigstens oberflächlich den Staub weg⌝. K. schlug das oberste Buch auf, ⌜es erschien ein unanständiges Bild. Ein Mann und eine Frau saßen nackt auf einem Kanapee, die gemeine Absicht des Zeichners war deutlich zu erkennen, aber seine Ungeschicklichkeit war so groß gewesen, daß schließlich doch nur ein Mann und eine Frau zu sehen waren, die allzu körperlich aus dem Bilde hervorragten, übermäßig aufrecht dasaßen und sich infolge falscher Perspektive nur mühsam einander zuwendeten.

K. blätterte nicht weiter, sondern schlug nur noch das Titelblatt des zweiten Buches auf, es war ein Roman mit dem Titel: »Die Plagen, welche Grete von ihrem Manne Hans zu erleiden hatte.« »Das sind die Gesetzbücher, die hier studiert werden«, sagte K., »von solchen Menschen soll ich gerichtet werden.« »Ich werde Ihnen helfen«, sagte die Frau. »Wollen Sie?« »Könnten Sie denn das wirklich, ohne sich selbst in Gefahr zu bringen? Sie sagten doch vorhin, Ihr Mann sei sehr abhängig von Vorgesetzten.« »Trotzdem will ich Ihnen helfen«, sagte die Frau, »kommen Sie, wir müssen es besprechen. Über meine Gefahr reden Sie nicht mehr, ich fürchte die Gefahr nur dort, wo ich sie fürchten will. Kommen Sie.« Sie zeigte auf das Podium und bat ihn, sich mit ihr auf die Stufe zu setzen. »Sie haben schöne dunkle Augen«, sagte sie, nachdem sie sich gesetzt hatten, und sah K. von unten ins Gesicht, »man sagt mir, ich hätte auch schöne Augen, aber Ihre sind viel schöner. Sie fielen mir übrigens gleich damals auf, als Sie zum erstenmal hier eintraten. Sie waren auch der Grund, warum ich dann später hierher ins Versammlungszimmer ging, was ich sonst niemals tue und was mir sogar gewissermaßen verboten ist.« Das ist also alles, dachte K., sie bietet sich mir an, sie ist verdorben wie alle hier rings herum, sie hat die Gerichtsbeamten satt, was ja begreiflich ist, und begrüßt deshalb jeden beliebigen Fremden mit einem Kompliment wegen seiner Augen. Und K. stand stillschweigend auf, als hätte er seine Gedanken laut ausgesprochen und dadurch der Frau sein Verhalten erklärt. »Ich glaube nicht, daß Sie mir helfen können«, sagte er, »um mir wirklich zu helfen, müßte man Beziehungen zu hohen Beamten haben. Sie aber kennen gewiß nur die niedrigen Angestellten, die sich hier in Mengen herumtreiben. Diese kennen Sie gewiß sehr gut und könnten bei ihnen auch manches durchsetzen, das bezweifle ich nicht, aber das Größte, was man bei ihnen durchsetzen könnte, wäre für den endgültigen Ausgang des Prozesses gänzlich belanglos. Sie aber hätten sich dadurch doch einige Freunde verscherzt. Das will ich nicht. Führen Sie Ihr bisheriges Verhältnis zu diesen Leuten weiter, es scheint mir nämlich, daß es Ihnen unentbehrlich ist. Ich sage das nicht ohne Bedauern, denn, um Ihr Kompliment doch auch irgendwie zu erwidern, auch Sie gefallen mir gut, besonders wenn Sie mich wie jetzt so traurig ansehen, wozu übrigens für Sie gar kein Grund ist. Sie gehören zu der Gesellschaft, die ich bekämpfen muß, befinden sich aber in ihr sehr wohl, Sie lieben sogar den Studenten, und wenn Sie ihn nicht lieben, so ziehen Sie ihn doch wenigstens Ihrem Manne vor. Das konnte man aus Ihren Worten leicht erkennen.« »Nein!« rief sie, blieb sitzen und griff nach K.s Hand, die er ihr nicht rasch genug entzog. »Sie dürfen jetzt nicht weggehen, Sie dürfen nicht mit einem falschen Urteil über mich weggehen! Brächten Sie es wirklich zustande, jetzt wegzugehen? Bin ich wirklich so wertlos, daß Sie mir nicht einmal den Gefallen tun wollen, noch ein kleines Weilchen hierzubleiben?« »Sie mißverstehen mich«, sagte K. und setzte sich, »wenn Ihnen wirklich daran liegt, daß ich hier bleibe, bleibe ich gern, ich habe ja Zeit, ich kam doch in der Erwartung her, daß heute eine Verhandlung sein werde. Mit dem, was ich früher sagte, wollte ich Sie nur bitten, in meinem Prozeß nichts für mich zu unternehmen. Aber auch das muß Sie nicht kränken, wenn Sie bedenken, ⌜daß mir am Ausgang des Prozesses gar nichts liegt und daß ich über eine Verurteilung nur lachen werde⌝. Vorausgesetzt, daß es überhaupt zu einem wirklichen Abschluß des Prozesses kommt, was ich sehr bezweifle. Ich glaube vielmehr, daß das Verfahren infolge Faulheit oder Vergeßlichkeit oder vielleicht sogar infolge Angst der Beamtenschaft schon abgebrochen ist oder in der nächsten Zeit abgebrochen werden wird. Möglich ist allerdings auch, daß man in Hoffnung auf irgendeine größere Bestechung den Prozeß scheinbar weiterführen wird, ganz vergeblich, wie ich heute schon sagen kann, denn ich besteche niemanden. Es wäre immerhin eine Gefälligkeit, die Sie mir leisten könnten, wenn Sie dem Untersuchungsrichter oder irgend jemandem sonst, der wichtige Nachrichten gern verbreitet, mitteilten, daß ich niemals und durch keine Kunststücke, an denen die Herren wohl reich sind, zu einer Bestechung zu bewegen sein werde. Es wäre ganz aussichtslos, das können Sie ihnen offen sagen. Übrigens wird man es vielleicht selbst schon bemerkt haben, und selbst wenn dies nicht sein sollte, liegt mir gar nicht so viel daran, daß man es jetzt schon erfährt. Es würde ja dadurch den Herren nur Arbeit erspart werden, allerdings auch mir einige Unannehmlichkeiten, die ich aber gern auf mich nehme, wenn ich weiß, daß jede gleichzeitig ein Hieb für die anderen ist. Und daß es so wird, dafür will ich sorgen. Kennen Sie eigentlich den Untersuchungsrichter?« »Natürlich«, sagte die Frau, »an den dachte ich sogar zuerst, als ich Ihnen Hilfe anbot. Ich wußte nicht, daß er nur ein niedriger Beamter ist, aber da Sie es sagen, wird es wahrscheinlich richtig sein. Trotzdem glaube ich, daß der Bericht, den er nach oben liefert, immerhin einigen Einfluß hat. Und er schreibt soviel Berichte. Sie sagen, daß die Beamten faul sind, alle gewiß nicht, besonders dieser Untersuchungsrichter nicht, er schreibt sehr viel. Letzten ⌜Sonntag⌝ zum Beispiel dauerte die Sitzung bis gegen Abend. Alle Leute gingen weg, der Untersuchungsrichter aber blieb im Saal, ich mußte ihm eine Lampe bringen, ich hatte nur eine kleine Küchenlampe, aber er war mit ihr zufrieden und fing gleich zu schreiben an. Inzwischen war auch mein Mann gekommen, der an jenem Sonntag gerade Urlaub hatte, wir holten die Möbel, richteten wieder unser Zimmer ein, es kamen dann noch Nachbarn, wir unterhielten uns noch bei einer Kerze, kurz, wir vergaßen den Untersuchungsrichter und gingen schlafen. Plötzlich in der Nacht, es muß schon tief in der Nacht gewesen sein, wache ich auf, neben dem

Bett steht der Untersuchungsrichter und blendet die Lampe mit der Hand ab, so daß auf meinen Mann kein Licht fällt, es war unnötige Vorsicht, mein Mann hat einen solchen Schlaf, daß ihn auch das Licht nicht geweckt hätte. Ich war so erschrocken, daß ich fast geschrien hätte, aber der Untersuchungsrichter war sehr freundlich, ermahnte mich zur Vorsicht, flüsterte mir zu, daß er bis jetzt geschrieben habe, daß er mir jetzt die Lampe zurückbringe und daß er niemals den Anblick vergessen werde, wie er mich schlafend gefunden habe. Mit dem allem wollte ich Ihnen nur sagen, daß der Untersuchungsrichter tatsächlich viele Berichte schreibt, insbesondere über Sie, denn Ihre Einvernahme war gewiß einer der Hauptgegenstände der sonntäglichen Sitzung. Solche langen Berichte können aber doch nicht ganz bedeutungslos sein. Außerdem aber können Sie doch auch aus dem Vorfall sehen, daß sich der Untersuchungsrichter um mich bewirbt und daß ich gerade jetzt in der ersten Zeit, er muß mich überhaupt erst jetzt bemerkt haben, großen Einfluß auf ihn haben kann. Daß ihm viel an mir liegt, dafür habe ich jetzt auch noch andere Beweise. Er hat mir gestern durch den Studenten, zu dem er viel Vertrauen hat und der sein Mitarbeiter ist, seidene Strümpfe zum Geschenk geschickt, angeblich dafür, daß ich das Sitzungszimmer aufräume, aber das ist nur ein Vorwand, denn diese Arbeit ist doch nur meine Pflicht und für sie wird mein Mann bezahlt. Es sind schöne Strümpfe, sehen Sie« – ⌜sie streckte die Beine, zog die Röcke bis zum Knie hinauf und sah auch selbst die Strümpfe an –, »es sind schöne Strümpfe, aber doch eigentlich zu fein und für mich nicht geeignet.«⌝

Plötzlich unterbrach sie sich, legte ihre Hand auf K.s Hand, als wolle sie ihn beruhigen, und flüsterte: »Still, Berthold sieht uns zu.« K. hob langsam den Blick. In der Tür des Sitzungszimmers stand ein junger Mann, ⌜er war klein, hatte nicht ganz gerade Beine und suchte sich durch einen kurzen, schütteren, rötlichen Vollbart, in dem er die Finger fortwährend herumführte, Würde zu geben⌐. K. sah ihn neugierig an, es war ja der erste Student der unbekannten Rechtswissenschaft, dem er gewissermaßen menschlich begegnete, ein Mann, der wahrscheinlich auch einmal zu höheren Beamtenstellen gelangen würde. Der Student dagegen kümmerte sich um K. scheinbar gar nicht, er winkte nur mit einem Finger, den er für einen Augenblick aus seinem Barte zog, der Frau und ging zum Fenster, die Frau beugte sich zu K. und flüsterte: »Seien Sie mir nicht böse, ich bitte Sie vielmals, denken Sie auch nicht schlecht von mir, ich muß jetzt zu ihm gehen, zu diesem scheußlichen Menschen, sehen Sie nur seine krummen Beine an. Aber ich komme gleich zurück, und dann gehe ich mit Ihnen, wenn Sie mich mitnehmen, ich gehe, wohin Sie wollen, ⌐Sie können mit mir tun, was Sie wollen⌐, ich werde glücklich sein, wenn ich von hier für möglichst lange Zeit fort bin, am liebsten allerdings für immer.« Sie streichelte noch K.s Hand, sprang auf und lief zum Fenster. Unwillkürlich haschte noch K. nach ihrer Hand ins Leere. Die Frau verlockte ihn wirklich, er fand trotz allem Nachdenken keinen haltbaren Grund dafür, warum er der Verlockung nicht nachgeben sollte. Den flüchtigen Einwand, daß ihn die Frau für das Gericht einfange, wehrte er ohne Mühe ab. Auf welche Weise konnte sie ihn einfangen? Blieb er nicht immer so frei, daß er das ganze Gericht, wenigstens soweit es ihn betraf, sofort zerschlagen konnte? Konnte er nicht dieses geringe Vertrauen zu sich haben? Und ihr Anerbieten einer Hilfe klang aufrichtig und war vielleicht nicht wertlos. Und es gab vielleicht keine bessere Rache an dem Untersuchungsrichter und seinem Anhang, als daß er ihnen diese Frau entzog und an sich nahm. Es könnte sich dann einmal der Fall ereignen, daß der Untersuchungsrichter nach mühevoller Arbeit an Lügenberichten über K. in später Nacht das Bett der Frau leer fand. Und leer deshalb,

weil sie K. gehörte, weil diese Frau am Fenster, dieser üppige, gelenkige, warme Körper im dunklen Kleid aus grobem, schwerem Stoff, durchaus nur K. gehörte.
Nachdem er auf diese Weise die Bedenken gegen die Frau beseitigt hatte, wurde ihm das leise Zwiegespräch am Fenster zu lang, er klopfte mit den Knöcheln auf das Podium und dann auch mit der Faust. Der Student sah kurz über die Schulter der Frau hinweg nach K. hin, ließ sich aber nicht stören, ja drückte sich sogar eng an die Frau und umfaßte sie. Sie senkte tief den Kopf, als höre sie ihm aufmerksam zu, ⌜er küßte sie, als sie sich bückte, laut auf den Hals⌝, ohne sich im Reden wesentlich zu unterbrechen. K. sah darin die Tyrannei bestätigt, die der Student nach den Klagen der Frau über sie ausübte, stand auf und ging im Zimmer auf und ab. Er überlegte unter Seitenblicken nach dem Studenten, wie er ihn möglichst schnell wegschaffen könnte, und es war ihm daher nicht unwillkommen, als der Student, offenbar gestört durch K.s Herumgehen, das schon zeitweilig zu einem Trampeln ausgeartet war, bemerkte: »Wenn Sie ungeduldig sind, können Sie weggehen. Sie hätten auch schon früher weggehen können, es hätte Sie niemand vermißt. Ja, Sie hätten sogar weggehen sollen, und zwar schon bei meinem Eintritt, und zwar schleunigst.« Es mochte in dieser Bemerkung alle mögliche Wut zum Ausbruch kommen, jedenfalls lag darin aber auch der Hochmut des künftigen Gerichtsbeamten, der zu einem mißliebigen Angeklagten sprach. K. blieb ganz nahe bei ihm stehen und sagte lächelnd: »Ich bin ungeduldig, das ist richtig, aber diese Ungeduld wird am leichtesten dadurch zu beseitigen sein, daß Sie uns verlassen. Wenn Sie aber vielleicht hergekommen sind, um zu studieren – ich hörte, daß Sie Student sind –, so will ich Ihnen gerne Platz machen und mit der Frau weggehen. Sie werden übrigens noch viel studieren müssen, ehe Sie Richter werden. Ich kenne zwar Ihr Gerichtswesen noch nicht sehr genau, nehme aber an,

daß es mit groben Reden allein, die Sie allerdings schon unverschämt gut zu führen wissen, noch lange nicht getan ist.« »Man hätte ihn nicht so frei herumlaufen lassen sollen«, sagte der Student, als wolle er der Frau eine Erklärung für K.s beleidigende Rede geben, »es war ein Mißgriff. Ich habe es dem Untersuchungsrichter gesagt. Man hätte ihn zwischen den Verhören zumindest in seinem Zimmer halten sollen. Der Untersuchungsrichter ist manchmal unbegreiflich.« »Unnütze Reden«, sagte K. und streckte die Hand nach der Frau aus, »kommen Sie.« »Ach so«, sagte der Student, »nein, nein, die bekommen Sie nicht«, und mit einer Kraft, die man ihm nicht zugetraut hätte, hob er sie auf einen Arm und lief mit gebeugtem Rücken, zärtlich zu ihr aufsehend, zur Tür. Eine gewisse Angst vor K. war hierbei nicht zu verkennen, trotzdem wagte er es, K. noch zu reizen, indem er mit der freien Hand den Arm der Frau streichelte und drückte. K. lief ein paar Schritte neben ihm her, bereit, ihn zu fassen und, wenn es sein mußte, zu würgen, da sagte die Frau: »Es hilft nichts, der Untersuchungsrichter läßt mich holen, ich darf nicht mit Ihnen gehen, dieses kleine Scheusal«, sie fuhr hierbei dem Studenten mit der Hand übers Gesicht, »dieses kleine Scheusal läßt mich nicht.« »Und Sie wollen nicht befreit werden!« schrie K. und legte die Hand auf die Schulter des Studenten, der mit den Zähnen nach ihr schnappte. »Nein!« rief die Frau und wehrte K. mit beiden Händen ab, »nein, nein, nur das nicht, woran denken Sie denn! Das wäre mein Verderben. Lassen Sie ihn doch, o bitte, lassen Sie ihn doch. Er führt ja nur den Befehl des Untersuchungsrichters aus und trägt mich zu ihm.« »Dann mag er laufen, und Sie will ich nie mehr sehen«, sagte K. wütend vor Enttäuschung und gab dem Studenten einen Stoß in den Rücken, daß er kurz stolperte, um gleich darauf, vor Vergnügen darüber, daß er nicht gefallen war, mit seiner Last desto höher zu springen. K. ging ihnen langsam nach, er sah ein, daß das die erste

Drittes Kapitel

zweifellose Niederlage war, die er von diesen Leuten erfahren hatte. Es war natürlich kein Grund, sich deshalb zu ängstigen, er erhielt die Niederlage nur deshalb, weil er den Kampf aufsuchte. Wenn er zu Hause bliebe und sein gewohntes Leben führte, war er jedem dieser Leute tausendfach überlegen und konnte jeden mit einem Fußtritt von seinem Wege räumen. Und er stellte sich die allerlächerlichste Szene vor, die es zum Beispiel geben würde, wenn dieser klägliche Student, dieses aufgeblasene Kind, dieser krumme Bartträger vor Elsas Bett knien und mit gefalteten Händen um Gnade bitten würde. K. gefiel diese Vorstellung so, daß er beschloß, wenn sich nur irgendeine Gelegenheit dafür ergeben sollte, den Studenten einmal zu Elsa mitzunehmen.

Aus Neugierde eilte K. noch zur Tür, er wollte sehen, wohin die Frau getragen wurde, der Student würde sie doch nicht etwa über die Straßen auf dem Arm tragen. Es zeigte sich, daß der Weg viel kürzer war. Gleich gegenüber der Wohnung führte eine schmale hölzerne Treppe wahrscheinlich zum Dachboden, sie machte eine Wendung, so daß man ihr Ende nicht sah. Über diese Treppe trug der Student die Frau hinauf, schon sehr langsam und stöhnend, denn er war durch das bisherige Laufen geschwächt. Die Frau grüßte mit der Hand zu K. hinunter und suchte durch Auf- und Abziehen der Schultern zu zeigen, daß sie an der Entführung unschuldig sei, viel Bedauern lag aber in dieser Bewegung nicht. K. sah sie ausdruckslos wie eine Fremde an, er wollte weder verraten, daß er enttäuscht war, noch auch, daß er die Enttäuschung leicht überwinden könne.

Die zwei waren schon verschwunden, K. aber stand noch immer in der Tür. Er mußte annehmen, daß ihn die Frau nicht nur betrogen, sondern mit der Angabe, daß sie zum Untersuchungsrichter getragen werde, auch belogen habe. Der Untersuchungsrichter würde doch nicht auf dem Dachboden sitzen und warten. Die Holztreppe erklärte nichts, so lange man sie auch ansah. Da bemerkte K. einen kleinen Zettel neben dem Aufgang, ging hinüber und las in einer kindlichen, ungeübten Schrift: »Aufgang zu den Gerichtskanzleien.« ⌈Hier auf dem Dachboden dieses Miethauses⌉ waren also die Gerichtskanzleien? Das war keine Einrichtung, die viel Achtung einzuflößen imstande war, und es war für einen Angeklagten beruhigend, sich vorzustellen, wie wenig Geldmittel diesem Gericht zur Verfügung standen, wenn es seine Kanzleien dort unterbrachte, wo die Mietsparteien, die schon selbst zu den Ärmsten gehörten, ihren unnützen Kram hinwarfen. Allerdings war es nicht ausgeschlossen, daß man Geld genug hatte, daß aber die Beamtenschaft sich darüberwarf, ehe es für Gerichtszwecke verwendet wurde. Das war nach den bisherigen Erfahrungen K.s sogar sehr wahrscheinlich, nur war dann eine solche Verlotterung des Gerichtes für einen Angeklagten zwar entwürdigend, aber im Grunde noch beruhigender, als es die Armut des Gerichtes gewesen wäre. Nun war es K. auch begreiflich, daß man sich beim ersten Verhör schämte, den Angeklagten auf den Dachboden vorzuladen, und es vorzog, ihn in seiner Wohnung zu belästigen. In welcher Stellung befand sich doch K. gegenüber dem Richter, der auf dem Dachboden saß, während er selbst in der Bank ein großes Zimmer mit einem Vorzimmer hatte und durch eine riesige Fensterscheibe auf den belebten Stadtplatz hinuntersehen konnte! Allerdings hatte er keine Nebeneinkünfte aus Bestechungen oder Unterschlagungen und konnte sich auch vom Diener keine Frau auf dem Arm ins Büro tragen lassen. Darauf wollte K. aber, wenigstens in diesem Leben, gerne verzichten.

K. stand noch vor dem Anschlagzettel, als ein Mann die Treppe heraufkam, durch die offene Tür ins Wohnzimmer sah, aus dem man auch das Sitzungszimmer sehen konnte, und schließlich K. fragte, ob er hier nicht vor kurzem eine Frau gesehen habe. »Sie sind der Gerichtsdiener, nicht?«

fragte K. »Ja«, sagte der Mann, »ach so, Sie sind der Angeklagte K., jetzt erkenne ich Sie auch, seien Sie willkommen.« Und er reichte K., der es gar nicht erwartet hatte, die Hand. »Heute ist aber keine Sitzung angezeigt«, sagte dann der Gerichtsdiener, als K. schwieg. »Ich weiß«, sagte K. und betrachtete den Zivilrock des Gerichtsdieners, der als einziges amtliches Abzeichen neben einigen gewöhnlichen Knöpfen auch zwei vergoldete Knöpfe aufwies, die von einem alten Offiziersmantel abgetrennt zu sein schienen. »Ich habe vor einem Weilchen mit Ihrer Frau gesprochen. Sie ist nicht mehr hier. Der Student hat sie zum Untersuchungsrichter getragen.« »Sehen Sie«, sagte der Gerichtsdiener, »immer trägt man sie mir weg. Heute ist doch Sonntag, und ich bin zu keiner Arbeit verpflichtet, aber nur, um mich von hier zu entfernen, schickt man mich mit einer jedenfalls unnützen Meldung weg. Und zwar schickt man mich nicht weit weg, so daß ich die Hoffnung habe, wenn ich mich sehr beeile, vielleicht noch rechtzeitig zurückzukommen. Ich laufe also, so sehr ich kann, schreie dem Amt, zu dem ich geschickt wurde, meine Meldung durch den Türspalt so atemlos zu, daß man sie kaum verstanden haben wird, laufe wieder zurück, aber der Student hat sich noch mehr beeilt als ich, er hatte allerdings auch einen kürzeren Weg, er mußte nur die Bodentreppe hinunterlaufen. Wäre ich nicht so abhängig, ich hätte den Studenten schon längst hier an der Wand zerdrückt. Hier neben dem Anschlagzettel. Davon träume ich immer. Hier, ein wenig über dem Fußboden, ist er festgedrückt, die Arme gestreckt, die Finger gespreizt, die krummen Beine zum Kreis gedreht, und ringsherum Blutspritzer. Bisher war es aber nur Traum.« »Eine andere Hilfe gibt es nicht?« fragte K. lächelnd. »Ich wüßte keine«, sagte der Gerichtsdiener. »Und jetzt wird es ja noch ärger, bisher hat er sie nur zu sich getragen, jetzt trägt er sie, was ich allerdings längst erwartet habe, auch zum Untersuchungsrichter.«

»Hat denn Ihre Frau gar keine Schuld dabei«, fragte K., er mußte sich bei dieser Frage bezwingen, so sehr fühlte auch er jetzt die Eifersucht. »Aber gewiß«, sagte der Gerichtsdiener, »sie hat sogar die größte Schuld. Sie hat sich ja an ihn gehängt. Was ihn betrifft, er läuft allen Weibern nach. In diesem Hause allein ist er schon aus fünf Wohnungen, in die er sich eingeschlichen hat, hinausgeworfen worden. Meine Frau ist allerdings die Schönste im ganzen Haus, und gerade ich darf mich nicht wehren.« »Wenn es sich so verhält, dann gibt es allerdings keine Hilfe«, sagte K. »Warum denn nicht?« fragte der Gerichtsdiener. »Man müßte den Studenten, der ein Feigling ist, einmal, wenn er meine Frau anrühren will, so durchprügeln, daß er es niemals mehr wagt. Aber ich darf es nicht, und andere machen mir den Gefallen nicht, denn alle fürchten seine Macht. Nur ein Mann wie Sie könnte es tun.« »Wieso denn ich?« fragte K. erstaunt. »Sie sind doch angeklagt«, sagte der Gerichtsdiener. »Ja«, sagte K., »aber desto mehr müßte ich doch fürchten, daß er, wenn auch vielleicht nicht Einfluß auf den Ausgang des Prozesses, so doch wahrscheinlich auf die Voruntersuchung hat.« »Ja, gewiß«, sagte der Gerichtsdiener, als sei die Ansicht K.s genau so richtig wie seine eigene. »Es werden aber bei uns in der Regel keine aussichtslosen Prozesse geführt.« »Ich bin nicht Ihrer Meinung«, sagte K., »das soll mich aber nicht hindern, gelegentlich den Studenten in Behandlung zu nehmen.« »Ich wäre Ihnen sehr dankbar«, sagte der Gerichtsdiener etwas förmlich, er schien eigentlich doch nicht an die Erfüllbarkeit seines höchsten Wunsches zu glauben. »Es würden vielleicht«, fuhr K. fort, »auch noch andere Ihrer Beamten und vielleicht sogar alle das gleiche verdienen.« »Ja, ja«, sagte der Gerichtsdiener, als handle es sich um etwas Selbstverständliches. Dann sah er K. mit einem zutraulichen Blick an, wie er es bisher trotz aller Freundlichkeit nicht getan hatte, und fügte hinzu: »Man rebelliert eben

Drittes Kapitel

immer.« Aber das Gespräch schien ihm doch ein wenig unbehaglich geworden zu sein, denn er brach es ab, indem er sagte: »Jetzt muß ich mich in der Kanzlei melden. Wollen Sie mitkommen?« »Ich habe dort nichts zu tun«, sagte K. »Sie können die Kanzleien ansehen. Es wird sich niemand um Sie kümmern.« »Ist es denn sehenswert?« fragte K. zögernd, hatte aber große Lust mitzugehen. »Nun«, sagte der Gerichtsdiener, »ich dachte, es würde Sie interessieren.« »Gut«, sagte K. schließlich, »ich gehe mit.« Und er lief schneller als der Gerichtsdiener die Treppe hinauf. Beim Eintritt wäre er fast hingefallen, denn hinter der Tür war noch eine Stufe. »Auf das Publikum nimmt man nicht viel Rücksicht«, sagte er. »Man nimmt überhaupt keine Rücksicht«, sagte der Gerichtsdiener, »sehen Sie nur hier das Wartezimmer.« Es war ein langer Gang, von dem aus roh gezimmerte Türen zu den einzelnen Abteilungen des Dachbodens führten. Obwohl kein unmittelbarer Lichtzutritt bestand, war es doch nicht vollständig dunkel, denn manche Abteilungen hatten gegen den Gang zu statt einheitlicher Bretterwände bloße, allerdings bis zur Decke reichende Holzgitter, durch die einiges Licht drang und durch die man auch einzelne Beamte sehen konnte, wie sie an Tischen schrieben oder geradezu am Gitter standen und durch die Lücken die Leute auf dem Gang beobachteten. Es waren, wahrscheinlich weil Sonntag war, nur wenig Leute auf dem Gang. Sie machten einen sehr bescheidenen Eindruck. In fast regelmäßigen Entfernungen voneinander saßen sie auf den zwei Reihen langer Holzbänke, die zu beiden Seiten des Ganges angebracht waren. Alle waren vernachlässigt angezogen, obwohl die meisten nach dem Gesichtsausdruck, der Haltung, der Barttracht und vielen, kaum sicherzustellenden kleinen Einzelheiten den höheren Klassen angehörten. Da keine Kleiderhaken vorhanden waren, hatten sie die Hüte, wahrscheinlich einer dem Beispiel des anderen folgend, unter die Bank gestellt. Als die,

welche zunächst der Tür saßen, K. und den Gerichtsdiener
erblickten, erhoben sie sich zum Gruß, da das die Folgenden sahen, glaubten sie auch grüßen zu müssen, so daß alle
beim Vorbeigehen der beiden sich erhoben. Sie standen niemals vollständig aufrecht, ⌜der Rücken war geneigt, die
Knie geknickt⌝, sie standen wie Straßenbettler. K. wartete
auf den ein wenig hinter ihm gehenden Gerichtsdiener und
sagte: »Wie gedemütigt die sein müssen.« »Ja«, sagte der
Gerichtsdiener, »es sind Angeklagte, alle, die Sie hier sehn,
sind Angeklagte.« »Wirklich!« sagte K. »Dann sind es ja
meine Kollegen.« Und er wandte sich an den nächsten, einen großen, schlanken, schon fast grauhaarigen Mann.
»Worauf warten Sie hier?« fragte K. höflich. Die unerwar-
tete Ansprache aber machte den Mann verwirrt, was um so
peinlicher aussah, da es sich offenbar um einen welterfah-
renen Menschen handelte, der anderswo gewiß sich zu beherrschen verstand und die Überlegenheit, die er sich über
viele erworben hatte, nicht leicht aufgab. Hier aber wußte
er auf eine so einfache Frage nicht zu antworten und sah
auf die anderen hin, als seien sie verpflichtet, ihm zu helfen,
und als könne niemand von ihm eine Antwort verlangen,
wenn diese Hilfe ausbliebe. Da trat der Gerichtsdiener hinzu und sagte, um den Mann zu beruhigen und aufzumuntern: »Der Herr hier fragt ja nur, worauf Sie warten. Antworten Sie doch.« Die ihm wahrscheinlich bekannte Stimme des Gerichtsdieners wirkte besser: »Ich warte –« begann er und stockte. Offenbar hatte er diesen Anfang gewählt, um ganz genau auf die Fragestellung zu antworten,
fand aber jetzt die Fortsetzung nicht. Einige der Wartenden
hatten sich genähert und umstanden die Gruppe, der Gerichtsdiener sagte zu ihnen: »Weg, weg, macht den Gang
frei.« Sie wichen ein wenig zurück, aber nicht bis zu ihren
früheren Sitzen. Inzwischen hatte sich der Gefragte gesammelt und antwortete sogar mit einem kleinen Lächeln: »Ich
habe vor einem Monat einige Beweisanträge in meiner Sa-

che gemacht und warte auf die Erledigung.« »Sie scheinen sich ja viele Mühe zugeben«, sagte K. »Ja«, sagte der Mann, »es ist ja meine Sache.« »Jeder denkt nicht so wie Sie«, sagte K., »ich zum Beispiel bin auch angeklagt, habe aber, so wahr ich selig werden will, weder einen Beweisantrag gestellt, noch auch sonst irgend etwas Derartiges unternommen. Halten Sie denn das für nötig?« »Ich weiß nicht genau«, sagte der Mann wieder in vollständiger Unsicherheit; er glaubte offenbar, K. mache mit ihm einen Scherz, deshalb hätte er wahrscheinlich am liebsten, aus Furcht, irgendeinen neuen Fehler zu machen, seine frühere Antwort ganz wiederholt, vor K.s ungeduldigem Blick aber sagte er nur: »Was mich betrifft, ich habe Beweisanträge gestellt.« »Sie glauben wohl nicht, daß ich angeklagt bin?« fragte K. »O bitte, gewiß«, sagte der Mann und trat ein wenig zur Seite, aber in der Antwort war nicht Glaube, sondern nur Angst. »Sie glauben mir also nicht?« fragte K. und faßte ihn, unbewußt durch das demütige Wesen des Mannes aufgefordert, beim Arm, als wolle er ihn zum Glauben zwingen. Aber er wollte ihm nicht Schmerz bereiten, hatte ihn auch nur ganz leicht angegriffen, trotzdem schrie der Mann auf, als habe K. ihn nicht mit zwei Fingern, sondern mit einer glühenden Zange erfaßt. Dieses lächerliche Schreien machte ihn K. endgültig überdrüssig; glaubte man ihm nicht, daß er angeklagt war, so war es desto besser; vielleicht hielt er ihn sogar für einen Richter. Und er faßte ihn nun zum Abschied wirklich fester, stieß ihn auf die Bank zurück und ging weiter. »Die meisten Angeklagten sind so empfindlich«, sagte der Gerichtsdiener. Hinter ihnen sammelten sich jetzt fast alle Wartenden um den Mann, der schon zu schreien aufgehört hatte, und schienen ihn über den Zwischenfall genau auszufragen. K. entgegen kam jetzt ein Wächter, der hauptsächlich an einem Säbel kenntlich war, dessen Scheide, wenigstens der Farbe nach, aus Aluminium bestand. K. staunte darüber und griff sogar mit der Hand hin. Der Wächter, der wegen des Schreiens gekommen war, fragte nach dem Vorgefallenen. Der Gerichtsdiener suchte ihn mit einigen Worten zu beruhigen, aber der Wächter erklärte, doch noch selbst nachsehen zu müssen, salutierte und ging weiter mit sehr eiligen, aber sehr kurzen, wahrscheinlich ⌜durch Gicht abgemessenen Schritten⌝.

K. kümmerte sich nicht lange um ihn und die Gesellschaft auf dem Gang, besonders da er etwa in der Hälfte des Ganges die Möglichkeit sah, rechts durch eine türlose Öffnung einzubiegen. Er verständigte sich mit dem Gerichtsdiener darüber, ob das der richtige Weg sei, der Gerichtsdiener nickte, und K. bog nun wirklich dort ein. Es war ihm lästig, daß er immer einen oder zwei Schritte vor dem Gerichtsdiener gehen mußte, es konnte wenigstens an diesem Ort den Anschein haben, als ob er verhaftet vorgeführt werde. Er wartete also öfters auf den Gerichtsdiener, aber dieser blieb gleich wieder zurück. Schließlich sagte K., um seinem Unbehagen ein Ende zu machen: »Nun habe ich gesehen, wie es hier aussieht, ich will jetzt weggehen.« »Sie haben noch nicht alles gesehen«, sagte der Gerichtsdiener vollständig unverfänglich. »Ich will nicht alles sehen«, sagte K., der sich übrigens wirklich müde fühlte, »ich will gehen, wie kommt man zum Ausgang?« »Sie haben sich doch nicht schon verirrt?« fragte der Gerichtsdiener erstaunt, »Sie gehen hier bis zur Ecke und dann rechts den Gang hinunter geradeaus zur Tür.« »Kommen Sie mit«, sagte K., »zeigen Sie mir den Weg, ich werde ihn verfehlen, es sind hier so viele Wege.« »Es ist der einzige Weg«, sagte der Gerichtsdiener nun schon vorwurfsvoll, »ich kann nicht wieder mit Ihnen zurückgehen, ich muß doch meine Meldung vorbringen und habe schon viel Zeit durch Sie versäumt.« »Kommen Sie mit!« wiederholte K. jetzt schärfer, als habe er endlich den Gerichtsdiener auf einer Unwahrheit ertappt. »Schreien Sie doch nicht so«, flüsterte der

Gerichtsdiener, »es sind ja hier überall Büros. Wenn Sie nicht allein zurückgehen wollen, so gehen Sie noch ein Stückchen mit mir oder warten Sie hier, bis ich meine Meldung erledigt habe, dann will ich ja gern mit Ihnen wieder zurückgehen.« »Nein, nein«, sagte K., »ich werde nicht warten, und Sie müssen jetzt mit mir gehen.« K. hatte sich noch gar nicht in dem Raum umgesehen, in dem er sich befand, erst als jetzt eine der vielen Holztüren, die ringsherum standen, sich öffnete, blickte er hin. Ein Mädchen, das wohl durch K.s lautes Sprechen herbeigerufen war, trat ein und fragte: »Was wünscht der Herr?« Hinter ihr in der Ferne sah man im Halbdunkel noch einen Mann sich nähern. K. blickte den Gerichtsdiener an. Dieser hatte doch gesagt, daß sich niemand um K. kümmern werde, und nun kamen schon zwei, es brauchte nur wenig und die Beamtenschaft wurde auf ihn aufmerksam, würde eine Erklärung seiner Anwesenheit haben wollen. Die einzig verständliche und annehmbare war die, daß er Angeklagter war und das Datum des nächsten Verhörs erfahren wollte, gerade diese Erklärung aber wollte er nicht geben, besonders da sie auch nicht wahrheitsgemäß war, denn er war nur aus Neugierde gekommen oder, was als Erklärung noch unmöglicher war, aus dem Verlangen, festzustellen, daß das Innere dieses Gerichtswesens ebenso widerlich war wie sein Äußeres. Und es schien ja, daß er mit dieser Annahme recht hatte, er wollte nicht weiter eindringen, er war beengt genug von dem, was er bisher gesehen hatte, er war gerade jetzt nicht in der Verfassung, einem höheren Beamten gegenüberzutreten, wie er hinter jeder Tür auftauchen konnte, er wollte weggehen, und zwar mit dem Gerichtsdiener oder allein, wenn es sein mußte.

Aber sein stummes Dastehen mußte auffallend sein, und wirklich sahen ihn das Mädchen und der Gerichtsdiener derartig an, als ob in der nächsten Minute irgendeine große Verwandlung mit ihm geschehen müsse, die sie zu beobachten nicht versäumen wollten. Und in der Türöffnung stand der Mann, den K. früher in der Ferne bemerkt hatte, er hielt sich am Deckbalken der niedrigen Tür fest und schaukelte ein wenig auf den Fußspitzen, wie ein ungeduldiger Zuschauer. Das Mädchen aber erkannte doch zuerst, daß das Benehmen K.s in einem leichten Unwohlsein seinen Grund hatte, sie brachte einen Sessel und fragte: »Wollen Sie sich nicht setzen?« K. setzte sich sofort und stützte, um noch besseren Halt zu bekommen, die Ellbogen auf die Lehnen. »Sie haben ein wenig Schwindel, nicht?« fragte sie ihn. Er hatte nun ihr Gesicht nahe vor sich, es hatte den strengen Ausdruck, wie ihn manche Frauen gerade in ihrer schönsten Jugend haben. »Machen Sie sich darüber keine Gedanken«, sagte sie, »das ist hier nichts Außergewöhnliches, fast jeder bekommt einen solchen Anfall, wenn er zum erstenmal herkommt. Sie sind zum erstenmal hier? Nun ja, das ist also nichts Außergewöhnliches. Die Sonne brennt hier auf das Dachgerüst, und das heiße Holz macht die Luft so dumpf und schwer. Der Ort ist deshalb für Büroräumlichkeiten nicht sehr geeignet, so große Vorteile er allerdings sonst bietet. Aber was die Luft betrifft, so ist sie an Tagen großen Parteienverkehrs, und das ist fast jeder Tag, kaum mehr atembar. Wenn Sie dann noch bedenken, daß hier auch vielfach Wäsche zum Trocknen ausgehängt wird – man kann es den Mietern nicht gänzlich untersagen –, so werden Sie sich nicht mehr wundern, daß Ihnen ein wenig übel wurde. Aber man gewöhnt sich schließlich an die Luft sehr gut. Wenn Sie zum zweiten- oder drittenmal herkommen, werden Sie das Drückende hier kaum mehr spüren. Fühlen Sie sich schon besser?« K. antwortete nicht, es war ihm zu peinlich, durch diese plötzliche Schwäche den Leuten hier ausgeliefert zu sein, überdies war ihm, da er jetzt die Ursachen seiner Übelkeit erfahren hatte, nicht besser, sondern noch ein wenig schlechter. Das Mädchen merkte es gleich, nahm, um K. eine Erfrischung zu bereiten, eine Hakenstange, die an der Wand lehnte, und stieß damit eine kleine Luke auf, die gerade über K. angebracht war und ins Freie führte. Aber es fiel so viel Ruß herein, daß das Mädchen die Luke gleich wieder zuziehen und mit ihrem Taschentuch die Hände K.s vom Ruß reinigen mußte, denn K. war zu müde, um das selbst zu besorgen. Er wäre gern hier ruhig sitzengeblieben, bis er sich zum Weggehen genügend gekräftigt hatte, das mußte aber um so früher geschehen, je weniger man sich um ihn kümmern würde. Nun sagte aber überdies das Mädchen: »Hier können Sie nicht bleiben, hier stören wir den Verkehr –« K. fragte mit den Blicken, welchen Verkehr er denn hier störe – »Ich werde Sie, wenn Sie wollen, ins Krankenzimmer führen. Helfen Sie mir, bitte«, sagte sie zu dem Mann in der Tür, der auch gleich näher kam. Aber K. wollte nicht ins Krankenzimmer, gerade das wollte er ja vermeiden, weiter geführt zu werden, je weiter er kam, desto ärger mußte es werden. »Ich kann schon gehen«, sagte er deshalb und stand, durch das bequeme Sitzen verwöhnt, zitternd auf. Dann aber konnte er sich nicht aufrecht halten. »Es geht doch nicht«, sagte er kopfschüttelnd und setzte sich seufzend wieder nieder. Er erinnerte sich an den Gerichtsdiener, der ihn trotz allem leicht hinausführen könnte, aber der schien schon längst weg zu sein, K. sah zwischen dem Mädchen und dem Mann, die vor ihm standen, hindurch, konnte aber den Gerichtsdiener nicht finden.

»Ich glaube«, sagte der Mann, der übrigens elegant gekleidet war und besonders durch eine graue Weste auffiel, die in zwei langen, scharfgeschnittenen Spitzen endigte, »das Unwohlsein des Herrn geht auf die Atmosphäre hier zurück, es wird daher am besten und auch ihm am liebsten sein, wenn wir ihn nicht erst ins Krankenzimmer, sondern überhaupt aus den Kanzleien hinausführen.« »Das ist es«, rief K. und fuhr vor lauter Freude fast noch in die Rede des Mannes hinein, »mir wird gewiß sofort besser werden, ich bin auch gar nicht so schwach, ⌜nur ein wenig Unterstützung unter den Achseln brauche ich, ich werde Ihnen nicht viel Mühe machen⌝, es ist ja auch kein langer Weg, führen Sie mich nur zur Tür, ich setze mich dann noch ein wenig auf die Stufen und werde gleich erholt sein, ich leide nämlich gar nicht unter solchen Anfällen, es kommt mir selbst überraschend. Ich bin doch auch Beamter und an Büroluft gewöhnt, aber hier scheint es doch zu arg, Sie sagen es selbst. Wollen Sie also die Freundlichkeit haben, mich ein wenig zu führen, ich habe nämlich Schwindel, und es wird mir schlecht, wenn ich allein aufstehe.« Und er hob die Schultern, um es den beiden zu erleichtern, ihm unter die Arme zu greifen.

Aber der Mann folgte der Aufforderung nicht, sondern hielt die Hände ruhig in den Hosentaschen und lachte laut. »Sehen Sie«, sagte er zu dem Mädchen, »ich habe also doch das Richtige getroffen. Dem Herrn ist nur hier nicht wohl, nicht im allgemeinen.« Das Mädchen lächelte auch, schlug aber dem Mann leicht mit den Fingerspitzen auf den Arm, als hätte er sich mit K. einen zu starken Spaß erlaubt. »Aber was denken Sie denn«, sagte der Mann noch immer lachend, »ich will ja den Herrn wirklich hinausführen.« »Dann ist es gut«, sagte das Mädchen, indem sie ihren zierlichen Kopf für einen Augenblick neigte. »Messen Sie dem Lachen nicht zuviel Bedeutung zu«, sagte das Mädchen zu K., der, wieder traurig geworden, vor sich hinstarrte und keine Erklärung zu brauchen schien, »dieser Herr – ich darf Sie doch vorstellen?« (der Herr gab mit einer Handbewegung die Erlaubnis) – »dieser Herr also ist der Auskunftgeber. Er gibt den wartenden Parteien alle Auskunft, die sie brauchen, und da unser Gerichtswesen in der Bevölkerung nicht sehr bekannt ist, werden viele Auskünfte verlangt. Er weiß auf alle Fragen eine Antwort, Sie können ihn, wenn Sie einmal Lust dazu haben, daraufhin erproben. Das ist aber nicht sein einziger Vorzug, sein zweiter

Vorzug ist die elegante Kleidung. Wir, das heißt die Beamtenschaft, meinten einmal, man müsse den Auskunftgeber, der immerfort, und zwar als erster, mit Parteien verhandelt, des würdigen ersten Eindrucks halber, auch elegant anziehen. Wir anderen sind, wie Sie gleich an mir sehen können, leider sehr schlecht und altmodisch angezogen; es hat auch nicht viel Sinn, für die Kleidung etwas zu verwenden, da wir fast unaufhörlich in den Kanzleien sind, wir schlafen ja auch hier. Aber, wie gesagt, für den Auskunftgeber hielten wir einmal schöne Kleidung für nötig. Da sie aber von unserer Verwaltung, die in dieser Hinsicht etwas sonderbar ist, nicht erhältlich war, machten wir eine Sammlung – auch Parteien steuerten bei – und wir kauften ihm dieses schöne Kleid und noch andere. Alles wäre jetzt vorbereitet, einen guten Eindruck zu machen, aber durch sein Lachen verdirbt er es wieder und erschreckt die Leute.« »So ist es«, sagte der Herr spöttisch, »aber ich verstehe nicht, Fräulein, warum Sie dem Herrn alle unsere Intimitäten erzählen oder besser, aufdrängen, denn er will sie ja gar nicht erfahren. Sehen Sie nur, wie er, offenbar mit seinen eigenen Angelegenheiten beschäftigt, dasitzt.« K. hatte nicht einmal Lust zu widersprechen, die Absicht des Mädchens mochte eine gute sein, sie war vielleicht darauf gerichtet, ihn zu zerstreuen oder ihm die Möglichkeit zu geben, sich zu sammeln, aber das Mittel war verfehlt. »Ich mußte ihm Ihr Lachen erklären«, sagte das Mädchen. »Es war ja beleidigend.« »Ich glaube, er würde noch ärgere Beleidigungen verzeihen, wenn ich ihn schließlich hinausführe.« K. sagte nichts, sah nicht einmal auf, er duldete es, daß die zwei über ihn wie über eine Sache verhandelten, es war ihm sogar am liebsten. Aber plötzlich fühlte er die Hand des Auskunftgebers an einem Arm und die Hand des Mädchens am anderen. »Also auf, Sie schwacher Mann«, sagte der Auskunftgeber. »Ich danke Ihnen beiden vielmals«, sagte K., freudig überrascht, erhob sich langsam und führte selbst die fremden Hände an die Stellen, an denen er die Stütze am meisten brauchte. »Es sieht so aus«, sagte das Mädchen leise in K.s Ohr, während sie sich dem Gang näherten, »als ob mir besonders viel daran gelegen wäre, den Auskunftgeber in ein gutes Licht zu stellen, aber man mag es glauben, ich will doch die Wahrheit sagen. Er hat kein hartes Herz. Er ist nicht verpflichtet, kranke Parteien hinauszuführen, und tut es doch, wie Sie sehen. Vielleicht ist niemand von uns hartherzig, wir wollten vielleicht alle gern helfen, aber als Gerichtsbeamte bekommen wir leicht den Anschein, als ob wir hartherzig wären und niemandem helfen wollten. Ich leide geradezu darunter.« »Wollen Sie sich nicht hier ein wenig setzen?« fragte der Auskunftgeber, sie waren schon im Gang und gerade vor dem Angeklagten, den K. früher angesprochen hatte. K. schämte sich fast vor ihm, früher war er so aufrecht vor ihm gestanden, jetzt mußten ihn zwei stützen, seinen Hut balancierte der Auskunftgeber auf den gespreizten Fingern, die Frisur war zerstört, die Haare hingen ihm in die schweißbedeckte Stirn. Aber der Angeklagte schien nichts davon zu bemerken, demütig stand er vor dem Auskunftgeber, der über ihn hinwegsah, und suchte nur seine Anwesenheit zu entschuldigen. »Ich weiß«, sagte er, »daß die Erledigung meiner Anträge heute noch nicht gegeben werden kann. Ich bin aber doch gekommen, ich dachte, ich könnte doch hier warten, es ist Sonntag, ich habe ja Zeit und hier störe ich nicht.« »Sie müssen das nicht so sehr entschuldigen«, sagte der Auskunftgeber, »Ihre Sorgsamkeit ist ja ganz lobenswert, Sie nehmen hier zwar unnötigerweise den Platz weg, aber ich will Sie trotzdem, solange es mir nicht lästig wird, durchaus nicht hindern, den Gang Ihrer Angelegenheit genau zu verfolgen. Wenn man Leute gesehen hat, die ihre Pflicht schändlich vernachlässigten, lernt man es, mit Leuten, wie Sie sind, Geduld zu haben. Setzen Sie sich.« »Wie er mit den Parteien zu reden versteht«, flüsterte das Mädchen. K. nickte, fuhr aber gleich auf, als ihn der Auskunftgeber wieder fragte: »Wollen Sie sich nicht hier niedersetzen?« »Nein«, sagte K., »ich will mich nicht ausruhen.« Er hatte das mit möglichster Bestimmtheit gesagt, in Wirklichkeit hätte es ihm sehr wohlgetan, sich niederzusetzen. Er war wie seekrank. Er glaubte auf einem Schiff zu sein, das sich in schwerem Seegang befand. Es war ihm, als stürze das Wasser gegen die Holzwände, als komme aus der Tiefe des Ganges ein Brausen her, wie von überschlagendem Wasser, als schaukle der Gang in der Quere und als würden die wartenden Parteien zu beiden Seiten gesenkt und gehoben. Desto unbegreiflicher war die Ruhe des Mädchens und des Mannes, die ihn führten. Er war ihnen ausgeliefert, ließen sie ihn los, so mußte er hinfallen wie ein Brett. Aus ihren kleinen Augen gingen scharfe Blicke hin und her, ihre gleichmäßigen Schritte fühlte K., ohne sie mitzumachen, denn er wurde fast von Schritt zu Schritt getragen. Endlich merkte er, daß sie zu ihm sprachen, aber er verstand sie nicht, er hörte nur den Lärm, der alles erfüllte und durch den hindurch ein unveränderlicher hoher Ton, wie von einer Sirene, zu klingen schien. »Lauter«, flüsterte er mit gesenktem Kopf und schämte sich, denn er wußte, daß sie laut genug, wenn auch für ihn unverständlich, gesprochen hatten. Da kam endlich, als wäre die Wand vor ihm durchrissen, ein frischer Luftzug ihm entgegen, und er hörte neben sich sagen: »Zuerst will er weg, dann aber kann man ihm hundertmal sagen, daß hier der Ausgang ist, und er rührt sich nicht.« K. merkte, daß er vor der Ausgangstür stand, die das Mädchen geöffnet hatte. Ihm war, als wären alle seine Kräfte mit einemmal zurückgekehrt, um einen Vorgeschmack der Freiheit zu gewinnen, trat er gleich auf eine Treppenstufe und verabschiedete sich von dort aus von seinen Begleitern, die sich zu ihm hinabbeugten. »Vielen Dank«, wiederholte er, drückte beiden wiederholt die Hände und ließ erst ab, als er zu sehen glaubte, daß sie, an die Kanzleiluft gewöhnt, die verhältnismäßig frische Luft, die von der Treppe kam, schlecht ertrugen. Sie konnten kaum antworten, und das Mädchen wäre vielleicht abgestürzt, wenn nicht K. äußerst schnell die Tür geschlossen hätte. K. stand dann noch einen Augenblick still, strich sich mit Hilfe eines Taschenspiegels das Haar zurecht, hob seinen Hut auf, der auf dem nächsten Treppenabsatz lag – der Auskunftgeber hatte ihn wohl hingeworfen –, und lief dann die Treppe hinunter, so frisch und in so langen Sprüngen, daß er vor diesem Umschwung fast Angst bekam. Solche Überraschungen hatte ihm sein sonst ganz gefestigter Gesundheitszustand noch nie bereitet. Wollte etwa sein Körper revolutionieren und ihm einen neuen Prozeß bereiten, da er den alten so mühelos ertrug? Er lehnte den Gedanken nicht ganz ab, bei nächster Gelegenheit zu einem Arzt zu gehen, jedenfalls aber wollte er – darin konnte er sich selbst beraten – alle künftigen Sonntagvormittage besser als diesen verwenden.

Viertes Kapitel

Die Freundin des Fräulein Bürstner

In der nächsten Zeit war es K. unmöglich, mit Fräulein Bürstner auch nur wenige Worte zu sprechen. Er versuchte auf die verschiedenste Weise, an sie heranzukommen, sie aber wußte es immer zu verhindern. Er kam gleich nach dem Büro nach Hause, blieb in seinem Zimmer, ohne das Licht anzudrehen, auf dem Kanapee sitzen und beschäftigte sich mit nichts anderem, als das Vorzimmer zu beobachten. Ging etwa das Dienstmädchen vorbei und schloß die Tür des scheinbar leeren Zimmers, so stand er nach einem Weilchen auf und öffnete sie wieder. Des Morgens stand er um eine Stunde früher auf als sonst, um vielleicht Fräulein Bürstner allein treffen zu können, wenn sie ins Büro ging. Aber keiner dieser Versuche gelang. Dann schrieb er ihr einen Brief sowohl ins Büro als auch in die Wohnung, suchte darin nochmals sein Verhalten zu rechtfertigen, bot sich zu jeder Genugtuung an, versprach, niemals die Grenzen zu überschreiten, die sie ihm setzen würde, und bat nur, ihm die Möglichkeit zu geben, einmal mir ihr zu sprechen, besonders da er auch bei Frau Grubach nichts veranlassen könnte, solange er sich nicht vorher mit ihr beraten habe, schließlich teilte er ihr mit, daß er den nächsten Sonntag während des ganzen Tages in seinem Zimmer auf ein Zeichen von ihr warten werde, das ihm die Erfüllung seiner Bitte in Aussicht stellen oder das ihm wenigstens erklären solle, warum sie die Bitte nicht erfüllen könne, obwohl er doch versprochen habe, sich in allem ihr zu fügen. Die Briefe kamen nicht zurück, aber es erfolgte auch keine Antwort. Dagegen gab es Sonntag ein Zeichen, dessen Deutlichkeit genügend war. Gleich früh bemerkte K. durch das

Schlüsselloch eine besondere Bewegung im Vorzimmer, die sich bald aufklärte. Eine Lehrerin des Französischen, sie war übrigens eine Deutsche und hieß Montag, ein schwaches, blasses, ein wenig hinkendes Mädchen, das bisher ein eigenes Zimmer bewohnt hatte, übersiedelte in das Zimmer des Fräulein Bürstner. Stundenlang sah man sie durch das Vorzimmer schlürfen. Immer war noch ein Wäschestück oder ein Deckchen oder ein Buch vergessen, das besonders geholt und in die neue Wohnung hinübergetragen werden mußte.
Als Frau Grubach K. das Frühstück brachte – sie überließ, seitdem sie K. so erzürnt hatte, auch nicht die geringste Bedienung dem Dienstmädchen –, konnte sich K. nicht zurückhalten, sie zum erstenmal seit fünf Tagen anzusprechen. »Warum ist denn heute ein solcher Lärm im Vorzimmer?« fragte er, während er den Kaffee eingoß, »könnte das nicht eingestellt werden? Muß denn gerade am Sonntag aufgeräumt werden?« Obwohl K. nicht zu Frau Grubach aufsah, bemerkte er doch, daß sie, wie erleichtert, aufatmete. Selbst diese strengen Fragen K.s faßte sie als Verzeihung oder als Beginn der Verzeihung auf. »Es wird nicht aufgeräumt, Herr K.«, sagte sie, »Fräulein Montag übersiedelt nur zu Fräulein Bürstner und schafft ihre Sachen hinüber.« Sie sagte nichts weiter, sondern wartete, wie K. es aufnehmen und ob er ihr gestatten würde, weiterzureden. K. stellte sie aber auf die Probe, rührte nachdenklich den Kaffee mit dem Löffel und schwieg. Dann sah er zur ihr auf und sagte: »Haben Sie schon Ihren früheren Verdacht wegen Fräulein Bürstner aufgegeben?« »Herr K.«, rief Frau Grubach, die nur auf diese Frage gewartet hatte, und hielt K. ihre gefalteten Hände hin. »Sie haben eine gelegentliche Bemerkung letzthin so schwer genommen. Ich habe ja nicht im entferntesten daran gedacht, Sie oder irgend jemand zu kränken. Sie kennen mich doch schon lange genug, Herr K., um davon überzeugt sein zu

können. Sie wissen gar nicht, wie ich die letzten Tage gelitten habe! Ich sollte meine Mieter verleumden! Und Sie, Herr K., glaubten es! Und sagten, ich solle Ihnen kündigen! Ihnen kündigen!« Der letzte Ausruf erstickte schon unter Tränen, sie hob die Schürze zum Gesicht und schluchzte laut.

»Weinen Sie doch nicht, Frau Grubach«, sagte K. und sah zum Fenster hinaus, er dachte nur an Fräulein Bürstner und daran, daß sie ein fremdes Mädchen in ihr Zimmer aufgenommen hatte. »Weinen Sie doch nicht«, sagte er nochmals, als er sich ins Zimmer zurückwandte und Frau Grubach noch immer weinte. »Es war ja damals auch von mir nicht so schlimm gemeint. Wir haben eben einander gegenseitig mißverstanden. Das kann auch alten Freunden einmal geschehen.« Frau Grubach rückte die Schürze unter die Augen, um zu sehen, ob K. wirklich versöhnt sei. »Nun ja, es ist so«, sagte K. und wagte nun, da, nach dem Verhalten der Frau Grubach zu schließen, der Hauptmann nichts verraten hatte, noch hinzuzufügen: »Glauben Sie denn wirklich, daß ich mich wegen eines fremden Mädchens mit Ihnen verfeinden könnte?« »Das ist es ja eben, Herr K.«, sagte Frau Grubach, es war ihr Unglück, daß sie, sobald sie sich nur irgendwie freier fühlte, gleich etwas Ungeschicktes sagte. »Ich frage mich immerfort: Warum nimmt sich Herr K. so sehr des Fräulein Bürstner an? Warum zankt er ihretwegen mit mir, obwohl er weiß, daß mir jedes böse Wort von ihm den Schlaf nimmt? Ich habe ja über das Fräulein nichts anderes gesagt, als was ich mit eigenen Augen gesehen habe.« K. sagte dazu nichts, er hätte sie mit dem ersten Wort aus dem Zimmer jagen müssen, und das wollte er nicht. Er begnügte sich damit, den Kaffee zu trinken und Frau Grubach ihre Überflüssigkeit fühlen zu lassen. Draußen hörte man wieder den schleppenden Schritt des Fräulein Montag, welche das ganze Vorzimmer durchquerte. »Hören Sie es?« fragte K. und zeigte mit der

Hand nach der Tür. »Ja«, sagte Frau Grubach und seufzte, »ich wollte ihr helfen und auch vom Dienstmädchen helfen lassen, aber sie ist eigensinnig, sie will alles selbst übersiedeln. Ich wundere mich über Fräulein Bürstner. Mir ist es oft lästig, daß ich Fräulein Montag in Miete habe, Fräulein Bürstner aber nimmt sie sogar zu sich ins Zimmer.« »Das muß Sie gar nicht kümmern«, sagte K. und zerdrückte die Zuckerreste in der Tasse. »Haben Sie denn dadurch einen Schaden?« »Nein«, sagte Frau Grubach, »an und für sich ist es mir ganz willkommen, ich bekomme dadurch ein Zimmer frei und kann dort meinen Neffen, den Hauptmann, unterbringen. Ich fürchtete schon längst, daß er Sie in den letzten Tagen, während derer ich ihn nebenan im Wohnzimmer wohnen lassen mußte, gestört haben könnte. Er nimmt nicht viel Rücksicht.« »Was für Einfälle!« sagte K. und stand auf, »davon ist ja keine Rede. Sie scheinen mich wohl für überempfindlich zu halten, weil ich diese Wanderungen des Fräulein Montag – jetzt geht sie wieder zurück – nicht vertragen kann.« Frau Grubach kam sich recht machtlos vor. »Soll ich, Herr K., sagen, daß sie den restlichen Teil der Übersiedlung aufschieben soll? Wenn Sie wollen, tue ich es sofort.« »Aber sie soll doch zu Fräulein Bürstner übersiedeln!« sagte K. »Ja«, sagte Frau Grubach, sie verstand nicht ganz, was K. meinte. »Nun also«, sagte K., »dann muß sie doch ihre Sachen hinübertragen.« Frau Grubach nickte nur. Diese stumme Hilflosigkeit, die äußerlich nicht anders aussah als Trotz, reizte K. noch mehr. Er fing an, im Zimmer vom Fenster zur Tür auf und ab zu gehen, und nahm dadurch Frau Grubach die Möglichkeit, sich zu entfernen, was sie sonst wahrscheinlich getan hätte.

Gerade war K. einmal wieder bis zur Tür gekommen, als es klopfte. Es war das Dienstmädchen, welches meldete, daß Fräulein Montag gern mit Herrn K. ein paar Worte sprechen möchte und daß sie ihn deshalb bitte, ins Eßzimmer

zu kommen, wo sie ihn erwarte. K. hörte das Dienstmädchen nachdenklich an, dann wandte er sich mit einem fast höhnischen Blick nach der erschrockenen Frau Grubach um. Dieser Blick schien zu sagen, daß K. diese Einladung des Fräulein Montag schon längst vorausgesehen habe und daß sie auch sehr gut mit der Quälerei zusammenpasse, die er diesen Sonntagvormittag von den Mietern der Frau Grubach erfahren mußte. Er schickte das Dienstmädchen zurück mit der Antwort, daß er sofort komme, ging dann zum Kleiderkasten, um den Rock zu wechseln, und hatte als Antwort für Frau Grubach, welche leise über die lästige Person jammerte, nur die Bitte, sie möge das Frühstücksgeschirr schon forttragen. »Sie haben ja fast nichts angerührt«, sagte Frau Grubach. »Ach, tragen Sie es doch weg!« rief K., es war ihm, als sei irgendwie allem Fräulein Montag beigemischt und mache es widerwärtig.
Als er durch das Vorzimmer ging, sah er nach der geschlossenen Tür von Fräulein Bürstners Zimmer. Aber er war nicht dorthin eingeladen, sondern in das Eßzimmer, dessen Tür er aufriß, ohne zu klopfen.
Es war ein sehr langes, aber schmales, einfenstriges Zimmer. Es war dort nur so viel Platz vorhanden, daß man in den Ecken an der Türseite zwei Schränke schief hatte aufstellen können, während der übrige Raum vollständig von dem langen Speisetisch eingenommen war, der in der Nähe der Tür begann und bis knapp zum großen Fenster reichte, welches dadurch fast unzugänglich geworden war. Der Tisch war bereits gedeckt, und zwar für viele Personen, da am Sonntag fast alle Mieter hier zu Mittag aßen.
Als K. eintrat, kam Fräulein Montag vom Fenster her an der einen Seite des Tisches entlang K. entgegen. Sie grüßten einander stumm. Dann sagte Fräulein Montag, wie immer den Kopf ungewöhnlich aufgerichtet: »Ich weiß nicht, ob Sie mich kennen.« K. sah sie mit zusammengezogenen Augen an. »Gewiß«, sagte er, »Sie wohnen doch schon län-

gere Zeit bei Frau Grubach.« »Sie kümmern sich aber, wie ich glaube, nicht viel um die Pension«, sagte Fräulein Montag. »Nein«, sagte K. »Wollen Sie sich nicht setzen?« sagte Fräulein Montag. Sie zogen beide schweigend zwei Sessel am äußersten Ende des Tisches hervor und setzten sich einander gegenüber. Aber Fräulein Montag stand gleich wieder auf, denn sie hatte ihr Handtäschchen auf dem Fensterbrett liegengelassen und ging es holen; sie schleifte durch das ganze Zimmer. Als sie, das Handtäschchen leicht schwenkend, wieder zurückkam, sagte sie: »Ich möchte nur im Auftrag meiner Freundin ein paar Worte mit Ihnen sprechen. Sie wollte selbst kommen, aber sie fühlt sich heute ein wenig unwohl. Sie möchten sie entschuldigen und mich statt ihrer anhören. Sie hätte Ihnen auch nichts anderes sagen können, als ich Ihnen sagen werde. Im Gegenteil, ich glaube, ich kann Ihnen sogar mehr sagen, da ich doch verhältnismäßig unbeteiligt bin. Glauben Sie nicht auch?«

»Was wäre denn zu sagen?« antwortete K., der dessen müde war, die Augen des Fräulein Montag fortwährend auf seine Lippe gerichtet zu sehen. Sie maßte sich dadurch eine Herrschaft schon darüber an, was er erst sagen wollte. »Fräulein Bürstner will mir offenbar die persönliche Aussprache, um die ich sie gebeten habe, nicht bewilligen.«

»Das ist es«, sagte Fräulein Montag, »oder vielmehr, so ist es gar nicht, Sie drücken es sonderbar scharf aus. Im allgemeinen werden doch Aussprachen weder bewilligt, noch geschieht das Gegenteil. Aber es kann geschehen, daß man Aussprachen für unnötig hält, und so ist es eben hier. Jetzt, nach Ihrer Bemerkung, kann ich ja offen reden. Sie haben meine Freundin schriftlich oder mündlich um eine Unterredung gebeten. Nun weiß aber meine Freundin, so muß ich wenigstens annehmen, was diese Unterredung betreffen soll, und ist deshalb aus Gründen, die ich nicht kenne, überzeugt, daß es niemandem Nutzen bringen würde, wenn die Unterredung wirklich zustande käme. Im übrigen erzählte sie mir erst gestern und nur ganz flüchtig davon, sie sagte hierbei, daß auch Ihnen jedenfalls nicht viel an der Unterredung liegen könne, denn Sie wären nur durch einen Zufall auf einen derartigen Gedanken gekommen und würden selbst auch ohne besondere Erklärung, wenn nicht schon jetzt, so doch sehr bald die Sinnlosigkeit des Ganzen erkennen. Ich antwortete darauf, daß das richtig sein mag, daß ich es aber zur vollständigen Klarstellung doch für vorteilhaft hielte, Ihnen eine ausdrückliche Antwort zukommen zu lassen. Ich bot mich an, diese Aufgabe zu übernehmen, nach einigem Zögern gab meine Freundin mir nach. Ich hoffe, nun aber auch in Ihrem Sinne gehandelt zu haben; denn selbst die kleinste Unsicherheit in der geringfügigsten Sache ist doch immer quälend, und wenn man sie, wie in diesem Falle, leicht beseitigen kann, so soll es doch besser sofort geschehen.« »Ich danke Ihnen«, sagte K. sofort, stand langsam auf, sah Fräulein Montag an, dann über den Tisch hin, dann aus dem Fenster – das gegenüberliegende Haus stand in der Sonne – und ging zur Tür. Fräulein Montag folgte ihm ein paar Schritte, als vertraue sie ihm nicht ganz. Vor der Tür mußten aber beide zurückweichen, denn sie öffnete sich, und der Hauptmann Lanz trat ein. K. sah ihn zum erstenmal aus der Nähe. Er war ein großer, etwa vierzigjähriger Mann mit braungebranntem, fleischigem Gesicht. Er machte eine leichte Verbeugung, die auch K. galt, ging dann zu Fräulein Montag und küßte ihr ehrerbietig die Hand. Er war sehr gewandt in seinen Bewegungen. Seine Höflichkeit gegen Fräulein Montag stach auffallend von der Behandlung ab, die sie von K. erfahren hatte. Trotzdem schien Fräulein Montag K. nicht böse zu sein, denn sie wollte ihn sogar, wie K. zu bemerken glaubte, dem Hauptmann vorstellen. Aber K. wollte nicht vorgestellt werden, er wäre nicht imstande gewesen, weder dem Hauptmann noch Fräulein Montag gegenüber irgendwie freundlich zu sein, ⌜der Handkuß hatte sie für ihn zu einer Gruppe verbunden, die ihn unter dem Anschein äußerster Harmlosigkeit und Uneigennützigkeit von Fräulein Bürstner abhalten wollte⌝. K. glaubte jedoch, nicht nur das zu erkennen, er erkannte auch, daß Fräulein Montag ein gutes, allerdings zweischneidiges Mittel gewählt hatte. Sie übertrieb die Bedeutung der Beziehung zwischen Fräulein Bürstner und K., sie übertrieb vor allem die Bedeutung der erbetenen Aussprache und versuchte, es gleichzeitig so zu wenden, als ob es K. sei, der alles übertreibe. Sie sollte sich täuschen, K. wollte nichts übertreiben, er wußte, daß Fräulein Bürstner ein kleines Schreibmaschinenfräulein war, das ihm nicht lange Widerstand leisten sollte. Hierbei zog er absichtlich gar nicht in Berechnung, was er von Frau Grubach über Fräulein Bürstner erfahren hatte. Das alles überlegte er, während er kaum grüßend das Zimmer verließ. Er wollte gleich in sein Zimmer gehen, aber ein kleines Lachen des Fräulein Montag, das er hinter sich aus dem Eßzimmer hörte, brachte ihn auf den Gedanken, daß er vielleicht beiden, dem Hauptmann wie Fräulein Montag, eine Überraschung bereiten könnte. Er sah sich um und horchte, ob aus irgendeinem der umliegenden Zimmer eine Störung zu erwarten wäre, es war überall still, nur die Unterhaltung aus dem Eßzimmer war zu hören und aus dem Gang, der zur Küche führte, die Stimme der Frau Grubach. Die Gelegenheit schien günstig, K. ging zur Tür von Fräulein Bürstners Zimmer und klopfte leise. Da sich nichts rührte, klopfte er nochmals, aber es erfolgte noch immer keine Antwort. Schlief sie? Oder war sie wirklich unwohl? Oder verleugnete sie sich nur deshalb, weil sie ahnte, daß es nur K. sein konnte, der so leise klopfte? K. nahm an, daß sie sich verleugne, und klopfte stärker, öffnete schließlich, da das Klopfen keinen Erfolg hatte, vorsichtig und nicht ohne das Gefühl, etwas Unrechtes und überdies Nutzloses zu tun, die Tür. Im Zimmer war niemand. Es erinnerte übri-

gens kaum mehr an das Zimmer, wie es K. gekannt hatte.
An der Wand waren nun zwei Betten hintereinander aufgestellt, drei Sessel in der Nähe der Tür waren mit Kleidern und Wäsche überhäuft, ein Schrank stand offen. Fräulein Bürstner war wahrscheinlich fortgegangen, während Fräulein Montag im Eßzimmer auf K. eingeredet hatte. K. war dadurch nicht sehr bestürzt, er hatte kaum mehr erwartet, Fräulein Bürstner so leicht zu treffen, er hatte diesen Versuch fast nur aus Trotz gegen Fräulein Montag gemacht. Um so peinlicher war es ihm aber, als er, während er die Tür wieder schloß, in der offenen Tür des Eßzimmers Fräulein Montag und den Hauptmann sich unterhalten sah. Sie standen dort vielleicht schon, seitdem K. die Tür geöffnet hatte, sie vermieden jeden Anschein, als ob sie K. etwa beobachteten, sie unterhielten sich leise und verfolgten K.s Bewegungen mit den Blicken nur so, wie man während eines Gesprächs zerstreut umherblickt. Aber auf K. lagen diese Blicke doch schwer, er beeilte sich, an der Wand entlang in sein Zimmer zu kommen.

Fünftes Kapitel

Der Prügler

Als K. an einem der nächsten Abende den Korridor passierte, der sein Büro von der Haupttreppe trennte – er ging diesmal fast als der letzte nach Hause, nur in der Expedition arbeiteten noch zwei Diener im kleinen Lichtfeld einer Glühlampe –, hörte er hinter einer Tür, hinter der er immer nur eine Rumpelkammer vermutet hatte, ohne sie jemals selbst gesehen zu haben, Seufzer ausstoßen. Er blieb erstaunt stehen und horchte noch einmal auf, um festzustellen, ob er sich nicht irrte – es wurde ein Weilchen still, dann waren es aber doch wieder Seufzer. – Zuerst wollte er einen der Diener holen, man konnte vielleicht einen Zeugen brauchen, dann aber faßte ihn eine derart unbezähmbare Neugierde, daß er die Tür förmlich aufriß. Es war, wie er richtig vermutet hatte, eine Rumpelkammer. ⌐Unbrauchbare, alte Drucksorten*, umgeworfene leere irdene Tintenflaschen lagen hinter der Schwelle. In der Kammer selbst aber standen drei Männer, gebückt in dem niedrigen Raum.⌐ Eine auf einem Regal festgemachte Kerze gab ihnen Licht. »Was treibt ihr hier?« fragte K., sich vor Aufregung überstürzend, aber nicht laut. Der eine Mann, der die anderen offenbar beherrschte und zuerst den Blick auf sich lenkte, ⌐stak in einer Art dunkler Lederkleidung, die den Hals bis tief zur Brust und die ganzen Arme nackt ließ⌐. Er antwortete nicht. Aber die zwei anderen riefen: »Herr! Wir sollen geprügelt werden, weil du dich beim Untersuchungsrichter über uns beklagt hast.« Und nun erst erkannte K., daß es wirklich die Wächter Franz und Willem waren und daß der dritte eine Rute in der Hand hielt, um sie zu prügeln. »Nun«, sagte K. und starrte sie an, »ich

* (österr.) Formulare, Vordrucke, Anzeigen, Prospekte

habe mich nicht beklagt, ich habe nur gesagt, wie es sich in meiner Wohnung zugetragen hat. Und einwandfrei habt ihr euch ja nicht benommen.« »Herr«, sagte Willem, während Franz sich hinter ihm vor dem dritten offenbar zu sichern suchte, »wenn Ihr wüßtet, wie schlecht wir bezahlt sind, Ihr würdet besser über uns urteilen. Ich habe eine Familie zu ernähren, und Franz hier wollte heiraten, man sucht sich zu bereichern, wie es geht, durch bloße Arbeit gelingt es nicht, selbst durch die angestrengteste. Euere feine Wäsche hat mich verlockt, es ist natürlich den Wächtern verboten, so zu handeln, es war unrecht, aber Tradition ist es, daß die Wäsche den Wächtern gehört, es ist immer so gewesen, glaubt es mir; es ist ja auch verständlich, was bedeuten denn noch solche Dinge für den, welcher so unglücklich ist, verhaftet zu werden? Bringt er es dann allerdings öffentlich zur Sprache, dann muß die Strafe erfolgen.« »Was ihr jetzt sagt, wußte ich nicht, ich habe auch keineswegs eure Bestrafung verlangt, mir ging es um ein Prinzip.« »Franz«, wandte sich Willem zum anderen Wächter, »sagte ich dir nicht, daß der Herr unsere Bestrafung nicht verlangt hat? Jetzt hörst du, daß er nicht einmal gewußt hat, daß wir bestraft werden müssen.« »Laß dich nicht durch solche Reden rühren«, sagte der dritte zu K., »die Strafe ist ebenso gerecht als unvermeidlich.« »Höre nicht auf ihn«, sagte Willem und unterbrach sich nur, um die Hand, über die er einen Rutenhieb bekommen hatte, schnell an den Mund zu führen, »wir werden nur gestraft, weil du uns angezeigt hast. Sonst wäre uns nichts geschehen, selbst wenn man erfahren hätte, was wir getan haben. Kann man das Gerechtigkeit nennen? Wir zwei, insbesondere aber ich, hatten uns als Wächter durch lange Zeit sehr bewährt – du selbst mußt eingestehen, daß wir, vom Gesichtspunkt der Behörde gesehen, gut gewacht haben – wir hatten Aussicht, vorwärtszukommen und wären gewiß bald auch Prügler geworden wie dieser, der eben das Glück hatte, von niemandem angezeigt worden zu sein, denn eine solche Anzeige kommt wirklich nur sehr selten vor. Und jetzt, Herr, ist alles verloren, unsere Laufbahn beendet, wir werden noch viel untergeordnetere Arbeiten leisten müssen, als es der Wachdienst ist, und überdies bekommen wir jetzt diese schrecklich schmerzhaften Prügel.« »Kann denn die Rute solche Schmerzen machen?« fragte K. und prüfte die Rute, die der Prügler vor ihm schwang. »Wir werden uns ja ganz nackt ausziehen müssen«, sagte Willem. »Ach so«, sagte K. und sah den Prügler genau an, er war braun gebrannt wie ein Matrose und hatte ein wildes, frisches Gesicht. »Gibt es keine Möglichkeit, den beiden die Prügel zu ersparen?« fragte er ihn. »Nein«, sagte der Prügler und schüttelte lächelnd den Kopf. »Zieht euch aus!« befahl er den Wächtern. Und zu K. sagte er: »Du mußt ihnen nicht alles glauben, sie sind durch die Angst vor den Prügeln schon ein wenig schwachsinnig geworden. Was dieser hier, zum Beispiel« – er zeigte auf Willem – »über seine mögliche Laufbahn erzählt hat, ist geradezu lächerlich. Sieh an, wie fett er ist – die ersten Rutenstreiche werden überhaupt im Fett verlorengehen. – Weißt du, wodurch er so fett geworden ist? Er hat die Gewohnheit, allen Verhafteten das Frühstück aufzuessen. Hat er nicht auch dein Frühstück aufgegessen? Nun, ich sagte es ja. Aber ein Mann mit einem solchen Bauch kann nie und nimmermehr Prügler werden, das ist ganz ausgeschlossen.« »Es gibt auch solche Prügler«, behauptete Willem, der gerade seinen Hosengürtel löste. »Nein«, sagte der Prügler und strich ihm mit der Rute derartig über den Hals, daß er zusammenzuckte, »du sollst nicht zuhören, sondern dich ausziehen.« »Ich würde dich gut belohnen, wenn du sie laufenläßt«, sagte K. und zog, ohne den Prügler nochmals anzusehen – solche Geschäfte werden beiderseits mit niedergeschlagenen Augen am besten abgewickelt – seine Brieftasche hervor. »Du willst wohl dann auch mich anzeigen«, sagte der Prügler, »und auch noch mir Prügel verschaffen. Nein, nein!« »Sei doch vernünftig«, sagte K., »wenn ich gewollt hätte, daß diese beiden bestraft werden, würde ich sie doch jetzt nicht loskaufen wollen. Ich könnte einfach die Tür hier zuschlagen, nichts weiter sehen und hören wollen und nach Hause gehen. Nun tue ich das aber nicht, vielmehr liegt mir ernstlich daran, sie zu befreien; hätte ich geahnt, daß sie bestraft werden sollen oder auch nur bestraft werden können, hätte ich ihre Namen nie genannt. Ich halte sie nämlich gar nicht für schuldig, schuldig ist die Organisation, schuldig sind die hohen Beamten.« »So ist es!« riefen die Wächter und bekamen sofort einen Hieb über ihren schon entkleideten Rücken. »Hättest du hier unter deiner Rute einen hohen Richter«, sagte K. und drückte, während er sprach, die Rute, die sich schon wieder erheben wollte, nieder, »ich würde dich wahrhaftig nicht hindern loszuschlagen, im Gegenteil, ich würde dir noch Geld geben, damit du dich für die gute Sache kräftigst.« »Was du sagst, klingt ja glaubwürdig«, sagte der Prügler, »aber ich lasse mich nicht bestechen. Ich bin zum Prügeln angestellt, also prügle ich.« Der Wächter Franz, der vielleicht in Erwartung eines guten Ausgangs des Eingreifens von K. bisher ziemlich zurückhaltend gewesen war, trat jetzt, nur noch mit den Hosen bekleidet, zur Tür, hing sich niederkniend an K.s Arm und flüsterte: »Wenn du für uns beide Schonung nicht durchsetzen kannst, so versuche wenigstens, mich zu befreien. Willem ist älter als ich, in jeder Hinsicht weniger empfindlich, auch hat er schon einmal vor ein paar Jahren eine leichte Prügelstrafe bekommen, ich aber bin noch nicht entehrt und bin doch zu meiner Handlungsweise nur durch Willem gebracht worden, der im Guten und Schlechten mein Lehrer ist. Unten vor der Bank wartet meine arme Braut auf den Ausgang, ich schäme mich ja so erbärmlich.« Er trocknete mit K.s Rock sein von Tränen ganz überlaufenes Gesicht. »Ich warte nicht mehr«, sagte der Prügler, faßte die Rute mit beiden Händen und hieb auf Franz ein, während Willem in einem Winkel kauerte und heimlich zusah, ohne eine Kopfwendung zu wagen. Da erhob sich der Schrei, den Franz ausstieß, ungeteilt und unveränderlich, er schien nicht von einem Menschen, sondern von einem gemarterten Instrument zu stammen, der ganze Korridor tönte von ihm, das ganze Haus mußte es hören. »Schrei nicht«, rief K., er konnte sich nicht zurückhalten, und während er gespannt in die Richtung sah, aus der die Diener kommen mußten, stieß er an Franz, nicht stark, aber doch stark genug, daß der Besinnungslose niederfiel und im Krampf mit den Händen den Boden absuchte; den Schlägen entging er aber nicht, die Rute fand ihn auch auf der Erde; ⌜während er sich unter ihr wälzte, schwang sich ihre Spitze regelmäßig auf und ab⌝. Und schon erschien in der Ferne ein Diener und ein paar Schritte hinter ihm ein zweiter. K. hatte schnell die Tür zugeworfen, ⌜war zu einem der Hoffenster getreten und öffnete es⌝. Das Schreien hatte vollständig aufgehört. Um die Diener nicht herankommen zu lassen, rief er: »Ich bin es!« »Guten Abend, Herr Prokurist!« rief es zurück. »Ist etwas geschehen?« »Nein, nein«, antwortete K., »es schreit nur ein Hund auf dem Hof.« Als die Diener sich doch nicht rührten, fügte er hinzu: »Sie können bei Ihrer Arbeit bleiben.« Um sich in kein Gespräch mit den Dienern einlassen zu müssen, beugte er sich aus dem Fenster. Als er nach einem Weilchen wieder in den Korridor sah, waren sie schon weg. K. aber blieb nun beim Fenster, in die Rumpelkammer wagte er nicht zu gehen und nach Hause gehen wollte er auch nicht. Es war ein kleiner viereckiger Hof, in den er hinuntersah, ringsherum waren Büroräume untergebracht, alle Fenster waren jetzt schon dunkel, nur die obersten fingen einen Widerschein des Mondes auf. K. suchte angestrengt mit den Blicken in das Dunkel eines Hofwinkels einzudringen, in dem einige Handkarren ineinandergefahren waren. Es quälte ihn, daß es ihm nicht gelungen war, das Prügeln zu verhindern, aber es war nicht seine Schuld, daß es nicht gelungen war, hätte Franz nicht geschrien – gewiß, es mußte sehr weh getan haben, aber in einem entscheidenden Augenblick muß man sich beherrschen – hätte er nicht geschrien, so hätte K., wenigstens sehr wahrscheinlich, noch ein Mittel gefunden, den Prügler zu überreden. Wenn die ganze unterste Beamtenschaft Gesindel war, warum hätte gerade der Prügler, der das unmenschlichste Amt hatte, eine Ausnahme machen sollen, K. hatte auch gut beobachtet, wie ihm beim Anblick der Banknote die Augen geleuchtet hatten, er hatte mit dem Prügeln offenbar nur deshalb Ernst gemacht, um die Bestechungssumme noch ein wenig zu erhöhen. Und K. hätte nicht gespart, es lag ihm wirklich daran, die Wächter zu befreien; wenn er nun schon angefangen hatte, die Verderbnis dieses Gerichtswesens zu bekämpfen, so war es selbstverständlich, daß er auch von dieser Seite eingriff. Aber in dem Augenblick, wo Franz zu schreien angefangen hatte, war natürlich alles zu Ende. K. konnte nicht zulassen, daß die Diener und vielleicht noch alle möglichen Leute kämen und ihn in Unterhandlungen mit der Gesellschaft in der Rumpelkammer überraschten. Diese Aufopferung konnte wirklich niemand von K. verlangen. Wenn er das zu tun beabsichtigt hätte, so wäre es ja fast einfacher gewesen, K. hätte sich selbst ausgezogen und dem Prügler als Ersatz für die Wächter angeboten. Übrigens hätte der Prügler diese Vertretung gewiß nicht angenommen, da er dadurch, ohne einen Vorteil zu gewinnen, dennoch seine Pflicht schwer verletzt hätte, und wahrscheinlich doppelt verletzt hätte, denn K. mußte wohl, solange er im Verfahren stand, für alle Angestellten des Gerichts unverletzlich sein. Allerdings konnten hier auch besondere Bestimmungen gelten. Jedenfalls hatte K. nichts anderes tun können, als die Tür zuschlagen, obwohl dadurch auch jetzt noch für K. durchaus nicht jede Gefahr beseitigt blieb. Daß er noch zuletzt Franz einen Stoß gegeben hatte, war bedauerlich und nur durch seine Aufregung zu entschuldigen.

In der Ferne hörte er die Schritte der Diener; um ihnen nicht auffällig zu werden, schloß er das Fenster und ging in der Richtung zur Haupttreppe. Bei der Tür zur Rumpelkammer blieb er ein wenig stehen und horchte. Es war ganz still. Der Mann konnte die Wächter totgeprügelt haben, sie waren ja ganz in seine Macht gegeben. K. hatte schon die Hand nach der Klinke ausgestreckt, zog sie dann aber wieder zurück. Helfen konnte er niemandem mehr, und die Diener mußten gleich kommen; er gelobte sich aber, die Sache noch zur Sprache zu bringen und die wirklich Schuldigen, die hohen Beamten, von denen sich ihm noch keiner zu zeigen gewagt hatte, soweit es in seinen Kräften war, gebührend zu bestrafen. Als er die Freitreppe der Bank hinunterging, beobachtete er sorgfältig alle Passanten, aber selbst in der weiteren Umgebung war kein Mädchen zu sehen, das auf jemanden gewartet hätte. Die Bemerkung Franzens, daß seine Braut auf ihn warte, erwies sich als eine allerdings verzeihliche Lüge, die nur den Zweck gehabt hatte, größeres Mitleid zu erwecken.

Auch noch am nächsten Tage kamen K. die Wächter nicht aus dem Sinn; er war bei der Arbeit zerstreut und mußte, um sie zu bewältigen, noch ein wenig länger im Büro bleiben als am Tag vorher. Als er auf dem Nachhausewege wieder an der Rumpelkammer vorbeikam, öffnete er sie wie aus Gewohnheit. Vor dem, was er statt des erwarteten Dunkels erblickte, wußte er sich nicht zu fassen. Alles war unverändert, so wie er es am Abend vorher beim Öffnen der Tür gefunden hatte. ⌜Die Drucksorten und Tintenflaschen gleich hinter der Schwelle⌝, der Prügler mit der Rute, die noch vollständig ausgezogenen Wächter, die Kerze auf dem Regal, und die Wächter begannen zu klagen und riefen: »Herr!« Sofort warf K. die Tür zu und schlug mit den

Fäusten gegen sie, als sei sie dann fester verschlossen. Fast weinend lief er zu den Dienern, die ruhig an den Kopiermaschinen arbeiteten und erstaunt in ihrer Arbeit innehielten. »Räumt doch endlich die Rumpelkammer aus!« rief er. »Wir versinken ja im Schmutz!« Die Diener waren bereit, es am nächsten Tag zu tun, K. nickte, jetzt spät am Abend konnte er sie nicht mehr zu der Arbeit zwingen, wie er es eigentlich beabsichtigt hatte. Er setzte sich ein wenig, um die Diener ein Weilchen lang in der Nähe zu behalten, warf einige Kopien durcheinander, wodurch er den Anschein zu erwecken glaubte, daß er sie überprüfe, und ging dann, da er einsah, daß die Diener nicht wagen würden, gleichzeitig mit ihm wegzugehen, müde und gedankenlos nach Hause.

Sechstes Kapitel

Der Onkel · Leni

Eines Nachmittags – K. war gerade vor dem Postabschluß sehr beschäftigt – drängte sich zwischen zwei Dienern, die Schriftstücke hineintrugen, K.s Onkel Karl, ein kleiner Grundbesitzer vom Lande, ins Zimmer. K. erschrak bei dem Anblick weniger, als er schon vor längerer Zeit bei der Vorstellung vom Kommen des Onkels erschrocken war. Der Onkel mußte kommen, das stand bei K. schon etwa einen Monat lang fest. Schon damals hatte er ihn zu sehen geglaubt, wie er, ein wenig gebückt, den eingedrückten Panamahut* in der Linken, die Rechte schon von weitem ihm entgegenstreckte und sie mit rücksichtsloser Eile über den Schreibtisch hinreichte, alles umstoßend, was ihm im Wege war. Der Onkel befand sich immer in Eile, denn er war von dem unglücklichen Gedanken verfolgt, bei seinem immer nur eintägigen Aufenthalt in der Hauptstadt müsse er alles erledigen können, was er sich vorgenommen hatte, und dürfte überdies auch kein gelegentlich sich darbietendes Gespräch oder Geschäft oder Vergnügen sich entgehen lassen. Dabei mußte ihm K., der ihm als seinem gewesenen Vormund besonders verpflichtet war, in allem möglichen behilflich sein und ihn außerdem bei sich übernachten lassen. »Das Gespenst vom Lande« pflegte er ihn zu nennen. Gleich nach der Begrüßung – sich in den Fauteuil* zu setzen, wozu ihn K. einlud, hatte er keine Zeit – bat er K. um ein kurzes Gespräch unter vier Augen. »Es ist notwendig«, sagte er, mühselig schluckend, »zu meiner Beruhigung ist es notwendig.« K. schickte sofort die Diener aus dem Zimmer, mit der Weisung, niemand einzulassen. »Was habe ich gehört, Josef?« rief der Onkel, ⌐als sie allein waren, setzte

Ursprünglich Hut aus Palmenblättern; dann leichter Sommerhut

(franz.) Armstuhl, Lehnstuhl

sich auf den Tisch und stopfte unter sich, ohne hinzusehen, verschiedene Papiere, um besser zu sitzen. K. schwieg, er wußte, was kommen würde, aber, plötzlich von der anstrengenden Arbeit entspannt, wie er war, gab er sich zunächst einer angenehmen Mattigkeit hin und sah durch das Fenster auf die gegenüberliegende Straßenseite, von der von seinem Sitz aus nur ein kleiner, dreieckiger Ausschnitt zu sehen war, ein Stück leerer Häusermauer zwischen zwei Geschäftsauslagen. »Du schaust aus dem Fenster!« rief der Onkel mit erhobenen Armen, »um Himmels willen, Josef antworte mir doch! Ist es wahr, kann es denn wahr sein?« »Lieber Onkel«, sagte K. und riß sich von seiner Zerstreutheit los, »ich weiß ja gar nicht, was du von mir willst.« »Josef«, sagte der Onkel warnend, »die Wahrheit hast du immer gesagt, soviel ich weiß. Soll ich deine letzten Worte als schlimmes Zeichen auffassen?« »Ich ahne ja, was du willst«, sagte K. folgsam, »du hast wahrscheinlich von meinem Prozeß gehört.« »So ist es«, antwortete der Onkel, langsam nickend, »ich habe von deinem Prozeß gehört.« »Von wem denn?« fragte K. »Erna hat es mir geschrieben«, sagte der Onkel, »sie hat ja keinen Verkehr mit dir, du kümmerst dich leider nicht viel um sie, trotzdem hat sie es erfahren. Heute habe ich den Brief bekommen und bin natürlich sofort hergefahren. Aus keinem anderen Grund, aber es scheint ein genügender Grund zu sein. Ich kann dir die Briefstelle, die dich betrifft, vorlesen.« Er zog den Brief aus der Brieftasche. »Hier ist es. Sie schreibt: ›Josef habe ich schon lange nicht gesehen, vorige Woche war ich einmal in der Bank, aber Josef war so beschäftigt, daß ich nicht vorgelassen wurde; ich habe fast eine Stunde gewartet, mußte dann aber nach Hause, weil ich Klavierstunde hatte. Ich hätte gern mit ihm gesprochen, vielleicht wird sich nächstens eine Gelegenheit finden. Zu meinem Namenstag hat er mir eine große Schachtel Schokolade geschickt, es war sehr lieb und aufmerksam. Ich hatte vergessen, es Euch damals zu schreiben, erst jetzt, da Ihr mich fragt, erinnere ich mich daran. Schokolade, müßt Ihr wissen, verschwindet nämlich in der Pension sofort, kaum ist man zum Bewußtsein dessen gekommen, daß man mit Schokolade beschenkt worden ist, ist sie auch schon weg. Aber was Josef betrifft, wollte ich Euch noch etwas sagen. Wie erwähnt, wurde ich in der Bank nicht zu ihm vorgelassen, weil er gerade mit einem Herrn verhandelte. Nachdem ich eine Zeitlang ruhig gewartet hatte, fragte ich einen Diener, ob die ⌈Verhandlung noch lange dauern werde. Er sagte, das dürfte wohl sein, denn es handle sich wahrscheinlich um den Prozeß, der gegen den Herrn Prokuristen* geführt werde⌉. Ich fragte, was denn das für ein Prozeß sei, ob er sich nicht irre, er aber sagte, er irre sich nicht, es sei ein Prozeß, und zwar ein schwerer Prozeß, mehr aber wisse er nicht. Er selbst möchte dem Herrn Prokuristen gerne helfen, denn dieser sei ein guter und gerechter Herr, aber er wisse nicht, wie er es anfangen sollte, und er möchte nur wünschen, daß sich einflußreiche Herren seiner annehmen würden. Dies werde auch sicher geschehen, und es werde schließlich ein gutes Ende nehmen, vorläufig aber stehe es, wie er aus der Laune des Herrn Prokuristen entnehmen könne, gar nicht gut. Ich legte diesen Reden natürlich nicht viel Bedeutung bei, suchte auch den einfältigen Diener zu beruhigen, verbot ihm, anderen gegenüber davon zu sprechen, und halte das Ganze für ein Geschwätz. Trotzdem wäre es vielleicht gut, wenn Du, liebster Vater, bei Deinem nächsten Besuch der Sache nachgehen wolltest, es wird Dir leicht sein, Genaueres zu erfahren und, wenn es wirklich nötig sein sollte, durch Deine großen, einflußreichen Bekanntschaften einzugreifen. Sollte es aber nicht nötig sein, was ja das wahrscheinlichste ist, so wird es wenigstens Deiner Tochter bald Gelegenheit geben, Dich zu umarmen, was sie freuen würde.‹ – Ein gutes Kind«, sagte der Onkel, als er die Vorlesung beendet hatte, und wischte

* Bevollmächtigter in Rechtsgeschäften einer Firma

einige Tränen aus den Augen fort. K. nickte, er hatte infolge der verschiedenen Störungen der letzten Zeit vollständig Erna vergessen, sogar ihren Geburtstag hatte er vergessen, und die Geschichte von der Schokolade war offenbar nur zu dem Zweck erfunden, um ihn vor Onkel und Tante in Schutz zu nehmen. Es war sehr rührend, und mit den Theaterkarten, die er ihr von jetzt ab regelmäßig schicken wollte, gewiß nicht genügend belohnt, aber zu Besuchen in der Pension und zu Unterhaltungen mit einer kleinen achtzehnjährigen Gymnasiastin fühlte er sich jetzt nicht geeignet. »Und was sagst du jetzt?« fragte der Onkel, der durch den Brief alle Eile und Aufregung vergessen hatte und ihn noch einmal zu lesen schien. »Ja, Onkel«, sagte K., »es ist wahr.« »Wahr?« rief der Onkel. »Was ist wahr? Wie kann es denn wahr sein? Was für ein Prozeß? Doch nicht ein Strafprozeß?« »Ein Strafprozeß«, antwortete K. »Und du sitzt ruhig hier und hast einen Strafprozeß auf dem Halse?« rief der Onkel, der immer lauter wurde. »Je ruhiger ich bin, desto besser ist es für den Ausgang«, sagte K. müde, »fürchte nichts.« »Das kann mich nicht beruhigen!« rief der Onkel, »Josef, lieber Josef, denke an dich, an deine Verwandten, an unsern guten Namen! Du warst bisher unsere Ehre, du darfst nicht unsere Schande werden. Deine Haltung«, er sah K. mit schiefgeneigtem Kopfe an, »gefällt mir nicht, so verhält sich kein unschuldig Angeklagter, der noch bei Kräften ist. Sag mir nur schnell, worum es sich handelt, damit ich dir helfen kann. Es handelt sich natürlich um die Bank?« »Nein«, sagte K. und stand auf, »du sprichst aber zu laut, lieber Onkel, der Diener steht wahrscheinlich an der Tür und horcht. Das ist mir unangenehm. Wir wollen lieber weggehen. Ich werde dir dann alle Fragen, so gut es geht, beantworten. Ich weiß sehr gut, daß ich der Familie Rechenschaft schuldig bin.« »Richtig!« schrie der Onkel, »sehr richtig, beeile dich nur, Josef, beeile dich!« »Ich muß nur noch einige Aufträge geben«, sagte K.

und berief telephonisch seinen Vertreter zu sich, der in wenigen Augenblicken eintrat. Der Onkel, in seiner Aufregung, zeigte ihm mit der Hand, daß K. ihn habe rufen lassen, woran auch sonst kein Zweifel gewesen wäre. K., der vor dem Schreibtisch stand, erklärte dem jungen Mann, der kühl, aber aufmerksam zuhörte, mit leiser Stimme unter Zuhilfenahme verschiedener Schriftstücke, was in seiner Abwesenheit heute noch erledigt werden müsse. Der Onkel störte, indem er zuerst mit großen Augen und nervösem Lippenbeißen dabeistand, ohne allerdings zuzuhören, aber der Anschein dessen war schon störend genug. Dann aber ging er im Zimmer auf und ab und blieb hie und da vor dem Fenster oder vor einem Bild stehen, wobei er immer in verschiedene Ausrufe ausbrach, wie: »Mir ist es vollständig unbegreiflich!« oder »Jetzt sagt mir nur, was soll denn daraus werden!« Der junge Mann tat, als bemerke er nichts davon, hörte ruhig K.s Aufträge bis zu Ende an, notierte sich auch einiges und ging, nachdem er sich vor K. wie auch vor dem Onkel verneigt hatte, der ihm aber gerade den Rücken zukehrte, aus dem Fenster sah und mit ausgestreckten Händen die Vorhänge zusammenknüllte. Die Tür hatte sich noch kaum geschlossen, als der Onkel ausrief: »Endlich ist der Hampelmann weggegangen, jetzt können doch auch wir gehen. Endlich!« Es gab leider kein Mittel, den Onkel zu bewegen, in der Vorhalle, wo einige Beamte und Diener herumstanden und die gerade auch der Direktor-Stellvertreter kreuzte, die Fragen wegen des Prozesses zu unterlassen. »Also, Josef«, begann der Onkel, während er die Verbeugungen der Umstehenden durch leichtes Salutieren beantwortete, »jetzt sag mir offen, was es für ein Prozeß ist.« K. machte einige nichtssagende Bemerkungen, lachte auch ein wenig, und erst auf der Treppe erklärte er dem Onkel, daß er vor den Leuten nicht habe offen reden wollen. »Richtig«, sagte der Onkel, »aber jetzt rede.« Mit geneigtem Kopf, eine Zigarre in kurzen, eiligen

Zügen rauchend, hörte er zu. »Vor allem, Onkel«, sagte K., »handelt es sich gar nicht um einen Prozeß vor dem gewöhnlichen Gericht.« »Das ist schlimm«, sagte der Onkel. »Wie?« sagte K. und sah den Onkel an. »Daß das schlimm ist, meine ich«, wiederholte der Onkel. Sie standen auf der Freitreppe, die zur Straße führte; da der Portier zu horchen schien, zog K. den Onkel hinunter; der lebhafte Straßenverkehr nahm sie auf. Der Onkel, der sich in K. eingehängt hatte, fragte nicht mehr so dringend nach dem Prozeß, sie gingen sogar eine Zeitlang schweigend weiter. »Wie ist es aber geschehen?« fragte endlich der Onkel, so plötzlich stehenbleibend, daß die hinter ihm gehenden Leute erschreckt auswichen. »Solche Dinge kommen doch nicht plötzlich, sie bereiten sich seit langem vor, es müssen Anzeichen dessen gewesen sein, warum hast du mir nicht geschrieben? Du weißt, daß ich für dich alles tue, ich bin ja gewissermaßen noch dein Vormund und war bis heute stolz darauf. Ich werde dir natürlich auch jetzt noch helfen, nur ist es jetzt, wenn der Prozeß schon im Gange ist, sehr schwer. Am besten wäre es jedenfalls, wenn du dir jetzt einen kleinen Urlaub nimmst und zu uns aufs Land kommst. Du bist auch ein wenig abgemagert, jetzt merke ich es. Auf dem Land wirst du dich kräftigen, das wird gut sein, es stehen dir ja gewiß Anstrengungen bevor. Außerdem aber wirst du dadurch dem Gericht gewissermaßen entzogen sein. Hier haben sie alle möglichen Machtmittel, die sie notwendigerweise automatisch auch dir gegenüber anwenden; auf das Land müßten sie aber erst Organe delegieren oder nur brieflich, telegraphisch, telephonisch auf dich einzuwirken suchen. Das schwächt natürlich die Wirkung ab, befreit dich zwar nicht, aber läßt dich aufatmen.« »Sie könnten mir ja verbieten wegzufahren«, sagte K., den die Rede des Onkels ein wenig in ihren Gedankengang gezogen hatte. »Ich glaube nicht, daß sie das tun werden«, sagte der Onkel nachdenklich, »so groß ist der Verlust an

Macht nicht, den sie durch deine Abreise erleiden.« »Ich dachte«, sagte K. und faßte den Onkel unterm Arm, um ihn am Stehenbleiben hindern zu können, »daß du dem Ganzen noch weniger Bedeutung beimessen würdest als ich, und jetzt nimmst du es selbst so schwer.« »Josef«, rief der Onkel und wollte sich ihm entwinden, um stehenbleiben zu können, aber K. ließ ihn nicht, »du bist verwandelt, du hattest doch immer ein so richtiges Auffassungsvermögen, und gerade jetzt verläßt es dich? Willst du denn den Prozeß verlieren? Weißt du, was das bedeutet? Das bedeutet, daß du einfach gestrichen wirst. Und daß die ganze Verwandtschaft mitgerissen oder wenigstens bis auf den Boden gedemütigt wird. Josef, nimm dich doch zusammen. Deine Gleichgültigkeit bringt mich um den Verstand. Wenn man dich ansieht, ⌐möchte man fast dem Sprichwort glauben: ›Einen solchen Prozeß haben, heißt ihn schon verloren haben‹.«⌐

»Lieber Onkel«, sagte K., »die Aufregung ist so unnütz, sie ist es auf deiner Seite und wäre es auch auf meiner. Mit Aufregung gewinnt man die Prozesse nicht, laß auch meine praktischen Erfahrungen ein wenig gelten, so wie ich deine, selbst wenn sie mich überraschen, immer und auch jetzt sehr achte. Da du sagst, daß auch die Familie durch den Prozeß in Mitleidenschaft gezogen würde – was ich für meinen Teil durchaus nicht begreifen kann, das ist aber Nebensache –, so will ich dir gerne in allem folgen. Nur den Landaufenthalt halte ich selbst in deinem Sinne nicht für vorteilhaft, denn das würde Flucht und Schuldbewußtsein bedeuten. Überdies bin ich hier zwar mehr verfolgt, kann aber auch selbst die Sache mehr betreiben.« »Richtig«, sagte der Onkel in einem Ton, als kämen sie jetzt endlich einander näher, »ich machte den Vorschlag nur, weil ich, wenn du hierbliebst, die Sache von deiner Gleichgültigkeit gefährdet sah und es für besser hielt, wenn ich statt deiner für dich arbeitete. Willst du es aber mit aller Kraft selbst betreiben, so ist es natürlich weit besser.« »Darin wären wir also einig«, sagte K. »Und hast du jetzt einen Vorschlag dafür, was ich zunächst machen soll?« »Ich muß mir natürlich die Sache noch überlegen«, sagte der Onkel, »du mußt bedenken, daß ich jetzt schon zwanzig Jahre fast ununterbrochen auf dem Lande bin, dabei läßt der Spürsinn in diesen Richtungen nach. Verschiedene wichtige Verbindungen mit Persönlichkeiten, die sich hier vielleicht besser auskennen, haben sich von selbst gelockert. Ich bin auf dem Land ein wenig verlassen, das weißt du ja. Selbst merkt man es eigentlich erst bei solchen Gelegenheiten. Zum Teil kam mir deine Sache auch unerwartet, wenn ich auch merkwürdigerweise nach Ernas Brief schon etwas Derartiges ahnte und es heute bei deinem Anblick fast mit Bestimmtheit wußte. Aber das ist gleichgültig, das Wichtigste ist jetzt, keine Zeit zu verlieren.« Schon während seiner Rede hatte er, auf den Fußspitzen stehend, einem Automobil gewinkt und zog jetzt, während er gleichzeitig dem Wagenlenker eine Adresse zurief, K. hinter sich in den Wagen. »Wir fahren jetzt zum Advokaten Huld«, sagte er, »er war mein Schulkollege. Du kennst den Namen gewiß auch? Nicht? Das ist aber merkwürdig. Er hat doch als Verteidiger und Armenadvokat einen bedeutenden Ruf. Ich aber habe besonders zu ihm als Menschen großes Vertrauen.« »Mir ist alles recht, was du unternimmst«, sagte K., obwohl ihm die eilige und dringliche Art, mit der der Onkel die Angelegenheit behandelte, Unbehagen verursachte. Es war nicht sehr erfreulich, als Angeklagter zu einem Armenadvokaten zu fahren. ⌜»Ich wußte nicht«, sagte er, »daß man in einer solchen Sache auch einen Advokaten zuziehen könne.«⌝ »Aber natürlich«, sagte der Onkel, »das ist ja selbstverständlich. Warum denn nicht? Und nun erzähle mir, damit ich über die Sache genau unterrichtet bin, alles, was bisher geschehen ist.« K. begann sofort zu erzählen, ohne irgend etwas zu verschweigen, seine vollständige

Offenheit war der einzige Protest, den er sich gegen des Onkels Ansicht, der Prozeß sei eine große Schande, erlauben konnte. Fräulein Bürstners Namen erwähnte er nur einmal und flüchtig, aber das beeinträchtigte nicht die Offenheit, denn Fräulein Bürstner stand mit dem Prozeß in keiner Verbindung. Während er erzählte, sah er aus dem Fenster und beobachtete, wie sie sich gerade jener Vorstadt näherten, in der die Gerichtskanzleien waren, er machte den Onkel darauf aufmerksam, der aber das Zusammentreffen nicht besonders auffallend fand. Der Wagen hielt vor einem dunklen Haus. Der Onkel läutete gleich im Parterre bei der ersten Tür; während sie warteten, fletschte er lächelnd seine großen Zähne und flüsterte: »Acht Uhr, eine ungewöhnliche Zeit für Parteienbesuche. Huld nimmt es mir aber nicht übel.« Im Guckfenster der Tür erschienen zwei große, schwarze Augen, sahen ein Weilchen die zwei Gäste an und verschwanden; die Tür öffnete sich aber nicht. Der Onkel und K. bestätigten einander gegenseitig die Tatsache, die zwei Augen gesehen zu haben. »Ein neues Stubenmädchen, das sich vor Fremden fürchtet«, sagte der Onkel und klopfte nochmals. Wieder erschienen die Augen, man konnte sie jetzt fast für traurig halten, vielleicht war das aber auch nur eine Täuschung, hervorgerufen durch die offene Gasflamme, die nahe über den Köpfen stark zischend brannte, aber wenig Licht gab. »Öffnen Sie«, rief der Onkel und hieb mit der Faust gegen die Tür, »es sind Freunde des Herrn Advokaten!« »Der Herr Advokat ist krank«, flüsterte es hinter ihnen. In einer Tür am andern Ende des kleinen Ganges stand ein Herr im Schlafrock und machte mit äußerst leiser Stimme diese Mitteilung. Der Onkel, der schon wegen des langen Wartens wütend war, wandte sich mit einem Ruck um, rief: »Krank? Sie sagen, er ist krank?« und ging fast drohend, als sei der Herr die Krankheit, auf ihn zu. »Man hat schon geöffnet«, sagte der Herr, zeigte auf die Tür des Advokaten, raffte seinen Schlafrock zusammen und verschwand. Die Tür war wirklich geöffnet worden, ein junges Mädchen – K. erkannte die dunklen, ein wenig hervorgewälzten Augen wieder – stand in langer, weißer Schürze im Vorzimmer und hielt eine Kerze in der Hand. »Nächstens öffnen Sie früher!« sagte der Onkel statt einer Begrüßung, während das Mädchen einen kleinen Knicks machte. »Komm, Josef«, sagte er dann zu K., der sich langsam an dem Mädchen vorüberschob. »Der Herr Advokat ist krank«, sagte das Mädchen, da der Onkel, ohne sich aufzuhalten, auf eine Tür zueilte. K. staunte das Mädchen noch an, während es sich schon umgedreht hatte, um die Wohnungstür wieder zu versperren, es hatte ein puppenförmiges gerundetes Gesicht, nicht nur die bleichen Wangen und das Kinn verliefen rund, auch die Schläfen und die Stirnränder. »Josef«, rief der Onkel wieder, und das Mädchen fragte er: »Es ist das Herzleiden?« »Ich glaube wohl«, sagte das Mädchen, es hatte Zeit gefunden, mit der Kerze voranzugehen und die Zimmertür zu öffnen. In einem Winkel des Zimmers, wohin das Kerzenlicht noch nicht drang, ⌐erhob sich im Bett ein Gesicht⌐ mit langem Bart. »Leni, wer kommt denn?« fragte der Advokat, der, durch die Kerze geblendet, die Gäste nicht erkannte. »Albert, dein alter Freund ist es«, sagte der Onkel. »Ach, Albert«, sagte der Advokat und ließ sich auf die Kissen zurückfallen, als bedürfe es diesem Besuch gegenüber keiner Verstellung. »Steht es wirklich so schlecht?« fragte der Onkel und setzte sich auf den Bettrand. »Ich glaube es nicht. Es ist ein Anfall deines Herzleidens und wird vorübergehen wie die früheren.« »Möglich«, sagte der Advokat leise, »es ist aber ärger, als es jemals gewesen ist. Ich atme schwer, schlafe gar nicht und verliere täglich an Kraft.« »So«, sagte der Onkel und drückte den Panamahut mit seiner großen Hand fest aufs Knie. »Das sind schlechte Nachrichten. Hast du übrigens die richtige Pflege? Es ist auch so traurig hier, so dunkel. Es ist schon lange her, seit ich zum letztenmal hier war, damals schien es mir freundlicher. Auch dein kleines Fräulein hier scheint nicht sehr lustig, oder sie verstellt sich.« Das Mädchen stand noch immer mit der Kerze nahe bei der Tür; soweit ihr unbestimmter Blick erkennen ließ, sah sie eher K. an als den Onkel, selbst als dieser jetzt von ihr sprach. K. lehnte an einem Sessel, den er in die Nähe des Mädchens geschoben hatte. »Wenn man so krank ist wie ich«, sagte der Advokat, »muß man Ruhe haben. Mir ist es nicht traurig.« Nach einer kleinen Pause fügte er hinzu: »Und Leni pflegt mich gut, sie ist brav.« Den Onkel konnte das aber nicht überzeugen, er war sichtlich gegen die Pflegerin voreingenommen, und wenn er auch dem Kranken nichts entgegnete, so verfolgte er doch die Pflegerin mit strengen Blicken, als sie jetzt zum Bett hinging, die Kerze auf das Nachttischchen stellte, sich über den Kranken hinbeugte und beim Ordnen der Kissen mit ihm flüsterte. Er vergaß fast die Rücksicht auf den Kranken, stand auf, ging hinter der Pflegerin hin und her, und K. hätte es nicht gewundert, wenn er sie hinten an den Röcken erfaßt und vom Bett fortgezogen hätte. K. selbst sah allem ruhig zu, die Krankheit des Advokaten war ihm sogar nicht ganz unwillkommen, dem Eifer, den der Onkel für seine Sache entwickelt hatte, hatte er sich nicht entgegenstellen können, die Ablenkung, die dieser Eifer jetzt ohne sein Zutun erfuhr, nahm er gerne hin. Da sagte der Onkel, vielleicht nur in der Absicht, die Pflegerin zu beleidigen: »Fräulein, bitte, lassen Sie uns ein Weilchen allein, ich habe mit meinem Freund eine persönliche Angelegenheit zu besprechen.« Die Pflegerin, die noch weit über den Kranken hingebeugt war und gerade das Leintuch* an der Wand glättete, wendete nur den Kopf und sagte sehr ruhig, was einen auffallenden Unterschied zu den vor Wut stockenden und dann wieder überfließenden Reden des Onkels bildete: »Sie sehen, der Herr ist so krank, er kann keine Angelegenheiten

* Bettlaken

besprechen.« Sie hatte die Worte des Onkels wahrscheinlich nur aus Bequemlichkeit wiederholt, immerhin konnte es selbst von einem Unbeteiligten als spöttisch aufgefaßt werden, der Onkel aber fuhr natürlich wie ein Gestochener auf. »Du Verdammte«, sagte er im ersten Gurgeln der Aufregung noch ziemlich unverständlich, K. erschrak, obwohl er etwas Ähnliches erwartet hatte, und lief auf den Onkel zu, mit der bestimmten Absicht, ihm mit beiden Händen den Mund zu schließen. Glücklicherweise erhob sich aber hinter dem Mädchen der Kranke, der Onkel machte ein finsteres Gesicht, als schlucke er etwas Abscheuliches hinunter, und sagte dann ruhiger: »Wir haben natürlich auch noch den Verstand nicht verloren; wäre das, was ich verlange, nicht möglich, würde ich es nicht verlangen. Bitte, gehen Sie jetzt!« Die Pflegerin stand aufgerichtet am Bett, dem Onkel voll zugewendet, mit der einen Hand streichelte sie, wie K. zu bemerken glaubte, die Hand des Advokaten. »Du kannst vor Leni alles sagen«, sagte der Kranke, zweifellos im Ton einer dringenden Bitte. »Es betrifft mich nicht«, sagte der Onkel, »es ist nicht mein Geheimnis.« Und er drehte sich um, als gedenke er in keine Verhandlungen mehr einzugehen, gebe aber noch eine kleine Bedenkzeit. »Wen betrifft es denn?« fragte der Advokat mit erlöschender Stimme und legte sich wieder zurück. »Meinen Neffen«, sagte der Onkel, »ich habe ihn auch mitgebracht.« Und er stellte vor: »Prokurist Josef K.« »Oh«, sagte der Kranke viel lebhafter und streckte K. die Hand entgegen, »verzeihen Sie, ich habe Sie gar nicht bemerkt. Geh, Leni«, sagte er dann zu der Pflegerin, die sich auch gar nicht mehr wehrte, und reichte ihr die Hand, als gelte es einen Abschied für lange Zeit. »Du bist also«, sagte er endlich zum Onkel, der, auch versöhnt, nähergetreten war, »nicht gekommen, mir einen Krankenbesuch zu machen, sondern du kommst in Geschäften.« Es war, als hätte die Vorstellung eines Krankenbesuchs den Advokaten bisher gelähmt, so gekräftigt sah er jetzt aus, blieb ständig auf einem Ellbogen aufgestützt, was ziemlich anstrengend sein mußte, und zog immer wieder an einem Bartstrahn in der Mitte seines Bartes. »Du siehst schon viel gesünder aus«, sagte der Onkel, »seit diese Hexe draußen ist.« Er unterbrach sich, flüsterte: »Ich wette, daß sie horcht!« und er sprang zur Tür. Aber hinter der Tür war niemand, der Onkel kam zurück, nicht enttäuscht, denn ihr Nichthorchen erschien ihm als eine noch größere Bosheit, wohl aber verbittert: »Du verkennst sie«, sagte der Advokat, ohne die Pflegerin weiter in Schutz zu nehmen; vielleicht wollte er damit ausdrücken, daß sie nicht schutzbedürftig sei. Aber in viel teilnehmenderem Tone fuhr er fort: »Was die Angelegenheit deines Herrn Neffen betrifft, so würde ich mich allerdings glücklich schätzen, wenn meine Kraft für diese äußerst schwierige Aufgabe ausreichen könnte; ich fürchte sehr, daß sie nicht ausreichen wird, jedenfalls will ich nichts unversucht lassen; wenn ich nicht ausreiche, könnte man ja noch jemanden anderen beiziehen. Um aufrichtig zu sein, interessiert mich die Sache zu sehr, als daß ich es über mich bringen könnte, auf jede Beteiligung zu verzichten. Hält es mein Herz nicht aus, so wird es doch wenigstens hier eine würdige Gelegenheit finden, gänzlich zu versagen.« K. glaubte, kein Wort dieser ganzen Rede zu verstehen, er sah den Onkel an, um dort eine Erklärung zu finden, ⌈aber dieser saß, mit der Kerze in der Hand, auf dem Nachttischchen, von dem bereits eine Arzneimittelflasche auf den Teppich gerollt war⌉, nickte zu allem, was der Advokat sagte, war mit allem einverstanden und sah hie und da auf K. mit der Aufforderung zu gleichem Einverständnis hin. Hatte vielleicht der Onkel schon früher dem Advokaten von dem Prozeß erzählt? Aber das war unmöglich, alles, was vorhergegangen war, sprach dagegen. »Ich verstehe nicht –«, sagte er deshalb. »Ja, habe vielleicht ich Sie mißverstanden?« fragte der Advokat ebenso erstaunt und verlegen wie K. »Ich war vielleicht voreilig. Worüber wollten Sie denn mit mir sprechen? Ich dachte, es handle sich um Ihren Prozeß?« »Natürlich«, sagte der Onkel und fragte dann K.: »Was willst du denn?« ⌜»Ja, aber woher wissen Sie denn etwas über mich und meinen Prozeß?«⌝ fragte K. »Ach so«, sagte der Advokat lächelnd, »ich bin doch Advokat, ich verkehre in Gerichtskreisen, man spricht über verschiedene Prozesse, und auffallendere, besonders wenn es den Neffen eines Freundes betrifft, behält man im Gedächtnis. Das ist doch nichts Merkwürdiges.« »Was willst du denn?« fragte der Onkel K. nochmals. »Du bist so unruhig.« »Sie verkehren in diesen Gerichtskreisen?« fragte K. »Ja«, sagte der Advokat. »Du fragst wie ein Kind«, sagte der Onkel. »Mit wem sollte ich denn verkehren, wenn nicht mit Leuten meines Faches?« fügte der Advokat hinzu. Es klang so unwiderleglich, daß K. gar nicht antwortete. ⌜»Sie arbeiten doch bei dem Gericht im Justizpalast, und nicht bei dem auf dem Dachboden«⌝, hatte er sagen wollen, konnte sich aber nicht überwinden, es wirklich zu sagen. »Sie müssen doch bedenken«, fuhr der Advokat fort, in einem Tone, als erkläre er etwas Selbstverständliches überflüssigerweise und nebenbei, »Sie müssen doch bedenken, daß ich aus einem solchen Verkehr auch große Vorteile für meine Klientel ziehe, und zwar in vielfacher Hinsicht, man darf nicht einmal immer davon reden. Natürlich bin ich jetzt infolge meiner Krankheit ein wenig behindert, aber ich bekomme trotzdem Besuch von guten Freunden vom Gericht und erfahre doch einiges. Erfahre vielleicht mehr als manche, die in bester Gesundheit den ganzen Tag bei Gericht verbringen. So habe ich zum Beispiel gerade jetzt einen lieben Besuch.« Und er zeigte in eine dunkle Zimmerecke. »Wo denn?« fragte K. in der ersten Überraschung fast grob. Er sah unsicher herum; das Licht der kleinen Kerze drang bis zur gegenüberliegenden Wand bei weitem nicht. Und wirklich begann sich dort in der Ecke etwas zu rühren. Im Licht der Kerze, die der Onkel jetzt hochhielt, sah man dort, bei einem kleinen Tischchen, einen älteren Herrn sitzen. Er hatte wohl gar nicht geatmet, daß er so lange unbemerkt geblieben war. Jetzt stand er umständlich auf, offenbar unzufrieden damit, daß man auf ihn aufmerksam gemacht hatte. Es war, als wolle er mit den Händen, die er wie kurze Flügel bewegte, alle Vorstellungen und Begrüßungen abwehren, als wolle er auf keinen Fall die anderen durch seine Anwesenheit stören und als bitte er dringend wieder um die Versetzung ins Dunkel und um das Vergessen seiner Anwesenheit. Das konnte man ihm nun aber nicht mehr zugestehen. »Ihr habt uns nämlich überrascht«, sagte der Advokat zur Erklärung und winkte dabei dem Herrn aufmunternd zu, näherzukommen, was dieser langsam, zögernd herumblickend und doch mit einer gewissen Würde tat, »der Herr Kanzleidirektor – ach so, Verzeihung, ich habe nicht vorgestellt – hier mein Freund Albert K., hier sein Neffe, Prokurist Josef K., und hier der Herr Kanzleidirektor – der Herr Kanzleidirektor also war so freundlich, mich zu besuchen. Den Wert eines solchen Besuches kann eigentlich nur der Eingeweihte würdigen, welcher weiß, wie der Herr Kanzleidirektor mit Arbeit überhäuft ist. Nun, er kam aber trotzdem, wir unterhielten uns friedlich, soweit meine Schwäche es erlaubte, wir hatten zwar Leni nicht verboten, Besuche einzulassen, denn es waren keine zu erwarten, aber unsere Meinung war doch, daß wir allein bleiben sollten, dann aber kamen deine Fausthiebe, Albert, der Herr Kanzleidirektor rückte mit Sessel und Tisch in den Winkel, nun aber zeigt sich, daß wir möglicherweise, das heißt, wenn der Wunsch danach besteht, eine gemeinsame Angelegenheit zu besprechen haben und sehr gut wieder zusammenrücken können. – Herr Kanzleidirektor«, sagte er mit Kopfneigen und unterwürfigem Lächeln und zeigte auf einen Lehnstuhl in der Nähe des Bettes. »Ich kann leider nur noch ein paar Minuten

bleiben«, sagte der Kanzleidirektor freundlich, setzte sich breit in den Lehnstuhl und sah auf die Uhr, »die Geschäfte rufen mich. Jedenfalls will ich nicht die Gelegenheit vorübergehen lassen, einen Freund meines Freundes kennenzulernen.« Er neigte den Kopf leicht gegen den Onkel, der von der neuen Bekanntschaft sehr befriedigt schien, aber infolge seiner Natur Gefühle der Ergebenheit nicht ausdrücken konnte und die Worte des Kanzleidirektors mit verlegenem, aber lautem Lachen begleitete. Ein häßlicher Anblick! K. konnte ruhig alles beobachten, denn um ihn kümmerte sich niemand, der Kanzleidirektor nahm, wie es seine Gewohnheit schien, da er nun schon einmal hervorgezogen war, die Herrschaft über das Gespräch an sich, der Advokat, dessen erste Schwäche vielleicht nur dazu hatte dienen sollen, den neuen Besuch zu vertreiben, hörte aufmerksam, die Hand am Ohre zu, der Onkel als Kerzenträger – er balancierte die Kerze auf seinem Schenkel, der Advokat sah öfter besorgt hin – war bald frei von Verlegenheit und nur noch entrückt, sowohl von der Art der Rede des Kanzleidirektors als auch von den sanften, wellenförmigen Handbewegungen, mit denen er sie begleitete. K., der am Bettpfosten lehnte, wurde vom Kanzleidirektor vielleicht sogar mit Absicht vollständig vernachlässigt und diente den alten Herren nur als Zuhörer. Übrigens wußte er kaum, wovon die Rede war und dachte bald an die Pflegerin und an die schlechte Behandlung, die sie vom Onkel erfahren hatte, bald daran, ob er den Kanzleidirektor nicht schon einmal gesehen hatte, vielleicht sogar in der Versammlung bei seiner ersten Untersuchung. Wenn er sich auch vielleicht täuschte, so hätte sich doch der Kanzleidirektor den Versammlungsteilnehmern in der ersten Reihe, den alten Herren mit den schütteren Bärten, vorzüglich eingefügt.
Da ließ ein Lärm aus dem Vorzimmer, wie von zerbrechendem Porzellan, alle aufhorchen. »Ich will nachsehen, was

geschehen ist«, sagte K. und ging langsam hinaus, als gebe er den anderen noch Gelegenheit, ihn zurückzuhalten. Kaum war er ins Vorzimmer getreten und wollte sich im Dunkel zurechtfinden, als sich auf die Hand, mit der er die Tür noch festhielt, eine kleine Hand legte, viel kleiner als K.s Hand, und die Tür leise schloß. Es war die Pflegerin, die hier gewartet hatte. »Es ist nichts geschehen«, flüsterte sie, »ich habe nur einen Teller gegen die Mauer geworfen, um Sie herauszuholen.« In seiner Befangenheit sagte K.: »Ich habe auch an Sie gedacht.« »Desto besser«, sagte die Pflegerin, »kommen Sie.« Nach ein paar Schritten kamen sie zu einer Tür aus mattem Glas, welche die Pflegerin vor K. öffnete. »Treten Sie doch ein«, sagte sie. Es war jedenfalls das Arbeitszimmer des Advokaten; soweit man ⌜im Mondlicht⌝ sehen konnte, das jetzt nur einen kleinen, viereckigen Teil des Fußbodens an jedem der drei großen Fenster erhellte, war es mit schweren, alten Möbelstücken ausgestattet. »Hierher«, sagte die Pflegerin und zeigte auf eine dunkle Truhe mit holzgeschnitzter Lehne. Noch als er sich gesetzt hatte, sah sich K. im Zimmer um, es war ein hohes, großes Zimmer, die Kundschaft des Armenadvokaten mußte sich hier verloren vorkommen. K. glaubte, die kleinen Schritte zu sehen, mit denen die Besucher zu dem gewaltigen Schreibtisch vorrückten. Dann aber vergaß er dies und hatte nur noch Augen für die Pflegerin, die ganz nahe neben ihm saß und ihn fast an die Seitenlehne drückte. »Ich dachte«, sagte sie, »Sie würden von selbst zu mir herauskommen, ohne daß ich Sie erst rufen müßte. Es war doch merkwürdig. ⌜Zuerst sahen Sie mich gleich beim Eintritt ununterbrochen an, und dann ließen Sie mich warten.⌝ Nennen Sie mich übrigens Leni«, fügte sie noch rasch und unvermittelt zu, als solle kein Augenblick dieser Aussprache versäumt werden. »Gern«, sagte K., »was aber die Merkwürdigkeit betrifft, Leni, so ist sie leicht zu erklären. Erstens mußte ich doch das Geschwätz der alten Herren anhören und konnte nicht grundlos weglaufen, zweitens aber bin ich nicht frech, sondern eher schüchtern, und auch Sie, Leni, sahen wahrhaftig nicht so aus, als ob Sie in einem Sprung zu gewinnen wären.« »Das ist es nicht«, sagte Leni, legte den Arm über die Lehne und sah K. an, »aber ich gefiel Ihnen nicht und gefalle Ihnen auch wahrscheinlich jetzt nicht.« »Gefallen wäre ja nicht viel«, sagte K. ausweichend. »Oh!« sagte sie lächelnd und gewann durch K.s Bemerkung und diesen kleinen Ausruf eine gewisse Überlegenheit. Deshalb schwieg K. ein Weilchen. Da er sich an das Dunkel im Zimmer schon gewöhnt hatte, konnte er verschiedene Einzelheiten der Einrichtung unterscheiden. ⌜Besonders fiel ihm ein großes Bild auf, das rechts von der Tür hing, er beugte sich vor, um es besser zu sehen. Es stellte einen Mann im Richtertalar dar; er saß auf einem hohen Thronsessel, dessen Vergoldung vielfach aus dem Bilde hervorstach. Das Ungewöhnliche war, daß dieser Richter nicht in Ruhe und Würde dort saß, sondern den linken Arm fest an Rücken- und Seitenlehne drückte, den rechten Arm aber völlig frei hatte und nur mit der Hand die Seitenlehne umfaßte, als wolle er im nächsten Augenblick mit einer heftigen und vielleicht empörten Wendung aufspringen, um etwas Entscheidendes zu sagen oder gar das Urteil zu verkünden.⌝ Der Angeklagte war wohl zu Füßen der Treppe zu denken, deren oberste, mit einem gelben Teppich bedeckte Stufen noch auf dem Bilde zu sehen waren. »Vielleicht ist das mein Richter«, sagte K. und zeigte mit einem Finger auf das Bild. »Ich kenne ihn«, sagte Leni und sah auch zum Bilde auf, »er kommt öfters hierher. Das Bild stammt aus seiner Jugend, er kann aber niemals dem Bilde auch nur ähnlich gewesen sein, denn er ist fast winzig klein. Trotzdem hat er sich auf dem Bild so in die Länge ziehen lassen, denn er ist unsinnig eitel, wie alle hier. Aber auch ich bin eitel und sehr unzufrieden damit, daß ich Ihnen gar nicht gefalle.« Auf die letzte Bemerkung antwortete K. nur damit, daß er Leni umfaßte und an sich zog, sie lehnte still den Kopf an seine Schulter. Zu dem Übrigen aber sagte er: »Was für einen Rang hat er?« »Er ist Untersuchungsrichter«, sagte sie, ergriff K.s Hand, mit der er sie umfaßt hielt, und spielte mit seinen Fingern. »Wieder nur Untersuchungsrichter«, sagte K. enttäuscht, »die hohen Beamten verstecken sich. Aber er sitzt doch auf einem Thronsessel.« ⌜»Das ist alles Erfindung«, sagte Leni, das Gesicht über K.s Hand gebeugt, »in Wirklichkeit sitzt er auf einem Küchensessel, auf dem eine alte Pferdedecke zusammengelegt ist⌝. Aber müssen Sie denn immerfort an Ihren Prozeß denken?« fügte sie langsam hinzu. »Nein, durchaus nicht«, sagte K., »ich denke wahrscheinlich sogar zu wenig an ihn.« »Das ist nicht der Fehler, den Sie machen«, sagte Leni, »Sie sind zu unnachgiebig, so habe ich es gehört.« »Wer hat das gesagt?« fragte K., erfühlte ihren Körper an seiner Brust und sah auf ihr reiches, dunkles, fest gedrehtes Haar hinab. »Ich würde zuviel verraten, wenn ich das sagte«, antwortete Leni. »Fragen Sie, bitte, nicht nach Namen, stellen Sie aber Ihren Fehler ab, seien Sie nicht mehr so unnachgiebig, gegen dieses Gericht kann man sich ja nicht wehren, man muß das Geständnis machen. Machen Sie doch bei nächster Gelegenheit das Geständnis. Erst dann ist die Möglichkeit zu entschlüpfen gegeben, erst dann. Jedoch selbst das ist ohne fremde Hilfe nicht möglich, wegen dieser Hilfe aber müssen Sie sich nicht ängstigen, die will ich Ihnen selbst leisten.« »Sie verstehen viel von diesem Gericht und von den Betrügereien, die hier nötig sind«, sagte K. und hob sie, da sie sich allzu stark an ihn drängte, auf seinen Schoß. »So ist es gut«, sagte sie und richtete sich auf seinem Schoß ein, indem sie den Rock glättete und die Bluse zurechtzog. ⌜Dann hing sie sich mit beiden Händen an seinen Hals⌝, lehnte sich zurück und sah ihn lange an. »Und wenn ich das Geständnis nicht mache, dann können Sie mir nicht helfen?« fragte K. versuchsweise. Ich werbe Helferinnen, dachte er fast verwundert, zuerst Fräulein Bürstner, dann die Frau des Gerichtsdieners und endlich diese kleine Pflegerin, die ein unbegreifliches Bedürfnis nach mir zu haben scheint. ⌜Wie sie auf meinem Schoß sitzt, als sei es ihr einzig richtiger Platz!⌝ »Nein«, antwortete Leni und schüttelte langsam den Kopf, »dann kann ich Ihnen nicht helfen. Aber Sie wollen ja meine Hilfe gar nicht, es liegt Ihnen nichts daran, Sie sind eigensinnig und lassen sich nicht überzeugen.« »Haben Sie eine Geliebte?« fragte sie nach einem Weilchen. »Nein«, sagte K. »O doch«, sagte sie. »Ja wirklich«, sagte K., »denken Sie nur, ich habe sie verleugnet und trage doch sogar ihre Photographie bei mir.« Auf ihre Bitten zeigte er ihr eine Photographie Elsas, zusammengekrümmt auf seinem Schoß, studierte sie das Bild. Es war eine Momentphotographie, Elsa war ⌜nach einem Wirbeltanz aufgenommen, wie sie ihn in dem Weinlokal gern tanzte, ihr Rock flog noch im Faltenwurf der Drehung um sie her⌝, die Hände hatte sie auf die festen Hüften gelegt und sah mit straffem Hals lachend zur Seite; wem ihr Lachen galt, konnte man aus dem Bild nicht erkennen. »Sie ist stark geschnürt«, sagte Leni und zeigte auf die Stelle, wo dies ihrer Meinung nach zu sehen war. »Sie gefällt mir nicht, sie ist unbeholfen und roh. Vielleicht ist sie aber Ihnen gegenüber sanft und freundlich, darauf könnte man nach dem Bilde schließen. So große, starke Mädchen wissen oft nichts anderes, als sanft und freundlich zu sein. Würde sie sich aber für Sie opfern können?« »Nein«, sagte K., »sie ist weder sanft und freundlich, noch würde sie sich für mich opfern können. Auch habe ich bisher weder das eine noch das andere von ihr verlangt. Ja, ich habe noch nicht einmal das Bild so genau angesehen wie Sie.« »Es liegt Ihnen also gar nicht viel an ihr«, sagte Leni, »sie ist also gar nicht Ihre Geliebte.« »Doch«, sagte K. »Ich nehme mein Wort nicht zurück.« »Mag sie also jetzt Ihre Geliebte sein«, sagte Leni,

»Sie würden sie aber nicht sehr vermissen, wenn Sie sie verlören oder für jemand anderen, zum Beispiel für mich, eintauschten.« »Gewiß«, sagte K. lächelnd, »das wäre denkbar, aber sie hat einen großen Vorteil Ihnen gegenüber, sie weiß nichts von meinem Prozeß, und selbst wenn sie etwas davon wüßte, würde sie nicht daran denken. Sie würde mich nicht zur Nachgiebigkeit zu überreden suchen.« »Das ist kein Vorteil«, sagte Leni. »Wenn sie keine sonstigen Vorteile hat, verliere ich nicht den Mut. Hat sie irgendeinen körperlichen Fehler?« »Einen körperlichen Fehler?« fragte K. »Ja«, sagte Leni, »ich habe nämlich einen solchen kleinen Fehler, sehen Sie.« ⌜Sie spannte den Mittel- und Ringfinger ihrer rechten Hand auseinander, zwischen denen das Verbindungshäutchen fast bis zum obersten Gelenk der kurzen Finger reichte.⌝ K. merkte im Dunkel nicht gleich, was sie ihm zeigen wollte, sie führte deshalb seine Hand hin, damit er es abtaste. »Was für ein Naturspiel«, sagte K. und fügte, als er die ganze Hand überblickt hatte, hinzu: »Was für eine hübsche Kralle!« Mit einer Art Stolz sah Leni zu, wie K. staunend immer wieder ihre zwei Finger auseinanderzog und zusammenlegte, bis er sie schließlich flüchtig küßte und losließ. »Oh!« rief sie aber sofort, »Sie haben mich geküßt!« Eilig, mit offenem Mund erkletterte sie mit den Knien seinen Schoß. K. sah fast bestürzt zu ihr auf, jetzt, da sie ihm so nahe war, ging ein bitterer, aufreizender Geruch wie von Pfeffer von ihr aus, ⌜sie nahm seinen Kopf an sich, beugte sich über ihn hinweg und biß und küßte seinen Hals, biß selbst in seine Haare. »Sie haben mich eingetauscht!« rief sie von Zeit zu Zeit, »sehen Sie, nun haben Sie mich eingetauscht!« Da glitt ihr Knie aus, mit einem kleinen Schrei fiel sie fast auf den Teppich, K. umfaßte sie, um sie noch zu halten, und wurde zu ihr hinabgezogen.⌝ »Jetzt gehörst du mir«, ⌜sagte sie.

»Hier hast du⌝ den Hausschlüssel, komm, wann du willst«,

Sechstes Kapitel

waren ihre letzten Worte, und ein zielloser Kuß traf ihn noch im Weggehen auf den Rücken. Als er aus dem Haustor trat, fiel ein leichter Regen, er wollte in die Mitte der Straße gehen, um vielleicht Leni noch beim Fenster erblicken zu können, da stürzte aus einem Automobil, das vor dem Hause wartete und das K. in seiner Zerstreutheit gar nicht bemerkt hatte, der Onkel, faßte ihn bei den Armen und stieß ihn gegen das Haustor, als wolle er ihn dort festnageln. »Junge«, rief er, »wie konntest du nur das tun! Du hast deiner Sache, die auf gutem Wege war, schrecklich geschadet. Verkriechst dich mit einem kleinen, schmutzigen Ding, das überdies offensichtlich die Geliebte des Advokaten ist, und bleibst stundenlang weg. Suchst nicht einmal einen Vorwand, verheimlichst nichts, nein, bist ganz offen, läufst zu ihr und bleibst bei ihr. Und unterdessen sitzen wir beisammen, der Onkel, der sich für dich abmüht, der Advokat, der für dich gewonnen werden soll, der Kanzleidirektor vor allem, dieser große Herr, der deine Sache in ihrem jetzigen Stadium geradezu beherrscht. Wir wollen beraten, wie dir zu helfen wäre, ich muß den Advokaten vorsichtig behandeln, dieser wieder den Kanzleidirektor, und du hättest doch allen Grund, mich wenigstens zu unterstützen. Statt dessen bleibst du fort. Schließlich läßt es sich nicht verheimlichen, nun, es sind höfliche, gewandte Männer, sie sprechen nicht davon, sie schonen mich, schließlich können aber auch sie sich nicht mehr überwinden, und da sie von der Sache nicht reden können, verstummen sie. Wir sind minutenlang schweigend dagesessen und haben gehorcht, ob du nicht doch endlich kämest. Alles vergebens. Endlich steht der Kanzleidirektor, der viel länger geblieben ist, als er ursprünglich wollte, auf, verabschiedet sich, bedauert mich sichtlich, ohne mir helfen zu können, wartet in unbegreiflicher Liebenswürdigkeit noch eine Zeitlang in der Tür, dann geht er. Ich war natürlich glücklich, daß er weg war, mir war schon die Luft zum

Atmen ausgegangen. Auf den kranken Advokaten hat alles noch stärker eingewirkt, er konnte, der gute Mann, gar nicht sprechen, als ich mich von ihm verabschiedete. Du hast wahrscheinlich zu seinem vollständigen Zusammen-
5 brechen beigetragen und beschleunigst so den Tod eines Mannes, auf den du angewiesen bist. Und mich, deinen Onkel, läßt du hier im Regen – fühle nur, ich bin ganz durchnäßt – stundenlang warten und mich in Sorgen abquälen.«

Siebentes Kapitel

Advokat · Fabrikant · Maler

An einem Wintervormittag – draußen fiel Schnee im trüben Licht – saß K., trotz der frühen Stunde schon äußerst müde, in seinem Büro. Um sich wenigstens vor den unteren Beamten zu schützen, hatte er dem Diener den Auftrag gegeben, niemanden von ihnen einzulassen, da er mit einer größeren Arbeit beschäftigt sei. Aber statt zu arbeiten, drehte er sich in seinem Sessel, ⌜verschob langsam einige Gegenstände auf dem Tisch⌝, ließ dann aber, ohne es zu wissen, den ganzen Arm ausgestreckt auf der Tischplatte liegen und blieb mit gesenktem Kopf unbeweglich sitzen.
Der Gedanke an den Prozeß verließ ihn nicht mehr. Öfters schon hatte er überlegt, ob es nicht gut wäre, eine Verteidigungsschrift auszuarbeiten und bei Gericht einzureichen. Er wollte darin eine kurze Lebensbeschreibung vorlegen und bei jedem irgendwie wichtigeren Ereignis erklären, aus welchen Gründen er so gehandelt hatte, ob diese Handlungsweise nach seinem gegenwärtigen Urteil zu verwerfen oder zu billigen war und welche Gründe er für dieses oder jenes anführen konnte. Die Vorteile einer solchen Verteidigungsschrift gegenüber der bloßen Verteidigung durch den übrigens auch sonst nicht einwandfreien Advokaten waren zweifellos. K. wußte ja gar nicht, was der Advokat unternahm; viel war es jedenfalls nicht, schon einen Monat lang hatte er ihn nicht mehr zu sich berufen, und auch bei keiner der früheren Besprechungen hatte K. den Eindruck gehabt, daß dieser Mann viel für ihn erreichen könne. Vor allem hatte er ihn fast gar nicht ausgefragt. Und hier war doch so viel zu fragen. Fragen war die Hauptsache. K. hatte das Gefühl, als ob er selbst alle hier nötigen Fragen stellen

könnte. Der Advokat dagegen, statt zu fragen, erzählte
selbst oder saß ihm stumm gegenüber, beugte sich, wahrscheinlich wegen seines schwachen Gehörs, ein wenig über
den Schreibtisch vor, zog an einem Bartstrahn innerhalb
seines Bartes und blickte auf den Teppich nieder, vielleicht
gerade auf die Stelle, wo K. mit Leni gelegen war. Hier und
da gab er K. einige leere Ermahnungen, wie man sie Kindern gibt. Ebenso nutzlose wie langweilige Reden, die K. in
der Schlußabrechnung mit keinem Heller zu bezahlen gedachte. Nachdem der Advokat ihn genügend gedemütigt
zu haben glaubte, fing er gewöhnlich an, ihn wieder ein
wenig aufzumuntern. Er habe schon, erzählte er dann, viele
ähnliche Prozesse ganz oder teilweise gewonnen. Prozesse,
die, wenn auch in Wirklichkeit vielleicht nicht so schwierig
wie dieser, äußerlich noch hoffnungsloser waren. Ein Ver-
zeichnis dieser Prozesse habe er hier in der Schublade
– hierbei klopfte er an irgendeine Lade des Tisches –, die
Schriften könne er leider nicht zeigen, da es sich um Amts-
geheimnisse handle. Trotzdem komme jetzt natürlich die
große Erfahrung, die er durch alle diese Prozesse erworben
habe, K. zugute. Er habe natürlich sofort zu arbeiten begonnen, und die erste Eingabe sei schon fast fertiggestellt.
Sie sei sehr wichtig, weil der erste Eindruck, den die Verteidigung mache, oft die ganze Richtung des Verfahrens
bestimme. Leider, darauf müsse er K. allerdings aufmerksam machen, geschehe es manchmal, daß die ersten Eingaben bei Gericht gar nicht gelesen würden. Man lege sie
einfach zu den Akten und weise darauf hin, daß vorläufig
die Einvernahme und Beobachtung des Angeklagten wichtiger sei als alles Geschriebene. Man fügt, wenn der Petent
dringlich wird, hinzu, daß man vor der Entscheidung, sobald alles Material gesammelt ist, im Zusammenhang
natürlich, alle Akten, also auch diese erste Eingabe, überprüfen wird. Leider sei aber auch dies meistens nicht richtig, die erste Eingabe werde gewöhnlich verlegt oder gehe

gänzlich verloren, und selbst wenn sie bis zum Ende erhalten bleibt, werde sie, wie der Advokat allerdings nur gerüchtweise erfahren hat, kaum gelesen. Das alles sei bedauerlich, aber nicht ganz ohne Berechtigung. K. möge doch nicht außer acht lassen, daß das Verfahren nicht öffentlich sei, es kann, wenn das Gericht es für nötig hält, öffentlich werden, das Gesetz aber schreibt Öffentlichkeit nicht vor. Infolgedessen sind auch die Schriften des Gerichts, vor allem die Anklageschrift, dem Angeklagten und seiner Verteidigung unzugänglich, man weiß daher im allgemeinen nicht oder wenigstens nicht genau, wogegen sich die erste Eingabe zu richten hat, sie kann daher eigentlich nur zufälligerweise etwas enthalten, was für die Sache von Bedeutung ist. Wirklich zutreffende und beweisführende Eingaben kann man erst später ausarbeiten, wenn im Laufe der Einvernahmen des Angeklagten die einzelnen Anklagepunkte und ihre Begründung deutlicher hervortreten oder erraten werden können. Unter diesen Verhältnissen ist natürlich die Verteidigung in einer sehr ungünstigen und schwierigen Lage. Aber auch das ist beabsichtigt. Die Verteidigung ist nämlich durch das Gesetz nicht eigentlich gestattet, sondern nur geduldet, und selbst darüber, ob aus der betreffenden Gesetzesstelle wenigstens Duldung herausgelesen werden soll, besteht Streit. Es gibt daher strenggenommen gar keine vom Gericht anerkannten Advokaten, alle, die vor diesem Gericht als Advokaten auftreten, sind im Grunde nur Winkeladvokaten*. Das wirkt natürlich auf den ganzen Stand sehr entwürdigend ein, und wenn K. nächstens einmal in die Gerichtskanzleien gehen werde, könne er sich ja, um auch das einmal gesehen zu haben, das Advokatenzimmer ansehen. Er werde vor der Gesellschaft, die dort beisammen sei, vermutlich erschrecken. Schon die ihnen zugewiesene enge, niedrige Kammer zeige die Verachtung, die das Gericht für diese Leute hat. ⌜Licht bekommt die Kammer nur durch eine kleine Luke,

Abwertende Bezeichnung für fintenreiche Rechtsanwälte

die so hoch gelegen ist, daß man, wenn man hinausschauen will, wo einem übrigens der Rauch eines knapp davor gelegenen Kamins in die Nase fährt und das Gesicht schwärzt, erst einen Kollegen suchen muß, der einen auf den Rücken nimmt. Im Fußboden dieser Kammer – um nur noch ein Beispiel für diese Zustände anzuführen – ist nun schon seit mehr als einem Jahr ein Loch, nicht so groß, daß ein Mensch durchfallen könnte, aber groß genug, daß man mit einem Bein ganz einsinkt. Das Advokatenzimmer liegt auf dem zweiten Dachboden; sinkt also einer ein, so hängt das Bein in den ersten Dachboden hinunter, und zwar gerade in den Gang, wo die Parteien warten. Es ist nicht zuviel gesagt, wenn man in Advokatenkreisen solche Verhältnisse schändlich nennt. Beschwerden an die Verwaltung haben nicht den geringsten Erfolg, wohl aber ist es den Advokaten auf das strengste verboten, irgend etwas in dem Zimmer auf eigene Kosten ändern zu lassen. Aber auch diese Behandlung der Advokaten hat ihre Begründung. Man will die Verteidigung möglichst ausschalten, alles soll auf den Angeklagten selbst gestellt sein. Kein schlechter Standpunkt im Grunde, nichts wäre aber verfehlter, als daraus zu folgern, daß bei diesem Gericht die Advokaten für den Angeklagten unnötig sind. Im Gegenteil, bei keinem anderen Gericht sind sie so notwendig wie bei diesem. Das Verfahren ist nämlich im allgemeinen nicht nur vor der Öffentlichkeit geheim, sondern auch vor dem Angeklagten. Natürlich nur soweit dies möglich ist, es ist aber in sehr weitem Ausmaß möglich. Auch der Angeklagte hat nämlich keinen Einblick in die Gerichtsschriften, und aus den Verhören auf die ihnen zugrundeliegenden Schriften zu schließen ist sehr schwierig, insbesondere aber für den Angeklagten, der doch befangen ist und alle möglichen Sorgen hat, die ihn zerstreuen. Hier greift nun die Verteidigung ein. Bei den Verhören dürfen im allgemeinen Verteidiger nicht anwesend sein, sie müssen daher nach den

Verhören, und zwar möglichst noch an der Tür des Untersuchungszimmers, den Angeklagten über das Verhör ausforschen und diesen oft schon sehr verwischten Berichten das für die Verteidigung Taugliche entnehmen. Aber das Wichtigste ist dies nicht, denn viel kann man auf diese Weise nicht erfahren, wenn natürlich auch hier wie überall ein tüchtiger Mann mehr erfährt als andere. Das Wichtigste bleiben trotzdem die persönlichen Beziehungen des Advokaten, in ihnen liegt der Hauptwert der Verteidigung. Nun habe ja wohl K. schon seinen eigenen Erlebnissen entnommen, daß die allerunterste Organisation des Gerichtes nicht ganz vollkommen ist, pflichtvergessene und bestechliche Angestellte aufweist, wodurch gewissermaßen die strenge Abschließung des Gerichtes Lücken bekommt. Hier nun drängt sich die Mehrzahl der Advokaten ein, hier wird bestochen und ausgehorcht, ja es kamen, wenigstens in früherer Zeit, sogar Fälle von Aktendiebstählen vor. Es ist nicht zu leugnen, daß auf diese Weise für den Augenblick einige sogar überraschend günstige Resultate für den Angeklagten sich erzielen lassen, damit stolzieren auch diese kleinen Advokaten herum und locken neue Kundschaft an, aber für den weiteren Fortgang des Prozesses bedeutet es entweder nichts oder nichts Gutes. Wirklichen Wert aber haben nur ehrliche persönliche Beziehungen, und zwar mit höheren Beamten, womit natürlich nur höhere Beamten der unteren Grade gemeint sind. Nur dadurch kann der Fortgang des Prozesses, wenn auch zunächst nur unmerklich, später aber immer deutlicher beeinflußt werden. Das können natürlich nur wenige Advokaten, und hier sei die Wahl K.s sehr günstig gewesen. Nur noch vielleicht ein oder zwei Advokaten könnten sich mit ähnlichen Beziehungen ausweisen wie Dr. Huld. Diese kümmern sich allerdings um die Gesellschaft im Advokatenzimmer nicht und haben auch nichts mit ihr zu tun. Um so enger sei aber die Verbindung mit den Gerichtsbeamten. Es sei nicht einmal immer nötig, daß Dr. Huld zu Gericht gehe, in den Vorzimmern der Untersuchungsrichter auf ihr zufälliges Erscheinen warte und je nach ihrer Laune einen meist nur scheinbaren Erfolg erziele oder auch nicht einmal diesen. Nein, K. habe es ja selbst gesehen, die Beamten, und darunter recht hohe, kommen selbst, geben bereitwillig Auskunft, offene oder wenigstens leicht deutbare, besprechen den nächsten Fortgang der Prozesse, ja sie lassen sich sogar in einzelnen Fällen überzeugen und nehmen die fremde Ansicht gern an. Allerdings dürfe man ihnen gerade in dieser letzten Hinsicht nicht allzusehr vertrauen, so bestimmt sie ihre neue, für die Verteidigung günstige Absicht auch aussprechen, gehen sie doch vielleicht geradewegs in ihre Kanzlei und geben für den nächsten Tag einen Gerichtsbeschluß, der gerade das Entgegengesetzte enthält und vielleicht für den Angeklagten noch viel strenger ist als ihre erste Absicht, von der sie gänzlich abgekommen zu sein behaupteten. Dagegen könne man sich natürlich nicht wehren, denn das, was sie zwischen vier Augen gesagt haben, ist eben auch nur zwischen vier Augen gesagt und lasse keine öffentliche Folgerung zu, selbst wenn die Verteidigung nicht auch sonst bestrebt sein müßte, sich die Gunst der Herren zu erhalten. Andererseits sei es allerdings auch richtig, daß die Herren nicht etwa nur aus Menschenliebe oder aus freundschaftlichen Gefühlen sich mit der Verteidigung, natürlich nur mit einer sachverständigen Verteidigung, in Verbindung setzen, sie sind vielmehr in gewisser Hinsicht auch auf sie angewiesen. Hier mache sich eben der Nachteil einer Gerichtsorganisation geltend, die selbst in ihren Anfängen das geheime Gericht festsetzt. Den Beamten fehlt der Zusammenhang mit der Bevölkerung, für die gewöhnlichen, mittleren Prozesse sind sie gut ausgerüstet, ein solcher Prozeß rollt fast von selbst auf seiner Bahn ab und braucht nur hier und da einen Anstoß, gegenüber den ganz einfachen Fällen aber, wie auch gegenüber den besonders schwierigen sind sie oft ratlos, sie haben, weil sie fortwährend, Tag und Nacht, in ihr Gesetz eingezwängt sind, nicht den richtigen Sinn für menschliche Beziehungen, und das entbehren sie in solchen Fällen schwer. Dann kommen sie zum Advokaten um Rat, und hinter ihnen trägt ein Diener die Akten, die sonst so geheim sind. ⌜An diesem Fenster hätte man manche Herren, von denen man es am wenigsten erwarten würde, antreffen können, wie sie geradezu trostlos auf die Gasse hinaussahen⌝, während der Advokat an seinem Tisch die Akten studierte, um ihnen einen guten Rat geben zu können. Übrigens könne man gerade bei solchen Gelegenheiten sehen, wie ungemein ernst die Herren ihren Beruf nehmen und wie sie über Hindernisse, die sie ihrer Natur nach nicht bewältigen können, in große Verzweiflung geraten. Ihre Stellung sei auch sonst nicht leicht, man dürfe ihnen nicht Unrecht tun und ihre Stellung nicht für leicht ansehen. Die Rangordnung und Steigerung des Gerichtes sei unendlich und selbst für den Eingeweihten nicht absehbar. Das Verfahren vor den Gerichtshöfen sei aber im allgemeinen auch für die unteren Beamten geheim, sie können daher die Angelegenheiten, die sie bearbeiten, in ihrem ferneren Weitergang kaum jemals vollständig verfolgen, die Gerichtssache erscheint also in ihrem Gesichtskreis, ohne daß sie oft wissen, woher sie kommt, und sie geht weiter, ohne daß sie erfahren, wohin. Die Belehrung also, die man aus dem Studium der einzelnen Prozeßstadien, der schließlichen Entscheidung und ihrer Gründe schöpfen kann, entgeht diesen Beamten. Sie dürfen sich nur mit jenem Teil des Prozesses befassen, der vom Gesetz für sie abgegrenzt ist, und wissen von dem Weiteren, also von den Ergebnissen ihrer eigenen Arbeit, meist weniger als die Verteidigung, die doch in der Regel fast bis zum Schluß des Prozesses mit dem Angeklagten in Verbindung bleibt. Auch in dieser Richtung also können sie von der Verteidigung manches Wertvolle erfahren. Wundere sich K. noch, wenn er alles dieses im Auge behalte, über die Gereiztheit der Beamten, die sich manchmal den Parteien gegenüber in – jeder mache diese Erfahrung – beleidigender Weise äußert. Alle Beamten seien gereizt, selbst wenn sie ruhig scheinen. Natürlich haben die kleinen Advokaten besonders viel darunter zu leiden. Man erzählt zum Beispiel folgende Geschichte, die sehr den Anschein der Wahrheit hat. Ein alter Beamter, ein guter, stiller Herr, hatte eine schwierige Gerichtssache, welche besonders durch die Eingaben des Advokaten verwickelt worden war, einen Tag und eine Nacht ununterbrochen studiert – diese Beamten sind tatsächlich fleißig, wie niemand sonst. – Gegen Morgen nun, nach vierundzwanzigstündiger, wahrscheinlich nicht sehr ergiebiger Arbeit, ging er zur Eingangstür, stellte sich dort in Hinterhalt und warf jeden Advokaten, der eintreten wollte, die Treppe hinunter. Die Advokaten sammelten sich unten auf dem Treppenabsatz und berieten, was sie tun sollten; einerseits haben sie keinen eigentlichen Anspruch darauf, eingelassen zu werden, können daher rechtlich gegen den Beamten kaum etwas unternehmen und müssen sich, wie schon erwähnt, auch hüten, die Beamtenschaft gegen sich aufzubringen. Andererseits aber ist jeder nicht bei Gericht verbrachte Tag für sie verloren, und es lag ihnen also viel daran einzudringen. Schließlich einigten sie sich darauf, daß sie den alten Herrn ermüden wollten. Immer wieder wurde ein Advokat ausgeschickt, der die Treppe hinauflief und sich dann unter möglichstem, allerdings passivem Widerstand hinunterwerfen ließ, wo er dann von den Kollegen aufgefangen wurde. Das dauerte etwa eine Stunde, dann wurde der alte Herr, er war ja auch von der Nachtarbeit schon erschöpft, wirklich müde und ging in seine Kanzlei zurück. Die unten wollten es erst gar nicht glauben und schickten zuerst einen aus, der hinter der Tür nachsehen sollte, ob dort wirklich leer war. Dann erst zogen sie ein und wagten wahrscheinlich nicht einmal zu murren. Denn den Advokaten – und selbst der Kleinste kann doch die Verhältnisse wenigstens zum Teil übersehen – liegt es vollständig ferne, bei Gericht irgendwelche Verbesserungen einführen oder durchsetzen zu wollen, während – und dies ist sehr bezeichnend – fast jeder Angeklagte, selbst ganz einfältige Leute, gleich beim allerersten Eintritt in den Prozeß an Verbesserungsvorschläge zu denken anfangen und damit oft Zeit und Kraft verschwenden, die anders viel besser verwendet werden könnten. Das einzig Richtige sei es, sich mit den vorhandenen Verhältnissen abzufinden. Selbst wenn es möglich wäre, Einzelheiten zu verbessern – es ist aber ein unsinniger Aberglaube –, hätte man bestenfalls für künftige Fälle etwas erreicht, sich selbst aber unermeßlich dadurch geschadet, daß man die besondere Aufmerksamkeit der immer rachsüchtigen Beamtenschaft erregt hat. Nur keine Aufmerksamkeit erregen! Sich ruhig verhalten, selbst wenn es einem noch so sehr gegen den Sinn geht! Einzusehen versuchen, daß dieser große Gerichtsorganismus gewissermaßen ewig in der Schwebe bleibt und daß man zwar, wenn man auf seinem Platz selbständig etwas ändert, den Boden unter den Füßen sich wegnimmt und selbst abstürzen kann, während der große Organismus sich selbst für die kleine Störung leicht an einer anderen Stelle – alles ist doch in Verbindung – Ersatz schafft und unverändert bleibt, wenn er nicht etwa, was sogar wahrscheinlich ist, noch geschlossener, noch aufmerksamer, noch strenger, noch böser wird. Man überlasse doch die Arbeit dem Advokaten, statt sie zu stören. Vorwürfe nützen ja nicht viel, besonders wenn man ihre Ursachen in ihrer ganzen Bedeutung nicht begreiflich machen kann, aber gesagt müsse es doch werden, wieviel K. seiner Sache durch das Verhalten gegenüber dem Kanzleidirektor geschadet habe. Dieser einflußreiche Mann sei aus der Liste jener, bei denen man für K. etwas unternehmen könne, schon fast zu streichen. Selbst flüchtige Erwähnungen des Prozesses überhöre er mit deutlicher Absicht. In manchem seien ja die Beamten wie Kinder. Oft können sie durch Harmlosigkeiten, unter die allerdings K.s Verhalten leider nicht gehöre, derartig verletzt werden, daß sie selbst mit guten Freunden zu reden aufhören, sich von ihnen abwenden, wenn sie ihnen begegnen, und ihnen in allem möglichen entgegenarbeiten. Dann aber einmal, überraschenderweise ohne besonderen Grund, lassen sie sich durch einen kleinen Scherz, den man nur deshalb wagt, weil alles aussichtslos scheint, zum Lachen bringen und sind versöhnt. Es sei eben gleichzeitig schwer und leicht, sich mit ihnen zu verhalten, Grundsätze dafür gibt es kaum. Manchmal sei es zum Verwundern, daß ein einziges Durchschnittsleben dafür hinreiche, um so viel zu erfassen, daß man hier mit einigem Erfolg arbeiten könne. Es kommen allerdings trübe Stunden, wie sie ja jeder hat, wo man glaubt, nicht das geringste erzielt zu haben, wo es einem scheint, als hätten nur die von Anfang an für einen guten Ausgang bestimmten Prozesse ein gutes Ende genommen, wie es auch ohne Mithilfe geschehen wäre, während alle anderen verlorengegangen sind, trotz allem Nebenherlaufen, aller Mühe, allen kleinen, scheinbaren Erfolgen, über die man solche Freude hatte. Dann scheint einem allerdings nichts mehr sicher, und man würde auf bestimmte Fragen hin nicht einmal zu leugnen wagen, daß man ihrem Wesen nach gut verlaufende Prozesse gerade durch die Mithilfe auf Abwege gebracht hat. Auch das ist ja eine Art Selbstvertrauen, aber es ist das einzige, das dann übrigbleibt. Solchen Anfällen – es sind natürlich nur Anfälle, nichts weiter – sind Advokaten besonders dann ausgesetzt, wenn ihnen ein Prozeß, den sie weit genug und zufriedenstellend geführt haben, plötzlich aus der Hand genommen wird. Das ist wohl das Ärgste, das einem Advokaten geschehen kann. Nicht etwa durch den Angeklagten wird ihnen der Prozeß entzogen, das geschieht wohl niemals, ein Angeklagter, der einmal einen bestimmten Advokaten genommen hat, muß bei ihm bleiben, geschehe was immer. Wie könnte er sich überhaupt, wenn er einmal Hilfe in Anspruch genommen hat, allein noch erhalten? Das geschieht also nicht, wohl aber geschieht es manchmal, daß der Prozeß eine Richtung nimmt, wo der Advokat nicht mehr mitkommen darf. Der Prozeß und der Angeklagte und alles wird dem Advokaten einfach entzogen; dann können auch die besten Beziehungen zu den Beamten nicht mehr helfen, denn sie selbst wissen nichts. Der Prozeß ist eben in ein Stadium getreten, wo keine Hilfe mehr geleistet werden darf, wo ihn unzugängliche Gerichtshöfe bearbeiten, wo auch der Angeklagte für den Advokaten nicht mehr erreichbar ist. Man kommt dann eines Tages nach Hause und findet auf seinem Tisch alle die vielen Eingaben, die man mit allem Fleiß und mit den schönsten Hoffnungen in dieser Sache gemacht hat, sie sind zurückgestellt worden, da sie in das neue Prozeßstadium nicht übertragen werden dürfen, es sind wertlose Fetzen. Dabei muß der Prozeß noch nicht verloren sein, durchaus nicht, wenigstens liegt kein entscheidender Grund für diese Annahme vor, man weiß bloß nichts mehr von dem Prozeß und wird auch nichts mehr von ihm erfahren. Nun sind ja solche Fälle glücklicherweise Ausnahmen, und selbst wenn K.s Prozeß ein solcher Fall sein sollte, sei er doch vorläufig noch weit von solchem Stadium entfernt. Hier sei aber noch reichliche Gelegenheit für Advokatenarbeit gegeben, und daß sie ausgenützt werde, dessen dürfe K. sicher sein. Die Eingabe sei, wie erwähnt, noch nicht überreicht, das eile aber auch nicht, viel wichtiger seien die einleitenden Besprechungen mit maßgebenden Beamten, und die hätten schon stattgefunden. Mit verschiedenem Erfolg, wie offen zugestanden werden soll. Es sei viel besser, vorläufig Einzelheiten nicht zu verraten, durch die K. nur ungünstig beeinflußt und allzu hoffnungsfreudig oder allzu ängstlich gemacht werden könnte, nur so viel sei gesagt, daß sich einzelne sehr günstig ausgesprochen und sich auch sehr bereitwillig gezeigt haben, während andere sich weniger günstig geäußert, aber doch ihre Mithilfe keineswegs verweigert haben. Das Ergebnis sei also im ganzen sehr erfreulich, nur dürfe man daraus keine besonderen Schlüsse ziehen, da alle Vorverhandlungen ähnlich beginnen und durchaus erst die weitere Entwicklung den Wert dieser Vorverhandlungen zeigt. Jedenfalls sei noch nichts verloren, und wenn es noch gelingen sollte, den Kanzleidirektor trotz allem zu gewinnen – es sei schon verschiedenes zu diesem Zweck eingeleitet –, dann sei das Ganze – wie die Chirurgen sagen – eine reine Wunde, und man könne getrost das Folgende erwarten.

⌜In solchen und ähnlichen Reden war der Advokat unerschöpflich.⌝ Sie wiederholten sich bei jedem Besuch. Immer gab es Fortschritte, niemals aber konnte die Art dieser Fortschritte mitgeteilt werden. Immerfort wurde an der ersten Eingabe gearbeitet, aber sie wurde nicht fertig, was sich meistens beim nächsten Besuch als großer Vorteil herausstellte, da die letzte Zeit, was man nicht hätte voraussehen können, für die Übergabe sehr ungünstig gewesen wäre. Bemerkte K. manchmal, ganz ermattet von den Reden, daß es doch, selbst unter Berücksichtigung aller Schwierigkeiten, sehr langsam vorwärtsgehe, wurde ihm entgegnet, es gehe gar nicht langsam vorwärts, wohl aber wäre man schon viel weiter, wenn K. sich rechtzeitig an den Advokaten gewendet hätte. Das hatte er aber leider versäumt, und diese Versäumnis werde auch noch weitere Nachteile bringen, nicht nur zeitliche.

Die einzige wohltätige Unterbrechung dieser Besuche war Leni, die es immer so einzurichten wußte, daß sie dem Advokaten in Anwesenheit K.s den Tee brachte. Dann stand sie hinter K., sah scheinbar zu, wie der Advokat, mit einer Art Gier tief zur Tasse hinabgebeugt, den Tee eingoß und trank, und ließ im geheimen ihre Hand von K. erfassen. Es

Siebentes Kapitel

herrschte völliges Schweigen. Der Advokat trank. K. drückte Lenis Hand, und Leni wagte es manchmal, K.s Haare sanft zu streicheln. »Du bist noch hier?« fragte der Advokat, nachdem er fertig war. »Ich wollte das Geschirr wegnehmen«, sagte Leni, es gab noch einen letzten Händedruck, der Advokat wischte sich den Mund und begann mit neuer Kraft auf K. einzureden.

War es Trost oder Verzweiflung, was der Advokat erreichen wollte? K. wußte es nicht, wohl aber hielt er es für feststehend, daß seine Verteidigung nicht in guten Händen war. Es mochte ja alles richtig sein, was der Advokat erzählte, wenn es auch durchsichtig war, daß er sich möglichst in den Vordergrund stellen wollte und wahrscheinlich noch niemals einen so großen Prozeß geführt hatte, wie es K.s Prozeß seiner Meinung nach war. Verdächtig aber blieben die unaufhörlich hervorgehobenen persönlichen Beziehungen zu den Beamten. Mußten sie denn ausschließlich zu K.s Nutzen ausgebeutet werden? Der Advokat vergaß nie zu bemerken, daß es sich nur um niedrige Beamte handelte, also um Beamte in sehr abhängiger Stellung, für deren Fortkommen gewisse Wendungen der Prozesse wahrscheinlich von Bedeutung sein konnten. Benützten sie vielleicht den Advokaten dazu, um solche für den Angeklagten natürlich immer ungünstige Wendungen zu erzielen? Vielleicht taten sie das nicht in jedem Prozeß, gewiß, das war nicht wahrscheinlich, es gab dann wohl wieder Prozesse, in deren Verlauf sie dem Advokaten für seine Dienste Vorteile einräumten, denn es mußte ihnen ja auch daran gelegen sein, seinen Ruf ungeschädigt zu erhalten. Verhielt es sich aber wirklich so, in welcher Weise würden sie bei K.s Prozeß eingreifen, der, wie der Advokat erklärte, ein sehr schwieriger, also wichtiger Prozeß war und gleich anfangs bei Gericht große Aufmerksamkeit erregt hatte? Es konnte nicht sehr zweifelhaft sein, was sie tun würden. Anzeichen dessen konnte man ja schon darin sehen, daß die erste Eingabe noch immer nicht überreicht war, obwohl der Prozeß schon Monate dauerte, und daß sich alles, den Angaben des Advokaten nach, in den Anfängen befand, was natürlich sehr geeignet war, den Angeklagten einzuschläfern und hilflos zu erhalten, um ihn dann plötzlich mit der Entscheidung zu überfallen oder wenigstens mit der Bekanntmachung, daß die zu seinen Ungunsten abgeschlossene Untersuchung an die höheren Behörden weitergegeben werde.

Es war unbedingt nötig, daß K. selbst eingriff. Gerade in Zuständen großer Müdigkeit, wie an diesem Wintervormittag, wo ihm alles willenlos durch den Kopf zog, war diese Überzeugung unabweisbar. ⌜Die Verachtung, die er früher für den Prozeß gehabt hatte, galt nicht mehr.⌝ Wäre er allein in der Welt gewesen, hätte er den Prozeß leicht mißachten können, wenn es allerdings auch sicher war, daß dann der Prozeß überhaupt nicht entstanden wäre. Jetzt aber hatte ihn der Onkel schon zum Advokaten gezogen, Familienrücksichten sprachen mit; seine Stellung war nicht mehr vollständig unabhängig von dem Verlauf des Prozesses, er selbst hatte unvorsichtigerweise mit einer gewissen unerklärlichen Genugtuung vor Bekannten den Prozeß erwähnt, andere hatten auf unbekannte Weise davon erfahren, das Verhältnis zu Fräulein Bürstner schien entsprechend dem Prozeß zu schwanken – kurz, er hatte kaum mehr die Wahl, den Prozeß anzunehmen oder abzulehnen, er stand mitten darin und mußte sich wehren. War er müde, dann war es schlimm.

Zu übertriebener Sorge war allerdings vorläufig kein Grund. Er hatte es verstanden, sich in der Bank in verhältnismäßig kurzer Zeit zu seiner hohen Stellung emporzuarbeiten und sich, von allen anerkannt, in dieser Stellung zu erhalten, er mußte jetzt nur diese Fähigkeiten, die ihm das ermöglicht hatten, ein wenig dem Prozeß zuwenden, und es war kein Zweifel, daß es gut ausgehen müßte. Vor allem war es, wenn etwas erreicht werden sollte, notwendig, jeden Gedanken an eine mögliche Schuld von vornherein abzulehnen. Es gab keine Schuld. ⌈Der Prozeß war nichts anderes als ein großes Geschäft, wie er es schon oft mit Vorteil für die Bank abgeschlossen hatte⌉, ein Geschäft, innerhalb dessen, wie das die Regel war, verschiedene Gefahren lauerten, die eben abgewehrt werden mußten. Zu diesem Zwecke durfte man allerdings nicht mit Gedanken an irgendeine Schuld spielen, sondern den Gedanken an den eigenen Vorteil möglichst festhalten. Von diesem Gesichtspunkt aus war es auch unvermeidlich, dem Advokaten die Vertretung sehr bald, am besten noch an diesem Abend, zu entziehen. Es war zwar nach seinen Erzählungen etwas Unerhörtes und wahrscheinlich sehr Beleidigendes, aber K. konnte nicht dulden, daß seinen Anstrengungen in dem Prozeß Hindernisse begegneten, die vielleicht von seinem eigenen Advokaten veranlaßt waren. War aber einmal der Advokat abgeschüttelt, dann mußte die Eingabe sofort überreicht und womöglich jeden Tag darauf gedrängt werden, daß man sie berücksichtige. Zu diesem Zwecke würde es natürlich nicht genügen, daß K. wie die anderen im Gang saß und den Hut unter die Bank stellte. Er selbst oder die Frauen oder andere Boten mußten Tag für Tag die Beamten überlaufen und sie zwingen, statt durch das Gitter auf den Gang zu schauen, sich zu ihrem Tisch zu setzen und K.s Eingabe zu studieren. Von diesen Anstrengungen dürfte man nicht ablassen, alles müßte organisiert und überwacht werden, das Gericht sollte einmal auf einen Angeklagten stoßen, der sein Recht zu wahren verstand.

Wenn sich aber auch K. dies alles durchzuführen getraute, die Schwierigkeit der Abfassung der Eingabe war überwältigend. Früher, etwa noch vor einer Woche, hatte er nur mit einem Gefühl der Scham daran denken können, daß er einmal genötigt sein könnte, eine solche Eingabe selbst zu machen; daß dies auch schwierig sein konnte, daran hatte er gar nicht gedacht. Er erinnerte sich, wie er einmal an einem Vormittag, als er gerade mit Arbeit überhäuft war, plötzlich alles zur Seite geschoben und den Schreibblock vorgenommen hatte, um versuchsweise den Gedankengang einer derartigen Eingabe zu entwerfen und ihn vielleicht dem schwerfälligen Advokaten zur Verfügung zu stellen, und wie gerade in diesem Augenblick die Tür des Direktionszimmers sich öffnete und der Direktor-Stellvertreter mit großem Gelächter eintrat. Es war für K. damals sehr peinlich gewesen, obwohl der Direktor-Stellvertreter natürlich nicht über die Eingabe gelacht hatte, von der er nichts wußte, sondern über einen Börsenwitz, den er eben gehört hatte, einen Witz, der zum Verständnis eine Zeichnung erforderte, die nun der Direktor-Stellvertreter, über K.s Tisch gebeugt, mit K.s Bleistift, den er ihm aus der Hand nahm, auf dem Schreibblock ausführte, der für die Eingabe bestimmt gewesen war.

Heute wußte K. nichts mehr von Scham, ⌜die Eingabe mußte gemacht werden. Wenn er im Büro keine Zeit für sie fand, was sehr wahrscheinlich war, dann mußte er sie zu Hause in den Nächten machen. Würden auch die Nächte nicht genügen, dann mußte er einen Urlaub nehmen. Nur nicht auf halbem Wege stehenbleiben, das war nicht nur in Geschäften, sondern immer und überall das Unsinnigste. Die Eingabe bedeutete freilich eine fast endlose Arbeit.⌝ Man mußte keinen sehr ängstlichen Charakter haben und konnte doch leicht zu dem Glauben kommen, daß es unmöglich war, die Eingabe jemals fertigzustellen. Nicht aus Faulheit oder Hinterlist, die den Advokaten allein an der Fertigstellung hindern konnten, sondern weil in Unkenntnis der vorhandenen Anklage und gar ihrer möglichen Erweiterungen das ganze Leben in den kleinsten Handlungen und Ereignissen in die Erinnerung zurückgebracht, dargestellt und von allen Seiten überprüft werden mußte. Und wie traurig war eine solche Arbeit überdies. Sie war vielleicht geeignet, einmal nach der Pensionierung den kindisch gewordenen Geist zu beschäftigen und ihm zu helfen, die langen Tage hinzubringen. Aber jetzt, wo K. alle Gedanken zu seiner Arbeit brauchte, wo jede Stunde, da er noch im Aufstieg war und schon für den Direktor-Stellvertreter eine Drohung bedeutete, mit größter Schnelligkeit verging und wo er die kurzen Abende und Nächte als junger Mensch genießen wollte, jetzt sollte er mit der Verfassung dieser Eingabe beginnen. Wieder ging sein Denken in Klagen aus. Fast unwillkürlich, nur um dem ein Ende zu machen, tastete er mit dem Finger nach dem Knopf der elektrischen Glocke, die ins Vorzimmer führte. Während er ihn niederdrückte, blickte er zur Uhr auf. Es war elf Uhr, zwei Stunden, eine lange, kostbare Zeit, hatte er verträumt und war natürlich noch matter als vorher. Immerhin war die Zeit nicht verloren, er hatte Entschlüsse gefaßt, die wertvoll sein konnten. Die Diener brachten außer verschiedener Post zwei Visitenkarten von Herren, die schon längere Zeit auf K. warteten. Es waren gerade sehr wichtige Kundschaften der Bank, die man eigentlich auf keinen Fall hätte warten lassen sollen. Warum kamen sie zu so ungelegener Zeit, und warum, so schienen wieder die Herren hinter der geschlossenen Tür zu fragen, verwendete der fleißige K. für Privatangelegenheiten die beste Geschäftszeit? Müde von dem Vorhergegangenen und müde das Folgende erwartend, stand K. auf, um den ersten zu empfangen.

Es war ein kleiner, munterer Herr, ein Fabrikant, den K. gut kannte. Er bedauerte, K. in wichtiger Arbeit gestört zu haben, und K. bedauerte seinerseits, daß er den Fabrikanten so lange hatte warten lassen. Schon dieses Bedauern aber sprach er in derartig mechanischer Weise und mit fast falscher Betonung aus, daß der Fabrikant, wenn er nicht ganz von der Geschäftssache eingenommen gewesen wäre, es hätte bemerken müssen. Statt dessen zog er eilig Rechnungen und Tabellen aus allen Taschen, breitete sie vor K. aus, erklärte verschiedene Posten, verbesserte einen kleinen Rechenfehler, der ihm sogar bei diesem flüchtigen Überblick aufgefallen war, erinnerte K. an ein ähnliches Geschäft, das er mit ihm vor etwa einem Jahr abgeschlossen hatte, erwähnte nebenbei, daß sich diesmal eine andere Bank unter größten Opfern um das Geschäft bewerbe, und verstummte schließlich, um nun K.s Meinung zu erfahren. K. hatte auch tatsächlich im Anfang die Rede des Fabrikanten gut verfolgt, der Gedanke an das wichtige Geschäft hatte dann auch ihn ergriffen, nur leider nicht für die Dauer, er war bald vom Zuhören abgekommen, hatte dann noch ein Weilchen zu den lauteren Ausrufen des Fabrikanten mit dem Kopf genickt, hatte aber schließlich auch das unterlassen und sich darauf eingeschränkt, den kahlen, auf die Papiere hinabgebeugten Kopf anzusehen und sich zu fragen, wann der Fabrikant endlich erkennen werde, daß seine ganze Rede nutzlos sei. Als er nun verstummte, glaubte K. zuerst wirklich, es geschehe dies deshalb, um ihm Gelegenheit zu dem Eingeständnis zu geben, daß er nicht fähig sei zuzuhören. Nur mit Bedauern merkte er aber an dem gespannten Blick des offenbar auf alle Entgegnungen gefaßten Fabrikanten, daß die geschäftliche Besprechung fortgesetzt werden müsse. Er neigte also den Kopf wie vor einem Befehl und begann mit dem Bleistift langsam über den Papieren hin- und herzufahren, hier und da hielt er inne und starrte eine Ziffer an. Der Fabrikant vermutete Einwände, vielleicht waren die Ziffern wirklich nicht feststehend, vielleicht waren sie nicht das Entscheidende, jedenfalls bedeckte der Fabrikant die Papiere mit der Hand und begann von neuem, ganz nahe an K. heranrückend, eine allgemeine Darstellung des Geschäftes. »Es ist schwierig«, sagte K., rümpfte die Lippen und sank, da die Papiere, das einzig Faßbare, verdeckt waren, haltlos gegen die Seitenlehne. Er blickte sogar nur schwach auf, als sich die Tür des Direktionszimmers öffnete und dort, nicht ganz deutlich, etwa wie hinter einem Gazeschleier*, der Direktor-Stellvertreter erschien. K. dachte nicht weiter darüber nach, sondern verfolgte nur die unmittelbare Wirkung, die für ihn sehr erfreulich war. Denn sofort hüpfte der Fabrikant vom Sessel auf und eilte dem Direktor-Stellvertreter entgegen, K. aber hätte ihn noch zehnmal flinker machen wollen, denn er fürchtete, der Direktor-Stellvertreter könnte wieder verschwinden. Es war unnütze Furcht, die Herren trafen einander, reichten einander die Hände und gingen gemeinsam auf K.s Schreibtisch zu. Der Fabrikant beklagte sich, daß er beim Prokuristen so wenig Neigung für das Geschäft gefunden habe, und zeigte auf K., der sich unter dem Blick des Direktor-Stellvertreters wieder über die Papiere beugte. Als dann die beiden sich an den Schreibtisch lehnten und der Fabrikant sich daran machte, nun den Direktor-Stellvertreter für sich zu erobern, ⌜war es K., als werde über seinem Kopf von zwei Männern, deren Größe er sich übertrieben vorstellte, über ihn selbst verhandelt. Langsam suchte er mit vorsichtig aufwärts gedrehten Augen zu erfahren, was sich oben ereignete, nahm vom Schreibtisch, ohne hinzusehen, eines der Papiere, legte es auf die flache Hand und hob es allmählich, während er selbst aufstand, zu den Herren hinauf. Er dachte hierbei an nichts Bestimmtes, sondern handelte nur in dem Gefühl, daß er sich so verhalten müßte, wenn er einmal die große Eingabe fertiggestellt hätte, die ihn gänzlich entlasten sollte.⌝ Der Direktor-Stellvertreter, der sich an dem Gespräch mit aller Aufmerksamkeit beteiligte, sah nur flüchtig auf das Papier, überlas gar nicht, was dort stand, denn was dem Prokuristen wichtig war, war ihm unwichtig, nahm es aus K.s Hand, sagte: »Danke, ich weiß schon alles« und legte es ruhig wieder auf den Tisch zurück. K. sah ihn verbittert von der Seite an. Der Direktor-Stellvertreter aber merkte es gar nicht oder wurde, wenn er es merkte, da-

durch nur aufgemuntert, lachte öfters laut auf, brachte einmal durch eine schlagfertige Entgegnung den Fabrikanten in deutliche Verlegenheit, aus der er ihn aber sofort riß, indem er sich selbst einen Einwand machte, und lud ihn schließlich ein, in sein Büro hinüberzukommen, wo sie die Angelegenheit zu Ende führen könnten. »Es ist eine sehr wichtige Sache«, sagte er zu dem Fabrikanten, »ich sehe das vollständig ein. Und dem Herrn Prokuristen« – selbst bei dieser Bemerkung redete er eigentlich nur zum Fabrikanten – »wird es gewiß lieb sein, wenn wir es ihm abnehmen. Die Sache verlangt ruhige Überlegung. Er aber scheint heute sehr überlastet zu sein, auch warten ja einige Leute im Vorzimmer schon stundenlang auf ihn.« K. hatte gerade noch genügend Fassung, sich vom Direktor-Stellvertreter wegzudrehen und sein freundliches, aber starres Lächeln nur dem Fabrikanten zuzuwenden, sonst griff er gar nicht ein, stützte sich, ein wenig vorgebeugt, mit beiden Händen auf den Schreibtisch wie ein Kommis* hinter dem Pult und sah zu, wie die zwei Herren unter weiteren Reden die Papiere vom Tisch nahmen und im Direktionszimmer verschwanden. In der Tür drehte sich noch der Fabrikant um, sagte, er verabschiede sich noch nicht, sondern werde natürlich dem Herrn Prokuristen über den Erfolg der Besprechung berichten, auch habe er ihm noch eine andere kleine Mitteilung zu machen.
Endlich war K. allein. Er dachte gar nicht daran, irgendeine andere Partei vorzulassen, und nur undeutlich kam ihm zu Bewußtsein, wie angenehm es sei, daß die Leute draußen in dem Glauben waren, er verhandle noch mit dem Fabrikanten und es könne aus diesem Grunde niemand, nicht einmal der Diener, bei ihm eintreten. Er ging zum Fenster, setzte sich auf die Brüstung, hielt sich mit der Hand an der Klinke fest und sah auf den Platz hinaus. Der Schnee fiel noch immer, es hatte sich noch gar nicht aufgehellt.
Lange saß er so, ohne zu wissen, was ihm eigentlich Sorgen

*(franz.) Handlungsgehilfe für niedere Dienste; Verkäufer

Siebentes Kapitel

machte, nur von Zeit zu Zeit blickte er ein wenig erschreckt über die Schulter hinweg zur Vorzimmertür, wo er irrtümlicherweise ein Geräusch zu hören geglaubt hatte. Da aber niemand kam, wurde er ruhiger, ging zum Waschtisch, wusch sich mit kaltem Wasser und kehrte mit freierem Kopf zu seinem Fensterplatz zurück. Der Entschluß, seine Verteidigung selbst in die Hand zu nehmen, stellte sich ihm schwerwiegender dar, als er ursprünglich angenommen hatte. Solange er die Verteidigung auf den Advokaten überwälzt hatte, war er doch noch vom Prozeß im Grunde wenig betroffen gewesen, er hatte ihn von der Ferne beobachtet und hatte unmittelbar von ihm kaum erreicht werden können, er hatte nachsehen können, wann er wollte, wie seine Sache stand, aber er hatte auch den Kopf wieder zurückziehen können, wann er wollte. Jetzt hingegen, wenn er seine Verteidigung selbst führen würde, mußte er sich – wenigstens für den Augenblick – ganz und gar dem Gericht aussetzen, der Erfolg dessen sollte ja für später seine vollständige und endgültige Befreiung sein, aber um diese zu erreichen, mußte er sich vorläufig jedenfalls in viel größere Gefahr begeben als bisher. Hätte er daran zweifeln wollen, so hätte ihn das heutige Beisammensein mit dem Direktor-Stellvertreter und dem Fabrikanten hinreichend vom Gegenteil überzeugen können. Wie war er doch dagesessen, schon vom bloßen Entschluß, sich selbst zu verteidigen, gänzlich benommen? Wie sollte es aber später werden? Was für Tage standen ihm bevor! Würde er den Weg finden, der durch alles hindurch zum guten Ende führte? Bedeutete nicht eine sorgfältige Verteidigung – und alles andere war sinnlos –, bedeutete nicht eine sorgfältige Verteidigung gleichzeitig die Notwendigkeit, sich von allem anderen möglichst abzuschließen? Würde er das glücklich überstehen? Und wie sollte ihm die Durchführung dessen in der Bank gelingen? Es handelte sich ja nicht nur um die Eingabe, für die ein Urlaub vielleicht genügt hätte, obwohl die Bitte um einen Urlaub gerade jetzt ein großes Wagnis gewesen wäre, es handelte sich doch um einen ganzen Prozeß, dessen Dauer unabsehbar war. Was für ein Hindernis war plötzlich in K.s Laufbahn geworfen worden!

Und jetzt sollte er für die Bank arbeiten? – Er sah auf den Schreibtisch hin. – Jetzt sollte er Parteien vorlassen und mit ihnen verhandeln? Während sein Prozeß weiterrollte, während oben auf dem Dachboden die Gerichtsbeamten über den Schriften dieses Prozesses saßen, sollte er die Geschäfte der Bank besorgen? Sah es nicht aus wie eine Folter, die, vom Gericht anerkannt, mit dem Prozeß zusammenhing und ihn begleitete? Und würde man etwa in der Bank bei der Beurteilung seiner Arbeit seine besondere Lage berücksichtigen? Niemand und niemals. Ganz unbekannt war ja sein Prozeß nicht, wenn es auch noch nicht ganz klar war, wer davon wußte und wieviel. Bis zum Direktor-Stellvertreter aber war das Gerücht hoffentlich noch nicht gedrungen, sonst hätte man schon deutlich sehen müssen, wie er es ohne jede Kollegialität und Menschlichkeit gegen K. ausnützen würde. Und der Direktor? Gewiß, er war K. gut gesinnt, und er hätte wahrscheinlich, sobald er vom Prozeß erfahren hätte, soweit es an ihm lag, manche Erleichterungen für K. schaffen wollen, aber er wäre damit gewiß nicht durchgedrungen, denn er unterlag jetzt, da das Gegengewicht, das K. bisher gebildet hatte, schwächer zu werden anfing, immer mehr dem Einfluß des Direktor-Stellvertreters, der außerdem auch den leidenden Zustand des Direktors zur Stärkung der eigenen Macht ausnützte. Was hatte also K. zu erhoffen? Vielleicht schwächte er durch solche Überlegungen seine Widerstandskraft, aber es war doch auch notwendig, sich selbst nicht zu täuschen und alles so klar zu sehen, als es augenblicklich möglich war.

Ohne besonderen Grund, nur um vorläufig noch nicht zum Schreibtisch zurückkehren zu müssen, öffnete er das Fenster. Es ließ sich nur schwer öffnen, er mußte mit beiden

Händen die Klinke drehen. Dann zog durch das Fenster in dessen ganzer Breite und Höhe der mit Rauch vermischte Nebel in das Zimmer und füllte es mit einem leichten Brandgeruch. Auch einige Schneeflocken wurden hereingeweht. »Ein häßlicher Herbst«, sagte hinter K. der Fabrikant, der vom Direktor-Stellvertreter kommend unbemerkt ins Zimmer getreten war. K. nickte und sah unruhig auf die Aktentasche des Fabrikanten, aus der dieser nun wohl die Papiere herausziehen würde, um K. das Ergebnis der Verhandlungen mit dem Direktor-Stellvertreter mitzuteilen. Der Fabrikant aber folgte K.s Blick, klopfte auf seine Tasche und sagte, ohne sie zu öffnen: »Sie wollen hören, wie es ausgefallen ist. Ich trage schon fast den Geschäftsabschluß in der Tasche. Ein reizender Mensch, Ihr Direktor-Stellvertreter, aber durchaus nicht ungefährlich.« Er lachte, schüttelte K.s Hand und wollte auch ihn zum Lachen bringen. Aber K. schien es nun wieder verdächtig, daß ihm der Fabrikant die Papiere nicht zeigen wollte, und er fand an der Bemerkung des Fabrikanten nichts zum Lachen. »Herr Prokurist«, sagte der Fabrikant, »Sie leiden wohl unter dem Wetter? Sie sehen heute so bedrückt aus.« »Ja«, sagte K. und griff mit der Hand an die Schläfe, »Kopfschmerzen, Familiensorgen.« »Sehr richtig«, sagte der Fabrikant, der ein eiliger Mensch war und niemanden ruhig anhören konnte, »jeder hat sein Kreuz zu tragen.« Unwillkürlich hatte K. einen Schritt gegen die Tür gemacht, als wolle er den Fabrikanten hinausbegleiten, dieser aber sagte: »Ich hätte, Herr Prokurist, noch eine kleine Mitteilung für Sie. Ich fürchte sehr, daß ich Sie gerade heute damit vielleicht belästige, aber ich war schon zweimal in der letzten Zeit bei Ihnen und habe es jedesmal vergessen. Schiebe ich es aber noch weiterhin auf, verliert es wahrscheinlich vollständig seinen Zweck. Das wäre aber schade, denn im Grunde ist meine Mitteilung vielleicht doch nicht wertlos.« Ehe K. Zeit hatte zu antworten, trat der Fabrikant nahe an ihn heran, klopfte mit dem Fingerknöchel leicht an seine Brust und sagte leise: »Sie haben einen Prozeß, nicht wahr?« K. trat zurück und rief sofort: »Das hat Ihnen der Direktor-Stellvertreter gesagt!« »Ach nein«, sagte der Fabrikant, »woher sollte denn der Direktor-Stellvertreter es wissen?« »Und Sie?« fragte K. schon viel gefaßter. »Ich erfahre hie und da etwas von dem Gericht«, sagte der Fabrikant, »das betrifft eben die Mitteilung, die ich Ihnen machen wollte.« »So viel Leute sind mit dem Gericht in Verbindung!« sagte K. mit gesenktem Kopf und führte den Fabrikanten zum Schreibtisch. Sie setzten sich wieder wie früher, und der Fabrikant sagte: »Es ist leider nicht sehr viel, was ich Ihnen mitteilen kann. Aber in solchen Dingen soll man nicht das geringste vernachlässigen. Außerdem drängt es mich aber, Ihnen irgendwie zu helfen, und sei meine Hilfe noch so bescheiden. Wir waren doch bisher gute Geschäftsfreunde, nicht? Nun also.« K. wollte sich wegen seines Verhaltens bei der heutigen Besprechung entschuldigen, aber der Fabrikant duldete keine Unterbrechung, schob die Aktentasche hoch unter die Achsel, um zu zeigen, daß er Eile habe, und fuhr fort: »Von Ihrem Prozeß weiß ich durch einen gewissen Titorelli. Es ist ein Maler, Titorelli ist nur sein Künstlername, seinen wirklichen Namen kenne ich gar nicht einmal. Er kommt schon seit Jahren von Zeit zu Zeit in mein Büro und bringt kleine Bilder mit, für die ich ihm – er ist fast ein Bettler – immer eine Art Almosen gebe. Es sind übrigens hübsche Bilder, Heidelandschaften und dergleichen. Diese Verkäufe – wir hatten uns schon beide daran gewöhnt – gingen ganz glatt vor sich. Einmal aber wiederholten sich diese Besuche doch zu oft, ich machte ihm Vorwürfe, wir kamen ins Gespräch, es interessierte mich, wie er sich allein durch Malen erhalten könne, und ich erfuhr nun zu meinem Staunen, daß seine Haupteinnahmequelle das Porträtmalen sei. Er arbeite für das Gericht, sagte er. ›Für welches Gericht‹? fragte

ich. Und nun erzählte er mir von dem Gericht. Sie werden sich wohl am besten vorstellen können, wie erstaunt ich über diese Erzählungen war. Seitdem höre ich bei jedem seiner Besuche irgendwelche Neuigkeiten vom Gericht und bekomme so allmählich einen gewissen Einblick in die Sache. Allerdings ist Titorelli geschwätzig, und ich muß ihn oft abwehren, nicht nur, weil er gewiß auch lügt, sondern vor allem, weil ein Geschäftsmann wie ich, der unter den eigenen Geschäftssorgen fast zusammenbricht, sich nicht noch viel um fremde Dinge kümmern kann. Aber das nur nebenbei. Vielleicht – so dachte ich jetzt – kann Ihnen Titorelli ein wenig behilflich sein, er kennt viele Richter, und wenn er selbst auch keinen großen Einfluß haben sollte, so kann er Ihnen doch Ratschläge geben, wie man verschiedenen einflußreichen Leuten beikommen kann. Und wenn auch diese Ratschläge an und für sich nicht entscheidend sein sollten, so werden sie doch, meiner Meinung nach, in Ihrem Besitz von großer Bedeutung sein. Sie sind ja fast ein Advokat. Ich pflege immer zu sagen: Prokurist K. ist fast ein Advokat. Oh, ich habe keine Sorgen wegen Ihres Prozesses. Wollen Sie nun aber zu Titorelli gehen? Auf meine Empfehlung hin wird er gewiß alles tun, was ihm möglich ist. Ich denke wirklich, Sie sollten hingehen. Es muß natürlich nicht heute sein, einmal, gelegentlich. Allerdings sind Sie – das will ich noch sagen – dadurch, daß ich Ihnen diesen Rat gebe, nicht im geringsten verpflichtet, auch wirklich zu Titorelli hinzugehen. Nein, wenn Sie Titorelli entbehren zu können glauben, ist es gewiß besser, ihn ganz beiseite zu lassen. Vielleicht haben Sie schon einen ganz genauen Plan, und Titorelli könnte ihn stören. Nein, dann gehen Sie natürlich auf keinen Fall hin! Es kostet gewiß auch Überwindung, sich von einem solchen Burschen Ratschläge geben zu lassen. Nun, wie Sie wollen. Hier ist das Empfehlungsschreiben, und hier die Adresse.«
Enttäuscht nahm K. den Brief und steckte ihn in die Ta-

sche. Selbst im günstigsten Falle war der Vorteil, den ihm die Empfehlung bringen konnte, unverhältnismäßig kleiner als der Schaden, der darin lag, daß der Fabrikant von seinem Prozeß wußte und daß der Maler die Nachricht weiterverbreitete. Er konnte sich kaum dazu zwingen, dem Fabrikanten, der schon auf dem Weg zur Tür war, mit ein paar Worten zu danken. »Ich werde hingehen«, sagte er, als er sich bei der Tür vom Fabrikanten verabschiedete, »oder ihm, da ich jetzt sehr beschäftigt bin, schreiben, er möge einmal zu mir ins Büro kommen.« »Ich wußte ja«, sagte der Fabrikant, »daß Sie den besten Ausweg finden würden. Allerdings dachte ich, daß Sie es lieber vermeiden wollen, Leute wie diesen Titorelli in die Bank einzuladen, um mit ihm hier über den Prozeß zu sprechen. Es ist auch nicht immer vorteilhaft, Briefe an solche Leute aus der Hand zu geben. Aber Sie haben gewiß alles durchgedacht und wissen, was Sie tun dürfen.« K. nickte und begleitete den Fabrikanten noch durch das Vorzimmer. Aber trotz äußerlicher Ruhe war er über sich sehr erschrocken; daß er Titorelli schreiben würde, hatte er eigentlich nur gesagt, um dem Fabrikanten irgendwie zu zeigen, daß er die Empfehlung zu schätzen wisse und die Möglichkeiten, mit Titorelli zusammenzukommen, sofort überlege, aber wenn er Titorellis Beistand für wertvoll angesehen hätte, hätte er auch nicht gezögert, ihm wirklich zu schreiben. Die Gefahren aber, die das zur Folge haben könnte, hatte er erst durch die Bemerkung des Fabrikanten erkannt. Konnte er sich auf seinen eigenen Verstand tatsächlich schon so wenig verlassen? Wenn es möglich war, daß er einen fragwürdigen Menschen durch einen deutlichen Brief in die Bank einlud, um von ihm, nur durch eine Tür vom Direktor-Stellvertreter getrennt, Ratschläge wegen seines Prozesses zu erbitten, war es dann nicht möglich und sogar sehr wahrscheinlich, daß er auch andere Gefahren übersah oder in sie hineinrannte? Nicht immer stand jemand neben ihm, um ihn zu warnen. Und gerade jetzt, wo er mit gesammelten Kräften auftreten sollte, mußten derartige, ihm bisher fremde Zweifel an seiner eigenen Wachsamkeit auftreten! Sollten die Schwierigkeiten, die er bei Ausführung seiner Büroarbeit fühlte, nun auch im Prozeß beginnen? Jetzt allerdings begriff er es gar nicht mehr, wie es möglich gewesen war, daß er an Titorelli hatte schreiben und ihn in die Bank einladen wollen.

Er schüttelte noch den Kopf darüber, als der Diener an seine Seite trat und ihn auf drei Herren aufmerksam machte, die hier im Vorzimmer auf einer Bank saßen. Sie warteten schon lange darauf, zu K. vorgelassen zu werden. Jetzt, da der Diener mit K. sprach, waren sie aufgestanden, und jeder wollte eine günstige Gelegenheit ausnützen, um sich vor den anderen an K. heranzumachen. Da man von seiten der Bank so rücksichtslos war, sie hier im Wartezimmer ihre Zeit verlieren zu lassen, wollten auch sie keine Rücksicht mehr üben. »Herr Prokurist«, sagte schon der eine. Aber K. hatte sich vom Diener den Winterrock bringen lassen und sagte, während er ihn mit Hilfe des Dieners anzog, allen dreien: »Verzeihen Sie, meine Herren, ich habe augenblicklich leider keine Zeit, Sie zu empfangen. Ich bitte Sie sehr um Verzeihung, aber ich habe einen dringenden Geschäftsgang zu erledigen und muß sofort weggehen. Sie haben ja selbst gesehen, wie lange ich jetzt aufgehalten wurde. Wären Sie so freundlich, morgen oder wann immer wiederzukommen? Oder wollen wir die Sachen vielleicht telephonisch besprechen? Oder wollen Sie mir vielleicht jetzt kurz sagen, worum es sich handelt, und ich gebe Ihnen dann eine ausführliche schriftliche Antwort. Am besten wäre es allerdings, Sie kämen nächstens.« Diese Vorschläge K.s brachten die Herren, die nun vollständig nutzlos gewartet haben sollten, in solches Staunen, daß sie einander stumm ansahen. »Wir sind also einig?« fragte K., der sich nach dem Diener umgewendet hatte, der ihm nun auch den Hut brachte. Durch die offene Tür von K.s Zimmer sah man, wie sich draußen der Schneefall sehr verstärkt hatte. K. schlug daher den Mantelkragen in die Höhe und knöpfte ihn hoch unter dem Halse zu.

Da trat gerade aus dem Nebenzimmer der Direktor-Stellvertreter, sah lächelnd K. im Winterrock mit den Herren verhandeln und fragte: »Sie gehen jetzt weg, Herr Prokurist?« »Ja«, sagte K. und richtete sich auf, »ich habe einen Geschäftsgang zu machen.« Aber der Direktor-Stellvertreter hatte sich schon den Herren zugewendet. »Und die Herren?« fragte er. »Ich glaube, sie warten schon lange.« »Wir haben uns schon geeinigt«, sagte K. Aber nun ließen sich die Herren nicht mehr halten, umringten K. und erklärten, daß sie nicht stundenlang gewartet hätten, wenn ihre Angelegenheiten nicht wichtig wären und nicht jetzt, und zwar ausführlich und unter vier Augen, besprochen werden müßten. Der Direktor-Stellvertreter hörte ihnen ein Weilchen zu, betrachtete auch K., der den Hut in der Hand hielt und ihn stellenweise von Staub reinigte, und sagte dann: »Meine Herren, es gibt ja einen sehr einfachen Ausweg. Wenn Sie mit mir vorlieb nehmen wollen, übernehme ich sehr gerne die Verhandlungen statt des Herren Prokuristen. Ihre Angelegenheiten müssen natürlich sofort besprochen werden. Wir sind Geschäftsleute wie Sie und wissen die Zeit von Geschäftsleuten richtig zu bewerten. Wollen Sie hier eintreten?« Und er öffnete die Tür, die zu dem Vorzimmer seines Büros führte.

Wie sich doch der Direktor-Stellvertreter alles anzueignen verstand, was K. jetzt notgedrungen aufgeben mußte! Gab aber K. nicht mehr auf, als unbedingt nötig war? Während er mit unbestimmten und, wie er sich eingestehen mußte, sehr geringen Hoffnungen zu einem unbekannten Maler lief, erlitt hier sein Ansehen eine unheilbare Schädigung. Es wäre wahrscheinlich viel besser gewesen, den Winterrock wieder auszuziehen und wenigstens die zwei Herren, die ja

nebenan doch noch warten mußten, für sich zurückzugewinnen. K. hätte es vielleicht auch versucht, wenn er nicht jetzt in seinem Zimmer den Direktor-Stellvertreter erblickt hätte, wie er im Bücherständer, als wäre es sein eigener, etwas suchte. Als K. sich erregt der Tür näherte, rief er: »Ach, Sie sind noch nicht weggegangen!« Er wandte ihm sein Gesicht zu, dessen viele straffe Falten nicht Alter, sondern Kraft zu beweisen schienen, und fing sofort wieder zu suchen an. »Ich suche eine Vertragsabschrift«, sagte er, »die sich, wie der Vertreter der Firma behauptet, bei Ihnen befinden soll. Wollen Sie mir nicht suchen helfen?« K. machte einen Schritt, aber der Direktor-Stellvertreter sagte: »Danke, ich habe es schon gefunden«, und kehrte mit einem großen Paket Schriften, das nicht nur die Vertragsabschrift, sondern gewiß noch vieles andere enthielt, wieder in sein Zimmer zurück.
»Jetzt bin ich ihm nicht gewachsen«, sagte sich K., »wenn aber meine persönlichen Schwierigkeiten einmal beseitigt sein werden, dann soll er wahrhaftig der erste sein, der es zu fühlen bekommt, und zwar möglichst bitter.« Durch diesen Gedanken ein wenig beruhigt, gab K. dem Diener, der schon lange die Tür zum Korridor für ihn offenhielt, den Auftrag, dem Direktor gelegentlich die Meldung zu machen, daß er sich auf einem Geschäftsgang befinde, und verließ, fast glücklich darüber, sich eine Zeitlang vollständiger seiner Sache widmen zu können, die Bank.
Er fuhr sofort zum Maler, der in einer Vorstadt wohnte, die jener, in welcher sich die Gerichtskanzleien befanden, vollständig entgegengesetzt war. Es war eine noch ärmere Gegend, die Häuser noch dunkler, die Gassen voll Schmutz, der auf dem zerflossenen Schnee langsam umhertrieb. Im Hause, in dem der Maler wohnte, war nur ein Flügel des großen Tores geöffnet, in den anderen aber war unten in der Mauer eine Lücke gebrochen, aus der gerade, als sich K. näherte, eine widerliche, gelbe, rauchende Flüssigkeit

herausschoß, vor der sich einige Ratten in den nahen Kanal flüchteten. Unten an der Treppe lag ein kleines Kind bäuchlings auf der Erde und weinte, aber man hörte es kaum infolge des alles übertönenden Lärms, der aus einer Klempnerwerkstätte auf der anderen Seite des Torganges kam. Die Tür der Werkstätte war offen, drei Gehilfen standen im Halbkreis um irgendein Werkstück, auf das sie mit den Hämmern schlugen. ⌈Eine große Platte Weißblech, die an der Wand hing, warf ein bleiches Licht, das zwischen zwei Gehilfen eindrang und die Gesichter und Arbeitsschürzen erhellte.⌉ K. hatte für alles nur einen flüchtigen Blick, er wollte möglichst rasch hier fertig werden, nur den Maler mit ein paar Worten ausforschen und sofort wieder in die Bank zurückgehen. Wenn er hier nur den kleinsten Erfolg hatte, sollte das auf seine heutige Arbeit in der Bank noch eine gute Wirkung ausüben. Im dritten Stockwerk mußte er seinen Schritt mäßigen, er war ganz außer Atem, die Treppen, ebenso wie die Stockwerke, waren übermäßig hoch, und der Maler sollte ganz oben in einer Dachkammer wohnen. Auch war die Luft sehr drückend, es gab keinen Treppenhof, die enge Treppe war auf beiden Seiten von Mauern eingeschlossen, in denen nur hier und da ⌈fast ganz oben kleine Fenster angebracht waren⌉. Gerade als K. ein wenig stehenblieb, liefen ein paar kleine Mädchen aus einer Wohnung heraus und eilten lachend die Treppe weiter hinauf. K. folgte ihnen langsam, holte eines der Mädchen ein, das gestolpert und hinter den anderen zurückgeblieben war, und fragte es, während sie nebeneinander weiterstiegen: »Wohnt hier ein Maler Titorelli?« Das Mädchen, ein kaum dreizehnjähriges, etwas ⌈buckliges Mädchen⌉, stieß ihn darauf mit dem Ellbogen an und sah von der Seite zu ihm auf. Weder ihre Jugend noch ihr Körperfehler hatte verhindern können, daß sie schon ganz verdorben war. Sie lächelte nicht einmal, sondern sah K. ernst mit scharfem, aufforderndem Blicke an. K. tat, als hätte er

Siebentes Kapitel

ihr Benehmen nicht bemerkt, und fragte: »Kennst du den Maler Titorelli?« Sie nickte und fragte ihrerseits: »Was wollen Sie von ihm?« K. schien es vorteilhaft, sich noch schnell ein wenig über Titorelli zu unterrichten: »Ich will mich von ihm malen lassen«, sagte er. »Malen lassen?« fragte sie, öffnete übermäßig den Mund, schlug leicht mit der Hand gegen K., als hätte er etwas außerordentlich Überraschendes oder Ungeschicktes gesagt, hob mit beiden Händen ihr ohnedies sehr kurzes Röckchen und lief, so schnell sie konnte, hinter den andern Mädchen her, deren Geschrei schon undeutlich in der Höhe sich verlor. Bei der nächsten Wendung der Treppe aber traf K. schon wieder alle Mädchen. Sie waren offenbar von der Buckligen von K.s Absicht verständigt worden und erwarteten ihn. Sie standen zu beiden Seiten der Treppe, drückten sich an die Mauer, damit K. bequem zwischen ihnen durchkomme, und glätteten mit der Hand ihre Schürzen. Alle Gesichter, wie auch diese Spalierbildung, stellten eine Mischung von Kindlichkeit und Verworfenheit dar. Oben, an der Spitze der Mädchen, die sich jetzt hinter K. lachend zusammenschlossen, war die Bucklige, welche die Führung übernahm. K. hatte es ihr zu verdanken, daß er gleich den richtigen Weg fand. Er wollte nämlich geradeaus weitersteigen, sie aber zeigte ihm, daß er eine Abzweigung der Treppe wählen müsse, um zu Titorelli zu kommen. Die Treppe, die zu ihm führte, war besonders schmal, sehr lang, ohne Biegung, in ihrer ganzen Länge zu übersehen und oben unmittelbar vor Titorellis Tür abgeschlossen. ⌈Diese Tür, die durch ein kleines, schief über ihr eingesetztes Oberlichtfenster im Gegensatz zur übrigen Treppe verhältnismäßig hell beleuchtet wurde,⌉ war aus nicht übertünchten Balken zusammengesetzt, auf die der Name Titorelli mit roter Farbe in breiten Pinselstrichen gemalt war. K. war mit seinem Gefolge noch kaum in der Mitte der Treppe, als oben, offenbar veranlaßt durch das Geräusch der vielen Schritte,

die Tür ein wenig geöffnet wurde und ein wahrscheinlich nur mit einem Nachthemd bekleideter Mann in der Türspalte erschien. »Oh!« rief er, als er die Menge kommen sah, und verschwand. Die Bucklige klatschte vor Freude in die Hände, und die übrigen Mädchen drängten hinter K., um ihn schneller vorwärtszutreiben.
Sie waren aber noch nicht einmal hinaufgekommen, ⌈als oben der Maler die Tür gänzlich aufriß und mit einer tiefen Verbeugung K. einlud, einzutreten⌉. Die Mädchen dagegen wehrte er ab, er wollte keine von ihnen einlassen, sosehr sie baten und sosehr sie versuchten, wenn schon nicht mit seiner Erlaubnis, so gegen seinen Willen einzudringen. Nur der Buckligen gelang es, unter seinem ausgestreckten Arm durchzuschlüpfen, aber der Maler jagte hinter ihr her, packte sie bei den Röcken, wirbelte sie einmal um sich herum und setzte sie dann vor die Tür bei den anderen Mädchen ab, die es, während der Maler seinen Posten verlassen hatte, doch nicht gewagt hatten, die Schwelle zu überschreiten. K. wußte nicht, wie er das Ganze beurteilen sollte, es hatte nämlich den Anschein, als ob alles in freundschaftlichem Einvernehmen geschehe. Die Mädchen bei der Tür streckten, eines hinter dem anderen, die Hälse in die Höhe, riefen dem Maler verschiedene scherzhaft gemeinte Worte zu, die K. nicht verstand, und auch der Maler lachte, während die Bucklige in seiner Hand fast flog. Dann schloß er die Tür, verbeugte sich nochmals vor K., reichte ihm die Hand und sagte, sich vorstellend: »Kunstmaler Titorelli.« K. zeigte auf die Tür, hinter der die Mädchen flüsterten, und sagte: »Sie scheinen im Hause sehr beliebt zu sein.« »Ach, die Fratzen!« sagte der Maler und suchte vergebens sein Nachthemd am Halse zuzuknöpfen. Er war im übrigen bloßfüßig und nur noch mit einer breiten, gelblichen Leinenhose bekleidet, die mit einem Riemen festgemacht war, dessen langes Ende frei hin und her schlug. »Diese Fratzen sind mir eine wahre Last«, fuhr er

fort, während er vom Nachthemd, dessen letzter Knopf gerade abgerissen war, abließ, einen Sessel holte und K. zum Niedersetzen nötigte. »Ich habe eine von ihnen – sie ist heute nicht einmal dabei – einmal gemalt, und seitdem verfolgen mich alle. Wenn ich selbst hier bin, kommen sie nur herein, wenn ich es erlaube, bin ich aber einmal weg, dann ist immer zumindest eine da. Sie haben sich einen Schlüssel zu meiner Tür machen lassen, den sie untereinander verleihen. Man kann sich kaum vorstellen, wie lästig das ist. ⌈Ich komme zum Beispiel mit einer Dame, die ich malen soll, nach Hause, öffne die Tür mit meinem Schlüssel und finde etwa die Bucklige dort beim Tischchen, wie sie sich mit dem Pinsel die Lippen rot färbt, während ihre kleinen Geschwister, die sie zu beaufsichtigen hat, sich herumtreiben und das Zimmer in allen Ecken verunreinigen.⌉ Oder ich komme, wie es mir erst gestern geschehen ist, spätabends nach Hause – entschuldigen Sie, bitte, mit Rücksicht darauf meinen Zustand und die Unordnung im Zimmer –, also ich komme spätabends nach Hause und will ins Bett steigen, da zwickt mich etwas ins Bein, ich schaue unter das Bett und ziehe wieder so ein Ding heraus. Warum sie sich so zu mir drängen, weiß ich nicht, daß ich sie nicht zu mir zu locken suche, dürften Sie eben bemerkt haben. Natürlich bin ich dadurch auch in meiner Arbeit gestört. Wäre mir dieses Atelier nicht umsonst zur Verfügung gestellt, ich wäre schon längst ausgezogen.« Gerade rief hinter der Tür ein Stimmchen, zart und ängstlich: »Titorelli, dürfen wir schon kommen?« »Nein«, antwortete der Maler. »Ich allein auch nicht?« fragte es wieder. »Auch nicht«, sagte der Maler, ging zur Tür und sperrte sie ab.
K. hatte sich inzwischen im Zimmer umgesehen, er wäre niemals selbst auf den Gedanken gekommen, daß man dieses elende kleine Zimmer ein Atelier nennen könnte. Mehr als zwei lange Schritte konnte man der Länge und Quere nach kaum hier machen. Alles, Fußboden, Wände und

Zimmerdecke, war aus Holz, zwischen den Balken sah man schmale Ritzen. K. gegenüber stand an der Wand das Bett, das mit verschiedenfarbigem Bettzeug überladen war. In der Mitte des Zimmers war auf einer Staffelei ein Bild, das mit einem Hemd verhüllt war, dessen Ärmel bis zum Boden baumelten. Hinter K. war das Fenster, durch das man im Nebel nicht weiter sehen konnte als über das mit Schnee bedeckte Dach des Nachbarhauses.

Das Umdrehen des Schlüssels im Schloß erinnerte K. daran, daß er bald hatte weggehen wollen. Er zog daher den Brief des Fabrikanten aus der Tasche, reichte ihn dem Maler und sagte: »Ich habe durch diesen Herrn, Ihren Bekannten, von Ihnen erfahren und bin auf seinen Rat hin gekommen.« Der Maler las den Brief flüchtig durch und warf ihn aufs Bett. Hätte der Fabrikant nicht auf das bestimmteste von Titorelli als von seinem Bekannten gesprochen, als von einem armen Menschen, der auf seine Almosen angewiesen war, so hätte man jetzt wirklich glauben können, Titorelli kenne den Fabrikanten nicht oder wisse sich an ihn wenigstens nicht zu erinnern. Überdies fragte nun der Maler: »Wollen Sie Bilder kaufen oder sich selbst malen lassen?« K. sah den Maler erstaunt an. Was stand denn eigentlich in dem Brief? K. hatte es als selbstverständlich angenommen, daß der Fabrikant in dem Brief den Maler davon unterrichtet hatte, daß K. nichts anderes wollte, als sich hier wegen seines Prozesses zu erkundigen. Er war doch gar zu eilig und unüberlegt hierhergelaufen! Aber er mußte jetzt dem Maler irgendwie antworten und sagte mit einem Blick auf die Staffelei: »Sie arbeiten gerade an einem Bild?« »Ja«, sagte der Maler und warf das Hemd, das über der Staffelei hing, dem Brief nach auf das Bett. »Es ist ein Porträt. Eine gute Arbeit, aber noch nicht ganz fertig.« Der Zufall war K. günstig, die Möglichkeit, vom Gericht zu reden, wurde ihm förmlich dargeboten, denn es war offenbar das Porträt eines Richters. ⌈Es war übrigens dem Bild im Arbeitszimmer des Advokaten auffallend ähnlich. Es handelte sich hier zwar um einen ganz anderen Richter, einen dicken Mann mit schwarzem, buschigem Vollbart, der seitlich weit die Wangen hinaufreichte, auch war jenes Bild ein Ölbild, dieses aber mit Pastellfarben schwach und undeutlich angesetzt. Aber alles übrige war ähnlich, denn auch hier wollte sich gerade der Richter von seinem Thronsessel, dessen Seitenlehnen er festhielt, drohend erheben. »Das ist ja ein Richter«, hatte K. gleich sagen wollen, hielt sich dann aber vorläufig noch zurück und näherte sich dem Bild, als wolle er es in den Einzelheiten studieren. Eine große Figur, die in der Mitte der Rückenlehne des Thronsessels stand, konnte er sich nicht erklären und fragte den Maler nach ihr. Sie müsse noch ein wenig ausgearbeitet werden, antwortete der Maler, holte von einem Tischchen einen Pastellstift und strichelte mit ihm ein wenig an den Rändern der Figur, ohne sie aber dadurch für K. deutlicher zu machen. »Es ist die Gerechtigkeit«, sagte der Maler schließlich. »Jetzt erkenne ich sie schon«, sagte K., »hier ist die Binde um die Augen und hier die Waage. Aber sind nicht an den Fersen Flügel, und befindet sie sich nicht im Lauf?« »Ja«, sagte der Maler, »ich mußte es über Auftrag so malen, es ist eigentlich die Gerechtigkeit und die Siegesgöttin in einem.« »Das ist keine gute Verbindung«, sagte K. lächelnd, »die Gerechtigkeit muß ruhen, sonst schwankt die Waage, und es ist kein gerechtes Urteil möglich.« »Ich füge mich darin meinem Auftraggeber«, sagte der Maler. »Ja gewiß«, sagte K., der mit seiner Bemerkung niemanden hatte kränken wollen. »Sie haben die Figur so gemalt, wie sie auf dem Thronsessel wirklich steht.« »Nein«, sagte der Maler, »ich habe weder die Figur noch den Thronsessel gesehen, das alles ist Erfindung, aber es wurde mir angegeben, was ich zu malen habe.« »Wie?« fragte K., er tat absichtlich, als verstehe er den Maler nicht völlig, »es ist doch ein Richter, der auf dem Richterstuhl sitzt?« »Ja«, sagte der Maler, »aber er ist kein hoher Richter und ist niemals auf einem solchen Thronsessel gesessen.« »Und läßt sich doch in so feierlicher Haltung malen? Er sitzt ja da wie ein Gerichtspräsident.« »Ja, eitel sind die Herren«, sagte der Maler. »Aber sie haben die höhere Erlaubnis, sich so malen zu lassen. Jedem ist genau vorgeschrieben, wie er sich malen lassen darf. Nur kann man leider gerade nach diesem Bilde die Einzelheiten der Tracht und des Sitzes nicht beurteilen, die Pastellfarben sind für solche Darstellungen nicht geeignet.« »Ja«, sagte K., »es ist sonderbar, daß es in Pastellfarben gemalt ist.« »Der Richter wünschte es so«, sagte der Maler, »es ist für eine Dame bestimmt.« Der Anblick des Bildes schien ihm Lust zur Arbeit gemacht zu haben, er krempelte die Hemdärmel aufwärts, nahm einige Stifte in die Hand, und K. sah zu, wie unter den zitternden Spitzen der Stifte anschließend an den Kopf des Richters ein rötlicher Schatten sich bildete, der strahlenförmig gegen den Rand des Bildes verging. Allmählich umgab dieses Spiel des Schattens den Kopf wie ein Schmuck oder eine hohe Auszeichnung. Um die Figur der Gerechtigkeit aber blieb es bis auf eine unmerkliche Tönung hell, in dieser Helligkeit schien die Figur besonders vorzudringen, ⌜sie erinnerte kaum mehr an die Göttin der Gerechtigkeit, aber auch nicht an die des Sieges, sie sah jetzt vielmehr vollkommen wie die Göttin der Jagd aus⌝. Die Arbeit des Malers zog K. mehr an, als er wollte; schließlich aber machte er sich doch Vorwürfe, daß er so lange schon hier war und im Grunde noch nichts für seine eigene Sache unternommen hatte. »Wie heißt dieser Richter?« fragte er plötzlich. »Das darf ich nicht sagen«, antwortete der Maler, er war tief zum Bild hinabgebeugt und vernachlässigte deutlich seinen Gast, den er doch zuerst so rücksichtsvoll empfangen hatte. K. hielt das für eine Laune und ärgerte sich darüber, weil er dadurch Zeit verlor. »Sie sind wohl ein Vertrauensmann des Gerichtes?« fragte er. Sofort legte der Maler die Stifte beiseite, richtete sich auf, rieb die Hände aneinander und sah K. lächelnd an. »Nur immer gleich mit der Wahrheit heraus«, sagte er, »Sie wollen etwas über das Gericht erfahren, wie es ja auch in Ihrem Empfehlungsschreiben steht, und haben zunächst über meine Bilder gesprochen, um mich zu gewinnen. Aber ich nehme das nicht übel, Sie konnten ja nicht wissen, daß das bei mir unangebracht ist. Oh, bitte!« sagte er scharf abwehrend, als K. etwas einwenden wollte. Und fuhr dann fort: »Im übrigen haben Sie mit Ihrer Bemerkung vollständig recht, ich bin ein Vertrauensmann des Gerichtes.« Er machte eine Pause, als wolle er K. Zeit lassen, sich mit dieser Tatsache abzufinden. Man hörte jetzt wieder hinter der Tür die Mädchen. Sie drängten sich wahrscheinlich um das Schlüsselloch, vielleicht konnte man auch durch die Ritzen ins Zimmer hineinsehen. K. unterließ es, sich irgendwie zu entschuldigen, denn er wollte den Maler nicht ablenken, wohl aber wollte er nicht, daß der Maler sich allzusehr überhebe und sich auf diese Weise gewissermaßen unerreichbar mache, er fragte deshalb: »Ist das eine öffentlich anerkannte Stellung?« »Nein«, sagte der Maler kurz, als sei ihm dadurch die weitere Rede verschlagen. K. wollte ihn aber nicht verstummen lassen und sagte: »Nun, oft sind derartige nichtanerkannte Stellungen einflußreicher als die anerkannten.« »Das ist eben bei mir der Fall«, sagte der Maler und nickte mit zusammengezogener Stirn. »Ich sprach gestern mit dem Fabrikanten über Ihren Fall, er fragte mich, ob ich Ihnen nicht helfen wollte, ich antwortete: ›Der Mann kann ja einmal zu mir kommen‹, und nun freue ich mich, Sie so bald hier zu sehen. Die Sache scheint Ihnen ja sehr nahezugehen, worüber ich mich natürlich gar nicht wundere. Wollen Sie vielleicht zunächst Ihren Rock ablegen?« Obwohl K. beabsichtigte, nur ganz kurze Zeit hierzubleiben, war ihm diese Aufforderung des Malers doch sehr willkommen. Die Luft im Zimmer war ihm allmählich drückend geworden, öfters hatte er schon verwundert auf einen kleinen, zweifellos nicht geheizten Eisenofen in der Ecke hingesehen, die Schwüle im Zimmer war unerklärlich. Während er den Winterrock ablegte und auch noch den Rock aufknöpfte, sagte der Maler, sich entschuldigend: »Ich muß Wärme haben. Es ist hier doch sehr behaglich, nicht? Das Zimmer ist in dieser Hinsicht sehr gut gelegen.« K. sagte nichts dazu, aber es war eigentlich nicht die Wärme, die ihm Unbehagen machte, es war vielmehr die dumpfe, das Atmen fast behindernde Luft, das Zimmer war wohl schon lange nicht gelüftet. Diese Unannehmlichkeit wurde für K. dadurch verstärkt, ⌜daß ihn der Maler bat, sich auf das Bett zu setzen⌝, während er selbst sich auf den einzigen Stuhl des Zimmers vor der Staffelei niedersetzte. Außerdem schien es der Maler mißzuverstehen, warum K. nur am Bettrand blieb, er bat vielmehr, K. möchte es sich bequem machen und ging, da K. zögerte, selbst hin und drängte ihn tief in die Betten und Polster hinein. Dann kehrte er wieder zu seinem Sessel zurück und stellte endlich die erste sachliche Frage, die K. alles andere vergessen ließ. »Sie sind unschuldig?« fragte er. »Ja«, sagte K. Die Beantwortung dieser Frage machte ihm geradezu Freude, besonders da sie gegenüber einem Privatmann, also ohne jede Verantwortung erfolgte. Noch niemand hatte ihn so offen gefragt. Um diese Freude auszukosten, fügte er noch hinzu: »Ich bin vollständig unschuldig.« »So«, sagte der Maler, senkte den Kopf und schien nachzudenken. Plötzlich hob er wieder den Kopf und sagte: »Wenn Sie unschuldig sind, dann ist ja die Sache sehr einfach.« K.s Blick trübte sich, dieser angebliche Vertrauensmann des Gerichtes redete wie ein unwissendes Kind. »Meine Unschuld vereinfacht die Sache nicht«, sagte K. Er mußte trotz allem lächeln und schüttelte langsam den Kopf »Es kommt auf viele Feinheiten an, in denen sich das Gericht verliert. Zum Schluß aber zieht es von irgendwoher, wo ursprünglich gar nichts gewesen ist, eine große Schuld hervor.« »Ja, ja gewiß«, sagte der Maler, als störe K. unnötigerweise seinen Gedankengang. »Sie sind aber doch unschuldig?« »Nun ja«, sagte K. »Das ist die Hauptsache«, sagte der Maler. Er war durch Gegengründe nicht zu beeinflussen, nur war es trotz seiner Entschiedenheit nicht klar, ob er aus Überzeugung oder nur aus Gleichgültigkeit so redete. K. wollte das zunächst feststellen und sagte deshalb: »Sie kennen ja gewiß das Gericht viel besser als ich, ich weiß nicht viel mehr, als was ich darüber, allerdings von ganz verschiedenen Leuten, gehört habe. Darin stimmten aber alle überein, daß leichtsinnige Anklagen nicht erhoben werden und daß das Gericht, wenn es einmal anklagt, fest von der Schuld des Angeklagten überzeugt ist und von dieser Überzeugung nur schwer abgebracht werden kann.« »Schwer?« fragte der Maler und warf eine Hand in die Höhe. »Niemals ist das Gericht davon abzubringen. Wenn ich hier alle Richter nebeneinander auf eine Leinwand male und Sie werden sich vor dieser Leinwand verteidigen, so werden Sie mehr Erfolg haben als vor dem wirklichen Gericht.« »Ja«, sagte K. für sich und vergaß, daß er den Maler nur hatte ausforschen wollen.

Wieder begann ein Mädchen hinter der Tür zu fragen: »Titorelli, wird er denn nicht schon bald weggehen?« »Schweigt!« rief der Maler zur Tür hin, »seht ihr denn nicht, daß ich mit dem Herrn eine Besprechung habe?« Aber das Mädchen gab sich damit nicht zufrieden, sondern fragte: »Du wirst ihn malen?« Und als der Maler nicht antwortete, sagte sie noch: »Bitte, mal ihn nicht, einen so häßlichen Menschen.« Ein Durcheinander unverständlicher zustimmender Zurufe folgte. Der Maler machte einen Sprung zur Tür, öffnete sie bis zu einem Spalt – man sah die bittend vorgestreckten, gefalteten Hände der Mädchen – und sagte: »Wenn ihr nicht still seid, werfe ich euch alle die Treppe hinunter. Setzt euch hier auf die Stufen und verhaltet euch ruhig.« Wahrscheinlich folgten sie nicht gleich, so daß er kommandieren mußte: »Nieder auf die Stufen!« Erst dann wurde es still.

»Verzeihen Sie«, sagte der Maler, als er zu K. wieder zurückkehrte. K. hatte sich kaum zur Tür hingewendet, er hatte es vollständig dem Maler überlassen, ob und wie er ihn in Schutz nehmen wollte. Er machte auch jetzt kaum eine Bewegung, als sich der Maler zu ihm niederbeugte und ihm, um draußen nicht gehört zu werden, ins Ohr flüsterte: »Auch diese Mädchen gehören zum Gericht.« »Wie?« fragte K., wich mit dem Kopf zur Seite und sah den Maler an. Dieser aber setzte sich wieder auf seinen Sessel und sagte halb im Scherz, halb zur Erklärung: »Es gehört ja alles zum Gericht.« »Das habe ich noch nicht bemerkt«, sagte K. kurz, die allgemeine Bemerkung des Malers nahm dem Hinweis auf die Mädchen alles Beunruhigende. Trotzdem sah K. ein Weilchen lang zur Tür hin, hinter der die Mädchen jetzt still auf den Stufen saßen. Nur eines hatte einen Strohhalm durch eine Ritze zwischen den Balken gesteckt und führte ihn langsam auf und ab.

»Sie scheinen noch keinen Überblick über das Gericht zu haben«, sagte der Maler, er hatte die Beine weit auseinandergestreckt und klatschte mit den Fußspitzen auf den Boden. »Da Sie aber unschuldig sind, werden Sie ihn auch nicht benötigen. Ich allein hole Sie heraus.« »Wie wollen Sie das tun?« fragte K. »Da Sie doch vor kurzem selbst gesagt haben, daß das Gericht für Beweisgründe vollständig unzugänglich ist.« »Unzugänglich nur für Beweisgründe, die man vor dem Gericht vorbringt«, sagte der Maler und hob den Zeigefinger, als habe K. eine feine Unterscheidung nicht bemerkt. »Anders verhält es sich aber damit, was man in dieser Hinsicht hinter dem öffentlichen Gericht versucht, also in den Beratungszimmern, in den Korridoren oder zum Beispiel auch hier, im Atelier.« Was der Maler jetzt sagte, schien K. nicht mehr so unglaubwürdig, es zeigte vielmehr eine große Übereinstimmung mit dem, was K. auch von anderen Leuten gehört hatte. Ja, es war sogar sehr hoffnungsvoll. Waren die Richter durch persönliche Beziehungen wirklich so leicht zu lenken, wie es der Advokat dargestellt hatte, dann waren die Beziehungen des Malers zu den eitlen Richtern besonders wichtig und jedenfalls keineswegs zu unterschätzen. Dann fügte sich der Maler sehr gut in den Kreis von Helfern, die K. allmählich um sich versammelte. Man hatte einmal in der Bank sein Organisationstalent gerühmt, hier, wo er ganz allein auf sich gestellt war, zeigte sich eine gute Gelegenheit, es auf das Äußerste zu erproben. Der Maler beobachtete die Wirkung, die seine Erklärung auf K. gemacht hatte, und sagte dann mit einer gewissen Ängstlichkeit: »Fällt es Ihnen nicht auf, daß ich fast wie ein Jurist spreche? Es ist der ununterbrochene Verkehr mit den Herren vom Gericht, der mich so beeinflußt. Ich habe natürlich viel Gewinn davon, aber der künstlerische Schwung geht zum großen Teil verloren.« »Wie sind Sie denn zum erstenmal mit den Richtern in Verbindung gekommen?« fragte K., er wollte zuerst das Vertrauen des Malers gewinnen, bevor er ihn geradezu in seine Dienste nahm. »Das war sehr einfach«, sagte der Maler, »ich habe diese Verbindung geerbt. Schon mein Vater war Gerichtsmaler. Es ist das eine Stellung, die sich immer vererbt. Man kann dafür neue Leute nicht brauchen. Es sind nämlich für das Malen der verschiedenen Beamtengrade so verschiedene, vielfache und vor allem geheime Regeln aufgestellt, daß sie überhaupt nicht außerhalb bestimmter Familien bekannt werden. Dort in der Schublade zum Beispiel habe ich die Aufzeichnungen meines Vaters, die ich niemandem zeige. Aber nur wer sie kennt, ist zum Malen von Richtern befähigt. Jedoch, selbst wenn ich sie verlöre, blieben mir noch so viele Regeln, die ich allein in meinem Kopfe trage, daß mir niemand meine Stellung streitig machen könnte. Es will doch jeder Richter so gemalt werden, wie die alten, großen Richter gemalt worden sind, und das kann nur ich.« »Das ist beneidenswert«, sagte K., der an seine Stellung in der Bank dachte. »Ihre Stellung ist also unerschütterlich?« »Ja, unerschütterlich«, sagte der Maler und hob stolz die Achseln. »Deshalb kann ich es auch wagen, hier und da einem armen Manne, der einen Prozeß hat, zu helfen.« »Und wie tun Sie das?« fragte K., als sei es nicht er, den der Maler soeben einen armen Mann genannt hatte. Der Maler aber ließ sich nicht ablenken, sondern sagte: »In Ihrem Fall zum Beispiel werde ich, da Sie vollständig unschuldig sind, folgendes unternehmen.« Die wiederholte Erwähnung seiner Unschuld wurde K. schon lästig. Ihm schien es manchmal, als mache der Maler durch solche Bemerkungen einen günstigen Ausgang des Prozesses zur Voraussetzung seiner Hilfe, die dadurch natürlich in sich selbst zusammenfiel. Trotz diesen Zweifeln bezwang sich aber K. und unterbrach den Maler nicht. Verzichten wollte er auf die Hilfe des Malers nicht, dazu war er entschlossen, auch schien ihm diese Hilfe durchaus nicht fragwürdiger als die des Advokaten zu sein. K. zog sie jener sogar bei weitem vor, weil sie harmloser und offener dargeboten wurde.

Der Maler hatte seinen Sessel näher zum Bett gezogen und fuhr mit gedämpfter Stimme fort: »Ich habe vergessen, Sie zunächst zu fragen, welche Art der Befreiung Sie wünschen. Es gibt drei Möglichkeiten, nämlich die wirkliche Freisprechung, die scheinbare Freisprechung und die Verschleppung. Die wirkliche Freisprechung ist natürlich das Beste, nur habe ich nicht den geringsten Einfluß auf diese Art der Lösung. Es gibt meiner Meinung nach überhaupt keine einzelne Person, die auf die wirkliche Freisprechung Einfluß hätte. Hier entscheidet wahrscheinlich nur die Unschuld des Angeklagten. Da Sie unschuldig sind, wäre es wirklich möglich, daß Sie sich allein auf Ihre Unschuld verlassen. Dann brauchen Sie aber weder mich noch irgendeine andere Hilfe.«

Siebentes Kapitel

Diese geordnete Darstellung verblüffte K. anfangs, dann aber sagte er ebenso leise wie der Maler: »Ich glaube, Sie widersprechen sich.« »Wie denn?« fragte der Maler geduldig und lehnte sich lächelnd zurück. Dieses Lächeln erweckte in K. das Gefühl, als ob er jetzt daran gehe, nicht in den Worten des Malers, sondern in dem Gerichtsverfahren selbst Widersprüche zu entdecken. Trotzdem wich er aber nicht zurück und sagte: »Sie haben früher die Bemerkung gemacht, daß das Gericht für Beweisgründe unzugänglich ist, später haben Sie dies auf das öffentliche Gericht eingeschränkt, und jetzt sagen Sie sogar, daß der Unschuldige vor dem Gericht keine Hilfe braucht. Darin liegt schon ein Widerspruch. Außerdem aber haben Sie früher gesagt, daß man die Richter persönlich beeinflussen kann, stellen aber jetzt in Abrede, daß die wirkliche Freisprechung, wie Sie sie nennen, jemals durch persönliche Beeinflussung zu erreichen ist. Darin liegt der zweite Widerspruch.« »Diese Widersprüche sind leicht aufzuklären«, sagte der Maler. »Es ist hier von zwei verschiedenen Dingen die Rede, von dem, was im Gesetz steht, und von dem, was ich persönlich erfahren habe, das dürfen Sie nicht verwechseln. Im Gesetz, ich habe es allerdings nicht gelesen, steht natürlich einerseits, daß der Unschuldige freigesprochen wird, andererseits steht dort aber nicht, daß die Richter beeinflußt werden können. Nun habe aber ich gerade das Gegenteil dessen erfahren. Ich weiß von keiner wirklichen Freisprechung, wohl aber von vielen Beeinflussungen. Es ist natürlich möglich, daß in allen mir bekannten Fällen keine Unschuld vorhanden war. Aber ist das nicht unwahrscheinlich? In so vielen Fällen keine einzige Unschuld? Schon als Kind hörte ich dem Vater genau zu, wenn er zu Hause von Prozessen erzählte, auch die Richter, die in sein Atelier kamen, erzählten vom Gericht, man spricht in unseren Kreisen überhaupt von nichts anderem; kaum bekam ich die Möglichkeit, selbst zu Gerichte zu gehen, nützte ich sie immer aus, unzählbare Prozesse habe ich in wichtigen Stadien angehört und, soweit sie sichtbar sind, verfolgt, und – ich muß es zugeben – nicht einen einzigen wirklichen Freispruch erlebt.« »Keinen einzigen Freispruch also«, sagte K., als rede er zu sich selbst und zu seinen Hoffnungen. »Das bestätigt aber die Meinung, die ich von dem Gericht schon habe. Es ist also auch von dieser Seite zwecklos. Ein einziger Henker könnte das ganze Gericht ersetzen.« »Sie dürfen nicht verallgemeinern«, sagte der Maler unzufrieden, »ich habe ja nur von meinen Erfahrungen gesprochen.« »Das genügt doch«, sagte K., »oder haben Sie von Freisprüchen aus früherer Zeit gehört?« »Solche Freisprüche«, antwortete der Maler, »soll es allerdings gegeben haben. Nur ist es sehr schwer, das festzustellen. Die abschließenden Entscheidungen des Gerichts werden nicht veröffentlicht, sie sind nicht einmal den Richtern zugänglich, infolgedessen haben sich über alte Gerichtsfälle nur Legenden erhalten. Diese enthalten allerdings sogar in der Mehrzahl wirkliche Freisprechungen, man kann sie glauben, nachweisbar sind sie aber nicht. Trotzdem muß man sie nicht ganz vernachlässigen, eine gewisse Wahrheit enthalten sie wohl gewiß, auch sind sie sehr schön, ich selbst habe einige Bilder gemalt, die solche Legenden zum Inhalt haben.« »Bloße Legenden ändern meine Meinung nicht«, sagte K., »man kann sich wohl auch vor Gericht auf diese Legenden nicht berufen?« Der Maler lachte. »Nein, das kann man nicht«, sagte er. »Dann ist es nutzlos, darüber zu reden«, sagte K., er wollte vorläufig alle Meinungen des Malers hinnehmen, selbst wenn er sie für unwahrscheinlich hielt und sie anderen Berichten widersprachen. Er hatte jetzt nicht die Zeit, alles, was der Maler sagte, auf die Wahrheit hin zu überprüfen oder gar zu widerlegen, es war schon das Äußerste erreicht, wenn er den Maler dazu bewog, ihm in irgendeiner, sei es auch in einer nicht entscheidenden Weise zu helfen. Darum sagte er: »Sehen wir also von der wirklichen Freisprechung ab, Sie erwähnten aber noch zwei andere Möglichkeiten.« »Die scheinbare Freisprechung und die Verschleppung. Um die allein kann es sich handeln«, sagte der Maler. »Wollen Sie aber nicht, ehe wir davon reden, den Rock ausziehen? Es ist Ihnen wohl heiß.« »Ja«, sagte K., der bisher auf nichts als auf die Erklärungen des Malers geachtet hatte, dem aber jetzt, da er an die Hitze erinnert worden war, starker Schweiß auf der Stirn ausbrach. »Es ist fast unerträglich.« Der Maler nickte, als verstehe er K.s Unbehagen sehr gut. ⌜»Könnte man nicht das Fenster öffnen?« fragte K. »Nein«, sagte der Maler. »Es ist bloß eine feste eingesetzte Glasscheibe, man kann es nicht öffnen.« Jetzt erkannte K., daß er die ganze Zeit über darauf gehofft hatte, plötzlich werde der Maler oder er zum Fenster gehen und es aufreißen. Er war darauf vorbereitet, selbst den Nebel mit offenem Mund einzuatmen. Das Gefühl, hier von der Luft vollständig abgesperrt zu sein, verursachte ihm Schwindel.⌝ Er schlug leicht mit der Hand auf das Federbett neben sich und sagte mit schwacher Stimme: »Das ist ja unbequem und ungesund.« »O nein«, sagte der Maler zur Verteidigung seines Fensters, »dadurch, daß es nicht aufgemacht werden kann, wird, obwohl es nur eine einfache Scheibe ist, die Wärme hier besser festgehalten als durch ein Doppelfenster. Will ich aber lüften, was nicht sehr notwendig ist, da durch die Balkenritzen überall Luft eindringt, kann ich eine meiner Türen oder sogar beide öffnen.« K., durch diese Erklärung ein wenig getröstet, blickte herum, um die zweite Tür zu finden. Der Maler bemerkte das und sagte: »Sie ist hinter Ihnen, ich mußte sie durch das Bett verstellen.« Jetzt erst sah K. die kleine Tür in der Wand. »Es ist eben hier alles viel zu klein für ein Atelier«, sagte der Maler, als wolle er einem Tadel K.s zuvorkommen. »Ich mußte mich einrichten, so gut es ging. Das Bett vor der Tür steht natürlich an einem sehr schlechten Platz. Der Richter zum Beispiel, den ich jetzt male, kommt immer durch die Tür beim Bett, und ich habe ihm auch einen Schlüssel von dieser Tür gegeben, damit er, auch wenn ich nicht zu Hause bin, hier im Atelier auf mich warten kann. Nun kommt er aber gewöhnlich früh am Morgen, während ich noch schlafe. Es reißt mich natürlich immer aus dem tiefsten Schlaf, wenn sich neben dem Bett die Tür öffnet. Sie würden jede Ehrfurcht vor den Richtern verlieren, wenn Sie die Flüche hörten, mit denen ich ihn empfange, wenn er früh über mein Bett steigt. Ich könnte ihm allerdings den Schlüssel wegnehmen, aber es würde dadurch nur ärger werden. Man kann hier alle Türen mit der geringsten Anstrengung aus den Angeln brechen.« Während dieser ganzen Rede überlegte K., ob er den Rock ausziehen sollte, er sah aber schließlich ein, daß er, wenn er es nicht tat, unfähig war, hier noch länger zu bleiben, er zog daher den Rock aus, legte ihn aber über die Knie, um ihn, falls die Besprechung zu Ende wäre, wieder anziehen zu können. Kaum hatte er den Rock ausgezogen, rief eines der Mädchen: »Er hat schon den Rock ausgezogen!«, und man hörte, wie sich alle zu den Ritzen drängten, um das Schauspiel selbst zu sehen. »Die Mädchen glauben nämlich«, sagte der Maler, »daß ich Sie malen werde und daß Sie sich deshalb ausziehen.« »So«, sagte K., nur wenig belustigt, denn er fühlte sich nicht viel besser als früher, obwohl er jetzt in Hemdärmeln dasaß. Fast mürrisch fragte er: »Wie nannten Sie die zwei anderen Möglichkeiten?« Er hatte die Ausdrücke schon wieder vergessen. »Die scheinbare Freisprechung und die Verschleppung«, sagte der Maler. »Es liegt an Ihnen, was Sie davon wählen. Beides ist durch meine Hilfe erreichbar, natürlich nicht ohne Mühe, der Unterschied in dieser Hinsicht ist der, daß die scheinbare Freisprechung eine gesammelte zeitweilige, die Verschleppung eine viel geringere, aber dauernde Anstrengung verlangt. Zunächst also die scheinbare Freisprechung. Wenn Sie diese wünschen sollten, schreibe ich auf einem

Bogen Papier eine Bestätigung Ihrer Unschuld auf. Der Text für eine solche Bestätigung ist mir von meinem Vater überliefert und ganz unangreifbar. Mit dieser Bestätigung mache ich nun einen Rundgang bei den mir bekannten Richtern. Ich fange also etwa damit an, daß ich dem Richter, den ich jetzt male, heute abend, wenn er zur Sitzung kommt, die Bestätigung vorlege. Ich lege ihm die Bestätigung vor, erkläre ihm, daß Sie unschuldig sind, und verbürge mich für Ihre Unschuld. Das ist aber keine bloß äußerliche, sondern eine wirkliche, bindende Bürgschaft.« In den Blicken des Malers lag es wie ein Vorwurf, daß K. ihm die Last einer solchen Bürgschaft auferlegen wolle. »Das wäre ja sehr freundlich«, sagte K. »Und der Richter würde Ihnen glauben und mich trotzdem nicht wirklich freisprechen?« »Wie ich schon sagte«, antwortete der Maler. »Übrigens ist es durchaus nicht sicher, daß jeder mir glauben würde, mancher Richter wird zum Beispiel verlangen, daß ich Sie selbst zu ihm hinführe. Dann müßten Sie also einmal mitkommen. Allerdings ist in einem solchen Falle die Sache schon halb gewonnen, besonders da ich Sie natürlich vorher genau darüber unterrichten würde, wie Sie sich bei dem betreffenden Richter zu verhalten haben. Schlimmer ist es bei den Richtern, die mich – auch das wird vorkommen – von vornherein abweisen. Auf diese müssen wir, wenn ich es auch an mehrfachen Versuchen gewiß nicht fehlen lassen werde, verzichten, wir dürfen das aber auch, denn einzelne Richter können hier nicht den Ausschlag geben. Wenn ich nun auf dieser Bestätigung eine genügende Anzahl von Unterschriften der Richter habe, gehe ich mit dieser Bestätigung zu dem Richter, der Ihren Prozeß gerade führt. Möglicherweise habe ich auch seine Unterschrift, dann entwickelt sich alles noch ein wenig rascher als sonst. Im allgemeinen gibt es aber dann überhaupt nicht mehr viel Hindernisse, es ist dann für den Angeklagten die Zeit der höchsten Zuversicht. Es ist merkwürdig, aber wahr, die Leute sind in dieser Zeit zuversichtlicher als nach dem Freispruch. Es bedarf jetzt keiner besonderen Mühe mehr. Der Richter besitzt in der Bestätigung die Bürgschaft einer Anzahl von Richtern, kann Sie unbesorgt freisprechen und wird es, allerdings nach Durchführung verschiedener Formalitäten, mir und anderen Bekannten zu Gefallen zweifellos tun. Sie aber treten aus dem Gericht und sind frei.« »Dann bin ich also frei«, sagte K. zögernd. »Ja«, sagte der Maler, »aber nur scheinbar frei oder, besser ausgedrückt, zeitweilig frei. Die untersten Richter nämlich, zu denen meine Bekannten gehören, haben nicht das Recht, endgültig freizusprechen, dieses Recht hat nur das oberste, für Sie, für mich und für uns alle ganz unerreichbare Gericht. Wie es dort aussieht, wissen wir nicht und wollen wir, nebenbei gesagt, auch nicht wissen. Das große Recht, von der Anklage zu befreien, haben also unsere Richter nicht, wohl aber haben sie das Recht, von der Anklage loszulösen. Das heißt, wenn Sie auf diese Weise freigesprochen werden, sind Sie für den Augenblick der Anklage entzogen, aber sie schwebt auch weiterhin über Ihnen und kann, sobald nur der höhere Befehl kommt, sofort in Wirkung treten. Da ich mit dem Gericht in so guter Verbindung stehe, kann ich Ihnen auch sagen, wie sich in den Vorschriften für die Gerichtskanzleien der Unterschied zwischen der wirklichen und der scheinbaren Freisprechung rein äußerlich zeigt. Bei einer wirklichen Freisprechung sollen die Prozeßakten vollständig abgelegt werden, sie verschwinden gänzlich aus dem Verfahren, nicht nur die Anklage, auch der Prozeß und sogar der Freispruch sind vernichtet, alles ist vernichtet. Anders beim scheinbaren Freispruch. Mit dem Akt ist keine weitere Veränderung vor sich gegangen, als daß er um die Bestätigung der Unschuld, um den Freispruch und um die Begründung des Freispruchs bereichert worden ist. Im übrigen aber bleibt er im Verfahren, er wird, wie es der ununterbrochene Verkehr der Gerichtskanzleien erfordert, zu den höheren Gerichten weitergeleitet, kommt zu den niedrigeren zurück und pendelt so mit größeren und kleineren Schwingungen, mit größeren und kleineren Stockungen auf und ab. Diese Wege sind unberechenbar. Von außen gesehen, kann es manchmal den Anschein bekommen, daß alles längst vergessen, der Akt verloren und der Freispruch ein vollkommener ist. Ein Eingeweihter wird das nicht glauben. Es geht kein Akt verloren, es gibt bei Gericht kein Vergessen. Eines Tages – niemand erwartet es – nimmt irgendein Richter den Akt aufmerksamer in die Hand, erkennt, daß in diesem Fall die Anklage noch lebendig ist, und ordnet die sofortige Verhaftung an. Ich habe hier angenommen, daß zwischen dem scheinbaren Freispruch und der neuen Verhaftung eine lange Zeit vergeht, das ist möglich, und ich weiß von solchen Fällen, es ist aber ebensogut möglich, daß der Freigesprochene vom Gericht nach Hause kommt und dort schon Beauftragte warten, um ihn wieder zu verhaften. Dann ist natürlich das freie Leben zu Ende.« »Und der Prozeß beginnt von neuem?« fragte K. fast ungläubig. »Allerdings«, sagte der Maler, »der Prozeß beginnt von neuem, es besteht aber wieder die Möglichkeit, ebenso wie früher, einen scheinbaren Freispruch zu erwirken. Man muß wieder alle Kräfte zusammennehmen und darf sich nicht ergeben.« Das letztere sagte der Maler vielleicht unter dem Eindruck, den K., der ein wenig zusammengesunken war, auf ihn machte. »Ist aber«, fragte K., als wolle er jetzt irgendwelchen Enthüllungen des Malers zuvorkommen, »die Erwirkung eines zweiten Freispruchs nicht schwieriger als die des ersten?« »Man kann«, antwortete der Maler, »in dieser Hinsicht nichts Bestimmtes sagen. Sie meinen wohl, daß die Richter durch die zweite Verhaftung in ihrem Urteil zuungunsten des Angeklagten beeinflußt werden? Das ist nicht der Fall. Die Richter haben ja schon beim Freispruch diese Verhaftung vorgesehen. Dieser Umstand wirkt also kaum ein. Wohl aber kann aus zahllosen sonstigen Gründen die Stimmung der Richter sowie ihre rechtliche Beurteilung des Falles eine andere geworden sein, und die Bemühungen um den zweiten Freispruch müssen daher den veränderten Umständen angepaßt werden und im allgemeinen ebenso kräftig sein wie die vor dem ersten Freispruch.« »Aber dieser zweite Freispruch ist doch wieder nicht endgültig«, sagte K. und drehte abweisend den Kopf. »Natürlich nicht«, sagte der Maler, »dem zweiten Freispruch folgt die dritte Verhaftung, dem dritten Freispruch die vierte Verhaftung, und so fort. Das liegt schon im Begriff des scheinbaren Freispruchs.« K. schwieg. »Der scheinbare Freispruch scheint Ihnen offenbar nicht vorteilhaft zu sein«, sagte der Maler, »vielleicht entspricht Ihnen die Verschleppung besser. Soll ich Ihnen das Wesen der Verschleppung erklären?« K. nickte. Der Maler hatte sich breit in seinen Sessel zurückgelehnt, das Nachthemd war weit offen, er hatte eine Hand daruntergeschoben, mit der er über die Brust und die Seiten strich. »Die Verschleppung«, sagte der Maler und sah einen Augenblick vor sich hin, als suche er eine vollständig zutreffende Erklärung, »die Verschleppung besteht darin, daß der Prozeß dauernd im niedrigsten Prozeßstadium erhalten wird. Um dies zu erreichen, ist es nötig, daß der Angeklagte und der Helfer, insbesondere aber der Helfer in ununterbrochener persönlicher Fühlung mit dem Gericht bleibt. Ich wiederhole, es ist hierfür kein solcher Kraftaufwand nötig wie bei der Erreichung eines scheinbaren Freispruchs, wohl aber ist eine viel größere Aufmerksamkeit nötig. Man darf den Prozeß nicht aus den Augen verlieren, man muß zu dem betreffenden Richter in regelmäßigen Zwischenräumen und außerdem bei besonderen Gelegenheiten gehen und ihn auf jede Weise sich freundlich zu erhalten suchen; ist man mit dem Richter nicht persönlich bekannt, so muß man durch bekannte Richter ihn beeinflussen lassen, ohne daß man etwa deshalb die unmittelbaren Besprechungen aufgeben dürfte. Versäumt man in dieser Hinsicht nichts, so kann man mit genügender Bestimmtheit annehmen, daß der Prozeß über sein erstes Stadium nicht hinauskommt. Der Prozeß hört zwar nicht auf, aber der Angeklagte ist vor einer Verurteilung fast ebenso gesichert, wie wenn er frei wäre. Gegenüber dem scheinbaren Freispruch hat die Verschleppung den Vorteil, daß die Zukunft des Angeklagten weniger unbestimmt ist, er bleibt vor dem Schrecken der plötzlichen Verhaftungen bewahrt und muß nicht fürchten, etwa gerade zu Zeiten, wo seine sonstigen Umstände dafür am wenigsten günstig sind, die Anstrengungen und Aufregungen auf sich nehmen zu müssen, welche mit der Erreichung des scheinbaren Freispruchs verbunden sind. Allerdings hat auch die Verschleppung für den Angeklagten gewisse Nachteile, die man nicht unterschätzen darf. Ich denke hierbei nicht daran, daß hier der Angeklagte niemals frei ist, das ist er ja auch bei der scheinbaren Freisprechung im eigentlichen Sinne nicht. Es ist ein anderer Nachteil. Der Prozeß kann nicht stillstehen, ohne daß wenigstens scheinbare Gründe dafür vorliegen. Es muß deshalb im Prozeß nach außen hin etwas geschehen. Es müssen also von Zeit zu Zeit verschiedene Anordnungen getroffen werden, der Angeklagte muß verhört werden, Untersuchungen müssen stattfinden und so weiter. Der Prozeß muß eben immerfort in dem kleinen Kreis, auf den er künstlich eingeschränkt worden ist, gedreht werden. Das bringt natürlich gewisse Unannehmlichkeiten für den Angeklagten mit sich, die Sie sich aber wiederum nicht zu schlimm vorstellen dürfen. Es ist ja alles nur äußerlich, die Verhöre beispielsweise sind also nur ganz kurz, wenn man einmal keine Zeit oder keine Lust hat, hinzugehen, darf man sich entschuldigen, man kann sogar bei gewissen Richtern die Anordnungen für eine lange Zeit im voraus gemeinsam festsetzen, es handelt sich im Wesen nur darum, daß man, da man Angeklagter

ist, von Zeit zu Zeit bei seinem Richter sich meldet.« Schon
während der letzten Worte hatte K. den Rock über den
Arm gelegt und war aufgestanden. »Er steht schon auf«
rief es sofort draußen vor der Tür. »Sie wollen schon fortgehen?« fragte der Maler, der auch aufgestanden war. »Es
ist gewiß die Luft, die Sie von hier vertreibt. Es ist mir sehr
peinlich. Ich hätte Ihnen auch noch manches zu sagen. Ich
mußte mich ganz kurz fassen. Ich hoffe aber, verständlich
gewesen zu sein.« »O ja«, sagte K., dem von der Anstrengung, mit der er sich zum Zuhören gezwungen hatte, der
Kopf schmerzte. Trotz dieser Bestätigung sagte der Maler,
alles noch einmal zusammenfassend, als wolle er K. auf den
Heimweg einen Trost mitgeben: »Beide Methoden haben
das Gemeinsame, daß sie eine Verurteilung des Angeklagten verhindern.« »Sie verhindern aber auch die wirkliche
Freisprechung«, sagte K. leise, als schäme er sich, das erkannt zu haben. »Sie haben den Kern der Sache erfaßt«,
sagte der Maler schnell. K. legte die Hand auf seinen Winterrock, konnte sich aber nicht einmal entschließen, den
Rock anzuziehen. Am liebsten hätte er alles zusammenge-
packt und wäre damit an die frische Luft gelaufen. Auch
die Mädchen konnten ihn nicht dazu bewegen, sich anzuziehen, obwohl sie, verfrüht, einander schon zuriefen, daß
er sich anziehe. ⌈Dem Maler lag daran, K.s Stimmung irgendwie zu deuten⌉, er sagte deshalb: »Sie haben sich wohl
hinsichtlich meiner Vorschläge noch nicht entschieden. Ich
billige das. Ich hätte Ihnen sogar davon abgeraten, sich
sofort zu entscheiden. Die Vorteile und Nachteile sind
haarfein. Man muß alles genau abschätzen. Allerdings darf
man auch nicht zuviel Zeit verlieren.« »Ich werde bald
wiederkommen«, sagte K., der in einem plötzlichen Entschluß den Rock anzog, den Mantel über die Schulter warf
und zur Tür eilte, hinter der jetzt die Mädchen zu schreien
anfingen. K. glaubte, die schreienden Mädchen durch die
Tür zu sehen. »Sie müssen aber Wort halten«, sagte der

Maler, der ihm nicht gefolgt war, »sonst komme ich in die Bank, um selbst nachzufragen.« »Sperren Sie doch die Tür auf«, sagte K. und riß an der Klinke, die die Mädchen, wie er an dem Gegendruck merkte, draußen festhielten. »Wollen Sie von den Mädchen belästigt werden?« fragte der Maler. »Benützen Sie doch lieber diesen Ausgang«, und er zeigte auf die Tür hinter dem Bett. K. war damit einverstanden und sprang zum Bett zurück. Aber statt die Tür dort zu öffnen, kroch der Maler unter das Bett und fragte von unten: »Nur noch einen Augenblick; wollen Sie nicht noch ein Bild sehen, das ich Ihnen verkaufen könnte?« K. wollte nicht unhöflich sein, der Maler hatte sich wirklich seiner angenommen und versprochen, ihm weiterhin zu helfen, auch war infolge der Vergeßlichkeit K.s über die Entlohnung für die Hilfe noch gar nicht gesprochen worden, deshalb konnte ihn K. jetzt nicht abweisen und ließ sich das Bild zeigen, wenn er auch vor Ungeduld zitterte, aus dem Atelier wegzukommen. Der Maler zog unter dem Bett einen Haufen ungerahmter Bilder hervor, die so mit Staub bedeckt waren, daß dieser, als ihn der Maler vom obersten Bild wegzublasen suchte, längere Zeit atemraubend K. vor den Augen wirbelte. »Eine Heidelandschaft«, sagte der Maler und reichte K. das Bild. ⌈Es stellte zwei schwache Bäume dar, die weit voneinander entfernt im dunklen Gras standen. Im Hintergrund war ein vielfarbiger Sonnenuntergang.⌉ »Schön«, sagte K., »ich kaufe es.« K. hatte unbedacht sich so kurz geäußert, er war daher froh, als der Maler, statt dies übelzunehmen, ein zweites Bild vom Boden aufhob. »Hier ist ein Gegenstück zu diesem Bild«, sagte der Maler. Es mochte als Gegenstück beabsichtigt sein, es war aber nicht der geringste Unterschied gegenüber dem ersten Bild zu merken, hier waren die Bäume, hier das Gras und dort der Sonnenuntergang. Aber K. lag wenig daran. »Es sind schöne Landschaften«, sagte er, »ich kaufe beide und werde sie in meinem Büro aufhängen.« »Das Motiv scheint Ihnen zu gefallen«, sagte der Maler und holte ein drittes Bild herauf, »es trifft sich gut, daß ich noch ein ähnliches Bild hierhabe.« Es war aber nicht ähnlich, es war vielmehr die völlig gleiche Heidelandschaft. Der Maler nützte diese Gelegenheit, alte Bilder zu verkaufen, gut aus. »Ich nehme auch dieses noch«, sagte K. »Wieviel kosten die drei Bilder?« »Darüber werden wir nächstens sprechen«, sagte der Maler. »Sie haben jetzt Eile, und wir bleiben doch in Verbindung. Im übrigen freut es mich, daß Ihnen die Bilder gefallen, ich werde Ihnen alle Bilder mitgeben, die ich hier unten habe. ⌈Es sind lauter Heidelandschaften, ich habe schon viele Heidelandschaften gemalt. Manche Leute weisen solche Bilder ab, weil sie zu düster sind, andere aber, und Sie gehören zu ihnen, lieben gerade das Düstere.«⌉ Aber K. hatte jetzt keinen Sinn für die beruflichen Erfahrungen des Bettelmalers. »Packen Sie alle Bilder ein!« rief er, dem Maler in die Rede fallend, »morgen kommt mein Diener und wird sie holen.« »Es ist nicht nötig«, sagte der Maler. »Ich hoffe, ich werde Ihnen einen Träger verschaffen können, der gleich mit Ihnen gehen wird.« Und er beugte sich endlich über das Bett und sperrte die Tür auf. »Steigen Sie ohne Scheu auf das Bett«, sagte der Maler, »das tut jeder, der hier hereinkommt.« K. hätte auch ohne diese Aufforderung keine Rücksicht genommen, er hatte sogar schon einen Fuß mitten auf das Federbett gesetzt, da sah er durch die offene Tür hinaus und zog den Fuß wieder zurück. »Was ist das?« fragte er den Maler. »Worüber staunen Sie?« fragte dieser, seinerseits staunend. »Es sind die Gerichtskanzleien. Wußten Sie nicht, daß hier Gerichtskanzleien sind? Gerichtskanzleien sind doch fast auf jedem Dachboden, warum sollten sie gerade hier fehlen? Auch mein Atelier gehört eigentlich zu den Gerichtskanzleien, das Gericht hat es mir aber zur Verfügung gestellt.« K. erschrak nicht so sehr darüber, daß er auch hier Gerichtskanzleien gefunden hatte, er erschrak hauptsächlich über sich, über seine Unwissenheit in Gerichtssachen. Als eine Grundregel für das Verhalten eines Angeklagten erschien es ihm, immer vorbereitet zu sein, sich niemals überraschen zu lassen, nicht ahnungslos nach rechts zu schauen, wenn links der Richter neben ihm stand – und gerade gegen diese Grundregel verstieß er immer wieder. Vor ihm dehnte sich ein langer Gang, aus dem eine Luft wehte, mit der verglichen die Luft im Atelier erfrischend war. Bänke waren zu beiden Seiten des Ganges aufgestellt, genau so wie im Wartezimmer der Kanzlei, die für K. zuständig war. Es schienen genaue Vorschriften für die Einrichtung von Kanzleien zu bestehen. Augenblicklich war der Parteienverkehr hier nicht sehr groß. Ein Mann saß dort halb liegend, das Gesicht hatte er auf der Bank in seine Arme vergraben und schien zu schlafen; ein anderer stand im Halbdunkel am Ende des Ganges. K. stieg nun über das Bett, der Maler folgte ihm mit den Bildern. Sie trafen bald einen Gerichtsdiener – K. erkannte jetzt schon alle Gerichtsdiener an dem Goldknopf, den diese an ihrem Zivilanzug unter den gewöhnlichen Knöpfen hatten –, und der Maler gab ihm den Auftrag, K. mit den Bildern zu begleiten. K. wankte mehr, als er ging, das Taschentuch hielt er an den Mund gedrückt. Sie waren schon nahe am Ausgang, da stürmten ihnen die Mädchen entgegen, die also K. auch nicht erspart geblieben waren. Sie hatten offenbar gesehen, daß die zweite Tür des Ateliers geöffnet worden war, und hatten den Umweg gemacht, um von dieser Seite einzudringen. »Ich kann Sie nicht mehr begleiten!« rief der Maler lachend unter dem Andrang der Mädchen. »Auf Wiedersehen! Und überlegen Sie nicht zu lange!« K. sah sich nicht einmal nach ihm um. Auf der Gasse nahm er den ersten Wagen, der ihm in den Weg kam. Es lag ihm daran, den Diener loszuwerden, dessen Goldknopf ihm unaufhörlich in die Augen stach, wenn er auch sonst wahrscheinlich niemandem auffiel. In seiner Dienstfertigkeit wollte sich der Diener noch auf den Kutschbock setzen. K. jagte ihn aber hinunter. Mittag war schon längst vorüber, als K. vor der Bank ankam. Er hätte gern die Bilder im Wagen gelassen, fürchtete aber, bei irgendeiner Gelegenheit genötigt zu werden, sich dem Maler gegenüber mit ihnen auszuweisen. Er ließ sie daher in sein Büro schaffen und versperrte sie in die unterste Lade seines Tisches, um sie wenigstens für die allernächsten Tage vor den Blicken des Direktor-Stellvertreters in Sicherheit zu bringen.

Achtes Kapitel

Kaufmann Block · Kündigung des Advokaten

Endlich hatte sich K. doch entschlossen, dem Advokaten seine Vertretung zu entziehen. Zweifel daran, ob es richtig war, so zu handeln, waren zwar nicht auszurotten, aber die Überzeugung von der Notwendigkeit dessen überwog. Die Entschließung hatte K. an dem Tage, an dem er zum Advokaten gehen wollte, viel Arbeitskraft entzogen, er arbeitete besonders langsam, er mußte sehr lange im Büro bleiben, und es war schon zehn Uhr vorüber, als er endlich vor der Tür des Advokaten stand. Noch ehe er läutete, überlegte er, ob es nicht besser wäre, dem Advokaten telephonisch oder brieflich zu kündigen, die persönliche Unterredung würde gewiß sehr peinlich werden. Trotzdem wollte K. schließlich auf sie nicht verzichten, bei jeder anderen Art der Kündigung würde diese stillschweigend oder mit ein paar förmlichen Worten angenommen werden, und K. würde, wenn nicht etwa Leni einiges erforschen könnte, niemals erfahren, wie der Advokat die Kündigung aufgenommen hatte und was für Folgen für K. diese Kündigung nach der nicht unwichtigen Meinung des Advokaten haben könnte. Saß aber der Advokat K. gegenüber und wurde er von der Kündigung überrascht, so würde K., selbst wenn der Advokat sich nicht viel entlocken ließ, aus seinem Gesicht und seinem Benehmen alles, was er wollte, leicht entnehmen können. Es war sogar nicht ausgeschlossen, daß er überzeugt wurde, daß es doch gut wäre, dem Advokaten die Verteidigung zu überlassen und daß er dann seine Kündigung zurückzog.
Das erste Läuten an der Tür des Advokaten war, wie gewöhnlich, zwecklos. »Leni könnte flinker sein«, dachte K.

Aber es war schon ein Vorteil, wenn sich nicht die andere Partei einmischte, wie sie es gewöhnlich tat, sei es, daß der Mann im Schlafrock oder sonst jemand zu belästigen anfing. Während K. zum zweitenmal den Knopf drückte, sah er nach der anderen Tür zurück, diesmal aber blieb auch sie geschlossen. Endlich erschienen an dem Guckfenster der Tür des Advokaten zwei Augen, es waren aber nicht Lenis Augen. Jemand schloß die Tür auf, stemmte sich aber vorläufig noch gegen sie, rief in die Wohnung zurück: »Er ist es!« und öffnete erst dann vollständig. K. hatte gegen die Tür gedrängt, denn schon hörte er, wie hinter ihm in der Tür der anderen Wohnung der Schlüssel hastig im Schloß gedreht wurde. Als sich daher die Tür vor ihm endlich öffnete, stürmte er geradezu ins Vorzimmer und sah noch, wie durch den Gang, der zwischen den Zimmern hindurchführte, Leni, welcher der Warnungsruf des Türöffners gegolten hatte, im Hemd davonlief. Er blickte ihr ein Weilchen nach und sah sich dann nach dem Türöffner um. Es war ein kleiner, dürrer Mann mit Vollbart, er hielt eine Kerze in der Hand. »Sie sind hier angestellt?« fragte K. »Nein«, antwortete der Mann, »ich bin hier fremd, der Advokat ist nur mein Vertreter, ich bin hier wegen einer Rechtsangelegenheit.« »Ohne Rock?« fragte K. und zeigte mit einer Handbewegung auf die mangelhafte Bekleidung des Mannes. »Ach, verzeihen Sie!« sagte der Mann und beleuchtete sich selbst mit der Kerze, als sähe er selbst zum erstenmal seinen Zustand. »Leni ist Ihre Geliebte?« fragte K. kurz. Er hatte die Beine ein wenig gespreizt, die Hände, in denen er den Hut hielt, hinten verschlungen. Schon durch den Besitz eines starken Überrocks fühlte er sich dem mageren Kleinen sehr überlegen. »O Gott«, sagte der und hob die eine Hand in erschrockener Abwehr vor das Gesicht, »nein, nein, was denken Sie denn?« »Sie sehen glaubwürdig aus«, sagte K. lächelnd, »trotzdem – kommen Sie.« Er winkte ihm mit dem Hut und ließ ihn vor sich gehen.

»Wie heißen Sie denn?« fragte K. auf dem Weg. »Block, Kaufmann Block«, sagte der Kleine und drehte sich bei dieser Vorstellung nach K. um, stehenbleiben ließ ihn aber K. nicht. »Ist das Ihr wirklicher Name?« fragte K. »Gewiß«, war die Antwort, »warum haben Sie denn Zweifel?« »Ich dachte, Sie könnten Grund haben, Ihren Namen zu verschweigen«, sagte K. Er fühlte sich so frei, wie man es sonst nur ist, wenn man in der Fremde mit niedrigen Leuten spricht, alles, was einen selbst betrifft, bei sich behält, nur gleichmütig von den Interessen der anderen redet, sie dadurch vor sich selbst erhöht, aber auch nach Belieben fallenlassen kann. Bei der Tür des Arbeitszimmers des Advokaten blieb K. stehen, öffnete sie und rief dem Kaufmann, der folgsam weitergegangen war, zu: »Nicht so eilig! Leuchten Sie hier!« K. dachte, Leni könnte sich hier versteckt haben, er ließ den Kaufmann alle Winkel absuchen, aber das Zimmer war leer. Vor dem Bild des Richters hielt K. den Kaufmann hinten an den Hosenträgern zurück. »Kennen Sie den?« fragte er und zeigte mit dem Zeigefinger in die Höhe. Der Kaufmann hob die Kerze, sah blinzelnd hinauf und sagte: »Es ist ein Richter.« »Ein hoher Richter?« fragte K. und stellte sich seitlich vor den Kaufmann, um den Eindruck, den das Bild auf ihn machte, zu beobachten. Der Kaufmann sah bewundernd aufwärts. »Es ist ein hoher Richter«, sagte er. »Sie haben keinen großen Einblick«, sagte K. »Unter den niedrigen Untersuchungsrichtern ist er der niedrigste.« »Nun erinnere ich mich«, sagte der Kaufmann und senkte die Kerze, »ich habe es auch schon gehört.« »Aber natürlich«, rief K., »ich vergaß ja, natürlich müssen Sie es schon gehört haben.« »Aber warum denn, warum denn?« fragte der Kaufmann, während er sich, von K. mit den Händen angetrieben, zur Tür fortbewegte. Draußen auf dem Gang sagte K.: »Sie wissen doch, wo sich Leni versteckt hat?« »Versteckt?« sagte der Kaufmann, »nein, sie dürfte aber in der Küche sein und dem Advokaten eine Suppe kochen.« »Warum haben Sie das nicht gleich gesagt?« fragte K. »Ich wollte Sie ja hinführen, Sie haben mich aber wieder zurückgerufen«, antwortete der Kaufmann, wie verwirrt durch die widersprechenden Befehle. »Sie glauben wohl sehr schlau zu sein«, sagte K., »führen Sie mich also!« In der Küche war K. noch nie gewesen, sie war überraschend groß und reich ausgestattet. Allein der Herd war dreimal so groß wie gewöhnliche Herde, von dem übrigen sah man keine Einzelheiten, denn die Küche wurde jetzt nur von einer kleinen Lampe beleuchtet, die beim Eingang hing. Am Herd stand Leni in weißer Schürze, wie immer, und leerte Eier in einen Topf aus, der auf einem Spiritusfeuer stand. »Guten Abend, Josef«, sagte sie mit einem Seitenblick. »Guten Abend«, sagte K. und zeigte mit einer Hand auf einen abseits stehenden Sessel, auf den sich der Kaufmann setzen sollte, was dieser auch tat. K. aber ging ganz nahe hinter Leni, beugte sich über ihre Schulter und fragte: »Wer ist der Mann?« Leni umfaßte K. mit einer Hand, die andere quirlte die Suppe, zog ihn nach vorn zu sich und sagte: »Es ist ein bedauernswerter Mensch, ein armer Kaufmann, ein gewisser Block. Sieh ihn nur an.« Sie blickten beide zurück. Der Kaufmann saß auf dem Sessel, auf den ihn K. gewiesen hatte, er hatte die Kerze, deren Licht jetzt unnötig war, ausgepustet und drückte mit den Fingern den Docht, um den Rauch zu verhindern. »Du warst im Hemd«, sagte K. und wendete ihren Kopf mit der Hand wieder dem Herd zu. Sie schwieg. »Er ist dein Geliebter?« fragte K. Sie wollte nach dem Suppentopf greifen, aber K. nahm ihre beiden Hände und sagte: »Nun antworte!« Sie sagte: »Komm ins Arbeitszimmer, ich werde dir alles erklären.« »Nein«, sagte K., »ich will, daß du es hier erklärst.« Sie hing sich an ihn und wollte ihn küssen. K. wehrte sie aber ab und sagte: »Ich will nicht, daß du mich jetzt küßt.« »Josef«, sagte Leni und sah K. bittend und doch offen in die Augen, »du wirst doch nicht auf Herrn Block eifersüchtig sein. Rudi«, sagte sie dann, sich an den Kaufmann wendend, »so hilf mir doch, du siehst, ich werde verdächtigt, laß die Kerze.« Man hätte denken können, er hätte nicht achtgegeben, aber er war vollständig eingeweiht. »Ich wußte auch nicht, warum Sie eifersüchtig sein sollten«, sagte er wenig schlagfertig. »Ich weiß es eigentlich auch nicht«, sagte K. und sah den Kaufmann lächelnd an. Leni lachte laut, benützte die Unaufmerksamkeit K.s, um sich in seinen Arm einzuhängen, und flüsterte: »Laß ihn jetzt, du siehst ja, was für ein Mensch er ist. Ich habe mich seiner ein wenig angenommen, weil er eine große Kundschaft des Advokaten ist, aus keinem andern Grund. Und du? Willst du noch heute mit dem Advokaten sprechen? Er ist heute sehr krank, aber wenn du willst, melde ich dich doch an. Über Nacht bleibst du aber bei mir, ganz gewiß. Du warst auch schon so lange nicht bei uns, selbst der Advokat hat nach dir gefragt. Vernachlässige den Prozeß nicht! Auch ich habe dir Verschiedenes mitzuteilen, was ich erfahren habe. Nun aber zieh fürs erste deinen Mantel aus!« Sie half ihm, sich auszuziehen, nahm ihm den Hut ab, lief mit den Sachen ins Vorzimmer, sie anzuhängen, lief dann wieder zurück und sah nach der Suppe. »Soll ich zuerst dich anmelden oder ihm zuerst die Suppe bringen?« »Melde mich zuerst an«, sagte K. Er war ärgerlich, er hatte ursprünglich beabsichtigt, mit Leni seine Angelegenheit, insbesondere die fragliche Kündigung genau zu besprechen, die Anwesenheit des Kaufmanns hatte ihm aber die Lust dazu genommen. Jetzt aber hielt er seine Sache doch für zu wichtig, als daß dieser kleine Kaufmann vielleicht entscheidend eingreifen sollte, und so rief er Leni, die schon auf dem Gang war, wieder zurück. »Bring ihm doch zuerst die Suppe«, sagte er, »er soll sich für die Unterredung mit mir stärken, er wird es nötig haben.« »Sie sind auch ein Klient des Advokaten«, sagte, wie zur Feststellung, der Kaufmann leise aus seiner Ecke. Es wurde aber nicht gut aufgenommen. »Was kümmert Sie denn das?« sagte K., und Leni sagte: »Wirst du still sein. – Dann bringe ich ihm also zuerst die Suppe«, sagte Leni zu K. und goß die Suppe auf einen Teller. »Es ist dann nur zu befürchten, daß er bald einschläft, nach dem Essen schläft er bald ein.« »Das, was ich ihm sagen werde, wird ihn wach erhalten«, sagte K., er wollte immerfort durchblicken lassen, daß er etwas Wichtiges mit dem Advokaten zu verhandeln beabsichtige, er wollte von Leni gefragt werden, was es sei, und dann erst sie um Rat fragen. Aber sie erfüllte pünktlich bloß die ausgesprochenen Befehle. Als sie mit der Tasse an ihm vorüberging, stieß sie absichtlich sanft an ihn und flüsterte: »Wenn er die Suppe gegessen hat, melde ich dich gleich an, damit ich dich möglichst bald wiederbekomme.« »Geh nur«, sagte K., »geh nur.« »Sei doch freundlicher«, sagte sie und drehte sich in der Tür mit der Tasse nochmals ganz um.

K. sah ihr nach; nun war es endgültig beschlossen, daß der Advokat entlassen würde, es war wohl auch besser, daß er vorher mit Leni nicht mehr darüber sprechen konnte; sie hatte kaum den genügenden Überblick über das Ganze, hätte gewiß abgeraten, hätte möglicherweise K. auch wirklich von der Kündigung diesmal abgehalten, er wäre weiterhin in Zweifel und Unruhe geblieben, und schließlich hätte er nach einiger Zeit seinen Entschluß doch ausgeführt, denn dieser Entschluß war allzu zwingend. Je früher er aber ausgeführt wurde, desto mehr Schaden wurde abgehalten. Vielleicht wußte übrigens der Kaufmann etwas darüber zu sagen.

K. wandte sich um, kaum bemerkte das der Kaufmann, als er sofort aufstehen wollte. »Bleiben Sie sitzen«, sagte K. und zog einen Sessel neben ihn. »Sind Sie schon ein alter Klient des Advokaten?« fragte K. »Ja«, sagte der Kaufmann, »ein sehr alter Klient.« »Wieviel Jahre vertritt er Sie denn schon?« fragte K. »Ich weiß nicht, wie Sie es meinen«, sagte der Kaufmann, »in geschäftlichen Rechtsangelegenheiten – ich habe ein Getreidegeschäft – vertritt mich der Advokat schon, seit ich das Geschäft übernommen habe, also etwa seit zwanzig Jahren, in meinem eigenen Prozeß, auf den Sie wahrscheinlich anspielen, vertritt er mich auch seit Beginn, es ist schon länger als fünf Jahre. Ja, weit über fünf Jahre«, fügte er dann hinzu und zog eine alte Brieftasche hervor, »hier habe ich alles aufgeschrieben; wenn Sie wollen, sage ich Ihnen die genauen Daten. Es ist schwer, alles zu behalten. Mein Prozeß dauert wahrscheinlich schon viel länger, er begann kurz nach dem Tod meiner Frau, und das ist schon länger als fünfeinhalb Jahre.« K. rückte näher zu ihm. »Der Advokat übernimmt also auch gewöhnliche Rechtssachen?« fragte er. ⌈Diese Verbindung der Gerichte und Rechtswissenschaften schien K. ungemein beruhigend.⌉ »Gewiß«, sagte der Kaufmann und flüsterte dann K. zu: »Man sagt sogar, daß er in diesen Rechtssachen tüchtiger ist als in den anderen.« Aber dann schien er das Gesagte zu bereuen, er legte K. eine Hand auf die Schulter und sagte: »Ich bitte Sie sehr, verraten Sie mich nicht.« K. klopfte ihm zur Beruhigung auf den Schenkel und sagte: »Nein, ich bin kein Verräter.« ⌈»Er ist nämlich rachsüchtig«⌉, sagte der Kaufmann. »Gegen einen so treuen Klienten wird er gewiß nichts tun«, sagte K. »O doch«, sagte der Kaufmann, »wenn er aufgeregt ist, kennt er keine Unterschiede, übrigens bin ich ihm nicht eigentlich treu.« »Wieso denn nicht?« fragte K. »Soll ich es Ihnen anvertrauen?« fragte der Kaufmann zweifelnd. »Ich denke, Sie dürfen es«, sagte K. »Nun«, sagte der Kaufmann, »ich werde es Ihnen zum Teil anvertrauen, Sie müssen mir aber auch ein Geheimnis sagen, damit wir uns gegenüber dem Advokaten gegenseitig festhalten.« »Sie sind sehr vorsichtig«, sagte K. »aber ich werde Ihnen ein Geheimnis sagen, das Sie vollständig beruhigen wird. Worin besteht also Ihre Untreue gegenüber dem Advokaten?« »Ich habe«, sagte der Kaufmann zögernd und in einem Ton, als gestehe er etwas Unehrenhaftes ein, »ich habe außer ihm noch andere Advokaten.« »Das ist doch nichts so Schlimmes«, sagte K., ein wenig enttäuscht. »Hier ja«, sagte der Kaufmann, der noch seit seinem Geständnis schwer atmete, infolge K.s Bemerkung aber mehr Vertrauen faßte. »Es ist nicht erlaubt. Und am allerwenigsten ist es erlaubt, neben einem sogenannten Advokaten auch noch Winkeladvokaten zu nehmen. Und gerade das habe ich getan, ich habe außer ihm noch fünf Winkeladvokaten.« »Fünf!« rief K., erst die Zahl setzte ihn in Erstaunen, »fünf Advokaten außer diesem?« Der Kaufmann nickte: »Ich verhandle gerade noch mit einem sechsten.« »Aber wozu brauchen Sie denn soviel Advokaten?« fragte K. »Ich brauche alle«, sagte der Kaufmann. »Wollen Sie mir das nicht erklären?« fragte K. »Gern«, sagte der Kaufmann. »Vor allem will ich doch meinen Prozeß nicht verlieren, das ist doch selbstverständlich. Infolgedessen darf ich nichts, was mir nützen könnte, außer acht lassen; selbst wenn die Hoffnung auf Nutzen in einem bestimmten Falle nur ganz gering ist, darf ich sie auch nicht verwerfen. Ich habe deshalb alles, was ich besitze, auf den Prozeß verwendet. So habe ich zum Beispiel alles Geld meinem Geschäft entzogen, früher füllten die Büroräume meines Geschäfts fast ein Stockwerk, heute genügt eine kleine Kammer im Hinterhaus, wo ich mit einem Lehrjungen arbeite. Diesen Rückgang hat natürlich nicht nur die Entziehung des Geldes verschuldet, sondern mehr noch die Entziehung meiner Arbeitskraft. Wenn man für seinen Prozeß etwas tun will, kann man sich mit anderem nur wenig befassen.« »Sie arbeiten also auch selbst bei Gericht?« fragte K. »Gerade darüber möchte ich gern etwas erfahren.« »Darüber kann ich nur wenig berichten«, sagte der Kaufmann, »anfangs habe ich es wohl auch versucht, aber ich habe bald wieder davon abgelassen. Es ist zu erschöpfend und bringt nicht viel Erfolg. Selbst dort zu arbeiten und zu unterhandeln, hat sich wenigstens für mich als ganz unmöglich erwiesen. Es ist ja dort schon das bloße Sitzen und Warten eine große Anstrengung. Sie kennen ja selbst die schwere Luft in den Kanzleien.« »Wieso wissen Sie denn, daß ich dort war?« fragte K. »Ich war gerade im Wartezimmer, als Sie durchgingen.« »Was für ein Zufall das ist!« rief K., ganz hingenommen und die frühere Lächerlichkeit des Kaufmanns ganz vergessend. »Sie haben mich also gesehen! Sie waren im Wartezimmer, als ich durchging. Ja, ich bin dort einmal durchgegangen.« »Es ist kein so großer Zufall«, sagte der Kaufmann, »ich bin dort fast jeden Tag.« »Ich werde nun wahrscheinlich auch öfters hingehen müssen« sagte K., »nur werde ich wohl kaum mehr so ehrenvoll aufgenommen werden wie damals. Alle standen auf. Man dachte wohl, ich sei ein Richter.« »Nein«, sagte der Kaufmann, »wir grüßten damals den Gerichtsdiener. Daß Sie ein Angeklagter sind, das wußten wir. Solche Nachrichten verbreiten sich sehr rasch.« »Das wußten Sie also schon«, sagte K., »dann erschien Ihnen aber mein Benehmen vielleicht hochmütig. Sprach man sich nicht darüber aus?« »Nein«, sagte der Kaufmann, »im Gegenteil. Aber das sind Dummheiten.« »Was für Dummheiten denn?« fragte K. »Warum fragen Sie danach?« sagte der Kaufmann ärgerlich. »Sie scheinen die Leute dort noch nicht zu kennen und werden es vielleicht unrichtig auffassen. Sie müssen bedenken, daß in diesem Verfahren immer wieder viele Dinge zur Sprache kommen, für die der Verstand nicht mehr ausreicht, man ist einfach zu müde und abgelenkt für vieles, und zum Ersatz verlegt man sich auf den Aberglauben. Ich rede von den anderen, bin aber selbst gar nicht besser. Ein solcher Aberglaube ist es zum Beispiel, daß viele aus dem Gesicht des Angeklagten, insbesondere aus der Zeichnung der Lippen, den Ausgang des Prozesses erkennen wollen. Diese Leute also haben behauptet, Sie würden, nach Ihren Lippen zu schließen, gewiß und bald verurteilt werden. Ich wiederhole, es ist ein lächerlicher Aberglaube und in den meisten Fällen durch die Tatsachen auch vollständig widerlegt, aber wenn man in jener Gesellschaft lebt, ist es schwer, sich solchen Meinungen zu entziehen. Denken Sie nur, wie stark dieser Aberglaube wirken kann. Sie haben doch einen dort angesprochen, nicht? Er konnte Ihnen aber kaum antworten. Es gibt natürlich viele Gründe, um dort verwirrt zu sein, aber einer davon war auch der Anblick Ihrer Lippen. Er hat später erzählt, er hätte auf Ihren Lippen auch das Zeichen seiner eigenen Verurteilung zu sehen geglaubt.« »Meine Lippen?« fragte K., zog einen Taschenspiegel hervor und sah sich an. »Ich kann an meinen Lippen nichts Besonderes erkennen. Und Sie?« »Ich auch nicht«, sagte der Kaufmann, »ganz und gar nicht.« »Wie abergläubisch diese Leute sind!« rief K. aus. »Sagte ich es nicht?« fragte der Kaufmann. »Verkehren sie denn soviel untereinander und tauschen sie ihre Meinungen aus?« sagte K. »Ich habe mich bisher ganz abseits gehalten.« »Im allgemeinen verkehren sie nicht miteinander«, sagte der Kaufmann, »das wäre nicht möglich, es sind ja so viele. Es gibt auch wenig gemeinsame Interessen. Wenn manchmal in einer Gruppe der Glaube an ein gemeinsames Interesse auftaucht, so erweist er sich bald als ein Irrtum. Gemeinsam läßt sich gegen das Gericht nichts durchsetzen. Jeder Fall wird für sich untersucht, es ist ja das sorgfältigste Gericht. Gemeinsam kann man also nichts durchsetzen, nur ein einzelner erreicht manchmal etwas im geheimen; erst wenn es erreicht ist, erfahren es die anderen; keiner weiß, wie es geschehen ist. Es gibt also keine Gemeinsamkeit, man kommt zwar hie und da in den Wartezimmern zusammen, aber dort wird wenig besprochen. Die abergläubischen Meinungen bestehen schon seit alters her und vermehren sich förmlich von selbst.« »Ich sah die Herren dort im Wartezimmer«, sagte K., »ihr Warten kam mir so nutzlos vor.« »Das Warten ist nicht nutzlos«, sagte der Kaufmann, »nutzlos ist nur das selbständige Eingreifen. Ich sagte schon, daß ich jetzt außer diesem noch fünf Advokaten habe. Man sollte doch glauben – ich selbst glaubte es zuerst –, jetzt könnte ich ihnen die Sache vollständig überlassen. Das wäre aber ganz falsch. Ich kann sie ihnen weniger überlassen, als wenn ich nur einen hätte. Sie verstehen das wohl nicht?« »Nein«, sagte K. und legte, um den Kaufmann an seinem allzu schnellen Reden zu hindern, die Hand beruhigend auf seine Hand, »ich möchte Sie nur bitten, ein wenig langsamer zu reden, es sind doch lauter für mich sehr wichtige Dinge, und ich kann Ihnen nicht recht folgen.« »Gut, daß Sie mich daran erinnern«, sagte der Kaufmann, »Sie sind ja ein Neuer, ein Junger. Ihr Prozeß ist ein halbes Jahr alt, nicht wahr? Ja, ich habe davon gehört. Ein so junger Prozeß! Ich aber habe diese Dinge schon unzähligemal durchgedacht, sie sind mir das Selbstverständlichste auf der Welt.« »Sie sind wohl froh, daß Ihr Prozeß schon so weit fortgeschritten ist?« fragte K., er wollte nicht geradezu fragen, wie die Angelegenheiten des Kaufmanns stünden. Er bekam aber auch keine deutliche Antwort. »Ja, ich habe meinen Prozeß fünf Jahre lang fortgewälzt«, sagte der Kaufmann und senkte den Kopf, »es ist keine kleine Leistung.« Dann schwieg er ein Weilchen. K. horchte, ob Leni nicht schon komme. Einerseits wollte er nicht, daß sie komme, denn er hatte noch vieles zu fragen und wollte auch nicht von Leni in diesem vertraulichen Gespräch mit dem Kaufmann angetroffen werden, andererseits aber ärgerte er sich darüber, daß sie trotz seiner Anwesenheit so lange beim Advokaten blieb, viel länger, als zum Reichen der Suppe nötig war. »Ich erinnere mich noch an die Zeit genau«, begann der Kaufmann wieder, und K. war gleich voll Aufmerksamkeit, »als mein Prozeß etwa so alt war wie jetzt Ihr Prozeß. Ich hatte damals nur diesen Advokaten, war aber nicht sehr mit ihm zufrieden.« Hier erfahre ich ja alles, dachte K. und nickte lebhaft mit dem Kopf, als könne er dadurch den Kaufmann aufmuntern, alles Wissenswerte zu sagen. »Mein Prozeß«, fuhr der Kaufmann fort, »kam nicht vorwärts, es fanden zwar Untersuchungen statt, ich kam auch zu jeder, sammelte Material, erlegte alle meine Geschäftsbücher bei Gericht, was, wie ich später erfuhr, nicht einmal nötig war, ich lief immer wieder zum Advokaten, er brachte auch verschiedene Eingaben ein –.« »Verschiedene Eingaben?« fragte K. »Ja, gewiß«, sagte der Kaufmann. »Das ist mir sehr wichtig«, sagte K., »in meinem Fall arbeitet er noch immer an der ersten Eingabe. Er hat noch nichts getan. Ich sehe jetzt, er vernachlässigt mich schändlich.« »Daß die Eingabe noch nicht fertig ist, kann verschiedene berechtigte Gründe haben«, sagte der Kaufmann. »Übrigens hatte es sich bei meinen Eingaben später gezeigt, daß sie ganz wertlos waren. Ich habe sogar eine durch das Entgegenkommen eines Gerichtsbeamten selbst gelesen. Sie war zwar gelehrt, aber eigentlich inhaltlos. Vor allem sehr viel Latein, das ich nicht verstehe, dann seitenlange allgemeine Anrufungen des Gerichtes, dann Schmeicheleien für einzelne bestimmte Beamte, die zwar nicht genannt waren, die aber ein Eingeweihter jedenfalls erraten mußte, dann Selbstlob des Advokaten, wobei er sich auf geradezu hündische Weise vor dem Gericht demütigte, und endlich Untersuchungen von Rechtsfällen aus alter Zeit, die dem meinigen ähnlich sein sollten. Diese Untersuchungen waren allerdings, soweit ich ihnen folgen konnte, sehr sorgfältig gemacht. Ich will auch mit diesem allen kein Urteil über die Arbeit des Advokaten abgeben, auch war die Eingabe, die ich gelesen habe, nur eine unter mehreren, jedenfalls aber, und davon will ich jetzt sprechen, konnte ich damals in meinem Prozeß keinen Fortschritt sehen.« »Was für einen Fortschritt wollten Sie denn sehen?« fragte K. »Sie fragen ganz vernünftig«, sagte der Kaufmann lächelnd, »man kann in diesem Verfahren nur selten Fortschritte sehen. Aber damals wußte ich das nicht. Ich bin Kaufmann und war es damals noch viel mehr als heute, ich wollte greifbare Fortschritte haben, das Ganze sollte sich zum Ende neigen oder wenigstens den regelrechten Aufstieg nehmen. Statt dessen gab es nur Einvernehmungen, die meist den gleichen Inhalt hatten; die Antworten hatte ich schon bereit wie eine Litanei; mehrmals in der Woche kamen Gerichtsboten in mein Geschäft, in meine Wohnung oder wo sie mich sonst antreffen konnten; das war natürlich störend (heute ist es wenigstens in dieser Hinsicht viel besser, der telephonische Anruf stört viel weniger), auch unter meinen Geschäftsfreunden, insbesondere aber unter meinen Verwandten, fingen Gerüchte von meinem Prozeß sich zu verbreiten an, Schädigungen gab es also von allen Seiten, aber nicht das geringste Anzeichen sprach dafür, daß auch nur die erste Gerichtsverhandlung in der nächsten Zeit stattfinden würde. Ich ging also zum Advokaten und beklagte mich. Er gab mir zwar lange Erklärungen, lehnte es aber entschieden ab, etwas in meinem Sinne zu tun, niemand habe Einfluß auf die Festsetzung der Verhandlung, in einer Eingabe darauf zu dringen – wie ich es verlangte –, sei einfach unerhört und würde mich und ihn verderben. Ich dachte: Was dieser Advokat nicht will oder kann, wird ein anderer wollen und können. Ich sah mich also nach anderen Advokaten um. Ich will es gleich vorwegnehmen: ⌜keiner hat die Festsetzung der Hauptverhandlung verlangt oder durchgesetzt⌝, es ist, allerdings mit einem Vorbehalt, von dem ich noch sprechen werde, wirklich unmöglich, hinsichtlich dieses Punktes hat mich also dieser Advokat nicht getäuscht; im übrigen aber hatte ich es nicht zu bedauern, mich noch an andere Advokaten gewendet zu haben. Sie dürften wohl von Dr. Huld auch schon manches über die Winkeladvokaten gehört haben, er hat sie Ihnen wahrscheinlich als sehr verächtlich dargestellt, und das sind sie wirklich. Allerdings unterläuft ihm immer, wenn er von ihnen spricht und sich und seine Kollegen zu ihnen in Vergleich setzt, ein kleiner Fehler, auf den ich Sie ganz nebenbei auch aufmerksam machen will. Er nennt dann immer die Advokaten seines Kreises zur Unterscheidung die ›großen Advokaten‹. Das ist falsch, es kann sich natürlich jeder ›groß‹ nennen, wenn es ihm beliebt, in diesem Fall aber entscheidet doch nur der Gerichtsgebrauch. Nach diesem gibt es nämlich außer den Winkeladvokaten noch kleine und große Advokaten. Dieser Advokat und seine Kollegen sind jedoch nur die kleinen Advokaten, die großen Advokaten aber, von denen ich nur gehört und die ich nie gesehen habe, stehen im Rang unvergleichlich höher über den kleinen Advokaten als diese über den verachteten Winkeladvokaten.« »Die großen Advokaten?« fragte K. »Wer sind denn die? Wie kommt man zu ihnen?« »Sie haben also noch nie von ihnen gehört«, sagte der Kaufmann. »Es gibt kaum einen Angeklagten, der nicht, nachdem er von ihnen erfahren hat, eine Zeitlang von ihnen träumen würde. Lassen Sie sich lieber nicht dazu verführen. Wer die großen Advokaten sind, weiß ich nicht, und zu ihnen kommen kann man wohl gar nicht. Ich kenne keinen Fall, von dem sich mit Bestimmtheit sagen ließe, daß sie eingegriffen hätten. Manchen verteidigen sie, aber durch eigenen Willen kann man das nicht erreichen, sie verteidigen nur den, den sie verteidigen wollen. Die Sache, deren sie sich annehmen, muß aber wohl über das niedrige Gericht schon hinausgekommen sein. Im übrigen ist es besser, nicht an sie zu denken, denn sonst kommen einem die Besprechungen mit den anderen Advokaten, deren Ratschläge und deren Hilfeleistungen so widerlich und nutzlos vor, ich habe es selbst erfahren, daß man am liebsten alles wegwerfen, sich zu Hause ins Bett legen und von nichts mehr hören wollte. Das wäre aber natürlich wieder das Dümmste, auch hätte man im Bett nicht lange Ruhe.« »Sie dachten damals also nicht an die großen Advokaten?« fragte K. »Nicht lange«, sagte der Kaufmann und lächelte wieder, »vollständig vergessen kann man sie leider nicht, besonders die Nacht ist solchen Gedanken günstig. Aber damals wollte ich ja sofortige Erfolge, ich ging daher zu den Winkeladvokaten.«

»Wie ihr hier beieinander sitzt!« rief Leni, die mit der Tasse zurückgekommen war und in der Tür stehenblieb. Sie saßen wirklich eng beisammen, bei der kleinsten Wendung mußten sie mit den Köpfen aneinanderstoßen, der Kaufmann, ⌐der, abgesehen von seiner Kleinheit, auch noch den Rücken gekrümmt hielt, hatte K. gezwungen, sich auch tief zu bücken, wenn er alles hören wollte¬. »Noch ein Weilchen!« rief K. Leni abwehrend zu und zuckte ungeduldig mit der Hand, die er noch immer auf des Kaufmanns Hand liegen hatte. »Er wollte, daß ich ihm von meinem Prozeß erzähle«, sagte der Kaufmann zu Leni. »Erzähle nur, erzähle«, sagte diese. Sie sprach mit dem Kaufmann liebevoll, aber doch auch herablassend, K. gefiel das nicht; wie er jetzt erkannt hatte, hatte der Mann doch einen gewissen Wert, zumindest hatte er Erfahrungen, die er gut mitzuteilen verstand. Leni beurteilte ihn wahrscheinlich unrichtig. Er sah ärgerlich zu, als Leni jetzt dem Kaufmann die Kerze, die er die ganze Zeit über festgehalten hatte, abnahm, ihm die Hand mit ihrer Schürze abwischte und dann neben ihm niederkniete, um etwas Wachs wegzukratzen, das von der Kerze auf seine Hose getropft war. »Sie wollten mir von den Winkeladvokaten erzählen«, sagte K. und schob, ohne eine weitere Bemerkung, Lenis Hand weg. »Was willst du denn?« fragte Leni, schlug leicht nach K. und setzte ihre Arbeit fort. »Ja, von den Winkeladvokaten«, sagte der Kaufmann und fuhr sich über die Stirn, als denke er nach. K. wollte ihm nachhelfen und sagte: »Sie wollten sofortige Erfolge haben und gingen deshalb zu den Winkeladvokaten.« »Ganz richtig«, sagte der Kaufmann, setzte aber nicht fort. »Er will vielleicht vor Leni nicht davon sprechen«, dachte K., bezwang seine Ungeduld, das Weitere gleich jetzt zu hören, und drang nun nicht mehr weiter in ihn.

»Hast du mich angemeldet?« fragte er Leni. »Natürlich«, sagte diese, »er wartet auf dich. Laß jetzt Block, mit Block kannst du auch später reden, er bleibt doch hier.« K. zögerte noch. »Sie bleiben hier?« fragte er den Kaufmann, er wollte dessen eigene Antwort, er wollte nicht, daß Leni vom Kaufmann wie von einem Abwesenden sprach, er war heute gegen Leni voll geheimen Ärgers. Und wieder antwortete nur Leni: »Er schläft hier öfters.« »Schläft hier?« rief K., er hatte gedacht, der Kaufmann werde hier nur auf ihn warten, während er die Unterredung mit dem Advokaten rasch erledigen würde, dann aber würden sie gemeinsam fortgehen und alles gründlich und ungestört besprechen. »Ja«, sagte Leni, »nicht jeder wird wie du, Josef, zu beliebiger Stunde beim Advokaten vorgelassen. Du scheinst dich ja gar nicht darüber zu wundern, daß dich der Advokat trotz seiner Krankheit noch um elf Uhr nachts empfängt. Du nimmst das, was deine Freunde für dich tun, doch als gar zu selbstverständlich an. Nun, deine Freunde oder zumindest ich, tun es gerne. Ich will keinen anderen Dank und brauche auch keinen anderen, als daß du mich liebhast.« »Dich liebhaben?« dachte K. im ersten Augenblick, erst dann ging es ihm durch den Kopf »Nun ja, ich habe sie lieb.« Trotzdem sagte er, alles andere vernachlässigend: »Er empfängt mich, weil ich sein Klient bin. Wenn auch dafür noch fremde Hilfe nötig wäre, müßte man bei jedem Schritt immer gleichzeitig betteln und danken.« »Wie schlimm er heute ist, nicht?« fragte Leni den Kaufmann. »Jetzt bin ich der Abwesende«, dachte K. und wurde fast sogar auf den Kaufmann böse, als dieser, die Unhöflichkeit Lenis übernehmend, sagte: »Der Advokat empfängt ihn auch noch aus anderen Gründen. Sein Fall ist nämlich interessanter als der meine. Außerdem aber ist sein Prozeß in den Anfängen, also wahrscheinlich noch nicht sehr verfahren, da beschäftigt sich der Advokat noch gern mit ihm. Später wird das anders werden.« »Ja, ja«, sagte Leni und sah den Kaufmann lachend an, »wie er schwatzt! Ihm darfst du nämlich«, hierbei wandte sie sich an K., »gar nichts glauben. So lieb er ist, so geschwätzig ist er. Vielleicht mag ihn der Advokat auch deshalb nicht leiden, Jedenfalls empfängt er ihn nur, wenn er in Laune ist. Ich habe mir schon viel Mühe gegeben, das zu ändern, aber es ist unmöglich. Denke nur, manchmal melde ich Block an, er empfängt ihn aber erst am dritten Tag nachher. Ist Block aber zu der Zeit, wenn er vorgerufen wird, nicht zur Stelle, so ist alles verloren und er muß von neuem angemeldet werden. Deshalb habe ich Block erlaubt, hier zu schlafen, es ist ja schon vorgekommen, daß er in der Nacht um ihn geläutet hat. Jetzt ist also Block auch in der Nacht bereit. Allerdings geschieht es jetzt wieder, daß der Advokat, wenn es sich zeigt, daß Block da ist, seinen Auftrag, ihn vorzulassen, manchmal widerruft.« K. sah fragend zum Kaufmann hin. Dieser nickte und sagte, so offen, wie er früher mit K. gesprochen hatte, vielleicht war er zerstreut vor Beschämung: »Ja, man wird später sehr abhängig von seinem Advokaten.« »Er klagt ja nur zum Schein«, sagte Leni. »Er schläft ja hier sehr gern, wie er mir schon oft gestanden hat.« Sie ging zu einer kleinen Tür und stieß sie auf. »Willst du sein Schlafzimmer sehen?« fragte sie. K. ging hin und sah von der Schwelle aus in den niedrigen ⌈fensterlosen Raum, der von einem schmalen Bett vollständig ausgefüllt war. In dieses Bett mußte man über den Bettpfosten steigen. Am Kopfende des Bettes war eine Vertiefung in der Mauer, dort standen, peinlich geordnet, eine Kerze, Tintenfaß und Feder sowie ein Bündel Papiere, wahrscheinlich Prozeßschriften.⌉ »Sie schlafen im Dienstmädchenzimmer?« fragte K. und wendete sich zum Kaufmann zurück. »Leni hat es mir eingeräumt«, antwortete der Kaufmann, »es ist sehr vorteilhaft.« K. sah ihn lange an; der erste Eindruck, den er von dem Kaufmann erhalten hatte, war vielleicht doch der richtige gewesen; Erfahrungen hatte er, denn sein Prozeß dauerte schon lange, aber er hatte diese Erfahrungen teuer bezahlt. Plötzlich ertrug K. den Anblick des Kaufmanns nicht mehr. »Bring ihn doch ins Bett!« rief er Leni zu, die ihn gar nicht zu verstehen schien. Er selbst aber wollte zum Advokaten gehen und durch die Kündigung sich nicht nur vom Advokaten, sondern auch von Leni und dem Kaufmann befreien. Aber noch ehe er zur Tür gekommen war, sprach ihn der Kaufmann mit leiser Stimme an: »Herr Prokurist«, K. wandte sich mit bösem Gesicht um. »Sie haben Ihr Versprechen vergessen«, sagte der Kaufmann und streckte sich von seinem Sitz aus bittend K. entgegen. »Sie wollten mir noch ein Geheimnis sagen.« »Wahrhaftig«, sagte K. und streifte auch Leni, die ihn aufmerksam ansah, mit einem Blick, »also hören Sie: es ist allerdings fast kein Geheimnis mehr. Ich gehe jetzt zum Advokaten, um ihn zu entlassen.« »Er entläßt ihn!« rief der Kaufmann, sprang vom Sessel und lief mit erhobenen Armen in der Küche umher. Immer wieder rief er: »Er entläßt den Advokaten!« Leni wollte gleich auf K. losfahren, aber der Kaufmann kam ihr in den Weg, wofür sie ihm mit den Fäusten einen Hieb gab. Noch mit den zu Fäusten geballten Händen lief sie dann hinter K., der aber einen großen Vorsprung hatte. Er war schon in das Zimmer des Advokaten eingetreten, als ihn Leni einholte. Die Tür hatte er hinter sich fast geschlossen, aber Leni, die mit dem Fuß den Türflügel offenhielt, faßte ihn beim Arm und wollte ihn zurückziehen. Aber er drückte ihr Handgelenk so stark, daß sie unter einem Seufzer ihn loslassen mußte. Ins Zimmer einzutreten, wagte sie nicht gleich, K. aber versperrte die Tür mit dem Schlüssel.

»Ich warte schon sehr lange auf Sie«, sagte der Advokat vom Bett aus, ⌜legte ein Schriftstück, das er beim Licht einer Kerze gelesen hatte, auf das Nachttischchen⌝ und setzte sich eine Brille auf, mit der er K. scharf ansah. Statt sich zu entschuldigen, sagte K.: »Ich gehe bald wieder weg.« Der Advokat hatte K.s Bemerkung, weil sie keine Entschuldigung war, unbeachtet gelassen und sagte: »Ich werde Sie nächstens zu dieser späten Stunde nicht mehr vorlassen.« »Das kommt meinem Anliegen entgegen«, sagte K. Der Advokat sah ihn fragend an. »Setzen Sie sich«, sagte er. »Weil Sie es wünschen«, sagte K., zog einen Sessel zum Nachttischchen und setzte sich. »Es schien mir, daß Sie die Tür abgesperrt haben«, sagte der Advokat. »Ja«, sagte K., »es war Lenis wegen.« Er hatte nicht die Absicht, irgend jemanden zu schonen. Aber der Advokat fragte: »War sie wieder zudringlich?« »Zudringlich?« fragte K. »Ja«, sagte der Advokat, er lachte dabei, bekam einen Hustenanfall und begann, nachdem dieser vergangen war, wieder zu lachen. »Sie haben doch wohl ihre Zudringlichkeit schon bemerkt?« fragte er und klopfte K. auf die Hand, die dieser zerstreut auf das Nachttischchen gestützt hatte und die er jetzt rasch zurückzog. »Sie legen dem nicht viel Bedeutung bei«, sagte der Advokat, als K. schwieg, »desto besser. Sonst hätte ich mich vielleicht bei Ihnen entschuldigen müssen. Es ist eine Sonderbarkeit Lenis, die ich ihr übrigens längst verziehen habe und von der ich auch nicht reden würde, wenn Sie nicht eben jetzt die Tür abgesperrt hätten. Diese Sonderbarkeit, Ihnen allerdings müßte ich sie wohl am wenigsten erklären, aber Sie sehen mich so bestürzt an, und deshalb tue ich es, diese Sonderbarkeit besteht darin, daß Leni die meisten Angeklagten schön findet. Sie hängt sich an alle, liebt alle, scheint allerdings auch von allen geliebt zu werden; um mich zu unterhalten, erzählt sie mir dann, wenn ich es erlaube, manchmal davon. Ich bin über das Ganze nicht so erstaunt, wie Sie es zu sein scheinen. Wenn man den richtigen Blick dafür hat, findet man die Angeklagten wirklich oft schön. Das allerdings ist eine merkwürdige, gewissermaßen naturwissenschaftliche Erscheinung. Es tritt natürlich als Folge der Anklage nicht etwa eine deutliche, genau zu bestimmende Veränderung des Aussehens ein. Es ist doch nicht wie bei anderen Gerichtssachen, die meisten bleiben in ihrer gewöhnlichen Lebensweise und werden, wenn sie einen guten Advokaten haben, der für sie sorgt, durch den Prozeß nicht behindert. Trotzdem sind diejenigen, welche darin Erfahrung haben, imstande, aus der größten Menge die Angeklagten, Mann für Mann, zu erkennen. Woran? werden Sie fragen. Meine Antwort wird Sie nicht befriedigen. Die Angeklagten sind eben die Schönsten. Es kann nicht die Schuld sein, die sie schön macht, denn – so muß wenigstens ich als Advokat sprechen – es sind doch nicht alle schuldig, es kann auch nicht die richtige Strafe sein, die sie jetzt schon schön macht, denn es werden doch nicht alle bestraft, es kann also nur an dem gegen sie erhobenen Verfahren liegen, das ihnen irgendwie anhaftet. Allerdings gibt es unter den Schönen auch besonders schöne. Schön sind aber alle, selbst Block, dieser elende Wurm.«

K. war, als der Advokat geendet hatte, vollständig gefaßt, er hatte sogar zu den letzten Worten auffallend genickt und sich so selbst die Bestätigung seiner alten Ansicht gegeben, nach welcher der Advokat ihn immer und so auch diesmal durch allgemeine Mitteilungen, die nicht zur Sache gehörten, zu zerstreuen und von der Hauptfrage, was er an tatsächlicher Arbeit für K.s Sache getan hatte, abzulenken suchte. Der Advokat merkte wohl, daß ihm K. diesmal mehr Widerstand leistete als sonst, denn er verstummte jetzt, um K. die Möglichkeit zu geben, selbst zu sprechen, und fragte dann, da K. stumm blieb: »Sind Sie heute mit einer bestimmten Absicht zu mir gekommen?« »Ja«, sagte K. und blendete mit der Hand ein wenig die Kerze ab, um den Advokaten besser zu sehen, »ich wollte Ihnen sagen, daß ich Ihnen mit dem heutigen Tage meine Vertretung entziehe.« »Verstehe ich Sie recht?« fragte der Advokat,

⌐erhob sich halb im Bett und stützte sich mit einer Hand auf die Kissen⌐. »Ich nehme es an«, sagte K., der straff aufgerichtet, wie auf der Lauer, dasaß. »Nun, wir können ja auch diesen Plan besprechen«, sagte der Advokat nach einem Weilchen. »Es ist kein Plan mehr«, sagte K. »Mag sein«, sagte der Advokat, »wir wollen aber trotzdem nichts übereilen.« Er gebrauchte das Wort »wir«, als habe er nicht die Absicht, K. freizulassen, und als wolle er, wenn er schon nicht sein Vertreter sein dürfte, wenigstens sein Berater bleiben. »Es ist nicht übereilt«, sagte K., stand langsam auf und trat hinter seinen Sessel, »es ist gut überlegt und vielleicht sogar zu lange. Der Entschluß ist endgültig.« »Dann erlauben Sie mir nur noch einige Worte«, sagte der Advokat, hob das Federbett weg und setzte sich auf den Bettrand. Seine nackten, weißhaarigen Beine zitterten vor Kälte. Er bat K., ihm vom Kanapee eine Decke zu reichen. K. holte die Decke und sagte: »Sie setzen sich ganz unnötig einer Verkühlung aus.« »Der Anlaß ist wichtig genug«, sagte der Advokat, während er mit dem Federbett den Oberkörper umhüllte und dann die Beine in die Decke einwickelte. »Ihr Onkel ist mein Freund, und auch Sie sind mir im Laufe der Zeit lieb geworden. Ich gestehe das offen ein. Ich brauche mich dessen nicht zu schämen.« Diese rührseligen Reden des alten Mannes waren K. sehr unwillkommen, denn sie zwangen ihn zu einer ausführlicheren Erklärung, die er gern vermieden hätte, und sie beirrten ihn außerdem, wie er sich offen eingestand, wenn sie allerdings auch seinen Entschluß niemals rückgängig machen konnten. »Ich danke Ihnen für Ihre freundliche Gesinnung«, sagte er, »ich erkenne auch an, daß Sie sich meiner Sache so sehr angenommen haben, wie es Ihnen möglich ist und wie es Ihnen für mich vorteilhaft scheint. Ich jedoch habe in der letzten Zeit die Überzeugung gewonnen, daß das nicht genügend ist. Ich werde natürlich niemals versuchen, Sie, einen soviel älteren und erfahreneren Mann, von meiner Ansicht überzeugen zu wollen; wenn ich es manchmal unwillkürlich versucht habe, so verzeihen Sie mir, die Sache aber ist, wie Sie sich selbst ausdrückten, wichtig genug, und es ist meiner Überzeugung nach notwendig, viel kräftiger in den Prozeß einzugreifen, als es bisher geschehen ist.« »Ich verstehe Sie«, sagte der Advokat, »Sie sind ungeduldig.« »Ich bin nicht ungeduldig«, sagte K. ein wenig gereizt und achtete nicht mehr soviel auf seine Worte. »Sie dürften bei meinem ersten Besuch, als ich mit meinem Onkel zu Ihnen kam, bemerkt haben, daß mir an dem Prozeß nicht viel lag, wenn man mich nicht gewissermaßen gewaltsam an ihn erinnerte, vergaß ich ihn vollständig. Aber mein Onkel bestand darauf, daß ich Ihnen meine Vertretung übergebe, ich tat es, um ihm gefällig zu sein. Und nun hätte man doch erwarten sollen, daß mir der Prozeß noch leichter fallen würde als bis dahin, denn man übergibt doch dem Advokaten die Vertretung, um die Last des Prozesses ein wenig von sich abzuwälzen. Es geschah aber das Gegenteil. Niemals früher hatte ich so große Sorgen wegen des Prozesses wie seit der Zeit, seitdem Sie mich vertreten. Als ich allein war, unternahm ich nichts in meiner Sache, aber ich fühlte es kaum, jetzt dagegen hatte ich einen Vertreter, alles war dafür eingerichtet, daß etwas geschehe, unaufhörlich und immer gespannter erwartete ich Ihr Eingreifen, aber es blieb aus. Ich bekam von Ihnen allerdings verschiedene Mitteilungen über das Gericht, die ich vielleicht von niemandem sonst hätte bekommen können. Aber das kann mir nicht genügen, wenn mir jetzt der Prozeß, förmlich im geheimen, immer näher an den Leib rückt.« K. hatte den Sessel von sich gestoßen und stand, die Hände in den Rocktaschen, aufrecht da. »Von einem gewissen Zeitpunkt der Praxis an«, sagte der Advokat leise und ruhig, »ereignet sich nichts wesentlich Neues mehr. Wie viele Parteien sind in ähnlichen Stadien der Prozesse ähnlich wie Sie vor mir gestanden und haben ähnlich gesprochen!« »Dann haben«, sagte K., »alle diese ähnlichen Parteien ebenso recht gehabt wie ich. Das widerlegt mich gar nicht.« »Ich wollte Sie damit nicht widerlegen«, sagte der Advokat, »ich wollte aber noch hinzufügen, daß ich bei Ihnen mehr Urteilskraft erwartet hätte als bei den anderen, besonders da ich Ihnen mehr Einblick in das Gerichtswesen und in meine Tätigkeit gegeben habe, als ich es sonst Parteien gegenüber tue. Und nun muß ich sehen, daß Sie trotz allem nicht genügend Vertrauen zu mir haben. Sie machen es mir nicht leicht.« Wie sich der Advokat vor K. demütigte! Ohne jede Rücksicht auf die Standesehre, die gewiß gerade in diesem Punkte am empfindlichsten ist. Und warum tat er das? Er war doch dem Anschein nach ein vielbeschäftigter Advokat und überdies ein reicher Mann, es konnte ihm an und für sich weder an dem Verdienstentgang noch an dem Verlust eines Klienten viel liegen. Außerdem war er kränklich und hätte selbst darauf bedacht sein sollen, daß ihm Arbeit abgenommen werde. Und trotzdem hielt er K. so fest! Warum? War es persönliche Anteilnahme für den Onkel, oder sah er K.s Prozeß wirklich für so außerordentlich an und hoffte, sich darin auszuzeichnen, entweder für K. oder – diese Möglichkeit war eben niemals auszuschließen – für die Freunde beim Gericht? An ihm selbst war nichts zu erkennen, so rücksichtslos ihn auch K. ansah. Man hätte fast annehmen können, er warte mit absichtlich verschlossener Miene die Wirkung seiner Worte ab. Aber er deutete offenbar das Schweigen K.s für sich allzu günstig, wenn er jetzt fortfuhr: »Sie werden bemerkt haben, daß ich zwar eine große Kanzlei habe, aber keine Hilfskräfte beschäftige. Das war früher anders, es gab eine Zeit, wo einige junge Juristen für mich arbeiteten, heute arbeite ich allein. Es hängt dies zum Teil mit der Änderung meiner Praxis zusammen, indem ich mich immer mehr auf Rechtssachen von der Art der Ihrigen beschränke, zum Teil mit der immer tieferen Erkenntnis, die ich von diesen Rechtssachen erhielt. Ich fand, daß ich diese Arbeit niemandem überlassen dürfe, wenn ich mich nicht an meinen Klienten und an der Aufgabe, die ich übernommen hatte, versündigen wollte. Der Entschluß aber, alle Arbeit selbst zu leisten, hatte die natürlichen Folgen: ich mußte fast alle Ansuchen um Vertretungen abweisen und konnte nur denen nachgeben, die mir besonders naheingen – nun, es gibt ja genug Kreaturen, und sogar ganz in der Nähe, die sich auf jeden Brocken stürzen, den ich wegwerfe. Und außerdem wurde ich vor Überanstrengung krank. Aber trotzdem bereue ich meinen Entschluß nicht, es ist möglich, daß ich mehr Vertretungen hätte abweisen sollen, als ich getan habe, daß ich aber den übernommenen Prozessen mich ganz hingegeben habe, hat sich als unbedingt notwendig herausgestellt und durch die Erfolge belohnt. Ich habe einmal in einer Schrift den Unterschied sehr schön ausgedrückt gefunden, der zwischen der Vertretung in gewöhnlichen Rechtssachen und der Vertretung in diesen Rechtssachen besteht. Es hieß dort: ⌜der Advokat führt seinen Klienten an einem Zwirnsfaden bis zum Urteil, der andere aber hebt seinen Klienten gleich auf die Schultern und trägt ihn, ohne ihn abzusetzen, zum Urteil und noch darüber hinaus.⌝ So ist es. Aber es war nicht ganz richtig, wenn ich sagte, daß ich diese große Arbeit niemals bereue. Wenn sie, wie in Ihrem Fall, so vollständig verkannt wird, dann, nun dann bereue ich fast.« K. wurde durch diese Reden mehr ungeduldig als überzeugt. Er glaubte irgendwie aus dem Tonfall des Advokaten herauszuhören, was ihn erwartete, wenn er nachgäbe, wieder würden Vertröstungen beginnen, die Hinweise auf die fortschreitende Eingabe, auf die gebesserte Stimmung der Gerichtsbeamten, aber auch auf die großen Schwierigkeiten, die sich der Arbeit entgegenstellten, – kurz, all das bis zum Überdruß Bekannte würde hervorgeholt werden, um K. wieder mit unbestimmten Hoffnungen zu täuschen und mit unbestimmten Drohungen zu quälen. Das mußte end-

gültig verhindert werden, er sagte deshalb: »Was wollen Sie in meiner Sache unternehmen, wenn Sie die Vertretung behalten?« Der Advokat fügte sich sogar dieser beleidigenden Frage und antwortete: »In dem, was ich für Sie bereits unternommen habe, weiter fortfahren.« »Ich wußte es ja«, sagte K., »nun ist aber jedes weitere Wort überflüssig.« »Ich werde noch einen Versuch machen«, sagte der Advokat, als geschehe das, was K. erregte, nicht K., sondern ihm. »Ich habe nämlich die Vermutung, daß Sie nicht nur zu der falschen Beurteilung meines Rechtsbeistandes, sondern auch zu Ihrem sonstigen Verhalten dadurch verleitet werden, daß man Sie, obwohl Sie Angeklagter sind, zu gut behandelt oder, richtiger ausgedrückt, nachlässig, scheinbar nachlässig behandelt. Auch dieses letztere hat seinen Grund; es ist oft besser, in Ketten, als frei zu sein. Aber ich möchte Ihnen doch zeigen, wie andere Angeklagte behandelt werden, vielleicht gelingt es Ihnen, daraus eine Lehre zu nehmen. Ich werde jetzt nämlich Block vorrufen, sperren Sie die Tür auf und setzen Sie sich hier neben den Nachttisch!« »Gerne«, sagte K. und tat, was der Advokat verlangt hatte; zu lernen war er immer bereit. Um sich aber für jeden Fall zu sichern, fragte er noch: »Sie haben aber zur Kenntnis genommen, daß ich Ihnen meine Vertretung entziehe?« »Ja«, sagte der Advokat, »Sie können es aber heute noch rückgängig machen.« Er legte sich wieder ins Bett zurück, zog das Federbett bis zum Kinn und drehte sich der Wand zu. Dann läutete er.
Fast gleichzeitig mit dem Glockenzeichen erschien Leni, sie suchte durch rasche Blicke zu erfahren, was geschehen war; daß K. ruhig beim Bett des Advokaten saß, schien ihr beruhigend. Sie nickte K., der sie starr ansah, lächelnd zu. »Hole Block«, sagte der Advokat. Statt ihn aber zu holen, trat sie nur vor die Tür, rief »Block! Zum Advokaten!« und schlüpfte dann, wahrscheinlich weil der Advokat zur Wand abgekehrt blieb und sich um nichts kümmerte, hin-

ter K.s Sessel. Sie störte ihn von nun ab, indem sie sich über die Sessellehne vorbeugte oder mit den Händen, allerdings sehr zart und vorsichtig, durch sein Haar fuhr und über seine Wangen strich. Schließlich suchte K. sie daran zu hindern, indem er sie bei einer Hand erfaßte, die sie ihm nach einigem Widerstreben überließ.

Block war auf den Anruf hin gleich gekommen, blieb aber vor der Tür stehen und schien zu überlegen, ob er eintreten sollte. Er zog die Augenbrauen hoch und neigte den Kopf, als horche er, ob sich der Befehl, zum Advokaten zu kommen, wiederholen würde. K. hätte ihn zum Eintreten aufmuntern können, aber er hatte sich vorgenommen, nicht nur mit dem Advokaten, sondern mit allem, was hier in der Wohnung war, endgültig zu brechen und verhielt sich deshalb regungslos. Auch Leni schwieg. Block bemerkte, daß ihn wenigstens niemand verjage, und trat auf den Fußspitzen ein, das Gesicht gespannt, die Hände auf dem Rücken verkrampft. Die Tür hatte er für einen möglichen Rückzug offen gelassen. K. blickte er gar nicht an, sondern immer nur das hohe Federbett, unter dem der Advokat, da er sich ganz nahe an die Wand geschoben hatte, nicht einmal zu sehen war. Da hörte man aber seine Stimme: »Block hier?« fragte er. Diese Frage gab Block, der schon eine große Strecke weitergerückt war, förmlich einen Stoß in die Brust und dann einen in den Rücken, er taumelte, blieb tief gebückt stehen und sagte: »Zu dienen.« »Was willst du?« fragte der Advokat, »du kommst ungelegen.« »Wurde ich nicht gerufen?« fragte Block mehr sich selbst als den Advokaten, hielt die Hände zum Schutze vor und war bereit wegzulaufen. »Du wurdest gerufen«, sagte der Advokat, »trotzdem kommst du ungelegen.« Und nach einer Pause fügte er hinzu: »Du kommst immer ungelegen.« Seitdem der Advokat sprach, sah Block nicht mehr auf das Bett hin, er starrte vielmehr irgendwo in eine Ecke und lauschte nur, als sei der Anblick des Sprechers zu blendend, als daß er ihn ertragen könnte. Es war aber auch das Zuhören schwer, denn der Advokat sprach gegen die Wand, und zwar leise und schnell. »Wollt Ihr, daß ich weggehe?« fragte Block. »Nun bist du einmal da«, sagte der Advokat. »Bleib!« Man hätte glauben können, der Advokat habe nicht Blocks Wunsch erfüllt, sondern ihm, etwa mit Prügeln, gedroht, denn jetzt fing Block wirklich zu zittern an. »Ich war gestern«, sagte der Advokat, »beim Dritten Richter, meinem Freund, und habe allmählich das Gespräch auf dich gelenkt. Willst du wissen, was er sagte?« »O bitte«, sagte Block. Da der Advokat nicht gleich antwortete, wiederholte Block nochmals die Bitte und neigte sich, als wolle er niederknien. Da fuhr ihn aber K. an: »Was tust du?« rief er. Da ihn Leni an dem Ausruf hatte hindern wollen, faßte er auch ihre zweite Hand. Es war nicht der Druck der Liebe, mit dem er sie festhielt, sie seufzte auch öfters und suchte ihm die Hände zu entwinden. Für K.s Ausruf aber wurde Block gestraft, denn der Advokat fragte ihn: »Wer ist denn dein Advokat?« »Ihr seid es«, sagte Block. »Und außer mir?« fragte der Advokat. »Niemand außer Euch«, sagte Block. »Dann folge auch niemandem sonst«, sagte der Advokat. Block erkannte das vollständig an, er maß K. mit bösen Blicken und schüttelte heftig gegen ihn den Kopf. Hätte man dieses Benehmen in Worte übersetzt, so wären es grobe Beschimpfungen gewesen. Mit diesem Menschen hatte K. freundschaftlich über seine eigene Sache reden wollen! »Ich werde dich nicht mehr stören«, sagte K., in den Sessel zurückgelehnt. »Knie nieder oder krieche auf allen vieren, tu, was du willst. Ich werde mich darum nicht kümmern.« Aber Block hatte doch Ehrgefühl, wenigstens gegenüber K., denn er ging, mit den Fäusten fuchtelnd, auf ihn zu und rief so laut, als er es nur in der Nähe des Advokaten wagte: »Sie dürfen nicht so mit mir reden, das ist nicht erlaubt. Warum beleidigen Sie mich? Und überdies noch hier, vor dem Herrn Advokaten, wo wir beide, Sie und ich, nur aus Barmherzigkeit geduldet sind? Sie sind kein besserer Mensch als ich, denn Sie sind auch angeklagt und haben auch einen Prozeß. Wenn Sie aber trotzdem noch ein Herr sind, dann bin ich ein ebensolcher Herr, wenn nicht gar ein noch größerer. Und ich will auch als ein solcher angesprochen werden, gerade von Ihnen. Wenn Sie sich aber dadurch für bevorzugt halten, daß Sie hier sitzen und ruhig zuhören dürfen, während ich, wie Sie sich ausdrücken, auf allen vieren krieche, dann erinnere ich Sie an den alten Rechtsspruch: ⌜für den Verdächtigen ist Bewegung besser als Ruhe, denn der, welcher ruht, kann immer, ohne es zu wissen, auf einer Waagschale sein und mit seinen Sünden gewogen werden⌝.« K. sagte nichts, er staunte nur mit unbeweglichen Augen diesen verwirrten Menschen an. Was für Veränderungen waren mit ihm nur schon in der letzten Stunde vor sich gegangen! War es der Prozeß, der ihn so hin und her warf und ihn nicht erkennen ließ, wo Freund und wo Feind war? Sah er denn nicht, daß der Advokat ihn absichtlich demütigte und diesmal nichts anderes bezweckte, als sich vor K. mit seiner Macht zu brüsten und sich dadurch vielleicht auch K. zu unterwerfen? Wenn Block aber nicht fähig war, das zu erkennen, oder wenn er den Advokaten so sehr fürchtete, daß ihm jene Erkenntnis nichts helfen konnte, wie kam es, daß er doch wieder so schlau oder so kühn war, den Advokaten zu betrügen und ihm zu verschweigen, daß er außer ihm noch andere Advokaten für sich arbeiten ließ? Und wie wagte er es, K. anzugreifen, da dieser doch gleich sein Geheimnis verraten konnte? Aber er wagte noch mehr, er ging zum Bett des Advokaten und begann, sich nun auch dort über K. zu beschweren: »Herr Advokat«, sagte er, »habt Ihr gehört, wie dieser Mann mit mir gesprochen hat? Man kann noch die Stunden seines Prozesses zählen, und schon will er mir, einem Mann, der fünf Jahre im Prozesse steht, gute Lehren geben. Er beschimpft mich sogar. Weiß nichts und beschimpft mich, der ich, soweit meine schwachen Kräfte reichen, genau studiert habe, was Anstand, Pflicht und Gerichtsgebrauch verlangt.« »Kümmere dich um niemanden«, sagte der Advokat, »und tue, was dir richtig scheint.« »Gewiß«, sagte Block, als spreche er sich selbst Mut zu, und kniete unter einem kurzen Seitenblick nun knapp beim Bett nieder. »Ich knie schon, mein Advokat«, sagte er. Der Advokat schwieg aber. Block streichelte mit einer Hand vorsichtig das Federbett. In der Stille, die jetzt herrschte, sagte Leni, indem sie sich von K.s Händen befreite: »Du machst mir Schmerzen. Laß mich. Ich gehe zu Block.« Sie ging hin und setzte sich auf den Bettrand. Block war über ihr Kommen sehr erfreut, er bat sie gleich durch lebhafte, aber stumme Zeichen, sich beim Advokaten für ihn einzusetzen. Er benötigte offenbar die Mitteilungen des Advokaten sehr dringend, aber vielleicht nur zu dem Zweck, um sie durch seine übrigen Advokaten ausnutzen zu lassen. Leni wußte wahrscheinlich genau, wie man dem Advokaten beikommen könne, ⌐sie zeigte auf die Hand des Advokaten und spitzte die Lippen wie zum Kuß. Gleich führte Block den Handkuß aus und wiederholte ihn, auf eine Aufforderung Lenis hin, noch zweimal. Aber der Advokat schwieg noch immer. Da beugte sich Leni über den Advokaten hin, der schöne Wuchs ihres Körpers wurde sichtbar, als sie sich so streckte, und strich, tief zu seinem Gesicht geneigt, über sein langes, weißes Haar. Das zwang ihm nun doch eine Antwort ab.⌐ »Ich zögere, es ihm mitzuteilen«, sagte der Advokat, und man sah, wie er den Kopf ein wenig schüttelte, vielleicht, um des Druckes von Lenis Hand mehr teilhaftig zu werden. Block horchte mit gesenktem Kopf, als übertrete er durch dieses Horchen ein Gebot. »Warum zögerst du denn?« fragte Leni. K. hatte das Gefühl, als höre er ein einstudiertes Gespräch, das sich schon oft wiederholt hatte, das sich noch oft wiederholen würde und das nur für Block seine Neuheit nicht verlieren konnte. »Wie hat er sich heute verhalten?« fragte der Advokat, statt zu antworten. Ehe sich Leni darüber äußerte, sah sie zu Block hinunter und beobachtete ein Weilchen, wie er die Hände ihr entgegenhob und bittend aneinander rieb. Schließlich nickte sie ernst, wandte sich zum Advokaten und sagte: »Er war ruhig und fleißig.« Ein alter Kaufmann, ein Mann mit langem Bart, flehte ein junges Mädchen um ein günstiges Zeugnis an. Mochte er dabei auch Hintergedanken haben, nichts konnte ihn in den Augen eines Mitmenschen rechtfertigen. K. begriff nicht, wie der Advokat daran hatte denken können, durch diese Vorführung ihn zu gewinnen. Hätte er ihn nicht schon früher verjagt, er hätte es durch diese Szene erreicht. Er entwürdigte fast den Zuseher. So bewirkte also die Methode des Advokaten, welcher K. glücklicherweise nicht lange genug ausgesetzt gewesen war, daß der Klient schließlich die ganze Welt vergaß und nur auf diesem Irrweg zum Ende des Prozesses sich fortzuschleppen hoffte. Das war kein Klient mehr, das war der Hund des Advokaten. Hätte ihm dieser befohlen, unter das Bett wie in eine Hundehütte zu kriechen und von dort aus zu bellen, er hätte es mit Lust getan. Als sei K. beauftragt, alles, was hier gesprochen wurde, genau in sich aufzunehmen, an einem höheren Ort die Anzeige davon zu erstatten und einen Bericht abzulegen, hörte er prüfend und überlegen zu. »Was hat er während des ganzen Tages getan?« fragte der Advokat. »Ich habe ihn«, sagte Leni, »damit er mich bei der Arbeit nicht störe, in dem Dienstmädchenzimmer eingesperrt, wo er sich ja gewöhnlich aufhält. Durch die Lücke konnte ich von Zeit zu Zeit nachsehen, was er machte. ⌈Er kniete immer auf dem Bett, hatte die Schriften, die du ihm geliehen hast, auf dem Fensterbrett aufgeschlagen und las in ihnen. Das hat einen guten Eindruck auf mich gemacht; das Fenster führt nämlich nur in einen Luftschacht und gibt fast kein Licht. Daß Block trotzdem las, zeigte mir, wie folgsam er ist.⌉« »Es freut mich, das zu hören«, sagte der Advokat. »Hat er aber auch mit Verständnis gelesen?« Block bewegte während dieses Gesprächs unaufhörlich die Lippen, offenbar formulierte er die Antworten, die er von Leni erhoffte. »Darauf kann ich natürlich«, sagte Leni, »nicht mit Bestimmtheit antworten. Jedenfalls habe ich gesehen, daß er gründlich las. Er hat den ganzen Tag über die gleiche Seite gelesen und beim Lesen den Finger die Zeilen entlanggeführt. Immer, wenn ich zu ihm hineinsah, hat er geseufzt, als mache ihm das Lesen viel Mühe. Die Schriften, die du ihm geliehen hast, sind wahrscheinlich schwer verständlich.« »Ja«, sagte der Advokat, »das sind sie allerdings. Ich glaube auch nicht, daß er etwas von ihnen versteht. Sie sollen ihm nur eine Ahnung davon geben, wie schwer der Kampf ist, den ich zu seiner Verteidigung führe. Und für wen führe ich diesen schweren Kampf? Für – es ist fast lächerlich, es auszusprechen – für Block. Auch was das bedeutet, soll er begreifen lernen. Hat er ununterbrochen studiert?« »Fast ununterbrochen«, antwortete Leni, »nur einmal hat er mich um Wasser zum Trinken gebeten. Da habe ich ihm ein Glas durch die Luke gereicht. Um acht Uhr habe ich ihn dann herausgelassen und ihm etwas zu essen gegeben.« Block streifte K. mit einem Seitenblick, als werde hier Rühmendes von ihm erzählt und müsse auch auf K. Eindruck machen. Er schien jetzt gute Hoffnungen zu haben, bewegte sich freier und rückte auf den Knien hin und her. Desto deutlicher war es, wie er unter den folgenden Worten des Advokaten erstarrte: »Du lobst ihn«, sagte der Advokat. »Aber gerade das macht es mir schwer zu reden. Der Richter hatte sich nämlich nicht günstig ausgesprochen, weder über Block selbst, noch über seinen Prozeß.« »Nicht günstig?« fragte Leni. »Wie ist das möglich?« Block sah sie mit einem so gespannten Blick an, als traue er ihr die Fähigkeit zu, jetzt noch die längst ausgesprochenen Worte des Richters zu seinen Gunsten zu wenden. »Nicht günstig«, sagte der Advokat. »Er war sogar unangenehm berührt, als ich von Block zu sprechen anfing. ›Reden Sie nicht von Block‹, sagte er. ›Er ist mein Klient‹, sagte ich. ›Sie lassen sich mißbrauchen‹, sagte er. ›Ich halte seine Sache nicht für verloren‹, sagte ich. ›Sie lassen sich mißbrauchen‹, wiederholte er. ›Ich glaube es nicht‹, sagte ich. ›Block ist im Prozeß fleißig und immer hinter seiner Sache her. Er wohnt fast bei mir, um immer auf dem laufenden zu sein. Solchen Eifer findet man nicht immer. Gewiß, er ist persönlich nicht angenehm, hat häßliche Umgangsformen und ist schmutzig, aber in prozessualer Hinsicht ist er untadelhaft.‹ Ich sagte untadelhaft, ich übertrieb absichtlich. Darauf sagte er: ›Block ist bloß schlau. Er hat viel Erfahrung angesammelt und versteht es, den Prozeß zu verschleppen. Aber seine Unwissenheit ist noch viel größer als seine Schlauheit. Was würde er wohl dazu sagen, wenn er erführe, daß sein Prozeß noch gar nicht begonnen hat, wenn man ihm sagte, daß noch nicht einmal das Glockenzeichen zum Beginn des Prozesses gegeben ist.‹ Ruhig, Block«, sagte der Advokat, denn Block begann sich gerade auf unsicheren Knien zu erheben und wollte offenbar um Aufklärung bitten. Es war jetzt das erstemal, daß sich der Advokat mit ausführlichen Worten geradezu an Block wendete. Mit müden Augen sah er halb ziellos, halb zu Block hinunter, der unter diesem Blick wieder langsam in die Knie zurücksank. »Diese Äußerung des Richters hat für dich gar keine Bedeutung«, sagte der Advokat. »Erschrick doch nicht bei jedem Wort. Wenn sich das wiederholt, werde ich dir gar nichts mehr verraten. Man kann keinen Satz beginnen, ohne daß du einen anschaust, als ob jetzt dein Endurteil käme. Schäme dich hier vor meinem Klienten! Auch erschütterst du das Vertrauen, das er in mich setzt. Was willst du denn? Noch lebst du, noch stehst du unter meinem Schutz. Sinnlose Angst! Du hast irgendwo gelesen, daß das Endurteil in manchen Fällen unversehens komme, aus beliebigem

Munde, zu beliebiger Zeit. Mit vielen Vorbehalten ist das allerdings wahr, ebenso wahr aber ist es, daß mich deine Angst anwidert und daß ich darin einen Mangel des notwendigen Vertrauens sehe. Was habe ich denn gesagt? Ich habe die Äußerung eines Richters wiedergegeben. Du weißt, die verschiedenen Ansichten häufen sich um das Verfahren bis zur Undurchdringlichkeit. Dieser Richter zum Beispiel nimmt den Anfang des Verfahrens zu einem anderen Zeitpunkt an als ich. Ein Meinungsunterschied, nichts weiter. In einem gewissen Stadium des Prozesses wird nach altem Brauch ein Glockenzeichen gegeben. Nach der Ansicht dieses Richters beginnt damit der Prozeß. Ich kann dir jetzt nicht alles sagen, was dagegen spricht, du würdest es auch nicht verstehen, es genüge dir, daß viel dagegen spricht.« ⌜Verlegen fuhr Block unten mit den Fingern durch das Fell des Bettvorlegers⌝, die Angst wegen des Ausspruchs des Richters ließ ihn zeitweise die eigene Untertänigkeit gegenüber dem Advokaten vergessen, er dachte dann nur an sich und drehte die Worte des Richters nach allen Seiten. »Block«, sagte Leni in warnendem Ton und zog ihn am Rockkragen ein wenig in die Höhe. »Laß jetzt das Fell und höre dem Advokaten zu.«

Dieses Kapitel wurde nicht vollendet

Neuntes Kapitel

Im Dom

K. bekam den Auftrag, einem italienischen Geschäftsfreund der Bank, der für sie sehr wichtig war und sich zum erstenmal in dieser Stadt aufhielt, einige Kunstdenkmäler zu zeigen. Es war ein Auftrag, den er zu anderer Zeit gewiß für ehrend gehalten hätte, den er aber jetzt, da er nur mit großer Anstrengung sein Ansehen in der Bank noch wahren konnte, widerwillig übernahm. Jede Stunde, die er dem Büro entzogen wurde, machte ihm Kummer; er konnte zwar die Bürozeit bei weitem nicht mehr so ausnützen wie früher, er brachte manche Stunden nur unter dem notdürftigsten Anschein wirklicher Arbeit hin, aber desto größer waren seine Sorgen, wenn er nicht im Büro war. Er glaubte dann zu sehen, wie der Direktor-Stellvertreter, der ja immer auf der Lauer gewesen war, von Zeit zu Zeit in sein Büro kam, sich an seinen Schreibtisch setzte, seine Schriftstücke durchsuchte, Parteien, mit denen K. seit Jahren fast befreundet gewesen war, empfing und ihm abspenstig machte, ja vielleicht sogar Fehler aufdeckte, von denen sich K. während der Arbeit jetzt immer aus tausend Richtungen bedroht sah und die er nicht mehr vermeiden konnte. Wurde er daher einmal, sei es in noch so auszeichnender Weise, zu einem Geschäftsweg oder gar zu einer kleinen Reise beauftragt – solche Aufträge hatten sich in der letzten Zeit ganz zufällig gehäuft –, dann lag immerhin die Vermutung nahe, daß man ihn für ein Weilchen aus dem Büro entfernen und seine Arbeit überprüfen wolle oder wenigstens, daß man im Büro ihn für leicht entbehrlich halte. Die meisten dieser Aufträge hätte er ohne Schwierigkeiten ablehnen können, aber er wagte es nicht, denn, wenn seine Befürchtung auch nur im geringsten begründet war, bedeutete die Ablehnung des Auftrags Geständnis seiner Angst. Aus diesem Grunde nahm er solche Aufträge scheinbar gleichmütig hin und verschwieg sogar, als er eine anstrengende zweitägige Geschäftsreise machen sollte, eine ernstliche Verkühlung, um sich nur nicht der Gefahr auszusetzen, mit Berufung auf das gerade herrschende regnerische Herbstwetter von der Reise abgehalten zu werden. Als er von dieser Reise mit wütenden Kopfschmerzen zurückkehrte, erfuhr er, daß er dazu bestimmt sei, am nächsten Tag den italienischen Geschäftsfreund zu begleiten. Die Verlockung, sich wenigstens dieses eine Mal zu weigern, war sehr groß, vor allem war das, was man ihm hier zugedacht hatte, keine unmittelbar mit dem Geschäft zusammenhängende Arbeit, aber die Erfüllung dieser gesellschaftlichen Pflicht gegenüber dem Geschäftsfreund war an sich zweifellos wichtig genug, nur nicht für K., der wohl wußte, daß er sich nur durch Arbeitserfolge erhalten könne und daß es, wenn ihm das nicht gelänge, vollständig wertlos war, wenn er diesen Italiener unerwarteterweise sogar bezaubern sollte; er wollte nicht einmal für einen Tag aus dem Bereich der Arbeit geschoben werden, denn die Furcht, nicht mehr zurückgelassen zu werden, war zu groß, eine Furcht, die er sehr genau als übertrieben erkannte, die ihn aber doch beengte. In diesem Fall allerdings war es fast unmöglich, einen annehmbaren Einwand zu erfinden. K.s Kenntnis des Italienischen war zwar nicht sehr groß, aber immerhin genügend; das Entscheidende aber war, daß K. aus früherer Zeit einige kunsthistorische Kenntnisse besaß, was in äußerst übertriebener Weise dadurch in der Bank bekanntgeworden war, daß K. eine Zeitlang, übrigens auch nur aus geschäftlichen Gründen, Mitglied des Vereins zur Erhaltung der städtischen Kunstdenkmäler gewesen war. Nun war aber der Italiener, wie man gerüchteweise erfahren hatte, ein Kunstliebhaber, und die Wahl K.s zu seinem Begleiter war daher selbstverständlich.

Es war ein sehr regnerischer, stürmischer Morgen, als K. voll Ärger über den Tag, der ihm bevorstand, schon um sieben Uhr ins Büro kam, um wenigstens einige Arbeit noch fertigzubringen, ehe der Besuch ihn allem entziehen würde. Er war sehr müde, denn er hatte die halbe Nacht mit dem Studium einer italienischen Grammatik verbracht, um sich ein wenig vorzubereiten; das Fenster, an dem er in der letzten Zeit viel zu oft zu sitzen pflegte, lockte ihn mehr als der Schreibtisch, aber er widerstand und setzte sich zur Arbeit. Leider trat gerade der Diener ein und meldete, der Herr Direktor habe ihn geschickt, um nachzusehen, ob der Herr Prokurist schon hier sei; sei er hier, dann möge er so freundlich sein und ins Empfangszimmer hinüberkommen, der Herr aus Italien sei schon da. »Ich komme schon«, sagte K., steckte ein kleines Wörterbuch in die Tasche, nahm ein Album der städtischen Sehenswürdigkeiten, das er für den Fremden vorbereitet hatte, unter den Arm und ging durch das Büro des Direktor-Stellvertreters in das Direktionszimmer. Er war glücklich darüber, so früh ins Büro gekommen zu sein und sofort zur Verfügung stehen zu können, was wohl niemand ernstlich erwartet hatte. Das Büro des Direktor-Stellvertreters war natürlich noch leer wie in tiefer Nacht, wahrscheinlich hatte der Diener auch ihn ins Empfangszimmer berufen sollen, es war aber erfolglos gewesen. Als K. ins Empfangszimmer eintrat, erhoben sich die zwei Herren aus den tiefen Fauteuils. Der Direktor lächelte freundlich, offenbar war er sehr erfreut über K.s Kommen, er besorgte sofort die Vorstellung, der Italiener schüttelte K. kräftig die Hand und nannte lächelnd irgend jemanden einen Frühaufsteher. K. verstand nicht genau, wen er meinte, es war überdies ein sonderbares Wort, dessen Sinn K. erst nach einem Weilchen erriet. Er antwortete mit einigen glatten Sätzen, die der Italiener wieder lachend hinnahm, wobei er mehrmals mit nervöser Hand über seinen graublauen, buschigen Schnurrbart fuhr. Dieser Bart war offenbar parfümiert, man war fast versucht, sich zu nähern und zu riechen. Als sich alle gesetzt hatten und ein kleines, einleitendes Gespräch begann, bemerkte K. mit großem Unbehagen, daß er den Italiener nur bruchstückweise verstand. Wenn er ganz ruhig sprach, verstand er ihn fast vollständig, das waren aber nur seltene Ausnahmen, meistens quoll ihm die Rede aus dem Mund, er schüttelte den Kopf wie vor Lust darüber. Bei solchen Reden aber verwickelte er sich regelmäßig in irgendeinen Dialekt, der für K. nichts Italienisches mehr hatte, den aber der Direktor nicht nur verstand, sondern auch sprach, was K. allerdings hätte voraussehen können, denn der Italiener stammte aus Süditalien, wo auch der Direktor einige Jahre gewesen war. Jedenfalls erkannte K., daß ihm die Möglichkeit, sich mit dem Italiener zu verständigen, zum größten Teil genommen war, denn auch dessen Französisch war nur schwer verständlich, auch verdeckte der Bart die Lippenbewegungen, deren Anblick vielleicht zum Verständnis geholfen hätte. K. begann viel Unannehmlichkeiten vorauszusehen, vorläufig gab er es auf, den Italiener verstehen zu wollen – in der Gegenwart des Direktors, der ihn so leicht verstand, wäre es unnötige Anstrengung gewesen –, und er beschränkte sich darauf, ihn verdrießlich zu beobachten, wie er tief und doch leicht in dem Fauteuil ruhte, wie er öfters an seinem kurzen, scharf geschnittenen Röckchen zupfte und wie er einmal mit erhobenen Armen und lose in den Gelenken bewegten Händen irgend etwas darzustellen versuchte, das K. nicht begreifen konnte, obwohl er vorgebeugt die Hände nicht aus den Augen ließ. Schließlich machte sich bei K., der sonst unbeschäftigt, nur mechanisch mit den Blicken dem Hin und Her der Reden folgte, die frühere Müdigkeit geltend, und er ertappte sich einmal zu seinem Schrecken, glücklicherweise noch rechtzeitig, dabei, daß er in der Zerstreutheit gerade hatte aufstehen, sich umdrehen und weggehen wollen. Endlich sah der

Italiener auf die Uhr und sprang auf. Nachdem er sich vom Direktor verabschiedet hatte, drängte er sich an K., und zwar so dicht, daß K. seinen Fauteuil zurückschieben mußte, um sich bewegen zu können. Der Direktor, der gewiß an K.s Augen die Not erkannte, in der er sich gegenüber diesem Italienisch befand, mischte sich in das Gespräch, und zwar so klug und so zart, daß es den Anschein hatte, als füge er nur kleine Ratschläge bei, während er in Wirklichkeit alles, was der Italiener, unermüdlich ihm in die Rede fallend, vorbrachte, in aller Kürze K. verständlich machte. K. erfuhr von ihm, daß der Italiener vorläufig noch einige Geschäfte zu besorgen habe, daß er leider auch im ganzen nur wenig Zeit haben werde, daß er auch keinesfalls beabsichtige, in Eile alle Sehenswürdigkeiten abzulaufen, daß er sich vielmehr – allerdings nur, wenn K. zustimme, bei ihm allein liege die Entscheidung – entschlossen habe, nur den Dom, diesen aber gründlich, zu besichtigen. Er freue sich ungemein, diese Besichtigung in Begleitung eines so gelehrten und liebenswürdigen Mannes – damit war K. gemeint, der mit nichts anderem beschäftigt war, als den Italiener zu überhören und die Worte des Direktors schnell aufzufassen – vornehmen zu können, und er bitte ihn, wenn ihm die Stunde gelegen sei, in zwei Stunden, etwa um zehn Uhr, sich im Dom einzufinden. Er selbst hoffe, um diese Zeit schon bestimmt dort sein zu können. K. antwortete einiges Entsprechende, der Italiener drückte zuerst dem Direktor, dann K., dann nochmals dem Direktor die Hand und ging, von beiden gefolgt, nur noch halb ihnen zugewendet, im Reden aber noch immer nicht aussetzend, zur Tür. K. blieb dann noch ein Weilchen mit dem Direktor beisammen, der heute besonders leidend aussah. Er glaubte, sich bei K. irgendwie entschuldigen zu müssen und sagte – sie standen vertraulich nahe beisammen –, zuerst hätte er beabsichtigt, selbst mit dem Italiener zu gehen, dann aber – er gab keinen näheren Grund an – habe er sich entschlossen, lieber K. zu

schicken. Wenn er den Italiener nicht gleich im Anfang verstehe, so müsse er sich dadurch nicht verblüffen lassen, das Verständnis komme sehr rasch, und wenn er auch viel überhaupt nicht verstehen sollte, so sei es auch nicht so schlimm, denn für den Italiener sei es nicht gar so wichtig, verstanden zu werden. Übrigens sei K.s Italienisch überraschend gut, und er werde sich gewiß ausgezeichnet mit der Sache abfinden. Damit war K. verabschiedet. Die Zeit, die ihm noch freiblieb, verbrachte er damit, seltene Vokabeln, die er zur Führung im Dom benötigte, aus dem Wörterbuch herauszuschreiben. Es war eine äußerst lästige Arbeit, Diener brachten die Post, Beamte kamen mit verschiedenen Anfragen und blieben, da sie K. beschäftigt sahen, bei der Tür stehen, rührten sich aber nicht weg, bevor sie K. angehört hatte, der Direktor-Stellvertreter ließ es sich nicht entgehen, K. zu stören, kam öfters herein, nahm ihm das Wörterbuch aus der Hand und blätterte offenbar ganz sinnlos darin, selbst Parteien tauchten, wenn sich die Tür öffnete, im Halbdunkel des Vorzimmers auf und verbeugten sich zögernd – sie wollten auf sich aufmerksam machen, waren aber dessen nicht sicher, ob sie gesehen wurden –, das alles bewegte sich um K. als um seinen Mittelpunkt, während er selbst die Wörter, die er brauchte, zusammenstellte, dann im Wörterbuch suchte, dann herausschrieb, dann ihre Aussprache übte und schließlich auswendig zu lernen versuchte. Sein früheres gutes Gedächtnis schien ihn aber ganz verlassen zu haben, manchmal wurde er auf den Italiener, der ihm diese Anstrengung verursachte, so wütend, daß er das Wörterbuch unter Papieren vergrub, mit der festen Absicht, sich nicht mehr vorzubereiten, dann aber sah er ein, daß er doch nicht stumm mit dem Italiener vor den Kunstwerken im Dom auf und ab gehen könne, und er zog mit noch größerer Wut das Wörterbuch wieder hervor.
Gerade um halb zehn Uhr, als er weggehen wollte, erfolgte

ein telephonischer Anruf. Leni wünschte ihm guten Morgen und fragte nach seinem Befinden, K. dankte eilig und bemerkte, er könne sich jetzt unmöglich in ein Gespräch einlassen, denn er müsse in den Dom. »In den Dom?« fragte Leni. »Nun ja, in den Dom.« »Warum denn in den Dom?« sagte Leni. K. suchte es ihr in Kürze zu erklären, aber kaum hatte er damit angefangen, sagte Leni plötzlich: »Sie hetzen dich.« Bedauern, das er nicht herausgefordert und nicht erwartet hatte, vertrug K. nicht, er verabschiedete sich mit zwei Worten, sagte aber doch, während er den Hörer an seinen Platz hängte, halb zu sich, halb zu dem fernen Mädchen, das es nicht mehr hörte: »Ja, sie hetzen mich.«

Nun war es aber schon spät, es bestand schon fast die Gefahr, daß er nicht rechtzeitig ankam. Im Automobil fuhr er hin, im letzten Augenblick hatte er sich noch an das Album erinnert, das er früh zu übergehen keine Gelegenheit gefunden hatte und das er deshalb jetzt mitnahm. Er hielt es auf seinen Knien und trommelte darauf unruhig während der ganzen Fahrt. Der Regen war schwächer geworden, aber es war feucht, kühl und dunkel, man würde im Dom wenig sehen, wohl aber würde sich dort, infolge des langen Stehens auf den kalten Fliesen, K.s Verkühlung sehr verschlimmern. Der Domplatz war ganz leer, K. erinnerte sich, daß es ihm schon als kleinem Kind aufgefallen war, daß in den Häusern dieses engen Platzes immer fast alle Fenstervorhänge herabgelassen waren. Bei dem heutigen Wetter war es allerdings verständlicher als sonst. Auch im Dom schien es leer zu sein, es fiel natürlich niemandem ein, jetzt hierherzukommen. K. durchlief beide Seitenschiffe, er traf nur ein altes Weib, das, eingehüllt in ein warmes Tuch, vor einem Marienbild kniete und es anblickte. Von weitem sah er dann noch einen hinkenden Diener in einer Mauertür verschwinden. K. war pünktlich gekommen, gerade bei seinem Eintritt hatte es zehn geschlagen, der Italiener war

aber noch nicht hier. K. ging zum Haupteingang zurück, stand dort eine Zeitlang unentschlossen und machte dann im Regen einen Rundgang um den Dom, um nachzusehen, ob der Italiener nicht vielleicht bei irgendeinem Seiteneingang warte. Er war nirgends zu finden. Sollte der Direktor etwa die Zeitangabe mißverstanden haben? Wie konnte man auch diesen Menschen richtig verstehen? Wie es aber auch sein mochte, jedenfalls mußte K. zumindest eine halbe Stunde auf ihn warten. Da er müde war, wollte er sich setzen, er ging wieder in den Dom, fand auf einer Stufe einen kleinen, teppichartigen Fetzen, zog ihn mit der Fußspitze vor eine nahe Bank, wickelte sich fester in seinen Mantel, schlug den Kragen in die Höhe und setzte sich. Um sich zu zerstreuen, schlug er das Album auf, blätterte darin ein wenig, mußte aber bald aufhören, denn es wurde so dunkel, daß er, als er aufblickte, in dem nahen Seitenschiff kaum eine Einzelheit unterscheiden konnte.
In der Ferne funkelte auf dem Hauptaltar ein großes Dreieck von Kerzenlichtern, K. hätte nicht mit Bestimmtheit sagen können, ob er sie schon früher gesehen hatte. Vielleicht waren sie erst jetzt angezündet worden. Die Kirchendiener sind berufsmäßige Schleicher, man bemerkt sie nicht. Als sich K. zufällig umdrehte, sah er nicht weit hinter sich eine hohe, starke, an einer Säule befestigte Kerze gleichfalls brennen. ⌜So schön das war, zur Beleuchtung der Altarbilder, die meistens in der Finsternis der Seitenaltäre hingen, war das gänzlich unzureichend, es vermehrte vielmehr die Finsternis.⌝ Es war vom Italiener ebenso vernünftig als unhöflich gehandelt, daß er nicht gekommen war, es wäre nichts zu sehen gewesen, man hätte sich damit begnügen müssen, mit K.s elektrischer Taschenlampe einige Bilder zollweise abzusuchen. Um zu versuchen, was man davon erwarten könnte, ging K. zu einer nahen Seitenkapelle, stieg ein paar Stufen bis zu einer niedrigen Marmorbrüstung und, über sie vorgebeugt, beleuchtete er mit der

Lampe das Altarbild. Störend schwebte das ewige Licht davor. Das erste, was K. sah und zum Teil erriet, war ein großer, gepanzerter Ritter, der am äußersten Rande des Bildes dargestellt war. Er stützte sich auf sein Schwert, das er in den kahlen Boden vor sich – nur einige Grashalme kamen hie und da hervor – gestoßen hatte. Er schien aufmerksam einen Vorgang zu beobachten, der sich vor ihm abspielte. Es war erstaunlich, daß er so stehenblieb und sich nicht näherte. Vielleicht war er dazu bestimmt, Wache zu stehen. K., der schon lange keine Bilder gesehen hatte, betrachtete den Ritter längere Zeit, obwohl er immerfort mit den Augen zwinkern mußte, da er das grüne Licht der Lampe nicht vertrug. Als er dann das Licht über den übrigen Teil des Bildes streichen ließ, fand er eine Grablegung Christi in gewöhnlicher Auffassung, es war übrigens ein neueres Bild. Er steckte die Lampe ein und kehrte wieder zu seinem Platz zurück.
Es war nun schon wahrscheinlich unnötig, auf den Italiener zu warten, draußen war aber gewiß strömender Regen, und da es hier nicht so kalt war, wie K. erwartet hatte, beschloß er, vorläufig hierzubleiben. In seiner Nachbarschaft war die große Kanzel, auf ihrem kleinen, runden Dach waren halb liegend zwei leere, goldene Kreuze angebracht, die einander mit ihrer äußersten Spitze überquerten. Die Außenwand der Brüstung und der Übergang zur tragenden Säule war von grünem Laubwerk gebildet, in das kleine Engel griffen, bald lebhaft, bald ruhend. K. trat vor die Kanzel und untersuchte sie von allen Seiten, die Bearbeitung des Steines war überaus sorgfältig, das tiefe Dunkel zwischen dem Laubwerk und hinter ihm schien wie eingefangen und festgehalten, K. legte seine Hand in eine solche Lücke und tastete dann den Stein vorsichtig ab, von dem Dasein dieser Kanzel hatte er bisher gar nicht gewußt. Da bemerkte er zufällig hinter der nächsten Bankreihe einen Kirchendiener, der dort in einem hängenden, faltigen,

schwarzen Rock stand, in der linken Hand eine Schnupftabakdose hielt und ihn betrachtete. Was will denn der Mann? dachte K. Bin ich ihm verdächtig? Will er ein Trinkgeld? Als sich aber nun der Kirchendiener von K. bemerkt sah, zeigte er mit der Rechten, zwischen zwei Fingern hielt er noch eine Prise Tabak, in irgendeiner unbestimmten Richtung. Sein Benehmen war fast unverständlich, K. wartete noch ein Weilchen, aber der Kirchendiener hörte nicht auf, mit der Hand etwas zu zeigen, und bekräftigte es noch durch Kopfnicken. »Was will er denn?« fragte K. leise, er wagte es nicht, hier zu rufen; dann aber zog er die Geldtasche und drängte sich durch die nächste Bank, um zu dem Mann zu kommen. Doch dieser machte sofort eine abwehrende Bewegung mit der Hand, zuckte die Schultern und hinkte davon. Mit einer ähnlichen Gangart, wie es dieses eilige Hinken war, hatte K. als Kind das Reiten auf Pferden nachzuahmen versucht. »Ein kindischer Alter«, dachte K., »sein Verstand reicht nur noch zum Kirchendienst aus. Wie er stehenbleibt, wenn ich stehe, und wie er lauert, ob ich weitergehen will.« Lächelnd folgte K. dem Alten durch das ganze Seitenschiff fast bis zur Höhe des Hauptaltars, der Alte hörte nicht auf, etwas zu zeigen, aber K. drehte sich absichtlich nicht um, das Zeigen hatte keinen anderen Zweck, als ihn von der Spur des Alten abzubringen. Schließlich ließ er wirklich von ihm, er wollte ihn nicht zu sehr ängstigen, auch wollte er die Erscheinung, für den Fall, daß der Italiener doch noch kommen sollte, nicht ganz verscheuchen.

Als er in das Hauptschiff trat, um seinen Platz zu suchen, auf dem er das Album liegengelassen hatte, bemerkte er an einer Säule, fast angrenzend an die Bänke des Altarchors, eine kleine Nebenkanzel, ganz einfach, aus kahlem, bleichem Stein. Sie war so klein, daß sie aus der Ferne wie eine noch leere Nische erschien, die für die Aufnahme einer Heiligenstatue bestimmt war. Der Prediger konnte gewiß keinen vollen Schritt von der Brüstung zurücktreten. Außerdem begann die steinerne Einwölbung der Kanzel ungewöhnlich tief und stieg, zwar ohne jeden Schmuck, aber derartig geschweift in die Höhe, ⌜daß ein mittelgroßer Mann dort nicht aufrecht stehen konnte, sondern sich dauernd über die Brüstung vorbeugen mußte.⌝ Das Ganze war wie zur Qual des Predigers bestimmt, es war unverständlich, wozu man diese Kanzel benötigte, da man doch die andere, große und so kunstvoll geschmückte zur Verfügung hatte.

K. wäre auch diese kleine Kanzel gewiß nicht aufgefallen, wenn nicht oben eine Lampe befestigt gewesen wäre, wie man sie kurz vor einer Predigt bereitzustellen pflegt. Sollte jetzt etwa eine Predigt stattfinden? In der leeren Kirche? K. sah an der Treppe hinab, die an die Säule sich anschmiegend zur Kanzel führte und so schmal war, als sollte sie nicht für Menschen, sondern nur zum Schmuck der Säule dienen. Aber unten an der Kanzel, K. lächelte vor Staunen, stand wirklich der Geistliche, hielt die Hand am Geländer, bereit aufzusteigen, und sah auf K. hin. Dann nickte er ganz leicht mit dem Kopf, worauf K. sich bekreuzigte und verbeugte, was er schon früher hätte tun sollen. Der Geistliche gab sich einen kleinen Aufschwung und stieg mit kurzen, schnellen Schritten die Kanzel hinauf. Sollte wirklich eine Predigt beginnen? War vielleicht der Kirchendiener doch nicht so ganz vom Verstand verlassen und hatte K. dem Prediger zutreiben wollen, was allerdings in der leeren Kirche äußerst notwendig gewesen war? Übrigens gab es ja noch irgendwo vor einem Marienbild ein altes Weib, das auch hätte kommen sollen. Und wenn es schon eine Predigt sein sollte, warum wurde sie nicht von der Orgel eingeleitet? Aber die blieb still und blinkte nur schwach aus der Finsternis ihrer großen Höhe.

K. dachte daran, ob er sich jetzt nicht eiligst entfernen sollte, wenn er es jetzt nicht tat, war keine Aussicht, daß er es während der Predigt tun könnte, er mußte dann bleiben, solange sie dauerte, im Büro verlor er soviel Zeit, auf den Italiener zu warten, war er längst nicht mehr verpflichtet, er sah auf seine Uhr, es war elf. Aber konnte denn wirklich gepredigt werden? Konnte K. allein die Gemeinde darstellen? Wie, wenn er ein Fremder gewesen wäre, der nur die Kirche besichtigen wollte? Im Grunde war er auch nichts anderes. Es war unsinnig, daran zu denken, daß gepredigt werden sollte, jetzt um elf Uhr, an einem Werktag, bei gräßlichstem Wetter. Der Geistliche – ein Geistlicher war es zweifellos, ein junger Mann mit glattem, dunklem Gesicht – ging offenbar nur hinauf, um die Lampe zu löschen, die irrtümlich angezündet worden war.

Es war aber nicht so, der Geistliche prüfte vielmehr das Licht und schraubte es noch ein wenig auf, dann drehte er sich langsam der Brüstung zu, die er vorn an der kantigen Einfassung mit beiden Händen erfaßte. So stand er eine Zeitlang und blickte, ohne den Kopf zu rühren, umher. K. war ein großes Stück zurückgewichen und lehnte mit den Ellbogen an der vordersten Kirchenbank. Mit unsicheren Augen sah er irgendwo, ohne den Ort genau zu bestimmen, den Kirchendiener, ⌜mit krummem Rücken⌝, friedlich, wie nach beendeter Aufgabe, sich zusammenkauern. Was für eine Stille herrschte jetzt im Dom! Aber K. mußte sie stören, er hatte nicht die Absicht hierzubleiben; wenn es die Pflicht des Geistlichen war, zu einer bestimmten Stunde, ohne Rücksicht auf die Umstände, zu predigen, so mochte er es tun, es würde auch ohne K.s Beistand gelingen, ebenso wie die Anwesenheit K.s die Wirkung gewiß nicht steigern würde. Langsam setzte sich also K. in Gang, tastete sich auf den Fußspitzen an der Bank hin, kam dann in den breiten Hauptweg und ging dort ganz ungestört, nur daß der steinerne Boden unter dem leisesten Schritt erklang und die Wölbungen schwach, aber ununterbrochen, in vielfachem, gesetzmäßigem Fortschreiten davon widerhallten. K. fühlte sich ein wenig verlassen, als er dort, vom Geistlichen vielleicht beobachtet, zwischen den leeren Bänken allein hindurchging, auch schien ihm die Größe des Doms gerade an der Grenze des für Menschen noch Erträglichen zu liegen. Als er zu seinem früheren Platz kam, haschte er förmlich, ohne weiteren Aufenthalt, nach dem dort liegengelassenen Album und nahm es an sich. Fast hatte er schon das Gebiet der Bänke verlassen und näherte sich dem freien Raum, der zwischen ihnen und dem Ausgang lag, als er zum erstenmal die Stimme des Geistlichen hörte. Eine mächtige, geübte Stimme. Wie durchdrang sie den zu ihrer Aufnahme bereiten Dom! Es war aber nicht die Gemeinde, die der Geistliche anrief, es war ganz eindeutig, und es gab keine Ausflüchte, ⌈er rief »Josef K.!«⌉

K. stockte und sah vor sich auf den Boden. Vorläufig war er noch frei, er konnte noch weitergehen und durch eine der drei kleinen, dunklen Holztüren, die nicht weit vor ihm waren, sich davonmachen. Es würde eben bedeuten, daß er nicht verstanden hatte, oder daß er zwar verstanden hatte, sich aber darum nicht kümmern wollte. Falls er sich aber umdrehte, war er festgehalten, denn dann hatte er das Geständnis gemacht, daß er gut verstanden hatte, daß er wirklich der Angerufene war und daß er auch folgen wollte. Hätte der Geistliche nochmals gerufen, wäre K. gewiß fortgegangen, aber da alles still blieb, solange K. auch wartete, drehte er doch ein wenig den Kopf, denn er wollte sehen, was der Geistliche jetzt mache. Er stand ruhig auf der Kanzel wie früher, es war aber deutlich zu sehen, daß er K.s Kopfwendung bemerkt hatte. Es wäre ein kindliches Versteckenspiel gewesen, wenn sich jetzt K. nicht vollständig umgedreht hätte. Er tat es und wurde vom Geistlichen durch ein Winken des Fingers näher gerufen. Da jetzt alles offen geschehen konnte, lief er – er tat es auch aus Neugierde und um die Angelegenheit abzukürzen – mit langen, fliegenden Schritten der Kanzel entgegen. Bei den ersten

Bänken machte er halt, aber dem Geistlichen schien die Entfernung noch zu groß, er streckte die Hand aus und zeigte mit dem ⌜scharf gesenkten Zeigefinger⌝ auf eine Stelle knapp vor der Kanzel. K. folgte auch darin, ⌜er mußte auf diesem Platz den Kopf schon weit zurückbeugen⌝, um den Geistlichen noch zu sehen. »Du bist Josef K.«, sagte der Geistliche und erhob eine Hand auf der Brüstung in einer unbestimmten Bewegung. »Ja«, sagte K., er dachte daran, wie offen er früher immer seinen Namen genannt hatte, seit einiger Zeit war er ihm eine Last, auch kannten jetzt seinen Namen Leute, mit denen er zum erstenmal zusammenkam, wie schön war es, sich zuerst vorzustellen und dann erst gekannt zu werden. »Du bist angeklagt«, sagte der Geistliche besonders leise. »Ja«, sagte K., »man hat mich davon verständigt.« »Dann bist du der, den ich suche«, sagte der Geistliche. »Ich bin der Gefängniskaplan*.« »Ach so«, sagte K. »Ich habe dich hierher rufen lassen«, sagte der Geistliche, »um mit dir zu sprechen.« »Ich wußte es nicht«, sagte K. »Ich bin hierhergekommen, um einem Italiener den Dom zu zeigen.« »Laß das Nebensächliche«, sagte der Geistliche. »Was hältst du in der Hand? Ist es ein Gebetbuch?« »Nein«, antwortete K., »es ist ein Album der städtischen Sehenswürdigkeiten.« »Leg es aus der Hand«, sagte der Geistliche. K. warf es so heftig weg, daß es aufklappte und mit zerdrückten Blättern ein Stück über den Boden schleifte. »Weißt du, daß dein Prozeß schlecht steht?« fragte der Geistliche. »Es scheint mir auch so«, sagte K. »Ich habe mir alle Mühe gegeben, bisher aber ohne Erfolg. Allerdings habe ich die Eingabe noch nicht fertig.« »Wie stellst du dir das Ende vor?« fragte der Geistliche. »Früher dachte ich, es müsse gut enden«, sagte K., »jetzt zweifle ich daran manchmal selbst. Ich weiß nicht, wie es enden wird. Weißt du es?« »Nein«, sagte der Geistliche, »aber ich fürchte, es wird schlecht enden. Man hält dich für schuldig. Dein Prozeß wird vielleicht über ein niedriges

Kath. Hilfsgeistlicher

Gericht gar nicht hinauskommen. Man hält wenigstens vorläufig deine Schuld für erwiesen.« »Ich bin aber nicht schuldig«, sagte K., »es ist ein Irrtum. Wie kann denn ein Mensch überhaupt schuldig sein. Wir sind hier doch alle Menschen, einer wie der andere.« »Das ist richtig«, sagte der Geistliche, »aber so pflegen die Schuldigen zu reden.« »Hast auch du ein Vorurteil gegen mich?« fragte K. »Ich habe kein Vorurteil gegen dich«, sagte der Geistliche. »Ich danke dir«, sagte K., »alle anderen aber, die an dem Verfahren beteiligt sind, haben ein Vorurteil gegen mich. Sie flößen es auch den Unbeteiligten ein. Meine Stellung wird immer schwieriger.« ⌈»Du mißverstehst die Tatsachen«, sagte der Geistliche, »das Urteil kommt nicht mit einemmal, das Verfahren geht allmählich ins Urteil über.«⌉ »So ist es also«, sagte K. und senkte den Kopf. »Was willst du nächstens in deiner Sache tun?« fragte der Geistliche. »Ich will noch Hilfe suchen«, sagte K. und hob den Kopf, um zu sehen, wie der Geistliche es beurteile. »Es gibt noch gewisse Möglichkeiten, die ich nicht ausgenützt habe.« ⌈»Du suchst zuviel fremde Hilfe«, sagte der Geistliche mißbilligend, »und besonders bei Frauen. Merkst du denn nicht, daß es nicht die wahre Hilfe ist?«⌉ »Manchmal und sogar oft könnte ich dir recht geben«, sagte K., »aber nicht immer. Die Frauen haben eine große Macht. Wenn ich einige Frauen, die ich kenne, dazu bewegen könnte, gemeinschaftlich für mich zu arbeiten, müßte ich durchdringen. Besonders bei diesem Gericht, das fast nur aus Frauenjägern besteht. Zeig dem Untersuchungsrichter eine Frau aus der Ferne, und er überrennt, um nur rechtzeitig hinzukommen, den Gerichtstisch und den Angeklagten.« ⌈Der Geistliche neigte den Kopf zur Brüstung, jetzt erst schien die Überdachung der Kanzel ihn niederzudrücken.⌉ Was für ein Unwetter mochte draußen sein? ⌈Das war kein trüber Tag mehr, das war schon tiefe Nacht. Keine Glasmalerei der großen Fenster war imstande, die dunkle Wand auch nur mit einem Schimmer zu unterbrechen. Und gerade jetzt begann der Kirchendiener, die Kerzen auf dem Hauptaltar, eine nach der anderen, auszulöschen. »Bist du mir böse?« fragte K. den Geistlichen. »Du weißt vielleicht nicht, was für einem Gericht du dienst.« Er bekam keine Antwort. »Es sind doch nur meine Erfahrungen«, sagte K. Oben blieb es noch immer still. »Ich wollte dich nicht beleidigen«, sagte K. Da schrie der Geistliche zu K. hinunter: »Siehst du denn nicht zwei Schritte weit?« Es war im Zorn geschrien, aber gleichzeitig wie von einem, der jemanden fallen sieht und, weil er selbst erschrocken ist, unvorsichtig, ohne Willen schreit.

Nun schwiegen beide lange. Gewiß konnte der Geistliche in dem Dunkel, das unten herrschte, K. nicht genau erkennen, während K. den Geistlichen im Licht der kleinen Lampe deutlich sah. Warum kam der Geistliche nicht herunter? Eine Predigt hatte er ja nicht gehalten, sondern K. nur einige Mitteilungen gemacht, die ihm, wenn er sie genau beachtete, wahrscheinlich mehr schaden als nützen würden. Wohl aber schien K. die gute Absicht des Geistlichen zweifellos zu sein, es war nicht unmöglich, daß er sich mit ihm, wenn er herunterkäme, einigen würde, es war nicht unmöglich, daß er von ihm einen entscheidenden und annehmbaren Rat bekäme, der ihm zum Beispiel zeigen würde, nicht etwa wie der Prozeß zu beeinflussen war, sondern wie man aus dem Prozeß ausbrechen, wie man ihn umgehen, wie man außerhalb des Prozesses leben könnte. Diese Möglichkeit mußte bestehen, K. hatte in der letzten Zeit öfters an sie gedacht. Wußte aber der Geistliche eine solche Möglichkeit, würde er sie vielleicht, wenn man ihn darum bat, verraten, obwohl er selbst zum Gerichte gehörte und obwohl er, als K. das Gericht angegriffen hatte, sein sanftes Wesen unterdrückt und K. sogar angeschrien hatte.

»Willst du nicht herunterkommen?« sagte K. »Es ist doch keine Predigt zu halten. Komm zu mir herunter.« »Jetzt kann ich schon kommen«, sagte der Geistliche, er bereute vielleicht sein Schreien. Während er die Lampe von ihrem Haken löste, sagte er: »Ich mußte zuerst aus der Entfernung mit dir sprechen. Ich lasse mich sonst zu leicht beeinflussen und vergesse meinen Dienst.«

K. erwartete ihn unten an der Treppe. Der Geistliche streckte ihm schon von einer oberen Stufe im Hinuntergehen die Hand entgegen. »Hast du ein wenig Zeit für mich?« fragte K. »Soviel Zeit, als du brauchst«, sagte der Geistliche und reichte K. die kleine Lampe, damit er sie trage. Auch in der Nähe verlor sich eine gewisse Feierlichkeit aus seinem Wesen nicht. »Du bist sehr freundlich zu mir«, sagte K., sie gingen nebeneinander im dunklen Seitenschiff auf und ab. »Du bist eine Ausnahme unter allen, die zum Gericht gehören. Ich habe mehr Vertrauen zu dir als zu irgend jemandem von ihnen, so viele ich schon kenne. Mit dir kann ich offen reden.« »Täusche dich nicht«, sagte der Geistliche. »Worin sollte ich mich denn täuschen?« fragte K. »In dem Gericht täuschst du dich«, sagte der Geistliche, »in den einleitenden Schriften zum Gesetz heißt es von dieser Täuschung: Vor dem Gesetz steht ein Türhüter. Zu diesem Türhüter kommt ein Mann vom Lande und bittet um Eintritt in das Gesetz. Aber der Türhüter sagt, daß er ihm jetzt den Eintritt nicht gewähren könne. Der Mann überlegt und fragt dann, ob er also später werde eintreten dürfen. ›Es ist möglich‹, sagt der Türhüter, ›jetzt aber nicht.‹ Da das Tor zum Gesetz offensteht wie immer und der Türhüter beiseite tritt, bückt sich der Mann, um durch das Tor in das Innere zu sehen. Als der Türhüter das merkt, lacht er und sagt: ›Wenn es dich so lockt, versuche es doch, trotz meinem Verbot hineinzugehen. Merke aber: Ich bin mächtig. Und ich bin nur der unterste Türhüter. Von Saal zu Saal stehen aber Türhüter, einer mächtiger als der andere. Schon den Anblick des dritten kann nicht einmal ich mehr vertragen.‹ Solche Schwierigkeiten hat der Mann vom Lande nicht erwartet, das Gesetz soll doch jedem und immer zugänglich sein, denkt er, aber als er jetzt den Türhüter in seinem Pelzmantel genauer ansieht, seine große Spitznase, den langen, dünnen, schwarzen, tartarischen Bart, entschließt er sich doch, lieber zu warten, bis er die Erlaubnis zum Eintritt bekommt. Der Türhüter gibt ihm einen Schemel und läßt ihn seitwärts von der Tür sich niedersetzen. Dort sitzt er Tage und Jahre. Er macht viele Versuche, eingelassen zu werden, und ermüdet den Türhüter durch seine Bitten. Der Türhüter stellt öfters kleine Verhöre mit ihm an, fragte ihn nach seiner Heimat aus und nach vielem anderen, es sind aber teilnahmslose Fragen, wie sie große Herren stellen, und zum Schlusse sagte er ihm immer wieder, daß er ihn noch nicht einlassen könne. Der Mann, der sich für seine Reise mit vielem ausgerüstet hat, verwendet alles, und sei es noch so wertvoll, um den Türhüter zu bestechen. Dieser nimmt zwar alles an, aber sagt dabei: ›Ich nehme es nur an, damit du nicht glaubst, etwas versäumt zu haben.‹ Während der vielen Jahre beobachtete der Mann den Türhüter fast ununterbrochen. Er vergißt die anderen Türhüter, und dieser erste scheint ihm das einzige Hindernis für den Eintritt in das Gesetz. Er verflucht den unglücklichen Zufall in den ersten Jahren laut, später, als er alt wird, brummt er nur noch vor sich hin. Er wird kindisch, und da er in dem jahrelangen Studium des Türhüters auch die Flöhe in seinem Pelzkragen erkannt hat, bittet er auch die Flöhe, ihm zu helfen und den Türhüter umzustimmen. ⌜Schließlich wird sein Augenlicht schwach, und er weiß nicht, ob es um ihn wirklich dunkler wird oder ob ihn nur die Augen täuschen. Wohl aber erkennt er jetzt im Dunkel einen Glanz, der unverlöschlich aus der Türe des Gesetzes bricht.⌝ Nun lebt er nicht mehr lange. Vor seinem Tode sammeln sich in seinem Kopfe alle Erfahrungen der ganzen Zeit zu einer Frage, die er bisher an den Türhüter noch nicht gestellt hat. Er winkt ihm zu, da er seinen erstarrenden Körper nicht mehr aufrichten kann. Der Türhüter muß sich tief zu ihm hinunterneigen, denn die Größenunterschiede haben sich sehr zuungunsten des Mannes verändert. ›Was willst du denn jetzt noch wissen?‹ fragt der Türhüter, ›du bist unersättlich.‹ ›Alle streben doch nach dem Gesetz‹, sagt der Mann, ›wie kommt es, daß in den vielen Jahren niemand außer mir Einlaß verlangt hat?‹ Der Türhüter erkennt, daß der Mann schon am Ende ist, und um sein vergehendes Gehör noch zu erreichen, brüllt er ihn an: ›Hier konnte niemand sonst Einlaß erhalten, denn dieser Eingang war nur für dich bestimmt. Ich gehe jetzt und schließe ihn.‹«

»Der Türhüter hat also den Mann getäuscht«, sagte K. sofort, von der Geschichte sehr stark angezogen. »Sei nicht übereilt«, sagte der Geistliche, »übernimm nicht die fremde Meinung ungeprüft. Ich habe dir die Geschichte im Wortlaut der Schrift erzählt. Von Täuschung steht darin nichts.« »Es ist aber klar«, sagte K., »und deine erste Deutung war ganz richtig. Der Türhüter hat die erlösende Mitteilung erst dann gemacht, als sie dem Manne nicht mehr helfen konnte.« »Er wurde nicht früher gefragt«, sagte der Geistliche, »bedenke auch, daß er nur Türhüter war, und als solcher hat er seine Pflicht erfüllt.« »Warum glaubst du, daß er seine Pflicht erfüllt hat?« fragte K., »er hat sie nicht erfüllt. Seine Pflicht war es vielleicht, alle Fremden abzuwehren, diesen Mann aber, für den der Eingang bestimmt war, hätte er einlassen müssen.« »Du hast nicht genug Achtung vor der Schrift und veränderst die Geschichte«, sagte der Geistliche. »Die Geschichte enthält über den Einlaß ins Gesetz zwei wichtige Erklärungen des Türhüters, eine am Anfang, eine am Ende. Die eine Stelle lautet: daß er ihm jetzt den Eintritt nicht gewähren könne, und die andere: dieser Eingang war nur für dich bestimmt. Bestände zwischen diesen beiden Erklärungen ein Widerspruch, dann hättest du recht, und der Türhüter hätte den Mann getäuscht. Nun besteht aber kein Widerspruch. Im Gegenteil, die erste Erklärung deutet sogar auf die zweite hin. Man könnte fast sagen, der Türhüter ging über seine Pflicht hinaus, indem er dem Mann eine zukünftige Möglichkeit des Einlasses in Aussicht stellte. Zu jener Zeit scheint es nur seine Pflicht gewesen zu sein, den Mann abzuweisen, und tatsächlich wundern sich viele Erklärer der Schrift darüber, daß der Türhüter jene Andeutung überhaupt gemacht hat, denn er scheint die Genauigkeit zu lieben und wacht streng über sein Amt. Durch viele Jahre verläßt er seinen Posten nicht und schließt das Tor erst ganz zuletzt, er ist sich der Wichtigkeit seines Dienstes sehr bewußt, denn er sagt: ›Ich bin mächtig‹, er hat Ehrfurcht vor den Vorgesetzten, denn er sagt: ›Ich bin nur der unterste Türhüter‹, er ist nicht geschwätzig, denn während der vielen Jahre stellt er nur, wie es heißt, ›teilnahmslose Fragen‹, er ist nicht bestechlich, denn er sagt über ein Geschenk: ›Ich nehme es nur an, damit du nicht glaubst, etwas versäumt zu haben‹, er ist, wo es um Pflichterfüllung geht, weder zu rühren noch zu erbittern, denn es heißt von dem Mann, ›er ermüdet den Türhüter durch sein Bitten‹, schließlich deutet auch sein Äußeres auf einen pedantischen Charakter hin, die große Spitznase und der lange, dünne, schwarze, tartarische Bart. Kann es einen pflichttreueren Türhüter geben? Nun mischen sich aber in den Türhüter noch andere Wesenszüge ein, die für den, der Einlaß verlangt, sehr günstig sind und welche es immerhin begreiflich machen, daß er in jener Andeutung einer zukünftigen Möglichkeit über seine Pflicht etwas hinausgehen konnte. Es ist nämlich nicht zu leugnen, daß er ein wenig einfältig und im Zusammenhang damit ein wenig eingebildet ist. Wenn auch seine Äußerungen über seine Macht und über die Macht der anderen Türhüter und über deren sogar für ihn unerträglichen Anblick – ich sage, wenn auch alle diese Äußerungen an sich richtig sein mögen, so zeigt doch die Art, wie er diese Äußerungen vorbringt, daß seine Auffassung durch Einfalt und Überhebung getrübt ist. Die Erklärer sagen hierzu: ›Richtiges Auffassen einer Sache und Mißverstehen der gleichen Sache schließen einander nicht vollständig aus.‹ Jedenfalls aber muß man annehmen, daß jene Einfalt und Überhebung, so geringfügig sie sich vielleicht auch äußern, doch die Bewachung des Eingangs schwächen, es sind Lücken im Charakter des Türhüters. Hiezu kommt noch, daß der Türhüter seiner Naturanlage nach freundlich zu sein scheint, er ist durchaus nicht immer Amtsperson. Gleich in den ersten Augenblicken macht er den Spaß, daß er den Mann trotz dem ausdrücklich aufrechterhaltenen Verbot zum Eintritt einlädt, dann schickt er ihn nicht etwa fort, sondern gibt ihm, wie es heißt, einen Schemel und läßt ihn seitwärts von der Tür sich niedersetzen. Die Geduld, mit der er durch alle die Jahre die Bitten des Mannes erträgt, die kleinen Verhöre, die Annahme der Geschenke, die Vornehmheit, mit der er es zuläßt, daß der Mann neben ihm laut den unglücklichen Zufall verflucht, der den Türhüter hier aufgestellt hat – alles dieses läßt auf Regungen des Mitleids schließen. Nicht jeder Türhüter hätte so gehandelt. Und schließlich beugt er sich noch auf einen Wink hin tief zu dem Mann hinab, um ihm Gelegenheit zur letzten Frage zu geben. Nur eine schwache Ungeduld – der Türhüter weiß ja, daß alles zu Ende ist – spricht sich in den Worten aus: ›Du bist unersättlich.‹ Manche gehen sogar in dieser Art der Erklärung noch weiter und meinen, die Worte ›Du bist unersättlich‹ drücken eine Art freundschaftlicher Bewunderung aus, die allerdings von Herablassung nicht frei ist. Jedenfalls schließt sich so die Gestalt des Türhüters anders ab, als du es glaubst.« »Du kennst die Geschichte genauer als ich und längere Zeit«, sagte K. Sie schwiegen ein Weilchen. Dann sagte K.: »Du glaubst also, der Mann wurde nicht getäuscht?« »Mißverstehe mich nicht«, sagte der Geistliche, »ich zeige dir nur die Meinungen, die darüber bestehen. Du mußt nicht zuviel auf Meinungen achten. Die Schrift ist unveränderlich, und die Meinungen sind oft nur ein Ausdruck der Verzweiflung darüber. In diesem Falle gibt es sogar eine Meinung, nach welcher gerade der Türhüter der Getäuschte ist.« »Das ist eine weitgehende Meinung«, sagte K. »Wie wird sie begründet?« »Die Begründung«, antwortete der Geistliche, »geht von der Einfalt des Türhüters aus. Man sagt, daß er das Innere des Gesetzes nicht kennt, sondern nur den Weg, den er vor dem Eingang immer wieder abgehen muß. Die Vorstellungen, die er von dem Innern hat, werden für kindlich gehalten, und man nimmt an, daß er das, wovor er dem Manne Furcht machen will, selbst fürchtet. Ja, er fürchtet es mehr als der Mann, denn dieser will ja nichts anderes als eintreten, selbst als er von den schrecklichen Türhütern des Innern gehört hat, der Türhüter dagegen will nicht eintreten, wenigstens erfährt man nichts darüber. Andere sagen zwar, daß er bereits im Innern gewesen sein muß, denn er ist doch einmal in den Dienst des Gesetzes aufgenommen worden, und das könne nur im Innern geschehen sein. Darauf ist zu antworten, daß er wohl auch durch einen Ruf aus dem Innern zum Türhüter bestellt worden sein könnte und daß er zumindest tief im Innern nicht gewesen sein dürfte, da er doch schon den Anblick des dritten Türhüters nicht mehr ertragen kann. Außerdem aber wird auch nicht berichtet, daß er während der vielen Jahre außer der Bemerkung über die Türhüter irgend etwas von dem Innern erzählt hätte. Es könnte ihm verboten sein, aber auch vom Verbot hat er nichts erzählt. Aus alledem schließt man, daß er über das Aussehen und die Bedeutung des Innern nichts weiß und sich darüber in Täuschung befindet. Aber auch über den Mann vom Lande soll er sich in Täuschung befinden, denn er ist diesem Mann untergeordnet und weiß es nicht. Daß er den Mann als einen Untergeordneten behandelt, erkennt man aus vielem, das dir noch erinnerlich sein dürfte. Daß er ihm aber tatsächlich untergeordnet ist, soll nach dieser Meinung ebenso deutlich hervorgehen. Vor allem ist der Freie dem Gebundenen übergeordnet. Nun ist der Mann tatsächlich frei, er kann hingehen, wohin er will, nur der Eingang in das Gesetz ist ihm verboten, und überdies nur von einem einzelnen, vom Türhüter. Wenn er sich auf den Schemel seitwärts vom Tor niedersetzt und dort sein Leben lang bleibt, so geschieht dies freiwillig, die Geschichte erzählt von keinem Zwang. Der Türhüter dagegen ist durch sein Amt an seinen Posten gebunden, er darf sich nicht auswärts entfernen, allem Anschein nach aber auch nicht in das Innere gehen, selbst wenn er es wollte. Außerdem ist er zwar im Dienst des Gesetzes, dient aber nur für diesen Eingang, also auch nur für diesen Mann, für den dieser Eingang allein bestimmt ist. Auch aus diesem Grunde ist er ihm untergeordnet. Es ist anzunehmen, daß er durch viele Jahre, durch ein ganzes Mannesalter gewissermaßen nur leeren Dienst geleistet hat, denn es wird gesagt, daß ein Mann kommt, also jemand im Mannesalter, daß also der Türhüter lange warten mußte, ehe sich sein Zweck erfüllte, und zwar so lange warten mußte, als es dem Mann beliebte, der doch freiwillig kam. Aber auch das Ende des Dienstes wird durch das Lebensende des Mannes bestimmt, bis zum Ende also bleibt er ihm untergeordnet. Und immer wieder wird betont, daß von alledem der Türhüter nichts zu wissen scheint. Daran wird aber nichts Auffälliges gesehen, denn nach dieser Meinung befindet sich der Türhüter noch in einer viel schwereren Täuschung, sie betrifft seinen Dienst. Zuletzt spricht er nämlich vom Eingang und sagt: ›Ich gehe jetzt und schließe ihn‹, aber am Anfang heißt es, daß das Tor zum Gesetz offensteht wie immer, steht es aber immer offen, immer, das heißt unabhängig von der Lebensdauer des Mannes, für den es bestimmt ist, dann wird es auch der Türhüter nicht schließen können. Darüber gehen die Meinungen auseinander, ob der Türhüter mit der Ankündigung, daß er das Tor schließen wird, nur eine Antwort geben oder seine Dienstpflicht betonen oder den Mann noch im letzten Augenblick in Reue und Trauer setzen will. Darin aber sind viele einig, daß er das Tor nicht wird schließen können. Sie glauben sogar, daß er, wenigstens am Ende, auch in seinem Wissen dem Manne untergeordnet ist, denn dieser sieht den Glanz, der aus dem Eingang des Gesetzes bricht, während der Türhüter als solcher wohl mit dem Rücken zum Eingang steht und auch durch keine Äußerung zeigt, daß er eine Veränderung bemerkt hätte.« »Das ist gut begründet«, sagte K., der einzelne Stellen aus der Erklärung des Geistlichen halblaut für sich wiederholt hatte. »Es ist gut begründet, und ich glaube nun auch, daß der Türhüter getäuscht ist. Dadurch bin ich aber von meiner früheren Meinung nicht abgekommen, denn beide decken sich teilweise. Es ist unentscheidend, ob der Türhüter klar sieht oder getäuscht wird. Ich sagte, der Mann wird getäuscht. Wenn der Türhüter klar sieht, könnte man daran zweifeln, wenn der Türhüter aber getäuscht ist, dann muß sich seine Täuschung notwendig auf den Mann übertragen. Der Türhüter ist dann zwar kein Betrüger, aber so einfältig, daß er sofort aus dem Dienst gejagt werden müßte. Du mußt doch bedenken, daß die Täuschung, in der sich der Türhüter befindet, ihm nichts schadet, dem Mann aber tausendfach.« »Hier stößt du auf eine Gegenmeinung«, sagte der Geistliche. »Manche sagen nämlich, daß die Geschichte niemandem ein Recht gibt, über den Türhüter zu urteilen. Wie er uns auch erscheinen mag, ist er doch ein Diener des Gesetzes, also zum Gesetz gehörig, also dem menschlichen Urteil entrückt. Man darf dann auch nicht glauben, daß der Türhüter dem Manne untergeordnet ist. Durch seinen Dienst auch nur an den Eingang des Gesetzes gebunden zu sein, ist unvergleichlich mehr, als frei in der Welt zu leben. Der Mann kommt erst zum Gesetz, der Türhüter ist schon dort.

Er ist vom Gesetz zum Dienst bestellt, an seiner Würdigkeit zu zweifeln, hieße am Gesetz zweifeln.« »Mit dieser Meinung stimme ich nicht überein«, sagte K. kopfschüttelnd, »denn wenn man sich ihr anschließt, muß man alles, was der Türhüter sagt, für wahr halten. Daß das aber nicht möglich ist, hast du ja selbst ausführlich begründet.« »Nein«, sagte der Geistliche, ⌜»man muß nicht alles für wahr halten, man muß es nur für notwendig halten.«⌝ »Trübselige Meinung«, sagte K. »Die Lüge wird zur Weltordnung gemacht.«

K. sagte das abschließend, aber sein Endurteil war es nicht. Er war zu müde, um alle Folgerungen der Geschichte übersehen zu können, es waren auch ungewohnte Gedankengänge, in die sie ihn führte, unwirkliche Dinge, besser geeignet zur Besprechung für die Gesellschaft der Gerichtsbeamten als für ihn. Die einfache Geschichte war unförmlich geworden, er wollte sie von sich abschütteln, und der Geistliche, der jetzt ein großes Zartgefühl bewies, duldete es und nahm K.s Bemerkung schweigend auf, obwohl sie mit seiner eigenen Meinung gewiß nicht übereinstimmte.

Sie gingen eine Zeitlang schweigend weiter, K. hielt sich eng neben dem Geistlichen, ohne zu wissen, wo er sich befand. Die Lampe in seiner Hand war längst erloschen. Einmal blinkte gerade vor ihm das silberne Standbild eines Heiligen nur mit dem Schein des Silbers und spielte gleich wieder ins Dunkel über. Um nicht vollständig auf den Geistlichen angewiesen zu bleiben, fragte ihn K.: »Sind wir jetzt nicht in der Nähe des Haupteinganges?« »Nein«, sagte der Geistliche, »wir sind weit von ihm entfernt. Willst du schon fortgehen?« Obwohl K. gerade jetzt nicht daran gedacht hatte, sagte er sofort: »Gewiß, ich muß fortgehen. Ich bin Prokurist einer Bank, man wartet auf mich, ich bin nur hergekommen, um einem ausländischen Geschäftsfreund den Dom zu zeigen.« »Nun«, sagte der Geistliche und reichte K. die Hand, »dann geh.« »Ich kann mich aber im Dunkel allein nicht zurechtfinden«, sagte K. »Geh links zur Wand«, sagte der Geistliche, »dann weiter die Wand entlang, ohne sie zu verlassen, und du wirst einen Ausgang finden.« Der Geistliche hatte sich erst ein paar Schritte entfernt, aber K. rief schon sehr laut: »Bitte, warte noch!« »Ich warte«, sagte der Geistliche. »Willst du nicht noch etwas von mir?« fragte K. »Nein«, sagte der Geistliche. »Du warst früher so freundlich zu mir«, sagte K., »und hast mir alles erklärt, jetzt aber entläßt du mich, als läge dir nichts an mir.« »Du mußt doch fortgehen«, sagte der Geistliche. »Nun ja«, sagte K., »sieh das doch ein.« »Sieh du zuerst ein, wer ich bin«, sagte der Geistliche. »Du bist der Gefängniskaplan«, sagte K. und ging näher zum Geistlichen hin, seine sofortige Rückkehr in die Bank war nicht so notwendig, wie er sie dargestellt hatte, er konnte recht gut noch hierbleiben. »Ich gehöre also zum Gericht«, sagte der Geistliche. »Warum sollte ich also etwas von dir wollen. Das Gericht will nichts von dir. Es nimmt dich auf, wenn du kommst, und es entläßt dich, wenn du gehst.«

Zehntes Kapitel

Ende

Am Vorabend seines einunddreißigsten Geburtstages – es war gegen neun Uhr abends, die Zeit der Stille auf den Straßen – kamen zwei Herren in K.s Wohnung. In Gehröcken, bleich und fett, mit scheinbar unverrückbaren Zylinderhüten. Nach einer kleinen Förmlichkeit bei der Wohnungstür wegen des ersten Eintretens wiederholte sich die gleiche Förmlichkeit in größerem Umfange vor K.s Tür. Ohne daß ihm der Besuch angekündigt gewesen wäre, saß K., gleichfalls schwarz angezogen, in einem Sessel in der Nähe der Tür und zog langsam neue, ⌜scharf sich über die Finger spannende Handschuhe⌝ an, in der Haltung, wie man Gäste erwartet. Er stand gleich auf und sah die Herren neugierig an. »Sie sind also für mich bestimmt?« fragte er. Die Herren nickten, einer zeigte mit dem Zylinderhut in der Hand auf den anderen. K. gestand sich ein, daß er einen anderen Besuch erwartet hatte. ⌜Er ging zum Fenster und sah noch einmal auf die dunkle Straße. Auch fast alle Fenster auf der anderen Straßenseite waren schon dunkel, in vielen die Vorhänge herabgelassen.⌝ In einem beleuchteten Fenster des Stockwerkes spielten kleine Kinder hinter einem Gitter miteinander und tasteten, noch unfähig, sich von ihren Plätzen fortzubewegen, mit den Händchen nacheinander. »Alte, untergeordnete Schauspieler schickt man um mich«, sagte sich K. und sah sich um, um sich nochmals davon zu überzeugen. »Man sucht auf billige Weise mit mir fertig zu werden.« K. wendete sich plötzlich ihnen zu und fragte: »An welchem Theater spielen Sie?« »Theater?« fragte der eine Herr mit zuckenden Mundwinkeln den anderen um Rat. Der andere gebärdete sich wie ein Stummer,

der mit dem widerspenstigsten Organismus kämpft. »Sie sind nicht darauf vorbereitet, gefragt zu werden«, sagte sich K. und ging seinen Hut holen.
⌜Schon auf der Treppe wollten sich die Herren in K. einhängen, aber K. sagte: »Erst auf der Gasse, ich bin nicht krank.« Gleich aber vor dem Tor hängten sie sich in ihn in einer Weise ein, wie K. noch niemals mit einem Menschen gegangen war. Sie hielten die Schultern eng hinter den seinen, knickten die Arme nicht ein, sondern benützten sie, um K.s Arme in ihrer ganzen Länge zu umschlingen, unten erfaßten sie K.s Hände mit einem schulmäßigen, eingeübten, unwiderstehlichen Griff.⌝ K. ging straff gestreckt zwischen ihnen, sie bildeten jetzt alle drei eine solche Einheit, daß, wenn man einen von ihnen zerschlagen hätte, alle zerschlagen gewesen wären. Es war eine Einheit, wie sie fast nur Lebloses bilden kann.
Unter den Laternen versuchte K. öfters, so schwer es bei diesem engen Aneinander ausgeführt werden konnte, seine Begleiter deutlicher zu sehen, als es in der Dämmerung seines Zimmers möglich gewesen war. »Vielleicht sind es Tenöre«, dachte er im Anblick ihres schweren Doppelkinns. Er ekelte sich vor der Reinlichkeit ihrer Gesichter. Man sah förmlich noch die säubernde Hand, die in ihre Augenwinkel gefahren, die ihre Oberlippe gerieben, die die Falten am Kinn ausgekratzt hatte.
Als K. das bemerkte, blieb er stehen, infolgedessen blieben auch die andern stehen; sie waren am Rand eines freien, menschenleeren, mit Anlagen geschmückten Platzes. »Warum hat man gerade Sie geschickt!« rief er mehr, als er fragte. Die Herren wußten scheinbar keine Antwort, sie warteten mit dem hängenden, freien Arm, wie Krankenwärter, wenn der Kranke sich ausruhen will. »Ich gehe nicht weiter«, sagte K. versuchsweise. Darauf brauchten die Herren nicht zu antworten, es genügte, daß sie den Griff nicht lockerten und K. von der Stelle wegzuheben

versuchten, aber K. widerstand. »Ich werde nicht mehr viel Kraft brauchen, ich werde jetzt alle anwenden«, dachte er. Ihm fielen die Fliegen ein, die mit zerreißenden Beinchen von der Leimrute wegstrebten. »Die Herren werden schwere Arbeit haben.«

Da stieg vor ihnen aus einer tiefer gelegenen Gasse auf einer kleinen Treppe Fräulein Bürstner zum Platz empor. Es war nicht ganz sicher, ob sie es war, die Ähnlichkeit war freilich groß. ⌈Aber K. lag auch nichts daran, ob es bestimmt Fräulein Bürstner war, bloß die Wertlosigkeit seines Widerstandes kam ihm gleich zum Bewußtsein.⌉ Es war nichts Heldenhaftes, wenn er widerstand, wenn er jetzt den Herren Schwierigkeiten bereitete, wenn er jetzt in der Abwehr noch den letzten Schein des Lebens zu genießen versuchte. Er setzte sich in Gang, und von der Freude, die er dadurch den Herren machte, ging noch etwas auf ihn selbst über. Sie duldeten es jetzt, daß er die Wegrichtung bestimmte, und er bestimmte sie nach dem Weg, den das Fräulein vor ihnen nahm, nicht etwa, weil er sie einholen, nicht etwa, weil er sie möglichst lange sehen wollte, sondern nur deshalb, um die Mahnung, die sie für ihn bedeutete, nicht zu vergessen. »Das einzige, was ich jetzt tun kann«, sagte er sich, und das Gleichmaß seiner Schritte und der Schritte der beiden anderen bestätigte seine Gedanken, »das einzige, was ich jetzt tun kann, ist, bis zum Ende den ruhig einteilenden Verstand behalten. Ich wollte immer mit zwanzig Händen in die Welt hineinfahren und überdies zu einem nicht zu billigenden Zweck. Das war unrichtig. Soll ich nun zeigen, daß nicht einmal der einjährige Prozeß mich belehren konnte? Soll ich als ein begriffsstutziger Mensch abgehen? Soll man mir nachsagen dürfen, daß ich am Anfang des Prozesses ihn beenden wollte und jetzt, an seinem Ende, ihn wieder beginnen will? Ich will nicht, daß man das sagt. Ich bin dafür dankbar, daß man mir auf diesem Weg diese halbstummen, verständnislosen Herren mitgegeben hat und daß man es mir überlassen hat, mir selbst das Notwendige zu sagen.«

Das Fräulein war inzwischen in eine Seitengasse eingebogen, aber K. konnte sie schon entbehren und überließ sich seinen Begleitern. Alle drei zogen nun in vollem Einverständnis über eine Brücke im Mondschein, jeder kleinen Bewegung, die K. machte, gaben die Herren jetzt bereitwillig nach, als er ein wenig zum Geländer sich wendete, drehten auch sie sich in ganzer Front dorthin. Das im Mondlicht glänzende und zitternde Wasser teilte sich um eine kleine Insel, auf der, wie zusammengedrängt, Laubmassen von Bäumen und Sträuchern sich aufhäuften. Unter ihnen, jetzt unsichtbar, führten Kieswege mit bequemen Bänken, auf denen K. in manchem Sommer sich gestreckt und gedehnt hatte. »Ich wollte ja gar nicht stehenbleiben«, sagte er zu seinen Begleitern, beschämt durch ihre Bereitwilligkeit. Der eine schien dem anderen hinter K.s Rücken einen sanften Vorwurf wegen des mißverständlichen Stehenbleibens zu machen, dann gingen sie weiter.

Sie kamen durch einige ansteigende Gassen, in denen hie und da Polizisten standen oder gingen; bald in der Ferne, bald in nächster Nähe. Einer mit buschigem Schnurrbart, die Hand am Griff des Säbels, trat wie mit Absicht nahe an die nicht ganz unverdächtige Gruppe. Die Herren stockten, der Polizeimann schien schon den Mund zu öffnen, da zog K. mit Macht die Herren vorwärts. Öfters drehte er sich vorsichtig um, ob der Polizeimann nicht folgte; als sie aber eine Ecke zwischen sich und dem Polizeimann hatten, fing K. zu laufen an, die Herren mußten trotz großer Atemnot auch mitlaufen.

So kamen sie rasch aus der Stadt hinaus, die sich in dieser Richtung fast ohne Übergang an die Felder anschloß. Ein kleiner Steinbruch, verlassen und öde, lag in der Nähe eines noch ganz städtischen Hauses. Hier machten die Herren halt, sei es, daß dieser Ort von allem Anfang an ihr Ziel gewesen war, sei es, daß sie zu erschöpft waren, um noch weiter zu laufen. Jetzt ließen sie K. los, der stumm wartete, nahmen die Zylinderhüte ab und wischten sich, während sie sich im Steinbruch umsahen, mit den Taschentüchern den Schweiß von der Stirn. Überall lag der Mondschein mit seiner Natürlichkeit und Ruhe, die keinem anderen Licht gegeben ist.

Nach Austausch einiger Höflichkeiten hinsichtlich dessen, wer die nächsten Aufgaben auszuführen habe – die Herren schienen die Aufträge ungeteilt bekommen zu haben –, ⌜ging der eine zu K. und zog ihm den Rock, die Weste und schließlich das Hemd aus⌝. K. fröstelte unwillkürlich, worauf ihm der Herr einen leichten, beruhigenden Schlag auf den Rücken gab. Dann legte er die Sachen sorgfältig zusammen, wie Dinge, die man noch gebrauchen wird, wenn auch nicht in allernächster Zeit. Um K. nicht ohne Bewegung der immerhin kühlen Nachtluft auszusetzen, nahm er ihn unter den Arm und ging mit ihm ein wenig auf und ab, während der andere Herr den Steinbruch nach irgendeiner passenden Stelle absuchte. Als er sie gefunden hatte, winkte er, und der andere Herr geleitete K. hin. Es war nahe der Bruchwand, es lag dort ein losgebrochener Stein. ⌜Die Herren setzten K. auf die Erde nieder, lehnten ihn an den Stein und betteten seinen Kopf obenauf. Trotz aller Anstrengung, die sie sich gaben, und trotz allem Entgegenkommen, das ihnen K. bewies, blieb seine Haltung eine sehr gezwungene und unglaubwürdige.⌝ Der eine Herr bat daher den anderen, ihm für ein Weilchen das Hinlegen K.s allein zu überlassen, aber auch dadurch wurde es nicht besser. Schließlich ließen sie K. in einer Lage, die nicht einmal die beste von den bereits erreichten Lagen war. Dann öffnete der eine Herr seinen Gehrock und nahm aus einer Scheide, die an einem um die Weste gespannten Gürtel hing, ein langes, dünnes, beiderseitig geschärftes Fleischermesser, hielt es hoch und prüfte die Schärfe im Licht. Wieder begannen die widerlichen Höflichkeiten, einer reichte über K. hinweg das Messer dem anderen, dieser reichte es wieder über K. zurück. K. wußte jetzt genau, daß es seine Pflicht gewesen wäre, das Messer, als es von Hand zu Hand über ihm schwebte, selbst zu fassen und sich einzubohren. Aber er tat es nicht, sondern drehte den noch freien Hals und sah umher. Vollständig konnte er sich nicht bewähren, alle Arbeit den Behörden nicht abnehmen, die Verantwortung für diesen letzten Fehler trug der, der ihm den Rest der dazu nötigen Kraft versagt hatte. Seine Blicke fielen auf das letzte Stockwerk des an den Steinbruch angrenzenden Hauses. ⌜Wie ein Licht aufzuckt, so fuhren die Fensterflügel eines Fensters dort auseinander, ein Mensch, schwach und dünn in der Ferne und Höhe, beugte sich mit einem Ruck weit vor und streckte die Arme noch weiter aus. Wer war es? Ein Freund? Ein guter Mensch? Einer, der teilnahm? Einer, der helfen wollte? War es ein einzelner? Waren es alle? War noch Hilfe?⌝ Gab es Einwände, die man vergessen hatte? Gewiß gab es solche. Die Logik ist zwar unerschütterlich, aber einem Menschen, der leben will, widersteht sie nicht. Wo war der Richter, den er nie gesehen hatte? Wo war das hohe Gericht, bis zu dem er nie gekommen war? ⌜Er hob die Hände und spreizte alle Finger.⌝

Aber an K.s Gurgel legten sich die Hände des einen Herrn, während der andere das Messer ihm tief ins Herz stieß und zweimal dort drehte. Mit brechenden Augen sah noch K., wie die Herren, nahe vor seinem Gesicht, Wange an Wange aneinandergelehnt, die Entscheidung beobachteten. »Wie ein Hund!« sagte er, es war, als sollte die Scham ihn überleben.

Anhang

Die unvollendeten Kapitel

Zu Elsa

Eines Tages wurde K. knapp vor dem Weggehen telephonisch angerufen und aufgefordert, sofort in die Gerichtskanzlei zu kommen. Man warnte ihn davor, ungehorsam zu sein. Seine unerhörten Bemerkungen darüber, daß die Verhöre unnütz seien, kein Ergebnis haben und keines haben können, daß er nicht mehr hinkommen werde, daß er telephonische oder schriftliche Einladungen nicht beachten und Boten aus der Türe werfen werde – alle diese Bemerkungen seien protokolliert und hätten ihm schon sehr geschadet. Warum wolle er sich denn nicht fügen? Sei man nicht etwa, ohne Rücksicht auf Zeit und Kosten, bemüht, in seine verwickelte Sache Ordnung zu bringen? Wolle er darin mutwillig stören und es zu Gewaltmaßnahmen kommen lassen, mit denen man ihn bisher verschont habe? Die heutige Vorladung sei ein letzter Versuch. Er möge tun, was er wolle, jedoch bedenken, daß das hohe Gericht seiner nicht spotten lassen könne.

Nun hatte K. für diesen Abend Elsa seinen Besuch angezeigt und konnte schon aus diesem Grunde nicht zu Gericht kommen; er war froh darüber, sein Nichterscheinen vor Gericht dadurch rechtfertigen zu können, wenn er auch natürlich niemals von dieser Rechtfertigung Gebrauch machen würde und sehr wahrscheinlich auch dann nicht zu Gericht gegangen wäre, wenn er für diesen Abend nicht die geringste sonstige Verpflichtung gehabt hätte. Immerhin stellte er im Bewußtsein seines guten Rechtes durch das Telephon die Frage, was geschehen würde, wenn er nicht käme. »Man wird Sie zu finden wissen«, war die Antwort. »Und werde ich dafür bestraft werden, weil ich nicht freiwillig gekommen bin?« fragte K. und lächelte, in Erwartung dessen, was er hören würde. »Nein«, war die Antwort. »Vorzüglich«, sagte K., »was für einen Grund sollte ich denn aber haben, der heutigen Vorladung Folge zu leisten?« ⌜»Man pflegt die Machtmittel des Gerichts nicht auf sich zu hetzen«, sagte die schwächer werdende und schließlich vergehende Stimme. »Es ist sehr unvorsichtig, wenn man das nicht tut«, dachte K. im Weggehen, »man soll doch versuchen, die Machtmittel kennenzulernen.«⌝

Ohne zu zögern fuhr er zu Elsa. Behaglich in die Wagenecke gelehnt, die Hände in den Taschen des Mantels – es begann schon kühl zu werden –, überblickte er die lebhaften Straßen. Mit einer gewissen Zufriedenheit dachte er daran, daß er dem Gericht, falls es wirklich in Tätigkeit war, nicht geringe Schwierigkeiten bereitete. Er hatte sich nicht deutlich ausgesprochen, ob er zu Gericht kommen würde oder nicht; der Richter wartete also, vielleicht wartete sogar eine ganze Versammlung, nur K. würde zur besonderen Enttäuschung der Galerie nicht erscheinen. Unbeirrt durch das Gericht fuhr er dorthin, wohin er wollte. Einen Augenblick lang war er nicht sicher, ob er nicht aus Zerstreutheit dem Kutscher die Gerichtsadresse angegeben hatte, er rief ihm daher laut Elsas Adresse zu; der Kutscher nickte, ihm war keine andere gesagt worden. Von da an vergaß K. allmählich das Gericht, und die Gedanken an die Bank begannen ihn wieder, wie in früheren Zeiten, ganz zu erfüllen.

Fahrt zur Mutter

Plötzlich, beim Mittagessen, fiel ihm ein, er wolle seine Mutter besuchen. Nun war schon das Frühjahr fast zu Ende und damit das dritte Jahr, seitdem er sie nicht gesehen hatte. Sie hatte ihn damals gebeten, an seinem Geburtstag zu ihr zu kommen, er hatte auch trotz manchen Hindernissen dieser Bitte entsprochen und hatte ihr sogar das Versprechen gegeben, jeden Geburtstag bei ihr zu verbringen, ein Versprechen, das er allerdings schon zweimal nicht gehalten hatte. Dafür wollte er aber jetzt nicht erst bis zu ⌜seinem Geburtstag warten, obwohl dieser schon in vierzehn Tagen war⌝, sondern sofort fahren. Er sagte sich zwar, daß kein besonderer Grund vorlag, gerade jetzt zu fahren, im Gegenteil, die Nachrichten, die er regelmäßig alle zwei Monate von einem Vetter erhielt, der in jenem Städtchen ein Kaufmannsgeschäft besaß und das Geld, welches K. für seine Mutter schickte, verwaltete, waren beruhigender als jemals früher. Das Augenlicht der Mutter war zwar am Erlöschen, aber das hatte K. nach den Aussagen der Ärzte schon seit Jahren erwartet; dagegen war ihr sonstiges Befinden ein besseres geworden, verschiedene Beschwerden des Alters waren, statt stärker zu werden, zurückgegangen, wenigstens klagte sie weniger. Nach der Meinung des Vetters hing das vielleicht damit zusammen, daß sie seit den letzten Jahren – K. hatte schon bei seinem Besuch leichte Anzeichen davon fast mit Widerwillen bemerkt – unmäßig fromm geworden war. Der Vetter hatte in einem Brief sehr anschaulich geschildert, wie die alte Frau, die sich früher nur mühselig fortgeschleppt hatte, jetzt an seinem Arm recht gut ausschritt, wenn er sie sonntags zur Kirche führte. Und dem Vetter durfte K. glauben, denn er war gewöhnlich ängstlich und übertrieb in seinen Berichten eher das Schlechte als das Gute.
Aber wie es auch sein mochte, K. hatte sich jetzt entschlos-

sen zu fahren; er hatte neuerdings unter anderem Unerfreulichem eine gewisse Wehleidigkeit an sich festgestellt, ein fast haltloses Bestreben, allen seinen Wünschen nachzugeben – nun, in diesem Fall diente diese Untugend wenigstens einem guten Zweck.

Er trat zum Fenster, um seine Gedanken ein wenig zu sammeln, ließ dann gleich das Essen abtragen, schickte den Diener zu Frau Grubach, um seine Abreise anzuzeigen und die Handtasche zu holen, in die Frau Grubach einpacken möge, was ihr notwendig scheine, gab dann Herrn Kühne einige geschäftliche Aufträge für die Zeit seiner Abwesenheit, ärgerte sich diesmal kaum darüber, daß Herr Kühne in einer Unart, die schon zur Gewohnheit geworden war, die Aufträge mit seitwärts gewendetem Gesicht entgegennahm, als wisse er ganz genau, was er zu tun habe, und erdulde diese Auftragserteilung nur als Zeremonie, und ging schließlich zum Direktor. Als er diesen um einen zweitägigen Urlaub ersuchte, da er zu seiner Mutter fahren müsse, fragte der Direktor natürlich, ob K.s Mutter etwa krank sei. »Nein«, sagte K., ohne weitere Erklärung. Er stand in der Mitte des Zimmers, die Hände hinten verschränkt. Mit zusammengezogener Stirn dachte er nach. Hatte er vielleicht die Vorbereitungen zur Abreise übereilt? War es nicht besser hierzubleiben? Was wollte er dort? Wollte er etwa aus Rührseligkeit hinfahren? Und aus Rührseligkeit hier möglicherweise etwas Wichtiges versäumen, eine Gelegenheit zum Eingriff, die sich doch jetzt jeden Tag, jede Stunde ergeben konnte, nachdem der Prozeß nun schon wochenlang scheinbar geruht hatte und kaum eine bestimmte Nachricht zu ihm gedrungen war? Und würde er überdies die alte Frau nicht erschrecken, was er natürlich nicht beabsichtigte, was aber gegen seinen Willen sehr leicht geschehen konnte, da jetzt vieles gegen seinen Willen geschah: Und die Mutter verlangte gar nicht nach ihm. Früher hatten sich in den Briefen des Vetters die dringenden Einladungen der Mutter regelmäßig wiederholt, jetzt schon lange nicht. Der Mutter wegen fuhr er also nicht hin, das war klar. Fuhr er aber in irgendeiner Hoffnung seinetwegen hin, dann war er ein vollkommener Narr und würde sich dort in der schließlichen Verzweiflung den Lohn seiner Narrheit holen. Aber als wären alle diese Zweifel nicht seine eigenen, sondern als suchten sie ihm fremde Leute beizubringen, verblieb er, förmlich erwachend, bei seinem Entschluß zu fahren. Der Direktor hatte sich indessen zufällig oder, was wahrscheinlicher war, aus besonderer Rücksichtnahme gegen K. über eine Zeitung gebeugt, jetzt hob auch er die Augen, reichte aufstehend K. die Hand und wünschte ihm, ohne eine weitere Frage zu stellen, glückliche Reise.

K. wartete dann noch, in seinem Büro auf und ab gehend, auf den Diener, wehrte fast schweigend den Direktor-Stellvertreter ab, der mehrere Male hereinkam, um sich nach dem Grund von K.s Abreise zu erkundigen, und eilte, als er die Handtasche endlich hatte, sofort hinunter zu dem schon vorher bestellten Wagen. Er war schon auf der Treppe, da erschien oben im letzten Augenblick noch der Beamte Kullich, in der Hand einen angefangenen Brief, zu dem er offenbar von K. eine Weisung erbitten wollte. K. winkte ihm zwar mit der Hand ab, aber begriffsstützig, wie dieser blonde, großköpfige Mensch war, mißverstand er das Zeichen und raste, das Papier schwenkend, in lebensgefährlichen Sprüngen hinter K. her. Dieser war darüber so erbittert, daß er, als ihn Kullich auf der Freitreppe einholte, den Brief ihm aus der Hand nahm und zerriß. Als K. sich dann im Wagen umdrehte, stand Kullich, der seinen Fehler wahrscheinlich noch immer nicht eingesehen hatte, auf dem gleichen Platz und blickte dem davonfahrenden Wagen nach, während neben ihm der Portier tief die Mütze zog. K. war also doch noch einer der obersten Beamten der Bank; wollte er es leugnen, würde ihn der Portier widerlegen. Und die Mutter hielt ihn sogar trotz aller Widerrede für den Direktor der Bank, und dies schon seit Jahren. In ihrer Meinung würde er nicht sinken, wie auch sonst sein Ansehen Schaden gelitten hatte. Vielleicht war es ein gutes Zeichen, daß er sich gerade vor der Abfahrt davon überzeugt hatte, daß er noch immer einem Beamten, der sogar mit dem Gericht Verbindungen hatte, einen Brief wegnehmen und ohne jede Entschuldigung zerreißen durfte, ohne daß ihm die Hände verbrannten.

Von hier an gestrichen
... Das allerdings, was er am liebsten getan hätte, hatte er nicht tun dürfen, Kullich zwei laute Schläge auf seine bleichen, runden Wangen zu geben. Anderseits ist es natürlich sehr gut, denn K. haßt Kullich und nicht nur Kullich, sondern auch Rabensteiner und Kaminer. Er glaubt, sie seit jeher gehaßt zu haben, ihr Erscheinen in Fräulein Bürstners Zimmer hat ihn zwar zuerst auf sie aufmerksam gemacht, sein Haß aber ist älter. Und in der letzten Zeit leidet K. fast an diesem Haß, denn er kann ihn nicht befriedigen; es ist so schwer, ihnen beizukommen, es sind jetzt die niedrigsten Beamten, alle durchaus minderwertig, sie werden nicht vorwärtskommen, außer unter dem Druck der Dienstjahre, und auch hier langsamer als irgend jemand, es ist infolgedessen fast unmöglich, ihnen ein Hindernis in den Weg zu legen; kein von fremder Hand gelegtes Hindernis kann so groß sein wie Kullichs Dummheit, Rabensteiners Faulheit und Kaminers widerliche kriecherische Bescheidenheit. Das einzige, was man gegen sie unternehmen könnte, wäre, ihre Kündigung zu veranlassen, das wäre sogar sehr leicht zu erreichen, ein paar Worte K.s gegenüber dem Direktor würden genügen, aber davor scheut K. zurück. Vielleicht würde er es tun, wenn der Direktor-Stellvertreter, der offen oder geheim alles bevorzugt, was K. haßt, sich für

die drei einsetzen würde, aber merkwürdigerweise macht hier der Direktor-Stellvertreter eine Ausnahme und will das, was K. will.

Staatsanwalt

Trotz der Menschenkenntnis und Welterfahrung, welche K. während seiner langen Dienstzeit in der Bank erworben hatte, war ihm doch die Gesellschaft seines Stammtisches immer als außerordentlich achtungswürdig erschienen, und er leugnete sich selbst gegenüber niemals, daß es für ihn eine große Ehre war, einer solchen Gesellschaft anzugehören. Sie bestand fast ausschließlich aus Richtern, Staatsanwälten und Advokaten, auch einige ganz junge Beamte und Advokatsgehilfen waren zugelassen, sie saßen aber ganz unten am Tisch und durften sich in die Debatte nur einmischen, wenn besondere Fragen an sie gestellt wurden. Solche Fragestellung aber hatten meist nur den Zweck, die Gesellschaft zu belustigen, besonders Staatsanwalt Hasterer, der gewöhnlich K.s Nachbar war, liebte es, auf diese Weise die jungen Herren zu beschämen. Wenn er ⌜die große, stark behaarte Hand mitten auf dem Tisch spreizte⌝ und sich zum unteren Tischende wandte, horchte schon alles auf. Und wenn dann dort einer die Frage aufnahm, aber entweder sie nicht einmal enträtseln konnte oder nachdenklich in sein Bier sah oder, statt zu reden, bloß mit den Kiefern schnappte oder gar – das war das Ärgste – in unaufhaltsamem Schwall eine falsche oder unbeglaubigte Meinung vertrat, dann drehten sich die älteren Herren lächelnd auf ihren Sitzen, und es schien ihnen erst jetzt behaglich zu werden. Die wirklich ernsten fachgemäßen Gespräche blieben nur ihnen vorbehalten.

Anmerkung: Dieses Fragment hätte sich unmittelbar an das siebente Kapitel des Romans angeschlossen. Sein Beginn ist auf jenes Blatt geschrieben, das auch die Abschrift der Schlußsätze jenes Kapitels enthält.

K. war in diese Gesellschaft durch einen Advokaten, den Rechtsvertreter der Bank, gebracht worden. Es hatte eine Zeit gegeben, da K. mit diesem Advokaten in der Bank lange Besprechungen bis spät in den Abend hatte führen müssen, und es hatte sich dann von selbst gefügt, daß er mit dem Advokaten an dessen Stammtisch gemeinsam genachtmahlt und an der Gesellschaft Gefallen gefunden hatte. Er sah hier lauter gelehrte, angesehene, in gewissem Sinne mächtige Herren, deren Erholung darin bestand, daß sie schwierige, mit dem gewöhnlichen Leben nur entfernt zusammenhängende Fragen zu lösen suchten und hierbei sich abmühten. Wenn er selbst natürlich nur wenig eingreifen konnte, so bekam er doch die Möglichkeit, vieles zu erfahren, was ihm früher oder später auch in der Bank Vorteil bringen konnte, und außerdem konnte er zum Gericht persönliche Beziehungen anknüpfen, die immer nützlich waren. Aber auch die Gesellschaft schien ihn gern zu dulden. Als geschäftlicher Fachmann war er bald anerkannt und seine Meinung in solchen Dingen galt – wenn es dabei auch nicht ganz ohne Ironie abging – als etwas Unumstößliches. Es geschah nicht selten, daß zwei, die eine Rechtsfrage aus dem Handelsrecht verschieden beurteilten, K. seine Ansicht über den Tatbestand abverlangten und daß dann K.s Name in allen Reden und Gegenreden wiederkehrte und bis in die abstraktesten Untersuchungen gezogen wurde, denen K. längst nicht mehr folgen konnte. Allerdings klärte sich ihm allmählich vieles auf, besonders da er in Staatsanwalt Hasterer einen guten Berater an seiner Seite hatte, der ihm auch freundschaftlich nähertrat. Er begleitete ihn sogar öfters in der Nacht nach Hause. Er konnte sich aber lange nicht daran gewöhnen, Arm in Arm neben dem riesigen Manne zu gehen, der ihn in seinem Radmantel* ganz unauffällig hätte verbergen können.

Im Laufe der Zeit aber fanden sie sich derartig zusammen, daß alle Unterschiede der Bildung, des Berufs, des Alters sich verwischten. Sie verkehrten miteinander, als hätten sie seit jeher zueinander gehört, und wenn in ihrem Verhältnis äußerlich manchmal einer überlegen schien, so war es nicht Hasterer, sondern K., denn seine praktischen Erfahrungen behielten meistens Recht, da sie so unmittelbar gewonnen waren, wie es vom Gerichtstisch aus niemals geschehen kann.

Diese Freundschaft wurde natürlich am Stammtisch bald allgemein bekannt, es geriet halb in Vergessenheit, wer K. in die Gesellschaft gebracht hatte, nun war es jedenfalls Hasterer, der K. deckte; wenn K.s Berechtigung, hier zu sitzen, auf Zweifel stoßen würde, konnte er sich mit gutem Recht auf Hasterer berufen. Dadurch aber erlangte K. eine besonders bevorzugte Stellung, denn Hasterer war ebenso angesehen als gefürchtet. Die Kraft und Gewandtheit seines juristischen Denkens waren zwar sehr bewundernswert, doch waren in dieser Hinsicht viele Herren ihm zumindest ebenbürtig, keiner jedoch reichte an ihn heran in der Wildheit, mit der er seine Meinung verteidigte. K. hatte den Eindruck, daß Hasterer, wenn er seinen Gegner nicht überzeugen konnte, ihn doch wenigstens in Furcht setzte, schon vor seinem gestreckten Zeigefinger wichen viele zurück. Es war dann, als ob der Gegner vergessen würde, daß er in Gesellschaft von guten Bekannten und Kollegen war, daß es sich doch nur um theoretische Fragen handelte, daß ihm in Wirklichkeit keinesfalls etwas geschehen konnte – aber er verstummte, und Kopfschütteln war schon Mut. Ein peinlicher Anblick war es, wenn der Gegner weit entfernt saß, Hasterer erkannte, daß auf die Entfernung hin

Umhangartiger Mantel

keine Einigung zustande kommen konnte, wenn er nun etwa den Teller mit dem Essen zurückschob und langsam aufstand, um den Mann selbst aufzusuchen. ⌜Die in der Nähe beugten dann die Köpfe zurück, um sein Gesicht zu beobachten.⌝ Allerdings waren das nur verhältnismäßig seltene Zwischenfälle, vor allem konnte er fast nur über juristische Fragen in Erregung geraten, und zwar hauptsächlich über solche, welche Prozesse betrafen, die er selbst geführt hatte oder führte. Handelte es sich nicht um solche Fragen, war er freundlich und ruhig, sein Lachen war liebenswürdig und seine Leidenschaft gehörte dem Essen und Trinken. Es konnte sogar geschehen, daß er der allgemeinen Unterhaltung gar nicht zuhörte, sich zu K. wandte, den Arm über dessen Sessellehne legte, ihn halblaut über die Bank ausfragte, dann selbst über seine eigene Arbeit sprach oder auch von seinen Damenbekanntschaften erzählte, die ihm fast soviel zu schaffen machten wie das Gericht. Mit keinem anderen in der Gesellschaft sah man ihn derartig reden, und tatsächlich kam man oft, wenn man etwas von Hasterer erbitten wollte – meistens sollte eine Versöhnung mit einem Kollegen bewerkstelligt werden –, zunächst zu K. und bat ihn um seine Vermittlung, die er immer gerne und leicht durchführte. Er war überhaupt, ohne etwa seine Beziehung zu Hasterer in dieser Hinsicht auszunützen, allen gegenüber sehr höflich und bescheiden und verstand es, was noch wichtiger als Bescheidenheit und Höflichkeit war, zwischen den Rangabstufungen der Herren richtig zu unterscheiden und jeden seinem Range gemäß zu behandeln. Allerdings belehrte ihn Hasterer darin immer wieder, es waren das die einzigen Vorschriften, die Hasterer, selbst in der erregtesten Debatte, nicht verletzte. Darum richtete er auch an die jungen Herren unten am Tisch, die noch fast gar keinen Rang besaßen, immer nur allgemeine Ansprachen, als wären es nicht einzelne, sondern bloß ein zusammengeballter Klumpen. Gerade diese Herren aber erwiesen

ihm die höchsten Ehren, und wenn er gegen elf Uhr sich erhob, um nach Hause zu gehen, war gleich einer da, der ihm beim Anziehen des schweren Mantels behilflich war, und ein anderer, der mit großer Verbeugung die Tür vor ihm öffnete und sie natürlich auch noch festhielt, wenn K. hinter Hasterer das Zimmer verließ.
Während in der ersten Zeit K. Hasterer oder auch dieser K. ein Stück Weges begleitete, endeten später solche Abende in der Regel damit, daß Hasterer K. bat, mit ihm in seine Wohnung zu kommen und ein Weilchen bei ihm zu bleiben. Sie saßen dann noch wohl eine Stunde bei Schnaps und Zigarren. Diese Abende waren Hasterer so lieb, daß er nicht einmal auf sie verzichten wollte, als er während einiger Wochen ein Frauenzimmer namens Helene bei sich wohnen hatte. Es war eine dicke, ältliche Frau mit gelblicher Haut und schwarzen Locken, die sich um ihre Stirn ringelten. K. sah sie zunächst nur im Bett, sie lag dort gewöhnlich recht schamlos, pflegte einen Lieferungsroman zu lesen und kümmerte sich nicht um das Gespräch der Herren. Erst wenn es spät wurde, streckte sie sich, gähnte und warf auch, wenn sie auf andere Weise die Aufmerksamkeit nicht auf sich lenken konnte, ein Heft ihres Romans nach Hasterer. Dieser stand dann lächelnd auf, und K. verabschiedete sich. Später allerdings, als Hasterer Helenes müde zu werden anfing, störte sie die Zusammenkünfte empfindlich. Sie erwartete nun immer die Herren vollständig angekleidet, und zwar gewöhnlich in einem Kleid, das sie wahrscheinlich für sehr kostbar und kleidsam hielt, das aber in Wirklichkeit ein altes, überladenes Ballkleid war und besonders unangenehm durch einige Reihen langer Fransen auffiel, mit denen es zum Schmuck behängt war. Das genaue Aussehen dieses Kleides kannte K. gar nicht, er weigerte sich gewissermaßen, sie anzusehen, und saß stundenlang mit halbgeschlossenen Augen da, während sie, sich wiegend, durch das Zimmer ging

oder in seiner Nähe saß und später, als ihre Stellung immer unhaltbarer wurde, in ihrer Not sogar versuchte, durch Bevorzugung K.s Hasterer eifersüchtig zu machen. Es war nur Not, nicht Bosheit, wenn sie sich mit dem entblößten rundlichen, fetten Rücken über den Tisch lehnte, ihr Gesicht K. näherte und ihn so zwingen wollte aufzublicken. Sie erreichte damit nur, daß K. sich nächstens weigerte, zu Hasterer zu gehen, und als er nach einiger Zeit doch wieder hinkam, war Helene endgültig fortgeschickt; K. nahm das als selbstverständlich hin. Sie blieben an diesem Abend besonders lange beisammen, feierten auf Hasterers Anregung Bruderschaft, und K. war auf dem Nachhauseweg vom Rauchen und Trinken fast ein wenig betäubt.

Gerade am nächsten Morgen machte der Direktor in der Bank im Laufe eines geschäftlichen Gespräches die Bemerkung, er glaube, gestern abend K. gesehen zu haben. Wenn er sich nicht getäuscht habe, so sei K. Arm in Arm mit dem Staatsanwalt Hasterer gegangen. Der Direktor schien das so merkwürdig zu finden, daß er – allerdings entsprach dies auch seiner sonstigen Genauigkeit – die Kirche nannte, an deren Längsseite in der Nähe des Brunnens jene Begegnung stattgefunden habe. Hätte er eine Luftspiegelung beschreiben wollen, er hätte sich nicht anders ausdrücken können. K. erklärte ihm nun, daß der Staatsanwalt sein Freund sei und daß sie wirklich gestern abend an der Kirche vorbeigegangen wären. Der Direktor lächelte erstaunt und forderte K. auf, sich zu setzen. Es war einer jener Augenblicke, wegen derer K. den Direktor so liebte, Augenblicke, in denen aus diesem schwachen, kranken, hüstelnden, mit der verantwortungsvollsten Arbeit überlasteten Mann eine gewisse Sorge um K.s Wohl und um seine Zukunft ans Licht kam, eine Sorge, die man allerdings nach Art anderer Beamten, die beim Direktor ähnliches erlebt hatten, kalt und äußerlich nennen konnte, die nichts war als ein gutes Mittel, wertvolle Beamte durch das Opfer von zwei Minuten für Jahre an sich zu fesseln – wie es auch sein mochte, K. unterlag dem Direktor in diesen Augenblicken. Vielleicht sprach auch der Direktor mit K. ein wenig anders als mit den anderen, er vergaß nämlich nicht etwa seine übergeordnete Stellung, um auf diese Weise mit K. gemein zu werden – dies tat er vielmehr regelmäßig im gewöhnlichen geschäftlichen Verkehr –, hier aber schien er gerade K.s Stellung vergessen zu haben und sprach mit ihm wie mit einem Kind oder wie mit einem unwissenden jungen Menschen, der sich erst um eine Stellung bewirbt und aus irgendeinem unverständlichen Grunde das Wohlgefallen des Direktors erregte. K. hätte gewiß eine solche Redeweise weder von einem anderen noch vom Direktor selbst geduldet, wenn ihm nicht die Fürsorge des Direktors wahrhaftig erschienen wäre oder wenn ihn nicht wenigstens die Möglichkeit dieser Fürsorge, wie sie sich ihm in solchen Augenblicken zeigte, vollständig bezaubert hätte. K. erkannte seine Schwäche; vielleicht hatte sie ihren Grund darin, daß in dieser Hinsicht wirklich noch etwas Kindisches in ihm war, da er die Fürsorge des eigenen Vaters, der sehr jung gestorben war, niemals erfahren hatte, bald vom Hause fortgekommen war und die Zärtlichkeit der Mutter, die halb blind noch draußen in dem unveränderlichen Städtchen lebte und die er zuletzt etwa vor zwei Jahren besucht hatte, immer eher abgelehnt als hervorgelockt hatte.

»Von dieser Freundschaft wußte ich gar nichts«, sagte der Direktor, und nur ein schwaches, freundliches Lächeln milderte die Strenge dieser Worte.

Das Haus

Ohne zunächst eine bestimmte Absicht damit zu verbinden, hatte K. bei verschiedenen Gelegenheiten in Erfahrung zu bringen gesucht, wo das Amt seinen Sitz habe, von welchem aus die erste Anzeige in seiner Sache erfolgt war. Er erfuhr es ohne Schwierigkeiten, sowohl Titorelli als auch Wolfahrt* nannten ihm auf die erste Frage hin die genaue Nummer des Hauses. Später vervollständigte Titorelli mit einem Lächeln, das er immer für geheime, ihm nicht zur Begutachtung vorgelegte Pläne bereit hatte, die Auskunft dadurch, daß er behauptete, gerade dieses Amt habe nicht die geringste Bedeutung, es spreche nur aus, was ihm aufgetragen werde, und sei nur das äußerste Organ der großen Anklagebehörde selbst, die allerdings für Parteien unzugänglich sei. Wenn man also etwas von der Anklagebehörde wünsche – es gäbe natürlich immer viele Wünsche, aber es sei nicht immer klug, sie auszusprechen –, dann müsse man sich allerdings an das genannte untergeordnete Amt wenden, doch werde man dadurch weder selbst zur eigentlichen Anklagebehörde dringen noch seinen Wunsch jemals dorthin leiten.

K. kannte schon das Wesen des Malers, er widersprach deshalb nicht, erkundigte sich auch nicht weiter, sondern nickte nur und nahm das Gesagte zur Kenntnis. Wieder schien ihm, wie schon öfters in der letzten Zeit, daß Titorelli, soweit es auf Quälerei ankam, den Advokaten reichlich ersetzte. Der Unterschied bestand nur darin, daß K. Titorelli nicht so preisgegeben war und ihn, wann es ihm beliebte, ohne Umstände hätte abschütteln können, daß ferner Titorelli überaus mitteilsam, ja geschwätzig war, wenn auch früher mehr als jetzt, und daß schließlich K. sehr wohl auch seinerseits Titorelli quälen konnte.

Und das tat er auch in dieser Sache, sprach öfters von jenem Haus in einem Ton, als verschweige Titorelli etwas, als

---

*Im Manuskript »Wolfhart«. Eine Person diesen Namens wird von Kafka nirgends eingeführt und entstammt wohl einer geplanten Textpassage, die nicht zur Ausführung kam.

habe er Beziehungen mit jenem Amte angeknüpft, als seien sie aber noch nicht so weit gediehen, um ohne Gefahr bekanntgemacht werden zu können, suchte ihn dann aber Titorelli zu näheren Angaben zu drängen, lenkte K. plötzlich ab und sprach lange nicht mehr davon. Er hatte Freude an solchen kleinen Erfolgen, er glaubte dann, nun verstehe er schon viel besser diese Leute aus der Umgebung des Gerichts, nun könnte er schon mit ihnen spielen, rücke fast selbst unter sie ein, bekomme wenigstens für Augenblicke die bessere Übersicht, welche ihnen gewissermaßen die erste Stufe des Gerichts ermöglichte, auf der sie standen. Was machte es, wenn er seine Stellung hier unten doch endlich verlieren sollte? Dort war auch dann noch eine Möglichkeit der Rettung, er mußte nur in die Reihen dieser Leute schlüpfen, hatten sie ihm, infolge ihrer Niedrigkeit oder aus anderen Gründen, in seinem Prozeß nicht helfen können, so konnten sie ihn doch aufnehmen und verstecken, ja sie konnten sich, wenn er alles genügend überlegt und geheim ausführte, gar nicht dagegen wehren, ihm auf diese Weise zu dienen, besonders Titorelli nicht, dessen naher Bekannter und Wohltäter er doch jetzt geworden war.
Von solchen und ähnlichen Hoffnungen nährte sich K. nicht etwa täglich, im allgemeinen unterschied er noch genau und hütete sich, irgendeine Schwierigkeit zu übersehen oder zu überspringen, aber manchmal – meistens waren es Zustände vollständiger Erschöpfung am Abend nach der Arbeit – nahm er Trost aus den geringsten und überdies vieldeutigsten Vorfällen des Tages. Gewöhnlich lag er dann auf dem Kanapee seines Büros – er konnte sein Büro nicht mehr verlassen, ohne eine Stunde lang auf dem Kanapee sich zu erholen – und fügte in Gedanken Beobachtung an Beobachtung. Er beschränkte sich nicht peinlich auf die Leute, welche mit dem Gericht zusammenhingen, hier im Halbschlaf mischten sich alle, er vergaß dann die große Arbeit des Gerichtes, ihm war, als sei er der einzige Ange-

klagte und alle anderen gingen durcheinander wie Beamte und Juristen auf den Gängen eines Gerichtsgebäudes, noch die Stumpfsinnigsten hatten das Kinn zur Brust gesenkt, die Lippen aufgestülpt und den starren Blick verantwortungsvollen Nachdenkens. Immer traten dann, als geschlossene Gruppe, die Mieter der Frau Grubach auf, sie standen beisammen Kopf an Kopf mit offenen Mäulern, wie ein anklagender Chor. Es waren viele Unbekannte unter ihnen, denn K. kümmerte sich schon seit langem um die Angelegenheiten der Pension nicht im geringsten. Infolge der vielen Unbekannten machte es ihm aber Unbehagen, sich näher mit der Gruppe abzugeben, was er aber manchmal tun mußte, wenn er dort Fräulein Bürstner suchte. Er überflog zum Beispiel die Gruppe, und plötzlich glänzten ihm zwei gänzlich fremde Augen entgegen und hielten ihn auf. Er fand dann Fräulein Bürstner nicht, aber als er dann, um jeden Irrtum zu vermeiden, nochmals suchte, ⌈fand er sie gerade in der Mitte der Gruppe, die Arme um zwei Herren gelegt, die ihr zur Seite⌉ standen. Es machte unendlich wenig Eindruck auf ihn, besonders deshalb, da dieser Anblick nichts Neues war, sondern nur die unauslöschliche Erinnerung an eine Photographie am Badestrand, die er einmal in Fräulein Bürstners Zimmer gesehen hatte. Immerhin trieb dieser Anblick K. von der Gruppe weg, und wenn er auch noch öfters hierhier zurückkehrte, so durcheilte er nun mit langen Schritten das Gerichtsgebäude kreuz und quer. Er kannte sich immer sehr gut in allen Räumen aus, verlorene Gänge, die er nie gesehen haben konnte, erschienen ihm vertraut, als wären sie seine Wohnung seit jeher, Einzelheiten drückten sich ihm mit schmerzlicher Deutlichkeit immer wieder ins Hirn, ⌈ein Ausländer zum Beispiel spazierte in einem Vorsaal, er war gekleidet ähnlich einem Stierfechter, die Taille war eingeschnitten, wie mit Messern, sein ganz kurzes, ihn steif umgebendes Röckchen bestand aus gelblichen, grobfädigen

Spitzen, und dieser Mann ließ sich, ohne sein Spazierengehen einen Augenblick einzustellen, unaufhörlich von K. bestaunen. Gebückt umschlich ihn K. und staunte ihn mit angestrengt aufgerissenen Augen an. Er kannte alle Zeichnungen der Spitzen, alle fehlerhaften Fransen, alle Schwingungen des Röckchens und hatte sich doch nicht satt gesehen. Oder vielmehr, er hatte sich schon längst satt gesehen, oder, noch richtiger, er hatte es niemals ansehen wollen, aber es ließ ihn nicht. »Was für Maskeraden bietet das Ausland!«⌐ dachte er und riß die Augen noch stärker auf. Und im Gefolge dieses Mannes blieb er, bis er sich auf dem Kanapee herumwarf und das Gesicht ins Leder drückte.

Von hier an gestrichen
⌐So lag er lange und ruhte sich nun wirklich aus. Er überlegte zwar auch jetzt, aber im Dunkel und ungestört. Am liebsten dachte er an Titorelli. Titorelli saß auf einem Sessel, und K. kniete vor ihm, strich über seine Arme und umschmeichelte ihn auf jede Weise. Titorelli wußte, wonach K. strebte, aber er tat, als wisse er es nicht, und quälte ihn dadurch ein wenig. Aber K. wußte seinerseits, daß er schließlich alles durchsetzen würde, denn Titorelli war ein leichtsinniger, leicht zu gewinnender Mensch ohne strenges Pflichtgefühl, und es war unbegreiflich, daß sich das Gericht mit einem solchen Menschen eingelassen hatte. K. erkannte: hier, wenn irgendwo, war der Durchbruch möglich. Er ließ sich nicht durch Titorellis schamloses Lächeln beirren, das dieser mit erhobenem Kopf ins Leere richtete, er bestand auf seiner Bitte und verstieg sich mit den Händen bis zum Streicheln von Titorellis Wangen. Er bemühte sich nicht allzusehr, er war fast lässig, er zog die Sache aus Genußsucht in die Länge, er war des Erfolges sicher. Wie einfach war die Überlistung des Gerichtes! Als gehorche er

einem Naturgesetz, neigte sich endlich Titorelli zu ihm herab, ein freundliches langsames Schließen der Augen zeigte, daß er zur Erfüllung der Bitte bereit sei, er reichte K. mit festem Druck die Hand. K. erhob sich, ihm war natürlich ein wenig feierlich zumute, aber Titorelli duldete nun keine Feierlichkeit mehr, er umfaßte K. und zog ihn im Laufe mit sich fort. Gleich waren sie im Gerichtsgebäude und eilten über die Treppen, aber nicht nur aufwärts, sondern auf und ab, ohne jeden Aufwand von Mühe, leicht wie ein leichtes Boot im Wasser. Und gerade, als K. seine Füße beobachtete und zu dem Schlusse kam, daß diese schöne Art der Bewegung seinem bisherigen niedrigen Leben nicht mehr angehören könne, gerade jetzt, über seinem gesenktem Kopf, erfolgte die Verwandlung. Das Licht, das bisher von hinten eingefallen war, wechselte und strömte blendend von vorn. K. sah auf, Titorelli nickte ihm zu und drehte ihn um. Wieder war K. auf dem Korridor des Gerichtsgebäudes, aber alles war ruhiger und einfacher. Es gab keine auffallenden Einzelheiten, K. umfaßte alles mit einem Blick, machte sich von Titorelli los und ging seines Weges. K. trug heute ein neues langes, dunkles Kleid, es war wohltuend warm und schwer. Er wußte, was mit ihm geschehen war, aber er war so glücklich darüber, daß er es sich noch nicht eingestehen wollte. In dem Winkel eines Korridors, an dessen einer Wand große Fenster geöffnet waren, fand er auf einem Haufen seine früheren Kleider, das schwarze Jackett, die scharf gestreiften Hosen und darüber das Hemd mit zittrigen Ärmeln ausgestreckt.⌐

Kampf mit dem Direktor-Stellvertreter

Eines Morgens fühlte sich K. viel frischer und widerstandsfähiger als sonst. An das Gericht dachte er kaum; wenn es ihm aber einfiel, schien es ihm, als könne diese ganz unübersichtliche große Organisation an irgendeiner, allerdings verborgenen, im Dunkel erst zu ertastenden Handhabe leicht gefaßt, ausgerissen und zerschlagen werden. Sein außergewöhnlicher Zustand verlockte K. sogar, den Direktor-Stellvertreter einzuladen, in sein Büro zu kommen und eine geschäftliche Angelegenheit, die schon seit einiger Zeit drängte, gemeinsam zu besprechen. Immer bei solchem Anlaß tat der Direktor-Stellvertreter so, als hätte sich sein Verhältnis zu K. in den letzten Monaten nicht im geringsten geändert. Ruhig kam er, wie in den früheren Zeiten des ständigen Wettbewerbs mit K., ruhig hörte er K.s Ausführungen an, zeigte durch kleine vertrauliche, ja kameradschaftliche Bemerkungen seine Teilnahme und verwirrte K. nur dadurch, worin man aber keine Absicht sehen mußte, daß er sich durch nichts von der geschäftlichen Hauptsache ablenken ließ, förmlich bis in den Grund seines Wesens aufnahmebereit für diese Sache war, während K.s Gedanken vor diesem Muster an Pflichterfüllung sofort nach allen Seiten zu schwärmen anfingen und ihn zwangen, die Sache selbst fast ohne Widerstand dem Direktor-Stellvertreter zu überlassen. Einmal war es so schlimm, daß K. schließlich nur bemerkte, wie der Direktor-Stellvertreter plötzlich aufstand und stumm in sein Büro zurückkehrte. K. wußte nicht, was geschehen war, es war möglich, daß die Besprechung regelrecht abgeschlossen war, ebenso möglich aber war es, daß der Direktor-Stellvertreter sie abgebrochen hatte, weil ihn K. unwissentlich gekränkt oder weil er Unsinn gesprochen hatte oder weil es dem Direktor-Stellvertreter unzweifelhaft geworden war, daß K. nicht zuhörte und mit anderen Dingen beschäftigt war. Es war aber sogar möglich, daß K. eine lächerliche Entscheidung getroffen oder daß der Direktor-Stellvertreter sie ihm entlockt hatte und daß er sich jetzt beeilte, sie zum Schaden K.s zu verwirklichen. Man kam übrigens auf diese Angelegenheit nicht mehr zurück, K. wollte nicht an sie erinnern, und der Direktor-Stellvertreter blieb verschlossen; es ergaben sich allerdings vorläufig auch weiterhin keine sichtbaren Folgen. Jedenfalls war aber K. durch den Vorfall nicht abgeschreckt worden; wenn sich nur eine passende Gelegenheit ergab und er nur ein wenig bei Kräften war, stand er schon bei der Tür des Direktor-Stellvertreters, um zu ihm zu gehen oder ihn zu sich einzuladen. Es war keine Zeit mehr, sich vor ihm zu verstecken, wie er es früher getan hatte. Er hoffte nicht mehr auf einen baldigen entscheidenden Erfolg, der ihn mit einemmal von allen Sorgen befreien und von selbst das alte Verhältnis zum Direktor-Stellvertreter herstellen würde. K. sah ein, daß er nicht ablassen dürfe; wich er zurück, so wie es vielleicht die Tatsachen erforderten, dann bestand die Gefahr, daß er möglicherweise niemals mehr vorwärtskam. Der Direktor-Stellvertreter durfte nicht im Glauben gelassen werden, daß K. abgetan sei, er durfte mit diesem Glauben nicht ruhig in seinem Büro sitzen, er mußte beunruhigt werden. Er mußte so oft als möglich erfahren, daß K. lebte und daß er, wie alles, was lebte, eines Tages mit neuen Fähigkeiten überraschen konnte, so ungefährlich er auch heute schien. Manchmal sagte sich zwar K., daß er mit dieser Methode um nichts anderes als um seine Ehre kämpfe, denn Nutzen konnte es ihm eigentlich nicht bringen, wenn er sich in seiner Schwäche immer wieder dem Direktor-Stellvertreter entgegenstellte, sein Machtgefühl stärkte und ihm die Möglichkeit gab, Beobachtungen zu machen und seine Maßnahmen genau nach den augenblicklichen Verhältnissen zu treffen. Aber K. hätte sein Verhalten gar nicht ändern können, er unterlag Selbsttäuschungen, er glaubte manchmal mit Bestimmtheit, er dürfe sich gerade jetzt unbesorgt mit dem Direktor-Stellvertreter messen; die unglücklichsten Erfahrungen belehrten ihn nicht; was ihm bei zehn Versuchen nicht gelungen war, glaubte er mit dem elften durchsetzen zu können, obwohl alles immer ganz einförmig zu seinen Ungunsten abgelaufen war. Wenn er nach einer solchen Zusammenkunft erschöpft, in Schweiß, mit leerem Kopf zurückblieb, wußte er nicht, ob es Hoffnung oder Verzweiflung gewesen war, die ihn an den Direktor-Stellvertreter gedrängt hatte, ein nächstes Mal war es wieder vollständig eindeutig nur Hoffnung, mit der er zu der Tür des Direktor-Stellvertreters eilte.

Von hier an bis zu den Worten »Aufträge zu erhalten suchte« gestrichen

An diesem Morgen zeigte sich diese Hoffnung besonders berechtigt. Der Direktor-Stellvertreter trat langsam ein, hielt die Hand an die Stirn und klagte über Kopfschmerzen. K. wollte zunächst auf diese Bemerkung antworten, besann sich dann aber und begann sofort mit den geschäftlichen Ausführungen, ohne auf die Kopfschmerzen des Direktor-Stellvertreters irgendwelche Rücksicht zu nehmen. Mochten nun aber diese Schmerzen nicht sehr groß gewesen sein oder mochte das Interesse an der Sache sie für einige Zeit verdrängt haben, jedenfalls zog der Direktor-Stellvertreter im Laufe des Gespräches die Hand von der Stirn und antwortete wie immer, schlagfertig und fast ohne Überlegung, wie ein Musterschüler, der mit den Antworten in die Fragen hineinfährt. K. konnte ihm diesmal begegnen und ihn mehrmals zurückweisen, aber der Gedanke an die Kopfschmerzen des Direktor-Stellvertreters störte ihn immerfort, als seien sie nicht ein Nachteil, sondern ein Vorteil des Direktor-Stellvertreters. Wie bewundernswert ertrug er und bezwang er diese Schmerzen! Manchmal lächelte er, ohne daß es in seinen Worten begründet war, er schien sich dessen zu rühmen, daß er Kopfschmerzen hatte, in seinem Denken aber dadurch nicht behindert wurde. Man sprach von ganz anderen Dingen, aber gleichzeitig vollzog sich ein stummes Wechselgespräch, in welchem der Direktor-Stellvertreter die Heftigkeit seiner Kopfschmerzen zwar nicht in Abrede stellte, aber immer auch darauf hinwies, daß es nur unverfängliche Schmerzen seien, also ganz andere als die, an denen K. zu leiden pflegte. Und mochte K. auch widersprechen, die Art, wie der Direktor-Stellvertreter mit seinen Schmerzen fertig wurde, widerlegte ihn. Gleichzeitig aber gab sie ihm ein Beispiel. Auch er konnte sich gegen alle Sorgen absperren, die nicht zu seinem Berufe gehörten. Es war nur nötig, daß er sich noch mehr an die Arbeit hielt als bisher, in der Bank neue Einrichtungen durchführte, deren Erhaltung ihn dauernd beschäftigen würde, seine ein wenig gelockerten Beziehungen zur Geschäftswelt durch Besuche und Reisen festigte, häufiger dem Direktor Berichte erstattete und von ihm besondere Aufträge zu erhalten suchte.

So war es auch heute. Der Direktor-Stellvertreter trat gleich ein, blieb dann nahe bei der Tür stehen, putzte, einer neu angenommenen Gewohnheit gemäß, seinen Zwicker und sah zuerst K. und dann, um sich nicht allzu auffallend mit K. zu beschäftigen, auch das ganze Zimmer genauer an. Es war, als benütze er die Gelegenheit, um die Sehkraft seiner Augen zu prüfen. K. widerstand den Blicken, lächelte sogar ein wenig und lud den Direktor-Stellvertreter ein, sich zu setzen. Er selbst warf sich in seinen Lehnstuhl, rückte ihn möglichst nahe zum Direktor-Stellvertreter, nahm gleich die nötigen Papiere vom Tisch und begann seinen Bericht. Der Direktor-Stellvertreter schien zunächst kaum zuzuhören. Die Platte von K.s Schreibtisch war von einer niedrigen geschnitzten Balustrade umgeben. Der ganze Schreibtisch war vorzügliche Arbeit, und auch die Balustrade saß fest im Holz. Aber der Direktor-Stellvertreter tat, als habe er gerade jetzt dort eine Lockerung bemerkt und versuchte, den Fehler dadurch zu beseitigen, daß er mit dem Zeigefinger auf die Balustrade loshieb. K. wollte daraufhin seinen Bericht unterbrechen, was aber der Direktor-Stellvertreter nicht duldete, da er, wie er erklärte, alles genau höre und auffasse. Während ihm aber K. vorläufig keine sachliche Bemerkung abnötigen konnte, schien die Balustrade besondere Maßregeln zu verlangen, denn der Direktor-Stellvertreter zog jetzt sein Taschenmesser hervor, nahm als Gegenhebel K.s Lineal und versuchte, die Balustrade hochzuheben, wahrscheinlich um sie dann leichter desto tiefer einstoßen zu können. K. hatte in seinen Bericht einen ganz neuartigen Vorschlag aufgenommen, von dem er sich eine besondere Wirkung auf den Direktor-Stellvertreter versprach, und als er jetzt zu diesem Vorschlag gelangte, konnte er gar nicht innehalten, so sehr nahm ihn die eigene Arbeit gefangen oder vielmehr, so sehr freute er sich an dem immer seltener werdenden Bewußtsein, daß er hier in der Bank noch etwas zu bedeuten habe und daß seine Gedanken die Kraft hatten, ihn zu rechtfertigen. Vielleicht war sogar diese Art, sich zu verteidigen, nicht nur in der Bank, sondern auch im Prozeß die beste, viel besser vielleicht als jede andere Verteidigung, die er schon versucht hatte oder plante. In der Eile seiner Rede hatte K. gar nicht Zeit, den Direktor-Stellvertreter ausdrücklich von seiner Arbeit an der Balustrade abzuziehen, nur zwei- oder dreimal strich er während des Vorlesens mit der freien Hand, wie beruhigend, über die Balustrade hin, um damit, fast ohne es selbst genau zu wissen, dem Direktor-Stellvertreter zu zeigen, daß die Balustrade keinen Fehler habe und daß, selbst wenn sich einer vorfinden sollte, augenblicklich das Zuhören wichtiger und auch anständiger sei als alle Verbesserungen. Aber den Direktor-Stellvertreter hatte, wie das bei lebhaften, nur geistig tätigen Menschen oft geschieht, diese handwerksmäßige Arbeit in Eifer gebracht, ein Stück der Balustrade war nun wirklich hochgezogen, und es handelte sich jetzt darum, die Säulchen wieder in die zugehörigen Löcher hineinzubringen. Das war schwieriger als alles Bisherige. Der Direktor-Stellvertreter mußte aufstehen und mit beiden Händen versuchen, die Balustrade in die Platte zu drücken. Es wollte aber trotz allem Kraftverbrauch nicht gelingen. K. hatte während des Vorlesens – das er übrigens mit viel freier Rede vermischte – nur undeutlich wahrgenommen, daß der Direktor-Stellvertreter sich erhoben hatte. Obwohl er die Nebenbeschäftigung des Direktor-Stellvertreters kaum jemals ganz aus den Augen verlor, hatte er doch angenommen, daß die Bewegung des Direktor-Stellvertreters doch auch mit seinem Vortrag irgendwie zusammenhing, auch er stand also auf und, den Finger unter eine Zahl gedrückt, reichte er dem Direktor-Stellvertreter ein Papier entgegen. Der Direktor-Stellvertreter aber hatte inzwischen eingesehen, daß der Druck der Hände nicht genügte, und so setzte er sich kurz entschlossen mit seinem ganzen Gewicht auf die Balustrade. Jetzt glückte es allerdings, die Säulchen fuhren knirschend in die Löcher, aber ein Säulchen knickte in der Eile ein, und an einer Stelle brach die zarte obere Leiste entzwei. »Schlechtes Holz«, sagte der Direktor-Stellvertreter ärgerlich.

Ein Fragment

Als sie aus dem Theater traten, fiel ein leichter Regen. K. war schon durch das Stück und die schlechte Aufführung ermüdet, der Gedanke aber, daß er den Onkel bei sich beherbergen sollte, machte ihn ganz niedergeschlagen. Gerade heute lag ihm viel daran, mit F. B. zu sprechen, vielleicht hätte sich noch eine Gelegenheit gefunden, mit ihr zusammenzukommen; die Gesellschaft des Onkels verhinderte es aber völlig. Es fuhr allerdings noch ein Nachtzug, den der Onkel benützen konnte, aber daß er heute, da ihn K.s Prozeß so sehr beschäftigte, zur Abreise bewogen werden könne, schien gänzlich aussichtslos. Trotzdem machte K. ohne viel Hoffnung einen Versuch: »Ich fürchte, Onkel«, sagte er, »daß ich deine Hilfe in nächster Zeit wirklich brauchen werde. Ich sehe noch nicht genau, in welcher Richtung, aber jedenfalls werde ich sie brauchen.« »Du kannst auf mich zählen«, sagte der Onkel, »ich denke ja die ganze Zeit nur darüber nach, wie man dir helfen könnte.« »Du bist immer der alte«, sagte K., »nur fürchte ich, daß mir die Tante böse sein wird, wenn ich dich nächstens werde bitten müssen, wieder in die Stadt zu kommen.« »Deine Sache ist wichtiger als derartige Unannehmlichkeiten.« »Dem kann ich nicht zustimmen«, sagte K., »aber wie immer das sein mag, unnötigerweise will ich dich der Tante nicht entziehn, in den allernächsten Tagen brauch ich dich voraussichtlich, möchtest du also nicht vorläufig nachhausefahren?« »Morgen?« »Ja morgen«, sagte K., »oder vielleicht jetzt mit dem Nachtzug, es wäre das Bequemste.«

Die vom Autor gestrichenen Stellen

Zu Seite 19, Zeile 1

Das Verhör scheint sich auf die Blicke zu beschränken, dachte K., ein Weilchen lang soll es ihm erlaubt sein. Wenn ich nur wüßte, was für eine Behörde es sein kann, die meinetwegen, also in einer für die Behörde gänzlich aussichtslosen Sache, so große Veranstaltungen treffen kann. Denn dieses Ganze muß man schon eine große Veranstaltung nennen. Drei Personen sind schon für mich aufgewendet, zwei fremde Zimmer in Unordnung gebracht, dort in der Ecke stehen noch drei junge Leute und sehen die Photographien des Fräulein Bürstner an.

Zu Seite 19, Zeile 22

Jemand sagte mir – ich kann mich nicht mehr erinnern, wer es gewesen ist –, daß es doch wunderbar sei, daß man, wenn man früh aufwacht, wenigstens im allgemeinen alles unverrückt an der gleichen Stelle findet, wie es am Abend gewesen ist. Man ist doch im Schlaf und im Traum wenigstens scheinbar in einem vom Wachen wesentlich verschiedenen Zustand gewesen, und es gehört, wie jener Mann ganz richtig sagte, eine unendliche Geistesgegenwart oder besser Schlagfertigkeit dazu, um mit dem Augenöffnen alles, was da ist, gewissermaßen an der gleichen Stelle zu fassen, an der man es am Abend losgelassen hat. Darum sei auch der Augenblick des Erwachens der riskanteste Augenblick am Tag; sei er einmal überstanden, ohne daß man irgendwohin von seinem Platze fortgezogen wurde, so könne man den ganzen Tag über getrost sein.

Zu Seite 20, Zeile 20

Sie wissen, die Angestellten wissen immer mehr als der Vorgesetzte.

Zu Seite 26, Zeile 21

Den Gedanken, daß er ihnen gerade dadurch vielleicht die Beobachtung seiner eigenen Person erleichterte, die ihnen möglicherweise aufgetragen war, erschien ihm als eine derartig lächerliche Phantasie, daß er die Stirn in seine Hand legte und minutenlang so blieb, um wieder zur Besinnung zu kommen. »Noch einige solche Gedanken«, sagte er sich, »und du bist ein wahrhaftiger Narr.« Dann aber erhob er desto stärker seine ein wenig schnarrende Stimme.

Zu Seite 31, Zeile 19

Vor dem Hause ging ein Soldat mit dem regelmäßigen und starken Schritt eines Wachtpostens auf und ab. Nun stand also auch eine Wache vor dem Hause. K. mußte sich weit vorbeugen, um den Soldaten zu sehen, denn er ging nahe an der Häusermauer. »Hallo«, rief er ihm zu, aber nicht so laut, daß es dieser hätte hören können. Es zeigte sich übrigens bald, daß der Soldat nur auf ein Dienstmädchen wartete, die in das gegenüberliegende Gasthaus um Bier gegangen war und jetzt in der lichterfüllten Tür erschien. K. legte sich die Frage vor, ob er auch nur flüchtig geglaubt habe, daß der Wachtposten für ihn bestimmt sei; er konnte die Frage nicht beantworten.

Zu Seite 35, Zeile 23

»Sie sind ein unerträglicher Mensch, man weiß nicht, ob Sie es ernst meinen oder nicht.« »Das ist nicht ganz unrichtig«, sagte K. in der Freude, mit einem hübschen Mädchen zu plaudern, »das ist nicht ganz unrichtig, ich habe keinen Ernst und muß daher mit dem Spaß sowohl für den Ernst als für den Spaß auszukommen suchen. Aber verhaftet wurde ich im Ernst.«

Zu Seite 47, Zeile 8-9

Für »politische Bezirksversammlung« stand ursprünglich »sozialistische Versammlung«.

Zu Seite 55, Zeile 28-29

K. sah nur, daß ihre aufgeknöpfte Bluse in der Taille rings um sie herunterhing, daß ein Mann sie in einen Winkel bei der Tür gezogen hatte und dort ihren nur mit dem Hemd bekleideten Oberkörper an sich drückte.

Zu Seite 67, Zeile 9

K. hatte schon nach der Hand der Frau greifen wollen, die sie ihm sichtlich, wenn auch furchtsam zu nähern suchte, als ihn die Reden des Studenten aufmerksam machten. Es war ein geschwätziger, sich überhebender Mensch, vielleicht konnte man von ihm genauere Auskunft über die Anklage bekommen, die gegen K. erhoben war. Hatte aber K. diese Auskünfte, dann konnte er zweifellos mit einem Male, mit einem Wehen der Hand dem ganzen Verfahren zum Schrecken aller sofort ein Ende machen.

Zu Seite 98, Zeile 31

Ja, es war sogar sicher, daß er dieses Angebot selbst dann abgelehnt hätte, wenn es mit Geldbestechung verbunden gewesen wäre und ihn wahrscheinlich doppelt verletzt hätte, denn K. mußte wohl, solange er im Verfahren stand, für alle Angestellten des Verfahrens unverletzlich sein.

Zu 111, Zeile 11

Auch dieses Lob ließ das Mädchen unbewegt, ja es schien sogar keinen wesentlichen Eindruck auf sie zu machen, als jetzt der Onkel sagte: »Mag sein. Ich werde dir aber trotzdem womöglich heute noch eine Krankenschwester herschicken. Bewährt sie sich nicht, so kannst du sie entlassen, tu mir aber den Gefallen und versuch es mit ihr. In dieser Umgebung und Stille, in der du hier lebst, verkommt man ja.« »Es ist nicht immer so still wie jetzt«, sagte der Advokat. »Deine Krankenschwester nehme ich nur an, wenn ich es muß.« »Du mußt«, sagte der Onkel.

Zu Seite 117, Zeile 22

Der Schreibtisch, der fast die ganze Länge des Zimmers einnahm, stand in der Nähe der Fenster, es war so eingerichtet, daß der Advokat den Rücken der Tür zukehrte und der Besucher als ein wahrer Eindringling die ganze Breite des Zimmers durchmessen mußte, ehe er das Gesicht des Advokaten zu sehen bekam, wenn dieser nicht etwa die Freundlichkeit hatte, sich nach dem Besucher umzuwenden.

Zu Seite 145, Zeile 28

Nein, vom allgemeinen Bekanntwerden des Prozesses hatte K. für sich nicht das Geringste zu erhoffen. Wer sich nicht als Richter erheben und ihn blind und vorzeitig verurteilen würde, würde ihn, da es nun so leicht war, doch wenigstens zu demütigen suchen.

Zu Seite 197, Zeile 33

Im Zimmer war es ganz finster, vor den Fenstern hingen wahrscheinlich schwere Stoffvorhänge und ließen keinen Lichtschimmer durch. Die leichte Erregung des Laufes wirkte in K. noch nach, er machte, ohne nachzudenken, einige lange Schritte. Dann erst blieb er stehen und merkte, daß er gar nicht mehr wußte, an welcher Stelle des Zimmers er sich befand. Der Advokat schlief jedenfalls schon, seine Atemzüge hörte man nicht, denn er pflegte sich ganz unter das Federbett zu verkriechen.

Zu Seite 201, Zeile 28–29

..., als warte er auf ein Lebenszeichen des Angeklagten, ...

Zu Seite 204, Zeile 1

»Sie sprechen nicht offen mit mir und haben niemals offen mit mir gesprochen. Deshalb dürfen Sie sich nicht beklagen, wenn Sie, wenigstens Ihrer Meinung nach, verkannt werden. Ich bin offen und fürchte deshalb nicht, verkannt zu werden. Sie haben meinen Prozeß an sich gerissen, als

wäre ich ganz frei, mir aber scheint es jetzt fast, als hätten
Sie ihn nicht nur schlecht verwaltet, sondern als hätten Sie
ihn, ohne etwas Ernstliches zu unternehmen, nur vor mir
verstecken wollen, damit ich verhindert werde einzugreifen und damit eines Tages in meiner Abwesenheit irgendwo
das Urteil gesprochen wird. Ich sage nicht, daß Sie das alles
tun wollten ... «

Zu Seite 208, Zeile 8

Es wäre jetzt sehr verlockend gewesen, Block zu verlachen.
Leni benützte K.s Zerstreutheit, stemmte sich, da K. ihre
Hände festhielt, mit den Ellbogen gegen die Sessellehne
und begann K. leicht zu schaukeln, K. kümmerte sich zunächst nicht darum, sondern sah zu, wie Block das Federbett am Rande vorsichtig hob, offenbar, um die Hände des
Advokaten zu suchen, die er küssen wollte.

Zu Seite 216, Zeile 28

... was man, wenigstens auf den ersten Blick und ohne zu
wissen, wovon er sprach, für das Fallen des Wassers in
einem Springbrunnen gehalten hätte.

Zu Seite 237, Zeile 11

Als er das gesagt hatte, stockte er; es fiel ihm auf, daß er
jetzt über eine Legende gesprochen und geurteilt hatte, er
kannte ja gar nicht die Schrift, welcher jene Legende entnommen war, und ebenso unbekannt waren ihm die Erklärungen. Er war in einen ihm vollständig unbekannten
Gedankengang hineingezogen worden. War der Geistliche

doch so wie alle anderen, wollte er über K.s Sache nur in Andeutungen sprechen, ihn dadurch vielleicht verführen und am Ende schweigen? In diesen Überlegungen hatte K. die Lampe vernachlässigt, sie begann zu rauchen, und K. bemerkte es erst, als ihm der Rauch um das Kinn spielte. Nun versuchte er, das Licht niedriger zu schrauben, da verlöschte es. Er blieb stehen, es war ganz dunkel, er wußte gar nicht, an welcher Stelle der Kirche er sich befand. Da es auch neben ihm still war, fragte er: »Wo bist du?« »Hier«, sagte der Geistliche und faßte K. bei der Hand. »Warum hast du die Lampe verlöschen lassen? Komm, ich führe dich in die Sakristei, dort ist ein Licht.«
K. war es sehr willkommen, daß er den eigentlichen Dom verlassen durfte, der hohe, weite, mit den Augen nur im kleinsten Umkreis zu durchdringende Raum bedrückte ihn, schon öfters hatte er im Bewußtsein der Nutzlosigkeit dessen nach oben geblickt, immer war ihm nur Dunkel von allen Seiten förmlich entgegengeflogen. An der Hand des Geistlichen eilte er hinter ihm her. In der Sakristei brannte eine Lampe, die noch kleiner war als die, welche K. trug. Auch hing sie so tief, daß sie fast nur den Boden der Sakristei beleuchtete, die zwar eng, aber wahrscheinlich ebenso hoch war wie der Dom selbst. »Überall ist es so finster«, sagte K. und legte die Hand auf die Augen, als schmerzten sie ihn infolge der Anstrengungen, sich zurechtzufinden.

Zu Seite 240, Zeile 25

Ihre Augenbrauen waren wie eingesetzt und wippten unabhängig von der Bewegung des Gehens auf und ab.

Zu Seite 242, Zeile 20–24

Sie kamen durch einige ansteigende Gassen, in denen hier und da Polizisten standen oder gingen, bald in der Ferne, bald in nächster Nähe. Einer mit buschigem Schnurrbart, die Hand am Griff des vom Staat ihm anvertrauten Säbels, trat wie mit Absicht nahe an die nicht ganz unverdächtige Gruppe. »Der Staat bietet mir seine Hilfe an«, sagte K. flüsternd am Ohre des einen Herrn. »Wie, wenn ich den Prozeß auf das Gebiet der Staatsgesetze hinüberspielte? Es könnte noch dazu kommen, daß ich die Herren gegen den Staat verteidigen müßte!«

Ursprünglicher Text der Schlußsätze im vorletzten Absatz:
. . . gab es Einwände, die man vergessen hatte? Gewiß gab es solche. Die Logik ist zwar unerschütterlich, aber einem Menschen, der leben will, widersteht sie nicht. Wo war der Richter? Wo war das Hohe Gericht? Ich habe zu reden. Ich hebe die Hände.

Nachworte des Herausgebers Max Brod

Nachwort zur ersten Ausgabe

Eigenartig und tief wie alle Lebensäußerungen Franz Kafkas war auch seine Stellungnahme seinem eigenen Werk und jeder Publikation gegenüber. Die Probleme, die er bei Behandlung dieser Angelegenheit austrug und die daher auch Richtschnur jeder Veröffentlichung aus seinem Nachlaß bleiben müssen, können in ihrem Ernst gar nicht überschätzt werden. Zu ihrer wenigstens annäherungsweisen Beurteilung diene das Folgende:
Fast alles, was Kafka veröffentlicht hat, ist ihm von mir mit List und Überredungskunst abgenommen worden. Damit steht nicht im Widerspruch, daß er oftmals, in langen Lebensperioden, seines Schreibens wegen (er sprach freilich stets nur von einem »Kritzeln«) viel Glück empfunden hat. Wer ihn nur je in kleinem Kreise seine eigne Prosa mit hinreißendem Feuer, mit einem Rhythmus, dessen Lebendigkeit kein Schauspieler je erreichen wird, vorlesen hören durfte, der fühlte auch unmittelbar die echte unbändige Schaffenslust und Leidenschaft, die hinter diesem Werke stand. Daß er es trotzdem verwarf, hatte seinen Grund zunächst in gewissen traurigen Erlebnissen, die ihn zur Selbstsabotage, daher auch zum Nihilismus dem eignen Werk gegenüber führten; unabhängig davon aber auch in der Tatsache, daß er an dieses Werk (freilich ohne dies je auszusprechen) den höchsten religiösen Maßstab anlegte, dem es allerdings, aus vielerlei Wirrnissen entrungen, nicht entsprechen konnte. Daß sein Werk trotzdem vielen, die zum Glauben, zur Natur, zur vollkommenen Seelengesundheit hinstreben, ein starker Helfer hätte werden können, durfte ihm nichts bedeuten, der mit dem unerbittli-

chen Ernst für sich selbst auf der Suche nach dem rechten Wege war und zunächst sich selbst, nicht andern Rat zu geben hatte.
So deute ich für meine Person die negative Stellungnahme Kafkas zu seinem eignen Werk. Er sprach oft von den »falschen Händen, die sich einem während des Schreibens entgegenstrecken« – auch davon, daß ihn das Geschriebene und gar das Veröffentlichte in der weitern Arbeit beirre. Es gab viele Widerstände zu überwinden, ehe ein Band von ihm erschien. Nichtsdestoweniger hat er an den fertigen schönen Büchern und gelegentlich auch an ihren Wirkungen eine rechte Freude gehabt, und es gab Zeiten, wo er wie sich selbst so auch sein Werk mit gleichsam wohlwollenderen Blicken, nie ganz ohne Ironie, jedoch mit freundlicher Ironie musterte; mit einer Ironie, hinter der sich das ungeheure Pathos des kompromißlos nach dem Höchsten Strebenden verbarg.
In Franz Kafkas Nachlaß hat sich kein Testament vorgefunden. In seinem Schreibtisch lag unter vielem andern Papier ein zusammengefalteter, mit Tinte geschriebener Zettel mit meiner Adresse. Der Zettel hat folgenden Wortlaut:

Liebster Max, meine letzte Bitte: Alles, was sich in meinem Nachlaß (also im Buchkasten, Wäscheschrank, Schreibtisch, zu Hause und im Büro, oder wohin sonst irgend etwas vertragen worden sein sollte und Dir auffällt) an Tagebüchern, Manuskripten, Briefen, fremden und eignen, Gezeichnetem und so weiter findet, restlos und ungelesen zu verbrennen, ebenso alles Geschriebene oder Gezeichnete, das Du oder andre, die Du in meinem Namen darum bitten sollst, haben. Briefe, die man Dir nicht übergeben will, soll man wenigstens selbst zu verbrennen sich verpflichten.
Dein Franz Kafka.

Bei genauerm Suchen fand sich auch noch ein mit Bleistift geschriebenes, vergilbtes, offenbar älteres Blatt. Es sagt:

Lieber Max, vielleicht stehe ich diesmal doch nicht mehr auf, das Kommen der Lungenentzündung ist nach dem Monat Lungenfieber genug wahrscheinlich, und nicht einmal, daß ich es niederschreibe, wird sie abwehren, trotzdem es eine gewisse Macht hat.
Für diesen Fall also mein letzter Wille hinsichtlich alles von mir Geschriebenen:
Von allem, was ich geschrieben habe, gelten nur die Bücher: Urteil, Heizer, Verwandlung, Strafkolonie, Landarzt und die Erzählung: Hungerkünstler. (Die paar Exemplare der ›Betrachtung‹ mögen bleiben, ich will niemandem die Mühe des Einstampfens machen, aber neu gedruckt darf nichts daraus werden.) Wenn ich sage, daß jene fünf Bücher und die Erzählung gelten, so meine ich damit nicht, daß ich den Wunsch habe, sie mögen neu gedruckt und künftigen Zeiten überliefert werden, im Gegenteil, sollten sie ganz verlorengehn, entspricht dieses meinem eigentlichen Wunsch. Nur hindere ich, da sie schon einmal da sind, niemanden daran, sie zu erhalten, wenn er dazu Lust hat.
Dagegen ist alles, was sonst an Geschriebenem von mir vorliegt (in Zeitschriften Gedrucktes, im Manuskript oder in Briefen) ausnahmslos, soweit es erreichbar oder durch Bitten von den Adressaten zu erhalten ist (die meisten Adressaten kennst Du ja, in der Hauptsache handelt es sich um . . ., vergiß besonders nicht paar Hefte, die . . . hat) – alles dieses ist ausnahmslos, am liebsten ungelesen (doch wehre ich Dir nicht hineinzuschaun, am liebsten wäre es mir allerdings, wenn Du es nicht tust, jedenfalls aber darf niemand andrer hineinschauen) – alles dieses ist ausnahmslos zu verbrennen, und dies möglichst bald zu tun bitte ich Dich
Franz.

Wenn ich diesen kategorisch ausgesprochenen Verfügungen gegenüber dennoch ablehne, die herostratische Tat auszuführen, die mein Freund von mir verlangt, so habe ich hierzu die allertriftigsten Gründe.
Einige davon entziehen sich öffentlicher Diskussion. Doch auch die, welche ich mitteilen kann, sind meiner Ansicht nach durchaus hinreichend zum Verständnis meines Entschlusses.
Der Hauptgrund: als ich 1921 meinen Beruf wechselte, sagte ich meinem Freunde, daß ich mein Testament gemacht hätte, in dem ich ihn bäte, dieses und jenes zu vernichten, andres durchzusehen und so fort. Darauf sagte Kafka und zeigte mir den mit Tinte geschriebenen Zettel, den man dann in seinem Schreibtisch vorgefunden hat, von außen: »Mein Testament wird ganz einfach sein – die Bitte an dich, alles zu verbrennen.« Ich entsinne mich auch noch ganz genau der Antwort, die ich damals gab: »Falls du mir im Ernste so etwas zumuten solltest, so sage ich dir schon jetzt, daß ich deine Bitte nicht erfüllen werde.« Das ganze Gespräch wurde in jenem scherzhaften Ton geführt, der unter uns üblich war, jedoch mit dem heimlichen Ernst, den wir dabei stets einer bei dem andern voraussetzten. Von dem Ernst meiner Ablehnung überzeugt, hätte Franz einen andern Testamentsexekutor bestimmen müssen, wenn ihm seine eigne Verfügung unbedingter und letzter Ernst gewesen wäre.
Ich bin ihm nicht dankbar, mich in diesen schweren Gewissenskonflikt gestürzt zu haben, den er voraussehen mußte, denn er kannte die fanatische Verehrung, die ich jedem seiner Worte entgegenbrachte und die mich in den zweiundzwanzig Jahren unsrer niemals getrübten Freundschaft (unter anderm) veranlaßte, auch nicht das kleinste Zettelchen, keine Ansichtskarte, die von ihm kam, wegzuwerfen. – Das »ich bin nicht dankbar« möge übrigens nicht mißverstanden werden! Was wiegt ein noch so

schwerer Gewissenskonflikt gegenüber dem unendlichen Segen, den ich dem Freunde verdanke, der das eigentliche Rückgrat meiner ganzen geistigen Existenz war!
Weitere Gründe: die Order des Bleistiftblatts ist von Franz selbst nicht befolgt worden, denn er hat später ausdrücklich die Erlaubnis gegeben, daß Teile der ›Betrachtung‹ in einer Zeitung nachgedruckt und daß drei weitere Novellen veröffentlicht würden, die er selbst mit dem ›Hungerkünstler‹ vereinigt und dem Verlag ›Die Schmiede‹ übergeben hat. Beide Verfügungen stammen ferner aus einer Zeit, wo die selbstkritischen Tendenzen meines Freundes den Höhepunkt erreicht hatten. In seinem letzten Lebensjahre aber hat sein ganzes Dasein eine unvorhergesehene, neue, glückliche, positive Wendung genommen, die diesen Selbsthaß und Nihilismus derogiert. – Mein Entschluß, den Nachlaß zu veröffentlichen, wird übrigens durch die Erinnerung an all die erbitterten Kämpfe erleichtert, mit denen ich jede einzelne Veröffentlichung von Kafka erzwungen und oft genug erbettelt habe. Und dennoch war er nachträglich mit diesen Veröffentlichungen ausgesöhnt und relativ zufrieden. – Schließlich entfällt bei einer postumen Veröffentlichung eine Reihe von Motiven, zum Beispiel, daß Veröffentlichung weitere Arbeit beirren könnte, daß sie die Schatten persönlich peinlicher Lebensperioden aufrief. Wie sehr für Kafka die Nichtveröffentlichung mit dem Problem seiner Lebensführung zusammenhing (ein Problem, das zu unserem unermeßlichen Schmerz jetzt nicht mehr stört), geht wie aus vielen Gesprächen aus folgendem Brief an mich hervor: »... Die Romane lege ich nicht bei. Warum die alten Anstrengungen aufrühren? Nur deshalb, weil ich sie bisher nicht verbrannt habe?... Wenn ich nächstens komme, geschieht es hoffentlich. Worin liegt der Sinn des Aufhebens solcher ›sogar‹ künstlerisch mißlungener Arbeiten? Darin, daß man hofft, daß sich aus diesen Stückchen ein Ganzes zusammensetzen wird, irgendeine

Berufungsinstanz, an deren Brust ich werde schlagen können, wenn ich in Not bin. Ich weiß, daß das nicht möglich ist, daß von dort keine Hilfe kommt. Was soll ich also mit den Sachen? Sollen die, die mir nicht helfen können, mir auch noch schaden, wie es, dieses Wissen vorausgesetzt, sein muß?«

Ich fühle sehr wohl, daß ein Rest bleibt, der besonders zartsinnigen Menschen die Publikation verbieten würde. Ich halte es aber für meine Pflicht, dieser sehr einschmeichelnden Verlockung des Zartsinns zu widerstehn. Entscheidend ist dabei natürlich nichts von dem bisher Vorgebrachten, sondern einzig und allein die Tatsache, daß der Nachlaß Kafkas die wundervollsten Schätze, auch an seinem eignen Werk gemessen das Beste, was er geschrieben hat, enthält. Ehrlicherweise muß ich eingestehn, daß diese eine Tatsache des literarischen und ethischen Werts genügt hätte (selbst wenn ich gegen die Kraft der letztwilligen Verfügungen Kafkas gar keinen Einwand hätte) – meine Entscheidung mit einer Präzision, der ich nichts entgegenzusetzen hätte, eindeutig zu bestimmen.

Leider ist Franz Kafka an einem Teil seines Vermächtnisses sein eigner Exekutor geworden. Ich fand in seiner Wohnung zehn große Quarthefte – nur ihre Deckel, den Inhalt vollständig vernichtet. Ferner hat er (zuverlässigem Bericht zufolge) mehrere Schreibblocks verbrannt. In der Wohnung fand sich nur ein Konvolut (etwa hundert Aphorismen über religiöse Fragen), ein autobiographischer Versuch, der vorläufig unveröffentlicht bleibt, und ein Haufen ungeordneter Papiere, die ich jetzt sichte. Ich hoffe, daß sich in diesen Papieren manche vollendete oder nahezu vollendete Erzählung finden wird. Ferner wurden mir eine (unvollendete) Tiernovelle und ein Skizzenbuch übergeben.

Der kostbarste Teil des Vermächtnisses besteht mithin in den Werken, die dem Grimm des Autors rechtzeitig ent-

zogen und in Sicherheit gebracht worden sind. Es sind dies drei Romane. ›Der Heizer‹, die schon veröffentlichte Erzählung, bildet das erste Kapitel des einen Romans, der in Amerika spielt und von dem auch das Schlußkapitel existiert, so daß er keine wesentliche Lücke aufweisen dürfte. Dieser Roman befindet sich bei einer Freundin des Toten; die beiden andern – ›Das Schloß‹ und den ›Prozeß‹ – habe ich 1920 und 1923 zu mir gebracht, was mir heute ein wahrer Trost ist. Erst diese Werke werden zeigen, daß die eigentliche Bedeutung Franz Kafkas, den man bisher mit einigem Recht für einen Spezialisten, einen Meister der Kleinkunst halten konnte, in der großen epischen Form liegt.
Mit diesen Werken, die etwa vier Bände einer Nachlaßausgabe füllen dürften, sind aber die Ausstrahlungen von Kafkas zauberhafter Persönlichkeit bei weitem nicht erschöpft. Kann auch vorläufig an eine Herausgabe der Briefe nicht gedacht werden, von denen jeder einzelne dieselbe Natürlichkeit und Intensität besitzt wie Kafkas literarisches Werk, so wird man doch in einem kleinen Kreise rechtzeitig darangehen, alles zu sammeln, was als Äußerung dieses einzigartigen Menschen in Erinnerung geblieben ist. Um nur ein Beispiel anzuführen: wie viele der Werke, die jetzt zu meiner bittern Enttäuschung in Kafkas Wohnung nicht mehr vorgefunden wurden, hat mir mein Freund vorgelesen oder wenigstens teilweise vorgelesen, teilweise ihren Plan erzählt! Wie unvergeßliche, ganz originelle, ganz tiefe Gedanken hat er mir mitgeteilt! Soweit mein Gedächtnis, soweit meine Kräfte reichen, soll nichts verlorengehen.
Das Manuskript des Romans ›Der Prozeß‹ habe ich im Juni 1920 an mich genommen und gleich damals geordnet. Das Manuskript trägt keinen Titel. Doch hat Kafka dem Roman im Gespräch stets den Titel ›Der Prozeß‹ gegeben. Die Einteilung in Kapitel sowie die Kapitelüberschriften rüh-

ren von Kafka her. Bezüglich der Anordnung der Kapitel war ich auf mein Gefühl angewiesen. Doch da mir mein Freund einen großen Teil des Romans vorgelesen hatte, konnte sich mein Gefühl bei der Ordnung der Papiere auf Erinnerungen stützen. – Franz Kafka hat den Roman als unvollendet betrachtet. Vor dem Schlußkapitel, das vorliegt, sollten noch einige Stadien des geheimnisvollen Prozesses geschildert werden. Da aber der Prozeß nach der vom Dichter mündlich geäußerten Ansicht niemals bis zur höchsten Instanz vordringen sollte, war in einem gewissen Sinne der Roman überhaupt unvollendbar, das heißt in infinitum fortsetzbar. Die vollendeten Kapitel, mit dem abrundenden Schlußkapitel zusammengenommen, lassen jedenfalls sowohl den Sinn wie die Gestalt des Werkes mit einleuchtendster Klarheit hervortreten, und wer nicht darauf aufmerksam gemacht wird, daß der Dichter selbst an dem Werke noch weiterzuarbeiten gedachte (er unterließ es, weil er sich einer andern Lebensatmosphäre zuwandte) – wird kaum seine Lücke fühlen. – Meine Arbeit an dem großen Papierbündel, das seinerzeit dieser Roman darstellte, beschränkte sich darauf, die vollendeten von den unvollendeten Kapiteln zu sondern. Die unvollendeten lasse ich für den Schlußband der Nachlaßausgabe zurück, sie enthalten nichts für den Gang der Handlung Wesentliches. Eines dieser Fragmente wurde vom Dichter selbst unter dem Titel ›Ein Traum‹ in den Band ›Ein Landarzt‹ aufgenommen. Die vollendeten Kapitel sind hier vereinigt und geordnet. Von den unvollendeten habe ich nur eines, das offenbar nahezu vollendet ist, mit einer leichten Umstellung von vier Zeilen als Kapitel 8 hier eingereiht. – Im Text habe ich selbstverständlich nichts geändert. Ich habe nur die zahlreichen Abkürzungen transkribiert (zum Beispiel statt F. B. »Fräulein Bürstner« – statt T. »Titorelli«, voll ausgeschrieben) und einige kleine Versehen berichtigt, die offensichtlich nur deshalb in dem Manuskript stehenge-

blieben sind, weil es der Dichter einer definitiven Durchsicht nicht unterworfen hat.
[1925] M. B.

Nachwort zur zweiten Ausgabe

Die vorliegende zweite Ausgabe von Kafkas großen Romanfragmenten hat anderen Sinn, untersteht anderen Gesetzen als die, nun historische, erste. Damals galt es, eine eigenwillige, befremdliche, nicht zur Gänze vollendete Dichtwelt zu erschließen; es wurde daher alles vermieden, was das Fragmenthafte betont, die Lesbarkeit erschwert hätte. Heute, da sich dies Werk von Jahr zu Jahr weiter eröffnet, da zumal die Wissenschaften, Theologie wie Psychologie und Philologie, von ihm ergriffen worden sind, soll einer kritischen, mit Lesarten versehenen Ausgabe, soweit dies möglich ist, vorgearbeitet worden sein.
Die Schwierigkeit einer Kafka-Philologie ist ungewöhnlich groß. Denn obwohl Kafkas Sprache nur meßbar ist an J. P. Hebels oder Kleists Deutsch, bildet dennoch ihre leichte Durchsetzung mit Prager, ferner mit allgemein österreichischen Elementen der Wortgebung und des Tonfalls einen besonderen, unvermißbaren Zauber. So wurde in der vorliegenden Ausgabe zwar versucht, Zeichensetzung, Schreibart und syntaktische Konstruktion dem allgemeinen deutschen Gebrauch anzugleichen, doch nur, soweit dies mit der eigentümlichen Sprachmelodie des Dichters vereinbar schien. Letzte Instanz dieses Verfahrens war also nicht Grammatik, sondern ein bis zur Evidenz der Richtigkeit wiederholtes, lautes Vorsprechen der betreffenden Sätze und Absätze.
Da das Manuskript in der vorliegenden Gestalt nicht zum Druck bestimmt war, vom Dichter also noch einer letzten Durchsicht unterzogen worden wäre, herrscht auch in be-

zug auf die von ihm gestrichenen Stellen nicht volle Sicherheit: manche Passagen wären wohl nach neuerlicher Durchsicht wiederum aufgenommen worden. Doch wurde die Intention des Dichters im Kontext des Romans vollauf geachtet; jene Striche, die eine formale oder stoffliche Bereicherung darstellen, sind als Anhang aufgenommen und durch die Kapitel ergänzt worden, die als zu fragmentarisch aus der Erstausgabe ausgeschieden werden mußten.
Im Gegensatz zu dieser ist ferner an vielen Orten die Wortstellung sowie die zwei- und mehrfache Verwendung desselben Worts im gleichen Satz dem Original getreu festgehalten worden, und zwar grundsätzlich überall dort, wo ein Versehen des Dichters nicht mit völliger Sicherheit festzustellen war. Nur ganz offenbare Fehler der Handschrift wurden berichtigt.
Das achte Kapitel der Erstausgabe war durch eine leichte Umstellung von vier Zeilen abgeschlossen worden. Diese sind hier in ihren ursprünglichen Zusammenhang zurückgestellt, das Kapitel erscheint, wie im Original, unvollendet.
[1935]   M. B.

Nachwort zur dritten Ausgabe

Bei neuerlicher Durchsicht des Manuskripts erscheint es als nicht unmöglich, daß Kafka die jetzt als ›Fünftes Kapitel‹ bezeichnete Episode als zweites Kapitel intendiert hat. Kafka hat zwar die Kapitel mit Überschriften versehen, aber nicht numeriert. Die Ordnung führte ich nach dem sachlichen Zusammenhang durch, ferner auf Grund spezieller Hinweise, zum Beispiel Wiederholung der Schlußworte eines Kapitels auf der gleichen Seite, auf der das neue Kapitel anfängt. Dies muß die ursprüngliche Form gewesen sein. Später hat Kafka dann die einzelnen

Kapitel voneinander getrennt und jedesmal die erwähnten Schlußworte in einer mit vielen Abkürzungen durchsetzten Abschrift, öfters auch in der ihm persönlich eigenen Stenographie, dem Kapitelschluß beigefügt. Solche Duplikatstellen beweisen also zumindest, daß derartig gekennzeichnete Kapitel ursprünglich zusammenhingen. Ob dieser Zusammenhang der Absicht des Dichters nach weiterbestehen oder aufgehoben werden sollte, muß für immer zweifelhaft bleiben.
Tel Aviv, 1946. M. B.

Kommentar

Entstehungsgeschichte

Der Prozeß/*Process* vom 11. August 1914 bis zum 20. Januar 1915

Zeit seines Lebens verbindet Franz Kafka (1883–1924) die Vorstellung gelingenden Schreibens mit der Phantasie hermetischer Abschottung des Schreibortes. Sein Bedürfnis nach Abgeschiedenheit steigert sich mitunter zu Bildern der Selbsteinkerkerung, die in der Literaturgeschichte nicht ihresgleichen haben: »Deshalb kann man nicht genug allein sein, wenn man schreibt, deshalb kann es nicht genug still um einen sein, wenn man schreibt, die Nacht ist noch zu wenig Nacht. Deshalb kann nicht genug Zeit einem zur Verfügung stehn. [...] Oft dachte ich schon daran, daß es die beste Lebensweise für mich wäre, mit Schreibzeug und einer Lampe im innersten Raume eines ausgedehnten, abgesperrten Kellers zu sein. Das Essen brächte man mir, stellte es immer weit von meinem Raum entfernt hinter der äußersten Tür des Kellers nieder. Der Weg um das Essen, im Schlafrock, durch alle Kellergewölbe hindurch wäre mein einziger Spaziergang. Dann kehrte ich zu meinem Tisch zurück, würde langsam und mit Bedacht essen und wieder gleich zu schreiben anfangen. Was ich dann schreiben würde!«

> »Selbsteinkerkerung« als Bedingung des Schreibens

So steht es im Brief vom 14./15. Januar 1913 an Felice Bauer (1887–1960) zu lesen, die das Ansinnen gestellt hatte, in der zukünftigen gemeinsamen Wohnung nachts, wenn er schriebe, neben ihm zu sitzen. Kafka macht seiner Verlobten klar, dass zu solcher Gemeinsamkeit kein Weg führt, um dann mit dem Appell »Halte Dich vor dem Kellerbewohner nicht zurück!« den Brief zu schließen (Erich Heller/Jürgen Born (Hg.): *F. K. – Briefe an Felice und andere Korrespondenz aus der Verlobungszeit*, Frankfurt/M. 1995, S. 250).

Als am 31. Juli 1914 die allgemeine Mobilmachung verfügt wird, werden beide Schwäger Kafkas zur k. u. k. Armee eingezogen. Seine Schwester Gabriele, genannt Elli (1889–1941), sieht sich gezwungen, mit ihren Kindern zu den Eltern zu ziehen. Kafka, nach der Lösung seines Verlöbnisses mit Felice am 16.

Juli nun nicht mehr Junggeselle auf Widerruf, sondern mit diesem Status schon belastet, muss die elterliche Wohnung am Altstädter Ring verlassen. Er zieht in die Wohnung seiner Schwester Valerie, genannt Valli (1890–1942), in der Bilekgasse. Zum ersten Mal in seinem Leben hat er eine eigene Wohnung zur Verfügung; er hält einen strengen Tagesplan ein und konzentriert alle Kräfte auf das Schreiben. Nachdem er zunächst mehrere Anläufe unternommen hat, über Textanfänge aber nicht hinausgelangt ist, bricht sich ab dem 11. August ein wahrer Schreibstrom Bahn: Kafka arbeitet am *Process*. Entgegen seiner bis dahin üblichen Praxis stellt er das Anfangs- und Schlusskapitel als Erstes fertig, um den Roman dann »dazwischen« ausspinnen zu können. Die einzelnen Kapitel sind denn auch nur ungefähr aufeinander abgestimmt, wichtiger ist es für ihn, sich ganz der Logik seiner unberechenbaren Schreibaktionen überlassen zu können.

Anfang September 1914 übernimmt er die leer stehende Wohnung seiner Schwester Elli. Die Unterkunft befindet sich außerhalb des alten Stadtzentrums in der Nerudagasse. Hier entstehen bis Anfang Oktober zwei Drittel des Romans, dann stellen sich Hemmungen ein. Am 5. Oktober 1914 tritt Kafka einen zweiwöchigen Urlaub an. Der Urlaub soll ihm die absolute Konzentration auf den Roman ermöglichen, der sich, wie Kafka spürt, in einem kritischen Stadium befindet. Die Maßnahme führt zu einem unerwarteten Ergebnis: Kafka kann zwar den *Process* nicht im gewünschten Maß vorantreiben, er schreibt aber die Erzählung *In der Strafkolonie* nieder; außerdem gelingt die Fortsetzung des seit Anfang 1913 liegen gebliebenen Romans *Der Verschollene*.

In der Strafkolonie und *Der Verschollene*

In die Zeit des Urlaubs fällt aber auch die Ankunft eines Briefes von Grete Bloch (1892–1944), der Freundin Felice Bauers und Vertrauten Kafkas, die mehrmals als Mittlerin zwischen den Verlobten auftrat. Über diesen Brief heißt es in seinem Tagebuch: »Ich weiß nicht, was damit anfangen, ich weiß, daß es so bestimmt ist, daß ich allein bleibe [...], ich weiß auch nicht ob ich F. lieb habe [...] aber trotz allem tritt wieder die unendliche Verlockung ein, ich habe mit dem Brief den ganzen Abend über gespielt, die Arbeit stockt, trotzdem ich mich [...] zu ihr fähig fühle« (F. K.: *Gesammelte Werke in zwölf Bänden* [GW]. Bd. 10. *Tagebücher*. Bd. 3: 1914–1923, Frankfurt/M. 1994, S. 39f.).

Von diesem Zeitpunkt an nähert sich der *Process* um Schuld und Erlösung, an dem Kafka arbeitet, wieder dem »Prozeß« an, den er mit Felice seine Ehetauglichkeit betreffend führt. Die Außenwelt, der Kafka seit Monaten ganz auf sich und sein als Verpflichtung empfundenes Schreiben konzentriert widersteht, hat sich erneut geltend gemacht. Von November an überwiegen wieder die Tagebucheintragungen die Menge der erzählerischen Niederschriften. Ende Oktober/Anfang November 1914 schreibt Kafka erstmals seit der Lösung der Verlobung wieder an Felice. In dem Brief schildert er penibel den Arbeits- und Zeitplan, den er seit drei Monaten einhält: »Während des letzten Vierteljahres ist bis heute der zweite Abend, an dem ich nicht arbeite, der erste war etwa vor einem Monat, da war ich zu müde. Ich hatte im Lauf der letzten Zeit auch 14 Tage Urlaub, da hatte sich natürlich die Zeiteinteilung ein wenig geändert, soweit es in der Eile dieser kurzen 14 Tage, in der Aufregung, daß ein Tag nach dem anderen vergeht, möglich war. Ich saß eben durchschnittlich bis 5 Uhr früh beim Tisch, einmal auch bis 1/2 8, schlief dann, in den letzten Tagen des Urlaubs gelang es mir schon wirklich zu schlafen, bis 1 oder 2 Uhr nachmittags, und nun war ich allerdings frei und hatte Urlaub bis abend. [...] Ich sitze und liege während der Stunden des Tages, die allein ich als mir entsprechendes Leben anerkenne, allein in diesen stillen 3 Zimmern, komme mit niemandem zusammen [...] und – bin nicht glücklich, gewiß nicht, aber doch manchmal zufrieden damit, daß ich, so gut es unter diesen Umständen geht, meine Pflicht erfülle« (Heller/Born (Hg.), a.a.O., S. 618).

Erneute Kontaktaufnahme mit Felice Bauer

Gerade dadurch aber, dass er Felice in allen Details vom gelungenen Leben als schreibender Eremit berichtet, gesteht Kafka unausgesprochen ein, dass er dabei ist, der Einsamkeit wieder zu entfliehen. Nach diesem Brief entstehen nur noch solche Textpassagen zum *Process*, die bereits vorhandene Kapitel ergänzen oder selbst Fragment bleiben. Am 30. November notiert er: »Ich kann nicht mehr weiterschreiben. Ich bin an der endgiltigen [!] Grenze, vor der ich vielleicht wieder Jahre lang sitzen soll« (ebd., S. 59). Am 20. Januar 1915, nach weiteren sieben Wochen, in

Flucht vor der Einsamkeit

Entstehungsgeschichte

denen nur Ergänzungen und Fragmente entstehen wollen, fällt die Entscheidung: »Ende des Schreibens. Wann wird es mich wieder aufnehmen?« (Ebd., S. 73) Drei Tage später treffen Kafka und Felice erstmals seit dem Abschied in Berlin wieder zusammen. In Bodenbach, der böhmischen Grenzstadt an der Eisenbahnstrecke Berlin–Prag, verbringen sie das Wochenende miteinander. Kafka liest Felice aus den Produktionen des vergangenen halben Jahres vor, darunter auch die *Türhüter*-Legende *Vor dem Gesetz*. Diese kleine Passage aus dem *Process* ist der einzige Text, der Felices erkennbares Interesse findet.

Die Aporie totaler Selbstrechtfertigung

Das graphische Bild der *Process*-Manuskripte weist eine auffällige Besonderheit auf. Eignet der Schrift Kafkas vor Beginn der Romanniederschrift ein markanter und raumgreifender Duktus, so zeigt der fortschreitende Text eine gedrängte graphische Gestalt, welche die Räume sowohl zwischen den einzelnen Wörtern als auch zwischen den Zeilen verringert. Es lässt sich von einer allmählichen graphischen Verdichtung des Manuskripts parallel zur Entstehung des Romans sprechen. Die Verdichtung der Schrift macht den Aufschub sichtbar, der sich gegen das mit jeder Zeile näher rückende Ende des Blattes richtet – ein vielfaches Ende, welches das endgültige des Romans vorwegnimmt, das Kafka gleich zu Anfang fixiert hatte. »Das Muskelspiel, das meine Feder vorwärtstreibt« (so im März 1913 an Felice Bauer), hat von Beginn an ein fixiertes Ziel, dennoch arbeitet ein Teil der Motorik dem Finale entgegen. Anfang Oktober spitzt sich der latente Konflikt in der Niederschrift des Romans zu, die auf ein Ende zustrebt, das sie gleichzeitig vermeiden will.

Im Roman wird die Aporie des Schaffensprozesses szenisch verhandelt in K.s Versuch, mittels einer »Eingabe« gegen die in ihren Vorwürfen unbekannte Anklage sich zur Wehr zu setzen. K. muss aber erkennen, dass ihn die »Unkenntnis der vorhandenen Anklage« in letzter Konsequenz dazu zwingen würde, sein »ganzes Leben in den kleinsten Handlungen und Ereignissen in die Erinnerung« zurückzurufen und aufzuschreiben. Dies bedeutete aber, dass er, um es zu rechtfertigen und von allen Vorwürfen zu

Graphische Verdichtung des Manuskripts

befreien, auf sein Leben verzichten müsste. Der Erzähler hat seinem Helden dabei voraus, dass er in dem zur Ekstase getriebenen Schreiben die Aussicht auf das Gelingen der Rechtfertigung aktualisieren und als Versprechen zurückbehalten kann. Freilich besteht auch beim Autor selbst der Preis der Rechtfertigung im Verlust der Lebenszeit und der Teilnahme an der menschlichen Gemeinschaft; während der Widerlegung der »gerichtlichen« Beschuldigung nimmt folglich die Schuld gegenüber dem Leben, das nicht gelebt wird, dauernd zu.

In diesem Kontext muss die heikle Ökonomie gesehen werden, die Kafka während der Wochen von Anfang August bis Anfang Oktober 1914 aufrechterhält. Die berufliche Arbeit stellt auch eine rituell vollzogene Beschwörung des drohenden Schuldbewusstseins dar, das aus der Durchsetzung der eigenen solipsistischen Tendenz erwächst. Die ersehnte Rechtfertigung des übermächtigen Autonomiebedürfnisses verlangte aber – ganz wie K. es durchdenkt! – die vollständige Beendigung der ablenkenden Arbeit. Dieser Konflikt führt Anfang Oktober zu zunehmenden Irritationen und Hemmungen im Schreibprozess. Anders als sein Held, der sich dazu nicht durchringen kann, beschließt Kafka nun, seine gesamte zur Verfügung stehende Zeit für die rechtfertigende »Eingabe« aufzuwenden. Es ist dies ein prekärer Moment, weil Kafka ahnt, dass damit die seit August wirksame, ganz der Eigengesetzlichkeit des Schreibens folgende Dynamik einen äußersten, nicht mehr zu steigernden Punkt erreicht. Um den 5. Oktober beginnt die entscheidende Phase hinsichtlich der Fertigstellung des Romans. Gerade jetzt könnte sich das ganz zu Anfang fixierte Schlusskapitel als stabilisierendes Element im sich zuspitzenden Schreibprozess bewähren. Tatsächlich aber beginnt Kafka als Erstes einen Text, der die Finalität des Schlusskapitels aufhebt: das Fragment gebliebene Kapitel *Das Haus*.

Hemmung des Schreibprozesses im Oktober 1914

Die träumerische Umstellung des Schlusskapitels

Der Text *Das Haus* (260–264) zerfällt in zwei Abschnitte, ein Umstand, der besonders dadurch hervorgehoben ist, dass der zweite Teil von Kafka durchgestrichen hinterlassen worden ist. Aber auch inhaltlich entspricht der so markierten Zäsur ein auffälliger Szenen- und Tempowechsel. Für den bis dahin entwickelten Verlauf des Geschehens hatte Gültigkeit, dass K. immer dann Tatkraft und Zuversicht entfaltete, wenn er das »Gericht« als Institution wahrnahm, gegen die sich juristisches oder auch »wissenschaftliches« Kalkül in Stellung bringen ließ. Der Widerstand des Helden nahm jedoch rapide ab, je mehr das »Gericht« sich ihm näherte und mit seiner gegenwärtigen Situation zur Deckung kam. Im Fragment nun erwägt K. erstmals Maßnahmen gegen das Gericht, die er bis dahin als korrumpierend abgelehnt hat. Die Bezugsperson dieser veränderten Taktik ist der Maler Titorelli, der K. bei seinem erstem Besuch versprochen hatte: »Ich allein hole Sie hier heraus« (163,25). K. gibt vor, das »Amt«, von dem aus die »erste Anzeige« gegen ihn erging, zu kennen, und spricht darüber als von »jenem Haus« (260,33–34). Die Ineinssetzung von »Amt« und »Haus« bedeutet aber, dass K. die Ausdehnung und sozusagen »Entinstitutionalisierung« des »Gerichts« zu akzeptieren beginnt, auf die ihn Titorelli schon hingewiesen hat: »Es gehört ja alles zum Gericht« (163,13–14). Er tut dies in dem Maße, in dem er auch die Trennung zwischen öffentlicher und privater Sphäre und Sprache aufgibt: K. schmeichelt Titorelli, versucht ihm Geheimnisse zu entlocken und selbst solche anzudeuten. Dieser Vorgang zunehmender Intimisierung des »Gerichts« gipfelt in Halbschlafphantasien K.s. Dabei kommt es zu einer den Status des Fragments begründenden Neuinszenierung der bis zu diesem Zeitpunkt der Erarbeitung des Romans gültigen Schlussszene. In einer Dreiergruppe entdeckt K. nämlich als Mittelfigur das Fräulein Bürstner. Sie steht zwischen zwei Männern, um die sie die Arme gelegt hat. Im Schlusskapitel des *Process* ist es bekanntlich K., der von zwei »Herren« abgeführt wird. Nur anfangs leistet er dabei Widerstand, dann aber scheint er selbst es zu sein, der die Schergen zum Richtplatz zieht – eine »Verstrickung« von Tätern und Opfer, die sich nicht mehr nach aktivem und passivem Part sortieren lässt. Dem Augenblick aber, in dem K.s Auflehnung in »Beihilfe« umschlägt, geht unmittelbar die Begegnung mit Fräulein Bürstner oder wenigstens einer ihr sehr ähnlichen Frau voraus. Fräulein Bürstner imponiert zu Beginn des *Process* durch ihre Zweideutigkeiten, die K. nicht erkennen lassen, ob die begehrte

Titorelli als Helfer für K.

Neuinszenierung der alten Schlussszene

Frau ihm gegenüber die Regie führt, indem sie sich passiv gibt, oder aktiv wird, um die Reserve bewahren zu können – ein Spiel miss- und halbverständlicher Gesten. Das Auftauchen Bürstners, während K. abgeführt wird, löst bei diesem das spiegelbildliche Verhalten aus: Seine Aktionen bis zur Exekution sind von der Zweideutigkeit eines »kooperierenden Widerstands« gekennzeichnet. Im Fragment *Das Haus* wird diese Situation umgekehrt: Nun ist es Fräulein Bürstner, die von »zwei Herren« flankiert wird. In gewisser Weise befindet sie sich, die den Widerstand K.s »gebrochen« hat, nun an dem Ort, an dem im Schlusskapitel die Konsequenzen ihres Verhaltens sich realisieren. Aber auch von der Inszenierung eines Paktes, den Fräulein Bürstner mit den »zwei Herren« geschlossen hat, ließe sich sprechen.

Das Fragment *Das Haus* führt also eine Umstellung in der personalen und topologischen Konstellation des Schlusskapitels durch, deren vollständige Bedeutung sich erst enthüllt, wenn man die mysteriöse Figur mit einbezieht, deren Auftritt die Traumsequenz beschließt. K. bezeichnet diese Figur als den »Ausländer«. Dieser ist gekleidet »ähnlich einem Stierfechter« (262,33). K. bestaunt die kapriziöse Gestalt, indem er sie neugierigen Blicks und in gebückter Haltung umkreist. Michael Müller hat im Zuge seiner Analyse der Bedeutung von dessen Memoiren für den *Process* Giacomo Casanova (1725–1798) als Vorbild des »Ausländers« identifiziert (*Kafka und Casanova*, in: *Freibeuter* 16 (1983), S. 67–76). Müllers Entdeckung liefert den Schlüssel, mit Hilfe dessen sich die gestrichene Schlusspassage deuten lässt. Dabei sind weniger die Parallelen zwischen Casanovas und K.s Schicksal von Belang als vielmehr die topographischen Reflexe, welche die Casanova-Lektüre in Kafkas Roman zeitigte. Im Gegensatz zur konventionellen Topographie kehrt Kafka im *Process* die architektonische Ordnung um und verlegt das Labyrinth aus Warteräumen, Kanzleien und Gerichtssälen unter das Dach. Wichtiges architektonisches Element ist dabei die Luke oder das (oben gelegene) Fenster, das im *Process* allen evasiven Wünschen Grenze und Schwelle ihrer Dynamik vorgibt. Bekanntlich gelang Casanova die Flucht aus den mit Bleiplatten gedeckten Zellen unter dem Dach des Do-

Umstellung der personalen und topologischen Ordnung des Schlusskapitels

Die Bedeutung von Casanovas *Erinnerungen* für den *Process*

genpalastes. Zeitlebens sah der Abenteurer diesen Ausbruch als Beweis an, dass äußerste Willensanstrengung zum Erfolg führen müsse. Als Stimulus des eigenen Selbstbewusstseins war der Ausbruch aus den venezianischen Bleikammern, einem Ort scheinbar unüberwindlicher Fremdbestimmtheit, nicht zu überbieten.

Beziehungen zu Der Verschollene und Die Verwandlung

Am »Ausländer« fällt auf, dass er – weil frei stehend und selbstständig posierend – von allen Seiten in Augenschein genommen werden kann. Dies ist eine Eigenschaft, die bei Kafka den Figuren autonomer Selbstbestimmtheit zukommt und deren »Urbild« die Freiheitsstatue im ersten Kapitel des Romanfragments *Der Verschollene* darstellt, welches den Titel *Der Heizer* trägt. Hans-Gerd Koch hat nachgewiesen, dass ein Traum Kafkas vom 11. September 1912 initial gewesen ist für den Schauplatz eingangs von *Der Verschollene*: »Ich befand mich auf einer aus Quadern weit ins Meer hineingebauten Landzunge. Irgendjemand oder mehrere Leute waren mit mir, aber das Bewußtsein meiner selbst war so stark, daß ich von ihnen kaum mehr wußte, als daß ich zu ihnen sprach. [...] Rechts sah man Newyork, wir waren im Hafen von Newyork. Der Himmel war grau aber gleichmäßig hell. Ich drehte mich frei, der Luft von allen Seiten ausgesetzt auf meinem Platze hin und her, um alles sehen zu können [...]« (H.-G. K.: »*Ringkämpfe jede Nacht*« – *Franz Kafkas »Schreibtisch- und Kanapeeleben«*, in: Gaspare Giudice/Michael Müller: *Franz Kafka: Träume – Ringkämpfe jede Nacht*, Frankfurt/M. 1993, S. 93–104, hier S. 96).

Von diesem Traumbild ausgehend existieren indes nicht nur Beziehungen zu *Der Verschollene*, sondern auch zu Kafkas Erzählung *Die Verwandlung* (1915), in der die frei stehende, von allen Seiten zu betrachtende Gestalt zur Gegenfigur des in einen Insektenkörper gebannten Gregor Samsa wird (vgl. SBB 13, S. 125 ff.). Es handelt sich dabei – wie es in der Feststellung »das Bewußtsein meiner selbst war so stark« zum Ausdruck kommt – um eine Infiguration von Kafkas Wunsch-Ich.

Um den 5. Oktober 1914 taucht dieses Ich in bezeichnender Veränderung wieder auf. Nun figuriert es in grotesk überzeichneten Kleidern des Frauenhelden Casanova. Steht schon die »Freiheitsstatue« in der *Verwandlung* in subtiler Beziehung zu

Felice Bauer, so ist das Inbild der Selbstständigkeit vermittelt über Fräulein Bürstner auch diesmal auf die (ehemalige) Verlobte bezogen. »Casanova«, so Michael Müller, »berichtet, daß er nach seiner Verhaftung ›ein elegantes Kleid von Sammet und Seide‹ anzog, als ginge es zur Hochzeit« (a.a.O., S. 69). Der Abenteurer verhält sich also genau gegenläufig zu K., der folgsam seinen schwarzen Anzug anlegt, als er verhaftet wird. Diesen Anzug aber trägt er auch bei seiner Exekution. Die Uminszenierung der Exekutionsszene ist demnach von äußerster Präzision: Nicht nur wird K. aus der Umklammerung der beiden »Herren« gelöst und Fräulein Bürstner an seine Stelle versetzt, es erscheint ihr gegenüber auch noch K(afka)s selbstbewusstes Wunsch-Ich, diesmal als Verführer und ewiger »Hochzeiter«, Gegenentwurf einer promiskuitiven, alle Beziehungsschuld hinter sich lassenden Person. Auf den gescheiterten »Eheversuch« bezogen, bietet K(afka) damit das Inbild männlicher Verführungskunst, welches sozusagen die Abhängigkeit von einer einzigen Frau durch die Abhängigkeit von »allen« überwindet, gegen Felice auf. Dies entspricht einer Tendenz, der K. ohnehin folgt und die vom Geistlichen im *Dom*-Kapitel gerügt wird: »Du suchst zuviel fremde Hilfe [...] und besonders bei Frauen« (227,19–21). Dass die Gestalt des »Stierfechters« über ihr Vorbild Casanova auch noch die Kraft und Fähigkeit zu schier unmöglich erscheinenden »Aus/Durchbrüchen« in sich birgt, lässt den zweiten Wunsch erkennen, welchen sich Kafka um den 5. Oktober mit dem Fragment *Das Haus* zu erfüllen sucht.

Der »Stierfechter« als Gegenentwurf

»Verwandlung« und »Ausbruch«

»Verwandlung« in eine frei stehende, aller Bindungen ledige Gestalt und »Aus/Durchbruch« sind die beiden Wünsche zu Anfang des über den Roman entscheidenden Urlaubs, den Kafka Anfang Oktober 1914 antritt. Der abrupte Übergang von der ungestrichenen zur gestrichenen Passage des Fragments *Das Haus* ist ohne diese Voraussetzung nicht zu erklären. So jedoch erweist sich Titorellis Aktion als szenische Verwirklichung der mit der Figur des »Stierfechter«-Casanova verbunden Phantasien. Die Wendung, welche K.s Gedanken an Titorelli nehmen, sind abzuleiten aus dem Eindruck, den die Figur des »Stierfechters« auf ihn ausgeübt hat, heißt es doch: »K. erkannte: hier [bei Titorelli], wenn irgendwo, war der Durchbruch möglich« (263,25–27). In schnellem »Laufe« (264,6) führt dann Titorelli K. in ein exterritoriales Licht, wobei »über seinem gesenkten Kopf« »die Verwandlung« erfolgt (264,13–14). Der Aus- und Durchbruch ist geglückt und für die Augenblicke seiner Niederschrift ein anderes Ende des *Process* erreicht.

<small>Status der Streichungen im *Process*-Manuskript</small>

Kafka hat die Passage von »Verwandlung« und »Ausbruch« K.s wieder gestrichen. Die Bedeutung dieses »Strichs« ist jedoch mit jener Vorsicht zu beurteilen, die gegenüber allen Tilgungen Kafkas angebracht ist: »Da wir nicht wissen, wie eine letzte Redaktion Kafkas ausgesehen hätte, spielt es beispielsweise eine große Rolle, daß Kafkas Streichungen nicht das zuvor Geschriebene auslöschen, sondern lesbar lassen – als dem lesenden Auge kopräsenter Speicher möglicher Restitutionsmöglichkeiten, aber auch als Fixpunkte neu zu entfachender Phantasien, als Zeugnisse, daß alles auch anders sein könnte oder hätte werden können« (Roland Reuß: *Zur kritischen Edition von »Der Process« im Rahmen der Historisch-Kritischen Franz Kafka-Ausgabe*, in: Roland Reuß/Peter Staengle (Hg.): *Franz Kafka: Historisch-Kritische Ausgabe sämtlicher Handschriften, Drucke und Typoskripte*, Frankfurt/M. 1995. Heft 1).

Welchen Status man dem Fragment *Das Haus*, insbesondere dem zweiten, gestrichenen Absatz auch zuerkennt, seine Bedeutung für den weiteren Schreibprozess im Oktober 1914 ist unverkennbar. Wenn Kafka die Mühelosigkeit der Fortbewegung mit der eines »leichte[n] Boot[s] im Wasser« vergleicht, kommt er damit einer Formulierung aus seinem euphorischen Bericht über die Nacht vom 22. auf den 23. September 1912 nahe, in der *Das Urteil* entstanden war. Dort heißt es: »Die fürchterliche Anstrengung und Freude, wie sich die Geschichte vor mir entwickelte wie ich in einem Gewässer vorwärtskam« (GW 10, a.a.O., S. 101).

Die von der Uminszenierung des bis dahin gültigen Schlusstableaus in Gang gesetzte »Verwandlung« dient der Entgrenzung des Schreibprozesses, dessen Ende mit Beginn des Urlaubs (zumindest was die symbolische Bedeutung betrifft) klar terminiert ist. Und tatsächlich kommt es danach zum zweiten der beiden Schreibschübe, die sich in der Entstehungsgeschichte des *Process* unterscheiden lassen. Bezeichnenderweise wird der Roman selbst dadurch nur unwesentlich bereichert. Der Schreibprozess umgeht die Notwendigkeit konzeptioneller und dramaturgischer Konkretionen und fördert anderes zu Tage: Der seit Anfang 1913 liegen gebliebene Roman *Der Verschollene* erhält einen plausiblen Ausgang, und es entsteht die Erzählung *In der Strafkolonie*.

Die Exterritorien des Schreibens

Am 9. Februar 1915, dem Tag bevor er das Haus in der Nerudagasse verlässt, in dem der Großteil des Manuskripts entstanden ist, fällt Kafka das Urteil über seinen Roman, zu dem er seit dem Zusammentreffen mit Felice am 23. und 24. Januar keinen Zugang mehr findet. Er verweist dabei auf den *Heizer* und die *Strafkolonie*: »Wenn sich die beiden Elemente – am ausgeprägtesten im ›Heizer‹ und ›Strafkolonie‹ – nicht vereinigen, bin ich am Ende« (GW 10, a.a.O., S. 77). Kafkas Prognose bewahrheitet sich: Wenig später ist er, was das Schreiben angeht, tatsächlich für eineinhalb Jahre »am Ende«. Nach dem Urlaub im Oktober 1914 hatte er den Schreibprozess so weit vorangetrieben, dass zwar kein »Ende« des *Process* absehbar, dafür aber die ultimativen Bedingungen seines Schreibens sichtbar wurden.

Der Hinweis im Tagebuch auf den *Heizer* meint Kafkas Roman *Der Verschollene*, dessen erstes Kapitel *Der Heizer* überschrieben ist. Neben einer Bemerkung Max Brods (1884–1968) in seinem Nachwort zu *Amerika* (d. i. Brods Titelvariante) wird dies bewiesen durch einen Eintrag vom 14. Mai 1915: »Heute alte Kapitel aus dem Heizer gelesen. Scheinbar mir heute unzugängliche (schon unzugängliche) Kraft« (ebd., S. 91). Der Titel *Heizer* bezieht sich also eindeutig auf das Manuskript des *Verschollenen*, das Kafka während der Arbeit am *Process* wieder vornahm. Im November 1912 hatte er in einem Brief an Felice durchblicken lassen, die eigentliche Dynamik, welche in *Der Verschollene* wirksam werde, sei die der Unabschließbarkeit: »Die Geschichte, die ich schreibe, und die allerdings ins Endlose

»Die beiden Elemente« des Schreibens

angelegt ist, heißt, um Ihnen einen vorläufigen Begriff zu geben, ›Der Verschollene‹« (Heller/Born (Hg.), a.a.O., S. 86). Demnach ergibt sich: Als Kafka im Oktober 1914 seinen Urlaub antritt, um mit dem *Process* zu Ende zu kommen, nimmt er, nachdem das von Anfang an feststehende Schlusskapitel des Romans »unter der Hand« in ein »Ausbruchs«-Kapitel verwandelt ist, ein altes Manuskript wieder auf, das »ins Endlose« angelegt ist. Für *Der Verschollene* schafft Kafka zwar kein definitives Ende, aber einen der »Endlosigkeit« gerecht werdenden Textausgang: Der Held des Romans findet Aufnahme im *Naturteater von Oklahama*, einem Ensemble, in dem »jeder willkommen« ist. Der Text wendet die düstere Topographie des »Gerichts«, wie sie im *Process* gezeichnet wird, in eine »›Parodie auf den karnevalesken Mummenschanz des großen Welttheaters‹ mit ›seltsame[n] Züge[n]‹ eines wiedergefundenen ›Paradieses‹, in dem das eschatologische ›Theater‹ des Jüngsten Gerichts [...] nachgestellt wird« (Wiebrecht Ries: *Kafka zur Einführung*, Hamburg 1993, S. 120).

> Das *Naturteater von Oklahama* als Wendung der Topographie des »Gerichts«

Mit der Eisenbahnfahrt eines Teils der Truppe endet der Text. Diese letzten Zeilen des Romans stellen keinen bewusst gesetzten Schluss dar. Sie beschreiben aber in äußerster produktionsästhetischer Folgerichtigkeit Elemente einer Landschaft, die als Anspielung auf die Sensation des gelingenden Schreibens lesbar werden. Der Zeilenverlauf der Manuskriptseiten des *Process* zeigt immer wieder einen mäandrierenden, wellenförmigen Verlauf; eine Eigenart, welche die Äußerung Kafkas, dass sein Leben ausschließlich vom »Wellengang des Schreibens« (*Briefe an Felice*, a.a.O., S. 66) bestimmt werde, konkret belegt. Das Schlusstableau von *Der Verschollene* lautet: »[D]unkle, schmale, zerrissene Täler öffneten sich, man beschrieb mit dem Finger die Richtung, in der sie sich verloren, breite Bergströme kamen, als große Wellen auf dem hügeligen Untergrund eilend und in sich tausend kleine Schaumwellen treibend, sie stürzten sich unter die Brücken, über die der Zug fuhr, und sie waren so nah, daß der Hauch ihrer Kühle das Gesicht erschauern ließ« (*Amerika* [= *Der Verschollene*], Frankfurt/M. 1956, S. 218).

Die Sensation des Erschauerns, mit welcher der Roman endet, weist über die rein physische Empfindung weit hinaus; Theodor

W. Adorno (1903–1969) schreibt: »Am Ende wäre das ästhetische Verhalten zu definieren als die Fähigkeit, irgend zu erschauern, so als wäre die Gänsehaut das erste ästhetische Bild. [...] nichts ist Leben am Subjekt, als daß es erschauert; Reaktion auf den totalen Bann, die ihn transzendiert« (*Ästhetische Theorie*, Frankfurt/M. 1973, S. 489f.). Erschauernd verschwindet der Held in der von Strömen durchzogenen Landschaft. Mit von der Partie aber ist eine Nebenfigur des Romans, die überraschend im *Naturteater* wieder auftaucht: ein Liftboy namens Giacomo.

Im selben Zeitraum, Oktober 1914, entsteht die Erzählung *In der Strafkolonie*. Auch hier richtet sich Kafkas Imagination auf ein fernes, unbekanntes Territorium; und auch hier wird die Haut zum Organ elementarer Wahrnehmung. Im Gegensatz aber zu Karl Roßmann, der eingangs des Naturtheaters auf ein hohes Postament klettert und damit die zu Anfang des Romans von der (»frei stehenden«) »Statue der Freiheitsgöttin« (a.a.O., S. 5) verheißene Möglichkeit verwirklicht, wird der Delinquent der Strafkolonie im Liegen von einer Schrift-»Egge« bearbeitet, deren Teile gemäß der Form des menschlichen Körpers angeordnet sind; der Verurteilte ist auf dem darunter befindlichen »Bett« fixiert. Der schon in *Die Verwandlung* vorhandene Gegensatz von frei stehender und (bett)fixierter Gestalt taucht hier also auf verschiedene Texteinheiten verteilt wieder auf.

Die Aufhebung der Spaltung in *Ein*(em) *Traum*

Zu Lebzeiten Kafkas wurde aus dem Textkorpus des *Process* nur die *Türhüter*-Legende, die der Geistliche im *Dom*-Kapitel K. mitteilt, veröffentlicht. Am 7. September 1915 erschien sie unter dem Titel *Vor dem Gesetz* in der Prager Zeitschrift *Selbstwehr*. Danach nahm Kafka sie noch in den Erzählungsband *Ein Landarzt* (1920) auf. Neben diesen wenigen, explizit aus dem *Process* stammenden Zeilen existiert noch ein kleiner, durch Veröffentlichung zu Lebzeiten autorisierter Text, der in den Zusammenhang des Romans gehört: *Ein Traum* (erschienen ebenfalls in *Ein Landarzt)* nimmt die »Elemente« des *Naturteaters* und der *Strafkolonie* auf, deren Synthese Kafka im Februar 1915 als Voraussetzung dafür ansah, dass er weiterschreiben könne. Geschildert wird Josef K.s Grablegung. Sie vollzieht sich als eine Art umgekehrter Himmelfahrt, wobei K., während er langsam ins Grab sinkt, wahrnehmen kann, wie ein über ihn und die Grabstelle gebeugter »Künstler« »sein[en] Namen mit mächtigen Zieraten« »über den Stein« »jagt« (in: *Meistererzählungen*, Frankfurt/M. 1970, S. 166). Die Aporie eines sich schreibend rechtfertigenden Lebens, wie K. sie im *Process* durchdenkt und Kafka sich ihr im Oktober 1914 bewusst konfrontiert, erfährt im und als Traum ihre Lösung: K.s Sterben lässt die Schrift gelingen, welche mit äußerster Leichtigkeit ausgeführt zugleich Gravur ist; Künstler und Angestellter kooperieren. In der Szene erscheinen Bilddetails, welche solchen aus dem Schlusstableau von *Der Verschollene* und aus der *Strafkolonie* korrespondieren. So etwa, wenn der Künstler ähnlich dem »verschallenden« Karl Roßmann »Figuren in der Luft« (ebd., S. 165) beschreibt oder K. wie der Delinquent in der *Strafkolonie* »auf den Rücken gedreht« (ebd., S. 166) wird. Der auffälligste Bezug aber besteht zum *Process*-Fragment *Das Haus*. Denn »der Künstler« in *Ein Traum* ist deutlich erkennbar ein »Wiedergänger« Titorellis, welcher dadurch erneut zum Helfer K.s wird. Diesmal vollzieht sich die »Erlösung« K.s jedoch nicht durch einen unspezifischen »Aus/Durchbruch«, sondern erfolgt definitiv mittels Schreibens: »Der erste kleine Strich, den er [der Künstler] machte, war für K. eine Erlösung« (ebd., S. 165). Die Spaltung in Angestellten und Künstler, die Kafka wenigstens für die Dauer eines Urlaubs und im Interesse der Fertigstellung des *Process* aufheben wollte, ist erst in *Ein Traum* überwunden (zur allgemeinen Bedeutung von *Ein Traum* für Kafkas Poetologie vgl.: Heribert Kuhn: *Das Bibliomenon*, Frankfurt/M. 1992, S. 140–167). *Das Haus* stellt den initialen, *Ein Traum* bildet den finalen Text zu *Naturteater* und *Strafkolonie*, den zwei Ansichten eines Exterritoriums der Schrift, in dem *Der Process* sein eigentliches Ende findet.

Kafka, so berichtet Max Brod, hat den Anfang des *Naturteater* besonders gerne vorgelesen; er versetzte seine Freunde lesend in Begeisterung. Selbst soll er beim Vorlesen oft von Lachen geschüttelt worden sein. Bei einer in München stattfindenden Lesung aus der *Strafkolonie* hingegen verursachten Inhalt und stimmlicher Vortrag Ohnmachtsanfälle im Publikum (vgl. Bernhard Setzwein: »... *tatsächlich ein großartiger Mißerfolg« – Franz Kafkas Reise nach München im Jahr 1916*, in: *gehört gelesen* 12 (1995), S. 49–53). Gelächter und Ohnmacht: In diesen rezitatorischen Effekten deutet sich das Exterritorium an, auf das Kafka schreibend hinauswollte.

Textgeschichte

Die Utopie »lebendiger Gravur«

Darüber zu spekulieren, wie nahe Max Brod seinem Prager Schriftsteller-Kollegen Franz Kafka tatsächlich stand, ist müßig. Die Freundschaft zwischen beiden gehört »nicht zu den kleinsten Rätseln in Kafkas Leben«, bemerkte Walter Benjamin (*Max Brod: Franz Kafka. Eine Biographie. Prag 1937*, in: Hermann Schweppenhäuser (Hg.): *Benjamin über Kafka. Texte, Briefzeugnisse, Aufzeichnungen*, Frankfurt/M. 1981, S. 52). Sachlich darstellen lässt sich hingegen die Rolle, die Brod im Vexierspiel von Kafkas Schreibstrategien übernahm. Dafür müssen aber zunächst die Klischees von auktorialer Autonomie und der Veröffentlichung als primärem Ziel des Schreibens relativiert werden. In der Forschung herrscht inzwischen weitgehend Konsens darüber, dass Ästhetik, aber auch Ethik des Werks von Franz Kafka am puren Akt des Schreibens orientiert sind. Mit der Niederschrift der Erzählung *Das Urteil* hatte Kafka sein Ideal der »alles« heraufbeschwörenden, »alles« in sich raffenden Schreibekstase gefunden, an der er seine späteren Produktionen maß. Schon die kurz darauf verfasste *Verwandlung* kritisierte Kafka unter dem Eindruck der Entstehung von *Das Urteil*. Und auch der Roman *Der Verschollene* wurde mit großer Wahrscheinlichkeit zunächst Opfer dieses Maßstabs. Der *Process* aber war das erste Projekt, an das Kafka in vollem Bewusstsein der produktionsästhetischen Bedingungen seiner Arbeit heranging. Der ganz auf den Schreibakt abgestellte Schaffensprozess sollte das Werk in vielen Schüben entstehen lassen. Ein »Ende« des Romans stellt denn auch der außerhalb des *Process*-Zusammenhangs veröffentlichte Text *Der Traum* dar, der das zauberisch leichte »Eingraben« der Schrift in den Stein mit K.s Begräbnis synchronisiert. Damit war dem Initialerlebnis von *Das Urteil* ein Wunschszenario des Öffentlichwerdens von Schrift zur Seite gegeben: Schreibakt und »Gravur« sollten in eins sich vollziehen. Auch vor diesem Hintergrund muss die Entfremdung verstanden werden, mit der Kafka auf die »Zumutung« reagierte, seine

Marginalien:
Die Rolle Max Brods in Kafkas Schreibstrategie

Das Urteil als Maßstab des Gelingens

Schriften einem arbeitsteiligen Publikationsprozess zu übergeben und ihrer Transformation in standardisierte Druckbuchstaben zustimmen zu müssen.

Inzwischen liegt *Der Process* als Faksimile-Ausgabe vor, und es wird deutlich, dass der graphische Aspekt des Schriftzugs, die stehen gebliebenen Alternativen, gestrichenen Einfügungen und gut lesbar gehaltenen Tilgungen nicht bloß als Entwurfsspuren übersehen werden dürfen, sondern als unmittelbarer Ausdruck einer gegen die Linearität anlaufenden Verschriftlichungsprozedur aufzufassen sind. Angesichts der auf den Schriftzug fixierten Ästhetik Kafkas muss die Drucklegung seiner Texte tatsächlich als Widerspruch in sich erscheinen. Dennoch wird gerade dadurch die ebenso moralische wie philologische Kritik an Max Brods Umgang mit den Schriften Kafkas relativiert.

<small>Fixiertheit der Ästhetik Kafkas auf den Schriftzug</small>

»Brod« als Teil der Schreibstrategie Kafkas

In seinem ersten Nachwort macht Brod die testamentarische Verfügung Kafkas, seine Schriften zu verbrennen, publik und geht ausführlich auf die Gründe seiner Zuwiderhandlung ein (280,3–288,3). Auch im Nachwort zu *Das Schloss* legt er seine Entscheidung offen. 1929 attackierte der Schriftsteller Ehm Welk (1884–1966) Brods editorisches Vorgehen, indem er ihm Indiskretion und Bruch der Freundespflicht vorwarf: »[A]uch wenn man ihm [Brod] glaubt, daß er ernstlich meinte, dies Werk der bewußten Menschheit nicht vorenthalten zu dürfen, ist es trotz aller gewundenen Erklärungen peinlich, sein Nachwort zu lesen. Es ist unentschuldbar, das Vertrauen eines sterbenden Freundes zu brechen« (zit. nach: Jürgen Born u. a. (Hg.): *Franz Kafka. Kritik und Rezeption 1924–1938*, Frankfurt/M. 1983, S. 216).

<small>Ehm Welks Kritik</small>

Walter Benjamin (1892–1940), der Brods Kafka-Deutung später in scharfer Form verwerfen sollte (a.a.O., S. 49–52), wies Welks Kritik an der Veröffentlichung des Werks zurück: »Die Scheu des Autors vor der Publizierung seines Werks entsprang der Überzeugung, es sei unvollendet, und nicht der Absicht, es geheim zu halten. Daß er von dieser seiner Überzeugung sich in der eigenen Praxis leiten ließ, ist genau so verständlich, wie daß sie für den

<small>Walter Benjamins Rechtfertigung der Entscheidung Brods</small>

andern, seinen Freund, nicht galt. Dieser Tatbestand war ohne Zweifel für Kafka in den beiden Gliedern deutlich. Er hat nicht nur gewußt: ich habe selbst zugunsten des in mir noch Ungewordenen das, was geworden ist, zurückzustellen, er wußte auch: der andere wird es retten und mich von der Gewissenslast befreien, dem Werk das Imprimatur selber geben oder es vernichten zu müssen. Hier wird nun Welks Entrüstung keine Grenzen kennen: Um Brod zu decken, Kafka Jesuitentricks, Kafka eine reservatio mentalis zuzumuten! Ihm diese tiefste Absicht beizulegen, daß dieses Werk erscheine und zugleich des Dichters Einspruch gegen dies Erscheinen! Jawohl, nichts anderes sprechen wir hier aus und fügen zu: die echte Treue gegen Kafka war, daß dies geschah« (ebd., S. 48).

Zugespitzter wurde es bisher nirgends formuliert: Kafka kalkulierte die Umgehung seiner testamentarischen Anweisung ein, indem er die Veröffentlichung seiner Texte in das Ermessen Brods stellte, von dem er wusste, wie er sich verhalten würde. Benjamin nennt das »Ungewordene« als Grund für Kafkas Verfügung zur Vernichtung seiner Schriften. Nach der Erkenntnis der Abhängigkeit der Ästhetik Kafkas vom Schriftzug und der Offenlegung des *Process*-Manuskripts lässt sich präzisieren: Die Utopie (und Aporie) der »lebendigen Gravur«, die Kafka immer nur im aktuellen Schreibakt zu verwirklichen vermochte, findet ihre personale Entsprechung im »Gespann« Brod/Kafka. Die Verteilung der Rollen war ein halbes Leben lang kultiviert worden: Brod trat als »Impressario« (so Kafkas Verleger Kurt Wolff [1887–1963]) und »Öffentlichkeitsarbeiter« im Dienste Kafkas auf, der selbst dem puren Schreibakt und seiner »ins Unendliche« angelegten Dynamik ergeben war.

Friedrich Beißners Kritik

Der renommierte Germanist und Herausgeber der *Großen Stuttgarter Hölderlin-Ausgabe* Friedrich Beißner (1905–1977) verglich 1952 die Ausgaben des *Process* von 1925 und 1935 und wies Max Brod beträchtliche Textunterschiede nach. Die Kritik fiel scharf aus und gab sich ganz dem Werk des großen Schriftstellers verpflichtet. Die anschließende Diskussion um Brods Herausgebertätigkeit hätte aber durch eine Erwägung der von Kafka kalkulierten Rolle Brods (Benjamins Artikel erschien 1929!) mehr zur Einsicht in das »Gesetz« dieses Werkes beigetragen als akribische philologische Stellenvergleiche. Es ist nicht ohne Ironie, dass Beißners eigene Hölderlin-Edition durch eben jenes Editionsverfahren in Frage gestellt wurde, das nun auch der laufenden Veröffentlichung der Faksimile-Ausgabe Kafkas zu Grunde liegt; erarbeitet wurde dieses Modell in Opposition zu Beißners editorischen Prinzipien, aber auch in konsequenter Weiterverfolgung seiner eigenen »Texttreue«.

Er habe versucht, die Rekonstruktion des Textes durch »ein bis zur Evidenz der Richtigkeit wiederholtes, lautes Vorsprechen der betreffenden Sätze und Absätze« (288,27–29) zu betreiben, schreibt Brod, dem sein »Freund einen großen Teil des Romans vorgelesen hatte« (287,3). Lautes Vorlesen aber war die einzige Form der Veröffentlichung, der Kafka im Rahmen seiner ästhetischen Vorgaben vorbehaltlos zuzustimmen vermochte. »[I]ch lese nämlich höllisch gerne vor, in vorbereitete und aufmerksame Ohren der Zuhörer zu brüllen, tut dem armen Herzen so wohl«, hatte er an Felice geschrieben (vgl. dazu SBB 13, S. 81f. u. 87ff.). Brod folgte demnach, wenngleich mit philologisch zweifelhaftem Ergebnis, den richtigen ästhetischen Präferenzen.

Der Process in der Ausgabe Max Brods ist also angesichts der inzwischen gewonnenen Einsichten über Kafkas Poetologie Dokument der Schreibstrategie des Dichters und als solches relativiert und gewürdigt zugleich!

> Übereinstimmung von Brods editorischen Prinzipien und Kafkas ästhetischen Maximen

Die Ausgaben Brods

Im Juni 1920 hatte Max Brod das Manuskript des *Process* an sich genommen. 1925 erfolgte die erste Veröffentlichung des Romans. Zunächst beabsichtigte Brod, Kafkas Werke in der Reihenfolge ihrer Entstehung erscheinen zu lassen. Da aber Kurt Wolff die Rechte an dem von ihm veröffentlichten ersten Kapitel des »Amerika«-Romans (*Der Heizer*) nicht freigab, betrieb Brod zunächst die Herausgabe des *Prozeß*. Salman Schocken (1877–1959), Gründer einer Warenhauskette und 1931 des Schocken-Verlags, ermöglichte zehn Jahre nach der Erstveröffentlichung die zweite Ausgabe des Romans im Rahmen einer auf sechs Bände angelegten Gesamtausgabe. *Der Prozeß* erschien hier als dritter Band, unmittelbar bevor Schocken, dessen Unternehmen als

Rettung der Manuskripte Kafkas durch Brod

»jüdische« den rechtlichen Schutz verloren, zur Aufgabe gezwungen wurde. Max Brod brachte 1939 die Manuskripte Kafkas einen Tag vor dem Einmarsch deutscher Truppen in Prag in Sicherheit. Die dritte Ausgabe des Romans erschien 1946 wiederum im Schocken-Verlag, diesmal in New York, wohin Salman Schocken emigriert war. Der Text dieser Ausgabe ist mit dem der zweiten identisch, jedoch hatte Brod erneut ein Nachwort hinzugefügt (289,22–290,10).

1961 übergab Max Brod den Großteil der in seinem Besitz befindlichen Manuskripte Kafkas der Bodeleian Library in Oxford als Depositum. Das *Process*-Manuskript gelangte auf dem Weg einer Versteigerung 1988 in den Besitz des Deutschen Literatur-Archivs in Marbach.

Deutungsansätze

In Walter Benjamins Studie zum zehnten Todestag Kafkas finden sich mehrere Themen angesprochen, die Benjamin als zentral für das Werk des Prager Schriftstellers befand und in einer größeren Darstellung auszuarbeiten gedachte. Neben dem »Vergessen« sind dies die so genannte »Sumpf-Welt«, der »Gestus« und das »Bucklige«. Der vorliegende Kommentar konzentriert sich in seinem Anmerkungsteil bevorzugt auf den Gestus, ein zentrales Motiv vornehmlich des *Process*, das in der Forschung nur kursorisch abgehandelt wird. Zentral ist der Gestus, weil in ihm die oft festgestellte Mehr- und Vieldeutigkeit der Texte Kafkas ihr darstellerisches Substrat besitzt. Der Gestus tritt sowohl im Traum als auch im Wachzustand auf. Er markiert die Schwelle zwischen beiden. Im *Process* konzentriert sich Kafka mit allen Mitteln auf diesen Übergang, der stets vom abrupten, sich der Beobachtung entziehenden Umschlag bedroht ist.

Canettis ungeschriebenes Buch über »Macht und Verwandlung« bei Kafka (*Process*)

Kafkas Briefe an Felice Bauer erschienen 1967 in New York. Elias Canettis (1905–1994) Sichtung der Briefe, mit der er sich an dem Unterfangen beteiligte, Schriftstücke persönlichsten Inhalts der Öffentlichkeit zu unterbreiten, mehr aber noch seine Deutung des *Process* als literaturträchtige Konsequenz aus Kafkas »Eheversuchen« mit Felice Bauer werden von der Literaturwissenschaft (meist dezent) problematisiert, weil die Analyse Canettis den Roman Kafkas biographisch verkürze (E. C.: *Der andere Prozeß – Kafkas Briefe an Felice*, München 1973, S. 7). Canetti erzählt anhand der Briefe die Geschichte der Beziehung zwischen Kafka und Felice als Vor- und Nachgeschichte des *Process*. Nachdem inzwischen die Tagebücher in neuer Edition vorliegen und die spezifische Eigenart von Kafkas Schreibprozess deutlich geworden ist, erkennt man, dass Canettis »Nacherzählung«, die sich ebenfalls immer wieder auf die Tagebücher bezieht, an verschiedenen Stellen von unangemessener Eindeutig-

Elias Canetti
Der andere Prozeß

keit getragen ist. Sie legt aber einen gut zu verfolgenden Pfad durch das riesige Konvolut der Briefe und betrachtet dabei den *Process* von vielen Seiten.

Ursache von Canettis Interesse für Kafka ist sein eigenes Lebensthema der »Macht« und der (archaischen) Strategien wider sie (vgl. E. C.: *Masse und Macht*, Frankfurt/M. 1982). Aber nur für wenige Seiten kommt Canetti auf Kafkas Techniken des »Verschwindens« und der »Verwandlung ins Kleine« zurück (a.a.O., S. 96ff.), einen gegen den Zugriff der Macht gerichteten Totemismus, für den Canetti der kongeniale Interpret gewesen wäre: »Es ist mir sehr wohl bewußt, daß hier nur ein geringer Teil von dem berührt worden ist, was über Macht und Verwandlung bei Kafka zu sagen wäre. Eine Bemühung um Vollständigkeit oder Ausführlichkeit wäre nur im Rahmen eines größeren Buches möglich« (ebd., S. 102). Obwohl dieses Buch Desiderat geblieben ist, geben die ethnologischen und mythologischen Erläuterungen zur »Verwandlung« in Canettis Hauptwerk einen fruchtbaren Hintergrund ab, vor dem die im Folgenden referierten Untersuchungen zu Kafkas *Process* erhellend in Beziehung zu setzen sind. Grundsätzlich gilt: Die Verwandlung ermöglicht die Flucht vor der »Macht«, deren Charakteristikum der Bann ist; der Bann kann streng genommen nur so lange abgewehrt werden, wie die Verwandlung »im Fluss« ist.

Der riskante Augenblick des Übergangs

Den Augenblick sich vollziehender Verwandlung erkennt Gerhard Neumanns ganz am Schreibprozess interessierte Untersuchung als das poetologische Kernstück von Kafkas Roman *Der Process* (G. N.: *Der Zauber des Anfangs und das »Zögern vor der Geburt« – Kafkas Poetologie des »riskanten Augenblicks«*, in: Hans Dieter Zimmermann (Hg.): *Nach erneuter Lektüre: Franz Kafkas »Der Proceß«*).

Die Analyse der poetologischen Bedeutung der Einschübe und Streichungen

Neumanns Analyse entstand aus Entdeckungen, die durch die Kritische Ausgabe des *Process* möglich wurden. Die zahlreichen Streichungen, die v. a. reflexive und »kommentierende« Einschübe betreffen, wurden erkennbar und konnten auf ihre poetologische Bedeutung hin studiert werden. Neumann nimmt den Befund des Herausgebers der Kritischen Ausgabe, Malcolm Pasley, auf, der die Inkongruenz zwischen dem Verlauf der Romanhandlung und dem Zeitraum der Entstehung der einzelnen Textpartien betont. *Der Process* zeichnet sich durch ein für Kafkas Schreibverfahren untypisches Vorgehen aus: Bereits am Anfang der Niederschrift steht das Ende des Textes fest. Anfangs- und Schlusskapitel entstehen fast gleichzeitig. Neumann sieht darin nicht eine Sicherungsmaßnahme, mit der Kafka sich gegen den möglichen Abbruch des Textes schützen wollte, sondern ein produktives Prinzip, mit dem er seine jahrelange Schreiberfahrung technisch wendete. Kafkas Angst, der Schreibimpuls, dessen Anbahnung er alles unterwarf, könnte in seiner Intensität nicht »bis zum Ende« überdauern, wird selbst zur poetologischen Struktur des Werks, indem das Anfangs- durch das Schlusskapitel »überschrieben« und dadurch die Aufmerksamkeit auf die Momente des Übergangs gelenkt werden konnte. »Der Stelle, an der die Anfangs- in eine Endphantasie umzuschlagen droht, gilt Kafkas ganze Aufmerksamkeit«, stellt Neumann fest (ebd., S. 139). Er verweist auf eine der gestrichenen Passagen des Romans, die im Übrigen in den Kontext von Kafkas Erzählung *Die Verwandlung* gehört: die Schilderung des als »riskanteste[n] Augenblick« des Tages bezeichneten Übergangs vom Traum zum Wachen (vgl. 272,14–28), den Kafka auch bei seinen Schreibritualen dauernd umkreist. »Der ›Prozeß‹ des Romans«, so Neumann, »besteht in der Schärfung der Aufmerksamkeit für diesen ›riskantesten Augenblick‹ des Übergangs vom einen zum anderen; als Übergang vom Traum zum Wachen, vom Verhör zur Komödie, von der äußeren zur inneren Instanz, vom Gesetz zur Projektion: als Übergang vom ›Geburtstag‹ zur ›Hinrichtung‹« (a.a.O., S. 140).

Thema des *Process* ist also der »Übergang« in allen seinen Formen. Das Vorbild seines Gelingens oder Scheiterns hat er in den täglich erfahrbaren Vorgängen des Erwachens und Einschlafens. Kafkas Praxis des Dämmerns im Halbschlaf kultiviert das Verharren auf der Schwelle des Übergangs als Vor- und Endstadium seiner Schreibaktionen. Aus dem Wechsel zwischen Traumlogik und Entfremdung zieht seine Produktion ihren Antrieb. Existenziell entspricht dem ein »Zögern vor der Geburt«, das Neumann als Kafkas »Identitätsformel« bezeichnet (ebd., S. 141).

<small>Der »Übergang« in all seinen Formen als Thema des *Process*</small>

Von Neumanns Befund ausgehend sind *Das Haus* und *Ein Traum*, die nicht in den Binnenzusammenhang des *Process* eingeordnet werden konnten, als die Texte zu bezeichnen, welche die Alter(n)ation des Übergangs zwischen Anfang und Ende am prägnantesten erkennen lassen. Die Ausbruchs- und Erlösungssequenz in *Das Haus* geht hervor aus einer Halbschlafphantasie; *Ein Traum* überblendet Anfang und Ende gleich in den ersten Sätzen: »Josef K. träumte: Es war ein schöner Tag und K. wollte spazieren gehen. Kaum aber hatte er zwei Schritte gemacht, war er schon auf dem Friedhof« (ebd., S. 164). Das Inbild des »Zögerns vor der Geburt«, die *Türhüter*-Legende, in welcher der »Mann vom Land« auf der Schwelle *Vor dem Gesetz* verharrt, erhält in *Das Haus* und *Ein Traum* Gegenbilder, welche die Überwindung der Schwelle vorführen. Überwunden wird die Schwelle aber nicht durch das Erreichen eines jenseitigen Raumes, sondern durch die Dehnung des Übergangs, der nicht als leeres Warten, sondern als Entrückungsbewegung (*Das Haus*) und als gelingendes Schreiben (*Ein Traum*) erfahren wird.

Die Topographie des prekären Augenblicks

Canettis Hinweise auf die Fluchtverwandlungen bei Kafka anlässlich seiner Lektüre des *Anderen Prozeß* wurden von Gilles Deleuze und Felix Guattari aufgenommen, ohne dass die Autoren dies ausgewiesen hätten (*Kafka – Für eine kleine Literatur*, Frankfurt/M. 1976, S. 52). Kafkas Strategien der Verwandlung und die sie herausfordernden und behindernden Formationen der Macht sind zentraler Gegenstand der Untersuchung. Deleuze und Guattari greifen hierfür auf die linguistische Unterscheidung zurück, die im Sprechakt das »Subjekt der Aussage« vom »Subjekt des Aussagevorgangs« differenziert. Kafkas Schreiben ist ganz am Aussagevorgang orientiert, es befindet sich aufseiten des Subjekts der aktuellen »Evokation«. Der leichte Kontakt, die Berührung, das Vorbeistreifen, das Flüchtige und Ephemere sind Erscheinungsweisen, in denen sich das »Subjekt des Aussagevorgangs« geltend macht. Der Aussagevorgang folgt der Dynamik der Elevation, d. h. der Erhebung und Vorwärtsbewegung. Kafkas Begeisterung für den Tanz ist ein Aspekt seiner

»Subjekt der Aussage« und »Subjekt des Aussagevorgangs«

Ausrichtung auf die elevatorische, das Faible für die mitreißende Rezitation Folge seiner Vorliebe für die evokatorische Dynamik. Demgegenüber ist das »Subjekt der Aussage« das fixierte, zum Stillstand gebrachte. Es untersteht nicht mehr dem Gesetz aktueller lautlicher Äußerung, sondern dem des Blicks und der Identität. Keineswegs stehen sich beide »Subjekte« unversöhnlich gegenüber. Sie bilden, so Deleuze und Guattari, eine unauflösliche Einheit unterschiedlichen »Verlangens«, die sich durch dauernde Spaltung und Überwältigung geltend macht. Aufschlussreich für den *Process* wird diese Unterscheidung dadurch, dass sie einen topographischen Aspekt aufweist: Die Dynamik des Aussagevorgangs ist gleichbedeutend mit einer Fluchtbewegung, die sich der räumlichen Fixierung zu entziehen sucht, der so genannten »Deterritorialisierung«. Dieser steht die »Reterritorialisierung« entgegen, welche die Überschreitungsbewegung immer wieder einholt und fixiert. Beide Bewegungen koexistieren: »Sehr deutlich wird diese Koexistenz in dem *Prozeß*-Fragment, das Kafka unter dem Titel *Ein Traum* veröffentlicht hat: einerseits eine rasche und fröhliche Gleit- und Deterritorialisierungsbewegung, die an allem vorbeistreift und sich in losen, frei in die Luft skizzierten Figuren vollendet – im selben Moment, in dem der Träumende in einen Abgrund versinkt [...]; andererseits dieselben künstlichen Wege, dieselben raschen Segmente, die aber den Träumenden Schlag auf Schlag in tödliche Reterritorialisierungen hineintreiben [...]. Ohne Zweifel wirft dieser Text ein Licht auf das falsche Ende am *Prozeß*, jene tödliche Reterritorialisierung K.s auf einem harten Segment, auf einem ›losgebrochenen Stein‹« (ebd., S. 85).

»De- und Reterritorialisierung«

De- und Reterritorialisierungsbewegung, die *Ein Traum* in äußerster Verdichtung vorführt, bestimmen auch die topographische Struktur des Romans. Die als »kafkaesk« zum Klischee gewordenen labyrinthischen Gänge, Korridore und Dachböden einer phantastischen Behördenarchitektur offenbaren in der Rekonstruktion von Deleuze und Guattari eine strenge Gesetzmäßigkeit. Einerseits scheinen die Korridore und Kanzleien in unbegrenzten Fluchten angeordnet, dann jedoch befinden sich scheinbar weit voneinander getrennte Eingänge und Räume plötzlich in unmittelbarer Nachbarschaft: »Dies ist die höchst

Paradoxe Struktur der Topographie im *Process*

Deutungsansätze

überraschende Topographie bei Kafka, die keineswegs nur ›im Geiste‹ besteht: Zwei diametral entgegengesetzte Punkte erweisen sich, seltsamerweise, als eng benachbart: eine Situation, die wir im *Prozeß* immer wieder finden, z. B. wenn K. [...], um Titorelli zu besuchen, sich in eine Vorstadt begeben muß, ›die jener, in welcher sich die Gerichtskanzleien befinden, *vollständig entgegengesetzt war*‹, dann aber plötzlich entdeckt, daß Titorellis Hintertür unmittelbar zu den Gerichtskanzleien führt« (ebd., S. 101f.).

In der Topographie des Romans spiegelt sich die Gegenläufigkeit de- und reterritorialisierender Akte in der Entfernung zwischen verschiedenen Orten, die plötzlich in enger Nachbarschaft zu nichts wird. Die »Poetologie des prekären Augenblicks«, die den Umschlag einer »Anfangs- in eine Endphantasie« zu bannen sucht, findet ihre topographische Entsprechung in räumlichen Aggregatzuständen, deren Weitläufigkeit sich plötzlich umkehrt und absoluter Nähe Platz macht. Der Moment des Umschlags ist fast immer der der Reterritorialisierung. Im Fragment *Das Haus* jedoch verkehrt sich die labyrinthische Weitläufigkeit dergestalt, dass plötzlich Ausweg und Licht in nächste Nähe rücken. Der »prekärste Augenblick« lässt hier mit der Unvermitteltheit plötzlichen Scheiterns die Möglichkeit der Erlösung aufscheinen.

Literaturhinweise

Born, Jürgen u. a.: *Franz Kafka. Kritik und Rezeption 1924–1938*, Frankfurt/M. 1983
Canetti, Elias: *Der andere Prozeß – Kafkas Briefe an Felice*, München 1973
Deleuze, Gilles/Guattari, Felix: *Kafka – Für eine kleine Literatur*, Frankfurt/M. 1976
Dietz, Ludwig: *Franz Kafka*, Stuttgart 1990
Heller, Erich/Born, Jürgen (Hg.): *F. K. – Briefe an Felice und andere Korrespondenz aus der Verlobungszeit*, Frankfurt/M. 1995
Hiebel, Hans Helmut: *Die Zeichen des Gesetzes. Recht und Macht bei Franz Kafka*, München 1983
Kessler, Susanne: *Kafka – Poetik der sinnlichen Welt. Strukturen sprachkritischen Erzählens*, Stuttgart 1983
Koch, Hans-Gerd: »*Ringkämpfe jede Nacht*« – *Franz Kafkas* »*Schreibtisch- und Kanapeeleben*«, in: Giudice, Gaspare/Müller, Michael (Hg.): *Franz Kafka: Träume – Ringkämpfe jede Nacht*, Frankfurt/M. 1993, S. 93–104
Kremer, Detlev: *Franz Kafka,* »*Der Proceß*«, in: Hans Dieter Zimmermann (Hg.): *Nach erneuter Lektüre: Franz Kafkas* »*Der Proceß*«, Würzburg 1992, S. 195–199
Müller, Michael: *Kafka und Casanova*, in: *Freibeuter* 16 (1983), S. 67–76
Neumann, Gerhard: *Der Zauber des Anfangs und das* »*Zögern vor der Geburt*« – *Kafkas Poetologie des* »*riskanten Augenblicks*«, in: Hans Dieter Zimmermann (Hg.): *Nach erneuter Lektüre: Franz Kafkas* »*Der Proceß*«, Würzburg 1992, S. 121–142
Ries, Wiebrecht: *Kafka zur Einführung*, Hamburg 1993
Schweppenhäuser, Hermann (Hg.): *Benjamin über Kafka. Texte, Briefzeugnisse, Aufzeichnungen*, Frankfurt/M. 1981

Wort- und Sacherklärungen

Der Kommentar konzentriert sich v. a. auf das Geflecht von Motiven, das den Roman Kafkas durchzieht. Wichtiger als die Diskussionen um die jeweilige Platzierung bestimmter Nachlass-Kapitel ist es, die Korrespondenzen zu erkennen, die Seite für Seite eine eigene Bedeutungsschicht unterhalb der Ebene des Geschehens entstehen lassen.

7.1 **Der Prozeß:** »Das Manuskript trägt keinen Titel. Doch hat Kafka dem Roman im Gespräch stets den Titel ›Der Prozeß‹ gegeben«, schreibt Max Brod im Nachwort zur ersten Ausgabe (vgl. 286,34–287,1). In Tagebucheintragungen nennt Kafka das Werk »Process« (hier in der originalen Schreibweise). Als endgültig kann der Titel nicht angesehen werden; möglicherweise handelte es sich um einen Arbeitstitel. Im Folgenden wird der Roman in der Originalschreibweise betitelt: *Process*.

9.15–20 **er trug [...] besonders praktisch erschien:** Der Kleidung seiner Figuren hat Kafka stets große Aufmerksamkeit gewidmet. Grundsätzlich sind eng anliegende und weite Gewandungen zu unterscheiden; wobei die enge Kleidung eine Einschränkung der Beweglichkeit zur Folge hat und an der Arbeit hindert; der Körper wird so nicht Werkzeug seines Besitzers, sondern der Macht. Bei Kafka taucht sie entsprechend als Mittel der Repräsentation abwesender Macht auf. Als lege sich mit der engen Kleidung ein aus der Ferne kommender unsichtbarer Griff um die jeweilige Person: Ähnlich dem Wächter Franz ist im *Schloß* der als Bote dienende Barnabas »knapp gekleidet« und trägt eine »enge seiden glänzende Jacke«. Karl in *Der Verschollene* hat als Liftjunge »anliegende Hosen« und ein »sehr beengendes Jäckchen« zu (er)tragen.

9.20–21 **saß gleich halb aufrecht im Bett:** Hans-Gerd Koch: »Im Roman *Der Proceß* wird Josef K. – wie vor ihm bereits Gregor Samsa in der Erzählung *Die Verwandlung* – im Bett von neuen, sein ganzes Leben verändernden Ereignissen überrascht. Für den spektakulären Auftakt seines Romans wählt Franz Kafka damit wiederum den Ort, um den herum er in fast allen seinen Texten die entscheidenden Szenen gruppiert: das Bett oder ersatzweise das Kanapee. Am Bett des Vaters findet die Aussprache im *Urteil* statt; das Kanapee des Gregor Samsa wird zum zentralen Ort der ›Verwandlung‹; in Kafkas erstem Roman, *Der Verschollene*, bilden Betten und Kanapees immer wieder den Hintergrund für die Begegnungen und Erlebnisse des selbst an Schlafsucht leidenden Karl Roßmann; in der Eingangsszene vom *Schloß*, Kafkas letztem Roman, ist es schließlich ein Strohsack, auf dem der ›spät abend‹ im Dorf angekommene K. in einen Schlaf fällt, aus dem er bald darauf schon wieder geweckt wird« (a.a.O., S. 93). Gerhard Kurz: »Das Bett ist bei Kafka leitmotivisch Ort des Todes und der Wiedergeburt, der Wahrheit und der Offenbarung« (G. K.: *Traum-Schrecken. Kafkas literarische Existenzanalyse*, Stuttgart 1980, S. 173).

Durch das offene [...] alles zu sehen.: Die stille Beobachterin im Nachbarhaus wird hier zum ersten Mal genannt, dennoch heißt es, dass »man« sie »wieder« »erblickte«. Demnach ist K. die Beobachtung vonseiten seiner Nachbarin schon zur Gewohnheit geworden. Die Verallgemeinerung des Subjekts der Wahrnehmung (»man«) dieser Art sozialer Kontrolle weist auf deren Allgegenwart und Selbstverständlichkeit hin. Im Weiteren nimmt die Zahl der stummen Zuschauer noch zu; vgl. auch 15,13–16; 16,22–24; 18,29–34; 24,32–25,5. 10.30–33

dreißigster Geburtstag: Die Handlung des Romans setzt an K.s 30. Geburtstag ein und endet am »Vorabend seines einunddreißigsten Geburtstags«. 12.21

Zwiegespräch der Blicke: In der anfänglichen, später gestrichenen Beschreibung des Zusammentreffens von K. und dem Aufseher löst der lange Blick, den dieser auf dem »Verhafteten« ruhen lässt, in K. folgende Gedanken aus: »Das Verhör scheint sich auf solche Blicke zu beschränken«, dachte K., »ein Weilchen lang soll es ihm erlaubt sein«; vgl. die endgültige Fassung (18,34–19,1), in der nur von »K.s zerstreute[n] Blicke[n]« die Rede ist. Der Blickwechsel transzendiert den Wortwechsel. In der beredten Stummheit des »Zwiegesprächs der Blicke« manifestieren sich für K. in besonderem Maße die nicht zu fassenden Vorwürfe, die gegen ihn erhoben werden. 14.9

»wenn man mich [...] Festanzug zu finden«: Vgl. Erl. zu 9,20–21. 17.23–24

Wort- und Sacherklärungen

17.34–18.7 **Die Wächter lächelten [...] sich sorgfältig anzuziehen.**: Korrespondiert der Schlussszene (vgl. 243,11–12); vgl. auch Erl. zu 9,15–20.

18.21–24 **Jetzt war [...] saß hinter ihm.**: Das zum Verhandlungstisch umfunktionierte Nachttischchen Fräulein Bürstners zeigt die Beziehung zwischen Bett und Gericht an, wie sie nicht nur im *Process*, sondern auch im *Schloß*-Roman festzustellen sind. Die Sphäre der Intimität ist in Kafkas Werk grundsätzlich nicht Gegensatz von Öffentlichkeit, sondern bildet als Ort des »Gerichts« die gesellschaftliche Arena par excellence.

18.34–19.1 **»Josef K.?« [...] K. nickte.**: In der ersten Fassung dieser Stelle wird der inquisitorische Charakter des Blicks vonseiten des Aufsehers herausgestellt (vgl. Erl. zu 14,9). Dass Kafka die Stelle diesbezüglich abschwächte, dürfte daran liegen, dass damit ein wesentliches Gestaltungsmittel für die Ungreifbarkeit der Anklage zu früh expliziert worden wäre.

20.4–7 **Keiner hat [...] eher ein Reiseanzug.**: Die Agenten des Gerichts und damit der Macht sind nicht durch konventionelle Insignien – wie eine Uniform – gekennzeichnet; einzig die »Enge« ihres Anzugs deutet darauf hin, dass sie der Macht unterstehen. Gleichzeitig ist ihr Anzug für »Reisen« geeignet, was auf die Mobilität der Agenten im Dienst der Macht hinweist (vgl. Erl. zu 9,15–20).

21.22–22.1 **Drüben war noch [...] sagte K.**: Aus den anonymen Voyeuren werden im Kontext des *Process*-Geschehens Augenzeugen (vgl. Erl. zu 10,30–33).

22.6–7 **schien die Finger [...] zu vergleichen**: Das Motiv der Hände und Finger durchzieht Kafkas Texte. Walter Benjamin konstatiert, »daß Kafkas ganzes Werk einen Kodex von Gesten darstellt, die keineswegs von Hause aus für den Verfasser eine sichere symbolische Bedeutung haben, vielmehr in immer wieder anderen Zusammenhängen und Versuchsanordnungen um eine solche angegangen werden« (*FRANZ KAFKA – Zur zehnten Wiederkehr seines Todestages*, in: Schweppenhäuser (Hg.), a.a.O., S. 9–38, hier S. 18). Allgemein fungiert die Hand bei Kafka als primäres Organ zur Herstellung von Außenbeziehungen. Zwischen passivem Entfremdungszustand und reiner Werkzeug-Funktion vermag die Hand jedoch eine Unzahl in ihrer Bedeutung unzugänglicher gestischer Zustände anzunehmen, welche dem, der sie wahrnimmt, immer neue Deutungen abverlangen.

»Es scheint aber [...] der Tür versammelt.: Auch in dieser Szene manifestiert sich die nicht fassbare Macht als Nähe und Enge, in welche die Körper geraten oder gedrängt werden. Theologisch inspirierte Interpretationen haben immer wieder die »Transzendenz des Gesetzes«, die Ferne und Unerreichbarkeit des »Gerichts« herausgestellt; demgegenüber ist auf (scheinbar nebensächliche) Stellen wie diese hinzuweisen, in denen der »Anspruch« von Macht und Gesetz in nichts anderem als immanenten Wirkungen besteht (vgl. auch SBB 13, S. 118f.). 23.16–20

K. sah [...] mächtigen Leib einschnitt: Auch bei Kafka sind Schürzen, einem alten Klischee folgend, signifikante Attribute des Weiblichen. Jedoch weitet sich die Verwendung des Motivs im Zusammenspiel der Vielzahl seiner Variationen zu einer auf Bildlogik gründenden Analyse der Machtverhältnisse. So wird z. B. in Korrespondenz mit dem Motiv des »eng anliegenden« Anzugs, das den körpernahen Zugriff der Macht versinnlicht (vgl. Erl. zu 9,15–20), aus dem oben geschnürten, aber unten offenen und von jedem Luftzug bewegbaren Kleidungsstück der Schürze ein zweideutiges Attribut erlittener und ausgeübter Macht: Die Schnürung des Schürzenbandes, auf das K. immer wieder starrt, markiert den »Einschnitt« der Macht; das »Wehen« der Schürze ist demgegenüber mit einem Akt weiblicher Machtausübung verbunden – so in Kafkas Erzählung *Der Kübelreiter*, in welcher die Frau des Kohlenhändlers den Bittsteller mit ihrer wehenden Schürze bis in das »Eisgebirge« verjagt. Exemplarisch heißt es: »[E]ine Frauenschürze jagt ihm die Beine vom Boden.« Vgl. auch 45,13–14; 154,17; 183,12; 194,22–23. 24.25–27

leider die Menschlichkeit verbot: Aus dem Manuskript geht hervor, dass hier das Ende des ersten Kapitels zu markieren ist. Brod folgte nicht dem Schriftbefund, der eine im direkten zeitlichen Zusammenhang stehende Niederschrift von Anfangs- und Schlusskapitel und an dieser Stelle Unterschiede zum graphologischen Duktus der anschließenden Textpassage erkennen lässt, sondern den Kurznotizen auf dem Deckblatt, darauf Kafka den szenischen Ablauf der im Konvolut aufbewahrten Textpartie skizziert hatte: »Verhaftung – Gespräch mit Frau Grubach – 25.24

Dann Fräulein Bürstner«. Brod interpretierte diese Sequenz im Sinne einer Überschrift und fasste die Manuskripte entsprechend zusammen.

26.19–21 **K. hatte sie [...] befriedigt entlassen können.**: K. hat bis zum Zeitpunkt seiner Verhaftung, durch die er selbst unter Beobachtung gerät, seine Kollegen nur unter »beobachtendem« Interesse wahrgenommen. Dies ist die Ursache, dass er, der nun selbst Objekt beobachtender Blicke geworden ist, sie zunächst nicht zu erkennen vermag. Er wird durch die Umkehrung des Blicks »blind« für die Personen, die er selbst nur als Objekte kennt (vgl. 23,29–24,10).

27.12 **»Frauenhände bringen doch im stillen viel fertig«**: »Frauenhände« gehören dem Bereich des stillen und unsichtbaren Geschehens an. Mythologisierend ist die Stelle daher lesbar als Anspielung auf die Parzen, die Schicksalsgöttinnen, die im Stillen und unsichtbar »wirken«, d. h. den Lebensfaden spinnen und abschneiden. Auch Frau Grubachs Strickzeug weist darauf hin.

29.6–18 **Nun müssen Sie [...] auch den Handschlag.**: K.s Verhalten gestischen Äußerungen gegenüber tritt in dieser Szene besonders deutlich zu Tage. Er will die Einigkeit im Urteil gestisch bestätigt haben. Dem liegt K.s Wunsch nach Übereinstimmung der verbalen und gestischen Äußerungen zu Grunde. Prompt kommt diese aber nicht zu Stande. Frau Grubach reicht ihm die Hand nicht, und der »vergessene« Handschlag wird zum Orakel: Ist nun die Einigkeit im Urteil nichtig oder das Verlangen nach bekräftigendem Handschlag lächerlich?

29.29 **gesenkten Kopf**: »Der gesenkte Kopf, den man nicht mehr heben kann, kommt überall vor, in den Briefen, Aufzeichnungen und Tagebüchern, in den Erzählungen und [...] im *Prozeß*«, heißt es bei Gilles Deleuze und Felix Guattari (a.a.O., S. 7). Und Walter Benjamin stellt fest: »Unter den Gebärden Kafkascher Erzählungen begegnet keine häufiger als die des Mannes, der den Kopf tief auf die Brust herabbeugt« (a.a.O., S. 31); vgl. auch 82,22; 101,11; 147,10; 262,2–5.

30.5–6 **Auffallend hoch schienen [...] Teil im Mondlicht.**: »Die siderische Magie des Mondlichts zeichnet in der geisterhaften Verlebendigung der nächtlichen Polstersilhouette hier bereits den Abdruck des Schemens in die Kissen – den im Mondlicht entkleideten, mit einem Fleischermesser erstochenen K.« Zutreffend assoziiert Wiebrecht Ries den Ort von Fräulein Bürstners Bett mit dem späteren Hinrichtungsplatz (a.a.O., S. 122–136). Im Mondlicht (vgl. 243,5–7), gegen einen Stein gelehnt, halb liegend, wird K. erstochen (vgl. 243,22–244,30). In der Silhouette des Polsters ist seine Haltung bereits als die künftige Gestalt »vorskizziert«, auf die er sich zubewegt. Solcherart Korrespondenzen zwischen nur scheinbar marginalen optischen, gestischen und akustischen Wahrnehmungselementen wachsen zu einer eigenen Bedeutungsschicht unterhalb der Ebene des Geschehens zusammen. Ries: »Korrespondenzen dieser Art bilden [...] nach Freud die Signatur des Unbewußten« (a.a.O., S. 123).

Als er [...] müden Augen drückte: Das Fenster dient im *Process* 31.11–12 als Ort der Entspannung; vgl. auch 90,19–20; 97,18–19; 104,4–9; 105,20; 143,31–33; 145,33–146,4; 215,7–10; 250,6–7.

Sie kreuzte leicht die Beine.: Das Kreuzen der Beine bildet den 33.8 Auftakt einer Sequenz gestischer Äußerungen der Bürstner, die K. in ihrer unmittelbaren sinnlichen Präsenz und erotischen Bedeutung wahrnimmt, die aber gleichzeitig von Fräulein Bürstners Passivität und Gleichgültigkeit konterkariert werden. So entsteht »Zweideutigkeit« (vgl. auch 33,27–29; 35,25–28).

K. stellte [...] setzte sich dahinter.: K. inszeniert einen Perspek- 36.11–12 tivenwechsel mit allen praktischen Konsequenzen. Er kehrt den Blick, der ihn am Morgen betroffen hat, um, indem er sich in die Position des Aufsehers begibt. Die Szene folgt damit ebenfalls dem basalen Geschehen des »Blickwechsels«.

Ja, ich vergesse mich.: Die Feststellung ist von bezeichnender 36.18 Doppeldeutigkeit.

die Beine übereinandergelegt: Es besteht gestische Korrespon- 36.20 denz zu der Haltung, die Fräulein Bürstner zu Anfang von K.s Besuch einnimmt (vgl. Erl. zu 33,8). So kommt es auf der Textebene zu einem »optischen Echo« zwischen den »gekreuzten« Beinen der Bürstner und den »übereinandergeschlagenen« Beinen des Aufsehers (vgl. 18,24). Hier sind die Sphäre des Gerichts und das Erotische körpersprachlich miteinander verschmolzen (vgl. Erl. zu 18,21–24).

K. faßte sie [...] so zur Tür.: K. umfasst Bürstners Handgelenk, 38.21–26

aber nur scheinbar übernimmt er den aktiven Part, denn die Frau geleitet ihn, seinen Griff nutzend, zur Tür. Die Geste zeigt eine andere Zuordnung der aktiven und passiven Rolle an, als der Ablauf des Geschehens erkennen lässt. Widersprüche dieser Art beschäftigen Kafka laufend. Welch große Bedeutung er der Art und Weise beimisst, wie ein Paar »sich verbindet«, geht aus einem Brief an Felice Bauer hervor. Kafka schreibt: »Wie soll ich es also nur beschreiben, wie wir im Traum gegangen sind! Während beim bloßen Einhängen sich die Arme nur an zwei Stellen berühren und jeder einzelne seine Selbstständigkeit behält, berührten sich unsere Schultern und die Arme lagen der ganzen Länge nach aneinander. Aber warte, ich zeichne es auf. Eingehängtsein ist so: [Zeichnung] Wir aber gingen so: [Zeichnung]« (Heller/Born (Hg.), a.a.O., S. 294. Brief v. 11./12.2.1913).
Die Briefpassage offenbart überaus deutlich das Verhältnis von gestischem Bedeutungsgehalt und Schrift. Die (Be-)Schreibung der Armhaltung allein genügt Kafka nicht, sodass er sie mit einer Zeichnung ergänzt. In der Prosa steht an dieser Stelle ein Bild aus Worten. Stets aber übersteigt die Intensität der körpersprachlichen Anmutung die Kapazität des sprachlich Fassbaren.

39.3–4 **auf den Hals [...] Lippen lange liegen**: Genau an derjenigen Stelle des Körpers, an der K.s Lippen zu liegen kommen, werden sich bei ihm selbst die Hände des einen der beiden Herren legen, die K. exekutieren. Es herrscht, wie Susanne Kessler nachgewiesen hat, ein der Härte des mosaischen Gesetzes nicht nachstehender Strafzwang in Kafkas Text (S. K.: *Kafka – Poetik der sinnlichen Welt. Strukturen sprachkritischen Erzählens*, Stuttgart 1983): Der Mensch wird an dem Teil des Körpers gestraft, mit dem – oder an dem! – er »gesündigt« hat.

39.7–9 **Sie nickte müde [...] sie nichts davon**: Wieder markiert der Text die Zweideutigkeit der Geste (vgl. Erl. zu 38,21–26). Die Hand ist scheinbar unzugehörig zur Person, mit der sie augenscheinlich eine Einheit bildet. Die Handreichung wird als bewusste Aktion dementiert und bewusst zur unbewussten Bewegung gemacht. Kafka verfolgt die Spaltung des Subjekts in allen Nuancen ihres Anfangsstadiums.

46.17–19 **wo die Leute [...] die Decke stießen**: Walter Benjamin hat den auf die Brust gedrückten Kopf als die häufigste der Gebärden im

Werk Kafkas identifiziert (vgl. Erl. zu 29,29). Nur scheinbar handelt es sich hier um die Haltung des Atlas, der die Welt auf den Schultern trägt. Benjamin bringt die gebückt unter der Decke stehenden »Leute« auf der Galerie« in Zusammenhang mit der Gestalt des »bucklichten Männleins«, wie es aus Clemens Brentanos (1778–1842) und Achim von Arnims (1781–1831) Liedersammlung *Des Knaben Wunderhorn* (1806–1808) bekannt ist. Auffallend am Männlein ist sein Buckel, man könnte sagen: Seine ganze Erscheinung besteht darin, das dem Menschen am eigenen Körper zeitlebens Unsichtbare vor Augen zu bringen. Edmund Husserl (1859–1938) spricht in seinen phänomenologischen Meditationen vom »Vorderseitenphänomen«. Im Gegensatz zu den Dingen, die umrundet und deren »abgeschattete«, in der jeweiligen Perspektive verdeckte Seiten prinzipiell wahrgenommen werden können, ist der eigene Rücken dem Menschen derart unzugänglich; der Rücken muss, so Husserl, weil er nicht direkt in Augenschein genommen werden kann, »appräsentiert«, d. h. in der Körperwahrnehmung extra mitvergegenwärtigt werden (vgl. Ulrich Claesges: *Edmund Husserls Theorie der Raumkonstitution*, Den Haag 1964, S. 95). Dies im Sinn, wird verständlich, warum Benjamin in seinem Kafka-Essay »das Vergessene« mit dem Rücken des Menschen verbinden kann. Charakteristisch für das bucklichte Männlein ist sein unversehenes Auftauchen (»Geh ich in mein Kämmerlein, / Will mein Bettlein machen; / Steht ein bucklicht Männlein da, / Fängt gleich an zu lachen«, heißt es im *Wunderhorn*). Das Männlein verkürzt Wunsch und Absicht, indem es das dauernd Übergangene und Vergessene vor Augen bringt; es ist das eigene »Kreuz«, die vergessene Schuld, die »dazwischen (zwischen die Absicht des Wunsches und sein Objekt!) kommt« (vgl. Erl. zu 156,10–15).

Das am Rücken entstellte Männlein ist »Agent« der verstellten Zonen der menschlichen Wahrnehmung und des Bewusstseins, also des Unbewussten. Dass Kafkas »Leute« (es sind, wie sich zeigt, »weißbärtige«, also alte Männer; vgl. 51,7) den Rücken unter die »Decke« des Gerichtsaals pressen, stimmt mit dieser Topologie des optisch Unbewussten überein: Die »Galerie« erscheint als ein offen liegender Dachboden, welcher Ort des Hauses der Wahrnehmung in der Regel ebenso entzogen ist wie der eigene Rücken.

Bekanntlich hat Kafka parallel zum *Process* die Erzählung *In der Strafkolonie* verfasst; Benjamin schreibt: »In der *Strafkolonie* aber bedienen sich die Gewalthaber einer eigentümlichen Maschinerie, die verschnörkelte Lettern in den Rücken der Schuldigen eingraviert, die Stiche mehrt, die Ornamente häuft solange, bis der Rücken der Schuldigen hellsehend wird, selber die Schrift entziffern kann, aus deren Lettern er den Namen seiner unbekannten Schuld entnehmen muß« (a.a.O., S. 32). Das Gericht tagt im *Process* in Winkeln, Kammern und auf Dachböden – Exterritorien des Öffentlichen, Zonen des Übersehenen und Verdrängten. Dieser Topologie entsprechend zeigen viele Angehörige des Gerichts eine gebückte Körperhaltung, mit der sie die Aufmerksamkeit auf den Rücken lenken.

Kafka hat seine Texte auf Kanapee oder Bett liegend dem Dämmer des Halbschlafs entrissen; im Tagebuch berichtet er immer wieder von dem endlosen Hinundherwälzen, mit dem er sich zwischen Traum und Wirklichkeit hält. Es liest sich dies wie ein Versuch, sich selbst in den Rücken zu gelangen. Der krumme Rücken der »Leute« des Gerichts und der geschundene Rücken des Delinquenten in der Strafkolonie stammen aus der Rückenlage auf dem Kanapee, in der mit dem Traum das Vergessene hinterrücks auftaucht und beim Erwachen wieder nach hinten verschwindet (vgl. auch Erl. zu 73,5–6).

47.16 **die Beine gekreuzt**: Schon der Aufseher hatte die Beine »übereinandergeschlagen«, »gekreuzte« Beine zeigte auch Fräulein Bürstner. K. selbst imitierte entsprechend die Beinhaltung des Aufsehers (vgl. Erl. zu 36,20); nun präsentiert sich dergestalt der Untersuchungsrichter.

48.4–6 **Manche hatten Polster [...] sich nicht wundzudrücken.**: Vgl. Erl. zu 46,17–19.

48.10–11 **Ein Beifallklatschen**: Während seiner Verhaftung wurde K. von Zuschauern behelligt (vgl. Erl. zu 10,30–33). Als K. für Fräulein Bürstner die Szene des Verhörs nachstellte, ging bereits die Sphäre des Gerichts in die des Theaters über. Die »Erste Untersuchung« unterliegt nun ganz inszenatorischen Regeln. Dies entspricht dem latenten Zusammenhang von Gericht und Schautrieb, dessen Gesetze im Theater gleichsam institutionalisiert sind (vgl. auch 50,5–6).

weißbärtig: Vgl. Erl. zu 46,17–19. 51.7

drängte sich: Vgl. Erl. zu 23,16–20. 57.6

daß ich angeblich [...] sehr gerne tun.: Der Status der Verhaftung ist weiterhin unklar. Wieder dementiert und bestätigt K. die Relevanz des Vorgangs innerhalb eines Satzes. Diesem Widerspruch entspricht sein schwankender Status als vom Gericht betroffener Angeklagter und möglicher »Verbesserer« der Gepflogenheiten des Gerichts, als welcher K. sogar gegenüber der Frau des Gerichtsdieners in die Rolle des Wohltäters wechseln kann. Das Schwanken der Einschätzung K.s zwischen Zwang und Handlungsfreiheit, Opfer- und Täterrolle, Bedeutung und Nichtigkeit des Gerichts durchzieht den gesamten Roman (vgl. Erl. zu 62,26–27; 106,1–5; 241,9–11). 60.13–17

und die Frau [...] den Staub weg: Ein für die Bedeutung der Schürze in Kafkas Werk signifikanter Vorgang: Nachdem schon beim ersten Aufenthalt Schürzen zur Erotisierung der Atmosphäre im Umkreis des Gerichts beitrugen (vgl. 45,13–14), erscheint die Schürze hier als Hilfsmittel der Reinigung und zugleich Element der durch die vorhergehende Offerte der Frau (vgl. 60,2–6) in Aussicht gestellten Entblößung. 60.26–28

es erschien [...] sagte K.: Susanne Kessler hat eine sequentielle Analyse der Beschreibung der pornographischen Illustration mit der Szene vorgenommen, in der K. Fräulein Bürstner zu verführen sucht (vgl. 35,22–37,17). Danach erscheinen die einzelnen Sätze der Bildbeschreibung wie der apokryphe Kommentar zu einzelnen Elementen der Verführungsepisode (a.a.O., S. 124f.). 60.28–61.5

daß mir [...] nur lachen werde: Wieder wertet K., obwohl er seinetwegen den freien Sonntagvormittag opfert, den gegen ihn laufenden Prozess ab. Lähmende Ausgeliefertheit an die undurchschaubare inquisitorische Prozedur wechselt auch im Weiteren abrupt mit dem evidenten Eindruck, in völliger Souveränität zu handeln (vgl. 65,25–27). 62.26–27

Sonntag: Der Sonntag ist der Tag der Ruhe. Dass er im *Process* Termin gerichtlicher Untersuchungen wird, hängt zum einen mit biographischen Umständen zusammen, die aus Kafkas Tagebuch hervorgehen; zum anderen entspricht die Terminierung der 63.24

Verschränkung von Freizügigkeit und Zwang, wie sie das Bewusstsein K.s, aber auch die Einrichtungen des Gerichts bestimmt.

Kafka verbrachte die Sonntage meist auf dem Kanapee oder am Schreibtisch. Dieser Wochentag war mehr noch als die anderen von Traum- und Schreibarbeit bestimmt. Die komplizierte Prozedur des Schreibens, die nicht erst mit dem Ansetzen der Feder begann, sondern einer Vielzahl anbahnender Vorbereitungen, v. a. aber der Beschwörung von Halbschlafphantasien bedurfte, beherrschte schon früh alle Wünsche Kafkas. Immer wieder berichten die Tagebücher indes auch vom Ekel, der Blockade, dem Unvermögen und Überdruss, die sich genau in dem Augenblick einstellen, wenn sich die äußeren Umstände dem Schreibwunsch entsprechend gestalten. Dann repräsentiert das Schreiben nicht mehr die Möglichkeit, absolute Freiheit der Imagination zu erreichen, es wird vielmehr zum perfekten Zwangsapparat. Der tief im Gesellschaftlichen verankerte Status des Sonntags entspricht dieser Zwangslage insofern, als der Sonntag zwar von der Fron der Arbeit befreit, gleichzeitig jedoch strengen Ritualen religiöser und sozialer Natur unterworfen war. Die sonntägliche Atmosphäre aus Befreiung und Zwang ist nicht nur im Werk Kafkas, bei ihm aber in äußerster Form Motiv (vgl. auch 42,12; 72,25; 81,26; 84,30; 85,17–18).

64.27–30 **sie streckte [...] mich nicht geeignet.«**: Das zum Zweck der Reinigung des Gesetzbuchs erfolgende Heben der Schürze (vgl. Erl. zu 60,26–28) offenbart im Anheben der Röcke und der Ostentation der Beine die schon vorher vorhandene (Neben-)Bedeutung.

64.34–65.2 **er war klein [...] Würde zu geben**: Wie alle Personen, die in engerer oder weiterer Beziehung zum Gericht stehen, hat auch der Student »etwas Krummes« an sich; bei ihm sind zwar die Beine, nicht der Rücken gekrümmt (vgl. auch 68,9–10), wenn er aber die Frau des Gerichtsdieners auf den Arm hebt, beugt sich auch sein Rücken unter der Last, die er für seinen Vorgesetzten, den Untersuchungsrichter, zu schultern hat (vgl. 67,11–14).

65.15–16 **Sie können [...] was Sie wollen**: Hier erreicht die Offerte der Frau des Untersuchungsrichters ihren Höhepunkt (vgl. Erl. zu 60,26–28).

er küßte sie [...] auf den Hals: Der Kuss auf den Hals als Kompromiss angesichts der zwischen Hingabe und Verweigerung in der Schwebe bleibenden »weiblichen« Gebärde des zurückgebeugten Kopfes ist ein im *Process* notorisch auftauchendes Motiv. Hier entspricht es präzise dem zwischen K., dem Gerichtsdiener, dem Studenten und dem Untersuchungsrichter lavierenden Verhalten der Frau.

In klinischen Beschreibungen vom Anfang des 20. Jh.s findet sich das pathologische Symptom des »hysterischen Bogens«, einer krampfhaften Krümmung des Leibes, bei der der Rücken durchgedrückt wird, bis sich der Körper brückenförmig wölbt. U. a. ist diese Haltung als Exposition des Genitals interpretiert worden. Diese Deutung übersieht den expressiven Gehalt einer »Flucht nach hinten«, den die Haltung ebenfalls nahe legt. Der »Bogen« gründete demnach in einer kulturell die (erotische) Rolle der Frau bestimmenden Zweideutigkeit, die sich, zur Unerträglichkeit gesteigert, in einem körperlichen Symptom zum Ausdruck bringt und als »hysterisch« denunziert wird. Im Kontext des »Kodex von Gesten« (vgl. Erl. zu 22,6–7), wie er im *Process* entfaltet wird, ist der »hysterische Bogen« von Interesse, weil er auch grundsätzlich als körperliche Gegenbewegung zum gekrümmten Rücken (der Männer) gesehen werden kann; als eine gestische »Reflexion« von Haltung und Gebärden der mit Vergessenem beladenen männlichen Macht(teil)haber.

Seine Popularisierung erfuhr der »Bogen« durch die Filmgeschichte, die zahlreiche Plakate mit dem Motiv des im Kuss (konvex und konkav) gekrümmten Paares hervorbrachte (am bekanntesten das Plakat zu *Vom Winde verweht*). Im Branchenjargon der Unterhaltungsliteratur, auf deren Covers seit Ende der Neunzigerjahre inflationär Bilder von Halsküssen präsentiert werden, heißt das Motiv »Nackenbeißer«.

und mit [...] mich zu ihm.«: Kafkas Werk weist zahlreiche personale »Gespanne« auf: Personen, die sich in mehr oder minder starkem körperlichen Kontakt einen Kampf liefern, ohne dass sie dabei als echte Kontrahenten handelten. Vielmehr scheint das Ringen Ausdruck einer ihre Gegnerschaft übersteigenden Komplizenschaft zu sein. In der Dreiergruppe, die die Frau des Gerichtsdieners, der Student und K. bilden, bahnt sich das Dreigespann an, welches K. mit seinen Henkern bildet.

69.4–5 **Hier auf dem Dachboden dieses Miethauses**: Michael Müller hat die nicht zuletzt topographischen Beziehungen untersucht, die zwischen Giacomo Casanovas Erinnerungen *Histoire de ma vie* und Kafkas *Process* bestehen. Kafka kannte die berühmteste Episode der Memoiren, Casanovas Flucht aus den Bleikammern von Venedig, in denen er von der Staatsinquisition eingekerkert worden war. Verhörraum und Bleikammern befanden sich, da Venedig keine Unterkellerung aufweist und somit keine unterirdischen Verliese besitzt, unter dem Dach des Dogenpalastes. Das Dach war mit dicken Bleiplatten gesichert, woraus sich der Name des Gefängnisses erklärt. Müller schreibt: »Später dringt er [K.] in die über dem Untersuchungszimmer gelegenen Gerichtskanzleien vor. Kafkas Darstellung dieser Kanzleien rafft die Eindrücke, die Casanova im Verlauf seines 100 Seiten umfassenden Berichts von den venezianischen Bleikammern vermittelt, auf wenigen Seiten zusammen. [...] Die ihm [Casanova] zunächst zugewiesene Zelle war die schlechteste von allen, sie wurde ›Sparrenfach‹ genannt, denn an der Decke entlang verlief ein Dachbalken, der es dem Gefangenen unmöglich machte, überhaupt aufrecht zu stehen. [...] Nahezu all diese Elemente findet man in ähnlicher oder leicht veränderter Form in Kafkas Beschreibung der Gerichtskanzleien auf dem Dachboden wieder« (a.a.O., S. 67–76). Casanova floh schließlich, nachdem ein erster Fluchtversuch, bei dem er den Boden seiner Zelle öffnete, gescheitert war, über das Dach der Bleikammern. Dach- und Bodenluken spielen im *Process* eine signifikante Rolle; sie markieren Schwellen, welche sowohl die Fluchtdynamik wie die hierarchische Gliederung des »Gerichts« topologisch artikulieren (vgl. Erl. zu 126,35–127,5).

73.5–6 **der Rücken war geneigt, die Knie geknickt**: Die Galerie, auf der K. zum ersten Mal Gebückte stehen sieht (vgl. Erl. zu 46,17–19), erscheint nun als Einblick in Bereich und Sphäre der Kanzleien auf dem Dachboden. Dem entspricht auch die architektonische Situation von Casanovas Gefängnis, das über dem Ratssaal des Dogenpalasts gelegen war (vgl. Müller, a.a.O., S. 71). Kafkas aus der Lektüre Casanovas gespeiste Traumlogik bezieht demnach den Bereich der Gebückten (Gefangene, Bittsteller, Gerichtsabhängige) in die Szenerie der ersten Verhandlung mit ein.

durch Gicht abgemessenen Schritten: Vgl. Erl. zu 64,34–65,2.   75.6–7
nur ein wenig [...] viel Mühe machen: Anatomischer Ort der   79.1–3
»Stütze«, um welche K. bittet, ist der Bereich von Armen und
Achseln. Kafkas Interesse für alle Variationen der Verbindung
von »Gespannen« (vgl. Erl. zu 38,21–26 u. 67,11–30) richtet
sich gerade auf diese Körperpartien. Der Griff unter die Achsel
und das Umfassen und Umschlingen der Oberarme affizieren
Kafka durch die Doppeldeutigkeit, die sie als »Stütze« ebenso
erscheinen lassen kann wie als Verhaftungsgriff (vgl. 79,12–13;
80,31–81,2; 82,17–18; 240,4–12).
der Handkuß hatte [...] Bürstner abhalten wollte: Diese Stelle   91.1–4
belegt besonders deutlich K.s und Kafkas gesteigerte Aufmerksamkeit für »Gespann«-Bildungen (vgl. Erl. zu 67,11–30).
Unbrauchbare, alte Drucksorten [...] dem niedrigen   93.16–20
Raum.: Detlev Kremer plädiert für eine genaue Lektüre der
»Prügler«-Episode, die ihm als gewichtiger Beleg seiner These
dient, »Folter« und »Qual« im *Process* meinten immer auch die
Tortur des Schreibprozesses: »Der erste Blick in die Rumpelkammer trifft nicht auf den ledernen Folterknecht, sondern auf
Chiffren des Schreibens. [...] dass die Folterszene von Schreib-
requisiten flankiert wird, kann man spätestens dann nicht mehr
als Zufall oder Beiläufigkeit abtun, wenn sich tags darauf auch
beim zweiten Blick in die Rumpelkammer das Szenario haarge-
nau wiederholt. Wieder fallen zunächst ›Drucksorten und Tintenflaschen‹ in die Augen, bevor Prügler und Delinquenten auftauchen« (D. K.: *Franz Kafka,* »*Der Process*«, in: H. D. Zimmermann (Hg.), a.a.O., S. 196).
stak [...] Arme nackt ließ: Die Kleidung des »Prüglers« kann   93.24–25
als prototypisch gelten für die Monturen, an denen der Zugriff
der Macht sichtbar wird, in deren Dienst ihre Träger stehen. Die
Wendung »ein Amt bekleiden« erfährt bei Kafka ihre direkte
Umsetzung (vgl. Erl. zu 9,15–20 u. 20,4–7).
während er sich [...] auf und ab: »Immer dann, wenn Kafka ein   97.14–16
Folterinstrument sich ›regelmäßig auf und ab‹ bewegen läßt,
dann meint er auch das regelmäßige Auf und Nieder der Spitze
seiner Schreibfeder auf dem unnachgiebigen Papier, dann meint
er nicht nur die Folterung irgendeines verurteilten auf der fikti-
ven Handlungsebene, sondern auch die lustvolle Selbstqual des

Schreibers Franz Kafka am Schreibtisch« (Kremer, a.a.O., S. 197); vgl. Erl. zu 93,16–20.

97.18–19 **war zu einem [...] und öffnete es**: Die entlastende Wirkung des Blicks aus dem Fenster unmittelbar im Anschluss an den Anblick in der »Rumpelkammer« ist hier besonders gut zu erkennen (vgl. Erl. zu 31,11–12).

99.31–32 **Die Drucksorten [...] hinter der Schwelle**: Vgl. Erl. zu 93,16–20.

101.31–102.2 **als sie allein [...] besser zu sitzen**: Das Motiv der »unkonventionellen« Sitzgelegenheit erscheint im Kapitel *Der Onkel/Leni* insgesamt viermal. Es ist eines der Kennzeichen dieser Passage. Es handelt sich um Variationen der vom Verb »thronen« angezeigten Bedeutung. Indem der Onkel den angebotenen Fauteuil verschmäht (vgl. 101,25–26) und den Schreibtisch besetzt, bemächtigt er sich des Machtterritoriums K.s und damit der Situation.

103.10–13 **Verhandlung noch lange [...] geführt werde**: Merkantile und juristische Bedeutung des Wortes »Verhandlung« verschmelzen in Ernas Beschreibung.

106.1–5 **»Vor allem, [...] wiederholte der Onkel.**: K. vermag den Onkel nicht zu überraschen: Die Andersartigkeit seines Prozesses scheint diesem geläufig. Die Überschreitung des juristischen Status von K.s Fall, die der Text laufend herbeiführt, totalisiert die Sphäre des Gerichts gemäß dem Diktum: »Es gehört ja alles zum Gericht« (163,13–14). Gerade dadurch, dass K. die persönliche Qualität seines Prozesses betont, wird er mit der Allgegenwart seines Falles und aller Wissen darüber konfrontiert.

106.8–9 **der sich in K. eingehängt hatte**: Vgl. Erl. zu 38,21–26 u. 67,11–30.

106.21–22 **aufs Land kommst**: Das »Land« spielt in Kafkas Biografie und seinem Werk eine signifikante Rolle: Kafkas Vorfahren stammten aus der ländlichen Region Böhmens; dass die Familie in der Großstadt Prag ansässig werden und ihr wirtschaftliches Auskommen finden konnte, hatte Vater Hermann Kafka (1852–1931) stets als seine eigentliche Lebensleistung begriffen. Daraus ist das Unverständnis zu erklären, mit dem er auf die landwirtschaftlichen Aktivitäten seiner Tochter Ottilie, genannt Ottla (1892–1943), reagierte; sie betrieb ein »Gütchen« im nordwestböhmischen Zürau. Kafka zog sich im September 1917 für acht Monate dorthin zurück. »Auf dem Land« war er fern von Prag, das ihm lebenslang als Gefängnis erschien, und dem Projekt einer Existenz als Palästina-Auswanderer und ackerbauernder Pionier näher, die er erträumte. *Der Process* ist nicht denkbar außerhalb der Großstadt Prag.

möchte man fast [...] schon verloren haben«.«: Ausmaß und Allgemeingültigkeit von K.s Prozess werden bis in die Dimension des Sprichwörtlichen gesteigert (vgl. Erl. zu 106,1–5). 107.15–17

»Ich wußte nicht [...] Advokaten zuziehen könne.«: Nachdem K.s Prozess gerade noch die Grenzen eines juristischen Falles weit überstieg, überrascht nun wieder, dass er in die Zuständigkeit eines Advokaten fällt. 108.29–31

erhob sich im Bett ein Gesicht: K.s Prozess begann im Bett (vgl. Erl. zu 9,20–21); als handelte es sich um ein Signal seiner Parteigängerschaft, liegt auch der Advokat zu Bett. 110.20–21

aber dieser saß [...] Teppich gerollt war: Erneut wählt der Onkel eine »unkonventionelle« Sitzgelegenheit (vgl. Erl. zu 101,31–102,2). 113.26–28

»Ja, aber [...] und meinen Prozeß?«: Wieder ist K. mit der Tatsache der Allgegenwart seines Falles konfrontiert (vgl. Erl. zu 106,1–5). 114.4–5

»Sie arbeiten doch [...] auf dem Dachboden«: Markante topographische Unterscheidung der den Roman durchziehenden »allgegenwärtigen« und der institutionalisierten Form der Gerichtsbarkeit. 114.17–18

im Mondlicht: Schon K.s Inspektion von Fräulein Bürstners Zimmer, darin er sie später zu verführen sucht, erfolgte im Mondlicht (vgl. 30,2–6); Mondlicht bescheint auch K.s Hinrichtung (vgl. Erl. zu 30,5–6). Das siderische Licht gehört zum Ambiente der Szenen sexuellen Geschehens – so hier der Verführung K.s durch Leni –, die dadurch atmosphärisch auf die Hinrichtungsszene vorausweisen. 117.14–15

Zuerst sahen Sie [...] Sie mich warten.: Den Augenkontakt wertet Leni als eindeutige Avance. Sie lässt damit das genau gegenteilige Verhalten zum Auftritt Fräulein Bürstners erkennen, die alle Signale K.s wie abwesend ignoriert (vgl. Erl. zu 39,3–4). 117.29–30

Besonders fiel ihm [...] Urteil zu verkünden.: Möglicherweise 118.13–24 diente Sigmund Freuds (1856–1939) Aufsatz *Der Moses des Michelangelo* (1914) Kafka als Vorlage für die Beschreibung des Richters. Freud betont v. a. die mühsam kontrollierte Erregung des Moses, die Michelangelo (1475–1564) in seiner Skulptur darzustellen wusste. Kafkas Beschreibung legt dieses Moment dem Mann im Richtertalar bei. Der einflussgeschichtliche Hinweis wäre überflüssig, belegte er nicht die Stringenz, mit welcher Kafka die Bildwelt im *Process* organisiert. Denn die Darstellung der inhibierten Bewegung der Moses-Gestalt ist im Sinne einer allgemeinen Bildtheorie zu entschlüsseln: Der Affekt wird in seiner Dynamik unterbrochen und gelangt nicht zur Aktion, sondern zur gestischen Darstellung seiner selbst. (Die gestische Aufhebung der affektiven Bewegung als elementare Funktion des Bildes ist am nachdrücklichsten von dem Kunsthistoriker Aby Warburg [1866–1929] vertreten worden.) Der Aufschub der spontanen, dem Affekt folgenden Aktion ist aber auch Voraussetzung des Urteil(en)s. Auf diese Weise durchdringen sich die Sphäre des Bildlichen und die des Rechts. Die Bedeutung des Gestischen in Kafkas Werk und insbesondere dem *Process* (vgl. Erl. zu 22,6–7) lässt sich unmittelbar davon ableiten: Die Geste ist Aufhebung der (affektiven) Bewegung und sowohl Urteil ermöglichende als aussetzende Hemmung. In der Figur des Moses verdankt sich die Hemmung noch ganz der Selbstbeherrschung des Patriarchen, der dadurch zum Vor-Bild aller Machtausübung wird: Die souveräne Beherrschung seiner selbst ist Voraussetzung der Herrschaft des Gesetzes. Der »Kodex von Gesten«, den Kafkas Werk registriert, enthält aber in keinem seiner Elemente mehr die Selbstbestimmtheit des affektiven Aufschubs. Vielmehr ist das Verhalten derart gesetzmäßig, dass die Geste grundsätzlich als Abweichung erscheint. Die Gesten erscheinen nicht als Würde verleihender Ausdruck eines sich körperlich manifestierenden Gesetzes, sondern sind zu unverständlichen Winken kaum noch vorhandener emotionaler Bewegung geworden.

119.8–11 **»Das ist alles [...] zusammengelegt ist.**: Die Motiv-Kette der »unkonventionellen« Sitzgelegenheit (vgl. Erl. zu 101,31–102,2) zentriert sich um Lenis Bemerkung zum Bild des Untersuchungsrichters. Aus dem Thron wird ein »Küchensessel«. Es handelt sich hier nur vordergründig um Polemik. Auf der Bildebene folgt der Kommentar der Etymologie des Wortes »Gesetz«, das auf »sitzen« (das »Gesetzte«, die »Satzung« etc.) zurückgeht. Noch die ungewöhnliche Spezifizierung des Sitzmöbels als »Küchen-Sessel« betont das Moment des Sitzens. Nimmt man die signifikante Rolle des Pferdes als Inbild der Bewegung in Kafkas Werk hinzu (vgl. Deleuze/Guattari, a.a.O., S. 53), wird aus der »alten Pferdedecke« das Symbol lächerlicher Immobilität. In der archaischen Logik der Macht geht das Sitzen im »Sattel« (etymologisch ebenfalls dem Wortfeld von »sitzen« zugehörig) dem »Thronen« voran. Die Reiterstandbilder hielten diese Verbindung von Macht und Mobilität auch in Zeiten durchgesetzter und unangefochtener territorialer Ansprüche fest. Vom Reiterstandbild, das analog zur Figur des Moses als Inbild gezügelter Kraft gedeutet werden kann (vgl. Erl. zu 118,13–24), ist im *Process* nur eine »Pferdedecke« geblieben. Das »Ge-setz« ist buchstäblich heruntergekommen.

Dann hing sie [...] an seinen Hals: Leni fasst K. genau an der Stelle, an der ihn bei seiner Exekution einer der beiden »Herren« fassen wird (vgl. 244,24). 119.32–33

Wie sie [...] einzig richtiger Platz!: Im Kontext des ikono- und etymologischen Zusammenhangs von »Sitzen«, »Ge-setz« und Macht handelt es sich hier um eine Verkehrung der Verhältnisse. Eben noch hat Leni den Untersuchungsrichter buchstäblich vom Thron geholt (vgl. Erl. zu 119,8–11), nun »thront« sie selbst auf K.s Schoß. 120.4–5

nach einem Wirbeltanz [...] um sie her: Tanz und Tänzerinnen faszinierten Kafka. In einem Lokal am Prager Ziegenplatz (das »Weinlokal«: 120,17), das eine Kleinkunstbühne betrieb, verbrachte er viele Abende. Über die Rezitations-, Schauspiel- und Tanzdarbietungen gab er sich im Tagebuch Rechenschaft. Kafkas Ästhetik motorischer Ekstase entsteht in und aus diesen Eintragungen. Im Mai 1910 sah Kafka in Prag eine Vorstellung des russ. Balletts, dem die Tänzerin Jewgenja Eduardowa (1882–1960) angehörte. »Ich habe es [das Ballett] schon vor zwei Jahren einmal gesehn und Monate davon geträumt, besonders von einer ganz wilden Tänzerin Eduardowa«, schreibt Kafka an Felice Bauer (Heller/Born, a.a.O., S. 254). »Ich bat im Traum die 120.16–18

Tänzerin Eduardowa, sie möchte doch den Csárdás noch einmal tanzen«, lautet einer der ersten Sätze in Kafkas Tagebuch (GW 8. *Tagebücher*. Bd. 1: 1909–1912, S. 11). Im Kontext von Lenis Verkehrung der Verhältnisse (vgl. Erl. zu 120,4–5) verstärkt Elsa die Formation weiblicher Macht. Zu Leni, die »zusammengekrümmt« auf K.s Schoß verharrt (vgl. 120,14), verhält sie sich wie deren (aktives) Gegenteil und Ergänzung. K. sitzt »dazwischen«. Auch diese Kombination aus Personen und dem Bild einer Abwesenden ist ein »Gespann« (vgl. Erl. zu 67,11–30).

121.12–15 **Sie spannte [...] kurzen Finger reichte.**: Kafka »nimmt die Menschheit auf die Linie des Sumpfes zurück«, notiert Benjamin in den Dispositionen für seinen nicht ausgeführten Kafka-Essay (a.a.O., S. 130). Das vergangene »Sumpfdasein der Menschheit in gänzlicher Promiskuität mit allen Wesen« ist, so muss man Benjamin verstehen, durch Entgliederung gekennzeichnet. »Sumpf« und amorphe Entgliederung deuten sich in Lenis »amphibisch« zusammengewachsenen Fingern an. Ihr »Sumpfwesen« ist ein Aspekt von Kafkas Frauenfiguren. Dem entsprechen die von Dampfschwaden, Dunst und Wäsche verhangenen (Wasch-)Küchen, die die Sicht rauben und in denen animalische Wärme und Enge herrscht: die Küche ein Ort des Sumpfes inmitten der Stadt. Neben der Verhaftung durch die ungreifbare Macht des Gerichts existiert die Ver-haftung in der weiblichmütterlichen Sphäre des (Wasch-)Küchensumpfes. Darauf weist auch die »Kralle« hin, die K. an Lenis Hand erkennt (vgl. 121,19): Kafka bezeichnete die Stadt Prag als »Mütterchen mit Krallen«, dem man nur entfliehen könne, indem man es »anzünde«.

121.27–33 **sie nahm seinen [...] zu ihr hinabgezogen.**: Die Verkehrung der (Macht-)Verhältnisse, die Leni Schritt für Schritt vornimmt (vgl. Erl. zu 119,8–11 u. 120,4–5), erreicht hier ihr Ziel. Die Szene spiegelt sowohl den Verführungsversuch K.s im ersten Kapitel (vgl. 39,3–4) als auch die Attacke des Studenten auf die Frau des Gerichtsdieners mit vertauschten Rollen: K. wird auf den Hals geküsst, und es ist die Frau, die sich dabei über den Mann beugt (vgl. Erl. zu 66,11).

121.33–35 **sagte sie. »Hier hast du**: Zunächst plante Kafka, das Kapitel mit Lenis triumphierender Feststellung enden zu lassen. Im Manuskript findet sich an dieser Stelle das Wort »Ende«. Mit der anschließenden Passage aber, in der der wartende Onkel K. Vorwürfe macht, hob Kafka die Kapitelzäsur wieder auf.

verschob langsam [...] dem Tisch: K.s Hand vollführt genau die Bewegungen, die der Aufseher auf dem zum »Verhandlungstisch« umfunktionierten »Nachttischchen« Fräulein Bürstners vollführte (vgl. 19,3–6). Bezeichnenderweise handelt es sich um einen Vorgang, den K. bei aller Sorgfalt, mit der er später die Szene vor der Bürstner nachspielte, vergessen hatte. In den unbewussten Bewegungen und Gesten kehrt das Vergessene wieder. 124.9–10

Licht bekommt [...] den Rücken nimmt.: Erneute Variation des von der Casanova-Lektüre beeinflussten Motivs des Dach-Bodens mit den Elementen der befreienden Luke und des belasteten Rückens (vgl. Erl. zu 69,4–5 u. 73,5–6). 126.35–127.5

zweiten Dachboden [...] die Parteien warten: »Mit selbstverfertigtem, improvisierten Werkzeug bricht er [Casanova] ein Loch in den Zellenboden, durch das er in den daruntergelegenen Ratssaal hinabsteigen will. Sein Plan mißlingt.« Das Loch im Fußboden des Advokatenzimmers stellt Michael Müller zufolge ebenfalls eine Reminiszenz an Kafkas Casanova-Lektüre dar (vgl. Erl. 69,4–5 u. 73,5–6). 127.10–12

An diesem Fenster [...] die Gasse hinaussahen: Auch für die Personen des Gerichts stellt das Fenster den Ort der »Entlastung« dar (vgl. Erl. zu 97,18–19). 130.6–9

In solchen [...] der Advokat unerschöpflich.: Der Advokat verfährt in der Weise der Scheherezade, der Geschichtenerzählerin aus *1001 Nacht*: Solange gesprochen wird, ist der Vollzug des Urteils aufgeschoben. 135.14–15

Die Verachtung [...] galt nicht mehr.: Der entscheidende Wandel in K.s Einstellung wird beiläufig mitgeteilt. 137.13–14

Der Prozeß [...] Bank abgeschlossen hatte: Die Ähnlichkeit von merkantilem und juristischem »Geschäft« wird hier deutlich ausgesprochen (vgl. auch 148,19–20 u. Erl. zu 103,10–13). 138.3–5

die Eingabe mußte [...] fast endlose Arbeit.: Die Passage kann auch als Hinweis auf Kafkas Produktionssituation während der Niederschrift des *Process* verstanden werden. Zwischen dem 11. August und Anfang Oktober 1914 hatte Kafka etwa zwei Drittel 139.18–25 des Romans geschrieben, dann stockte die in den Abend- und Nachtstunden, also neben seiner dienstlichen Pflicht geleistete Arbeit. Kafka suchte daraufhin um Urlaub nach und erhielt ihn. Die im *Process* anlässlich der »Eingabe« angestellten Überlegungen K.s konvergieren also mit denen des Verfassers (vgl. auch 144,30–145,3).

142.17–28 **war es K. [. . .] gänzlich entlasten sollte.**: Szenische Antizipation der Situation unmittelbar vor K.s Hinrichtung, wenn die Henker sich über K.s Kopf hinweg das Messer hin- und herreichen (vgl. 244,1–3). Da die »Eingabe« stets eine Anspielung auf den Roman selbst darstellt, ist er auch als Kafkas »Rechtfertigung« und Versuch zu lesen, in die Verhandlungen »über seinem Kopf« einzugreifen.

153.8–11 **Eine große Platte [. . .] Arbeitsschürzen erhellte.**: Die bleich beleuchteten Gesichter führen die Motivkette fort, die im Zimmer Fräulein Bürstners ihren Anfang nimmt und ihren Abschluss findet in der Beleuchtung des Hinrichtungsortes. Tod und Glanz sind in Kafkas Werk eng verbunden. Dabei wird der Tod nicht in Lichtglanz aufgehoben und überwunden, wie es einer langen abendländisch-christlichen, sowohl ikonologischen wie literarisch-motivlichen Tradition entspräche; Kafkas Todesszenarien und die ihnen vorausgehenden, auf sie hindeutenden Episoden vereinen die kontingente Gestalt von Mensch und Ding für kurze Dauer (meist von Augenblicken) mit einem Lichtereignis. Das Licht betont und transzendiert das Beschienene. Mit der Begrifflichkeit Deleuzes und Guattaris gesprochen: Es handelt sich um die visuelle Realisation eines Augenblicks reiner »Intensität«: Materielle Zufallsgestalt und Verfallenheit der körperlich-gegenständlichen Welt werden gleichzeitig erfahren mit einem Moment ihrer Überschreitung (zum Begriff der »Intensität« vgl. auch SBB 13, S. 111f.).

153.22–23 **fast ganz oben kleine Fenster angebracht waren**: Vgl. Erl. zu 69,4–5.

153.30–31 **buckliges Mädchen**: Vgl. Erl. zu 46,17–19.

154.28–31 **Diese Tür [. . .] hell beleuchtet wurde**: Titorelli ist die einzige Person des Romans, die K. mit Empathie begegnet. Kafka hat erwogen, durch sie die Erlösung K.s herbeizuführen. Den Eingang zum Atelier des Malers trifft dementsprechend ein »Oberlicht«, Vorschein des blendenden Lichts, das aus der »Türe des Gesetzes« bricht (vgl. 230,30–32).

als oben [...] einlud, einzutreten: Die einladende Geste, mit welcher Titorelli K. über die Schwelle bittet, weist ihn als erlösende Gegenfigur zur Gestalt des »Türhüters« (vgl. 229,22) aus, der dem Mann vom Lande den Zugang verweigert. — 155.7–9

Ich komme [...] allen Ecken verunreinigen.: Die Anspielung auf Brentanos/Arnims »bucklicht Männlein« ist überdeutlich und bestätigt, ohne dass dieser die Stelle anführen würde, Benjamins Behauptung von der Bedeutung dieser Gestalt für Kafka (vgl. Erl. zu 46,17–19). Die Szene schildert die »Verkürzung« eigener Absichten und Wünsche durch das Inbild des Verdrängten und Vergessenen in äußerst ironischer Form: Titorelli soll/will »eine Dame malen« und findet ein Mädchen vor, das sich die Lippen anmalt. Die implizite erotische Bedeutung der Absicht des Malers wie auch des Wunsches seiner Kundin scheinen hervorgekehrt, vorweggenommen und »unmöglich gemacht«. — 156.10–15

Es war übrigens [...] auffallend ähnlich.: Vgl. Erl. zu 118,13–24. — 157.35–158.1

es ist eigentlich [...] gerechtes Urteil möglich.«: Titorellis Version des Richter-Bildes zieht die drohende Bedeutung hervor, die das in der Kanzlei des Advokaten hängende Bild enthält. Die Zwiespältigkeit der gestisch gebundenen Erregung der Richterfigur (vgl. 158,6–8) findet in der »große[n] Figur, die in der Mitte der Rückenlehne des Thronsessels« steht (vgl. 158,11–12), ihre Insignie einer von Macht, Jagdlust und Rachsucht verdunkelten Justitia. — 158.23–26

sie erinnerte kaum [...] der Jagd aus: »Das Rätsel der ›großen Figur in der Mitte‹ von Titorellis durchweg verrätselndem Bild löst sich, wenn man es als bildhafte Gestaltung eines – von Kafka gefundenen? – ›Wort-Spiels‹ erkennt, das sich von ›Themis zu Artemis‹ formulieren ließe. Bekanntlich ist Themis, die griechische Göttin der Gerechtigkeit und Ordnung, eine der Gemahlinnen des Zeus und diesem an Wissen und Vorauswissen überlegen«, schreibt Ludwig Dietz (*Franz Kafka.* Stuttgart 1990, S. 90f.). Artemis aber ist die Göttin der Jagd, die den Aktaion, der sie gegen ihren Willen nackt gesehen hat, erst blendet, an- — 159.23–25 schließend in einen Hirsch verwandelt und von ihren Hunden zerreißen lässt. Artemis bezeichnet also im Kontext des *Process* nicht nur – wie von Dietz und Ries (vgl. W. R., a.a.O., S. 131) festgestellt – die der Gerechtigkeit innewohnende »hinterherjagende« Rachsucht, sondern stellt auch eine Anspielung auf die Bestrafung des (den Roman durchziehenden) Schautriebs dar.

Jürgen Manthey weist auf die in der Literatur zum Thema der verbotenen Blicke entwickelte »Personifizierung« des Mondes durch Artemis hin; ein Zusammenhang, der sich auch auf das Motiv des Mond(licht)s im *Process* beziehen ließe (J. M.: *Wenn Blicke zeugen könnten. Eine psychohistorische Studie über das Sehen in Literatur und Philosophie*, München 1983, v. a. S. 129–144); vgl. auch Erl. zu 117,14–15.

161.12–13 **daß ihn [...] Bett zu setzen**: Das Bett als »zentraler Verbindungsort« (Ries, a.a.O., S. 133) zum Unbewussten, das seit K.s Verhaftung immer wieder zum Schauplatz des Geschehens zählt, dominiert hier nicht nur das Interieur, sondern bezeichnet, zieht man Benjamins Topologie heran (vgl. Erl. zu 121,12–15), Grenze und Zugang zur »Sumpfwelt« des Traums und des Verdrängten. Unter dem Bett zieht Titorelli die Heidebilder hervor (vgl. Erl. zu 177,11–15).

168.10–18 **»Könnte man nicht [...] verursachte ihm Schwindel.**: Der im Roman stets Entlastung gewährende Platz am Fenster (vgl. Erl. zu 31,11–12) lässt hier zum ersten Mal solches nicht zu. Bis in ein derartiges Detail hinein ist Kafkas Entfaltung der den Roman regierenden Topologie stimmig: In der Dachkammer des Gerichtsmalers verdichtet sich diese Topologie zum absoluten Ort, der keine temporär entlastende Überschreitung mehr zulässt. Von hier aus gibt es nur noch den Weg zurück auf die Korridore des Gerichts, die sich unmittelbar hinter der Tür beim Bett anschließen (vgl. 177,29–30), oder aber ins Licht der Erlösung und Befreiung vom Gericht (vgl. Erl. zu 263,15–264,28). Eine kryptische Notiz Benjamins, mit der er das Motiv der »Hitze« der Toten für eine spätere Explikation festhält, kann sich nur auf die K. bis zum »Schwindel« treibende Hitze in Titorellis Kammer beziehen, die dadurch als Ort der Schwelle zum Tod erkennbar wird. In dem Fragment *Das Haus* stirbt K. tatsächlich in Titorellis Umgebung (vgl. Erl. zu 263,15–264,28).

Dem Maler lag [...] irgendwie zu deuten: Dies ist die einzige 175.24–25
Stelle im *Process*, die eine empathische Beziehung zwischen K.
und einer der ihn umgebenden Gestalten andeutet.

Es stellte zwei [...] ein vielfarbiger Sonnenuntergang.: Das 176.23–26
Motiv des Sonnenuntergangs steht in direkter Korrespondenz zu
dem bleichen Licht auf den Gesichtern der »Gehilfen« in der
Werkstätte (vgl. Erl. zu 153,8–11). Es ist der prekäre Schwellen-
zustand des Lichtentzugs, der durch die Öde der Heide besonders zur Geltung gelangt.

Es sind lauter [...] gerade das Düstere.«: Die Heidelandschaft 177.11–15
wurde erst sehr spät zum kanonischen Motiv der Malerei. Seit
1889 existierte in der Heide um Worpswede eine Künstlerkolo-
nie, der u. a. Otto und Paula Modersohn (1865–1943 u. 1876–
1907) angehörten. Auch Rainer Maria Rilke (1875–1926) ver-
kehrte in diesem Kreis. In der Dichtung wurde die Heide ebenfalls relativ spät durch Annette von Droste-Hülshoff (1797–
1848) zum »poetisierbaren« Sujet. Davor galt sie als der Wüste
und Steppe vergleichbares, seelenloses Exterritorium, etwa in
William Shakespeares (1564–1616) *Lear* (1606). Steppenartige
Öde und Sonnen(licht)untergang markieren jenen zentralen Augenblick der Intensität, auf den hin Kafkas Motivik fokussiert.
Die Wiederholung des immer gleichen Motivs, die Titorelli K.
zumutet, lässt in der Schwebe, ob das Verschwinden des Lichts
oder der dabei besonders intensiv wahrnehmbare Glanz signi-
fikant sind.

Diese Verbindung [...] K. ungemein beruhigend.: Titorellis 186.14–16
Diktum, »alles« gehöre zum Gericht, stellte Identität zwischen
jeder beliebigen Situation von K.s Leben und gerichtlichem Prozess her (vgl. 163,13–14). Die davon ausgehende Beängstigung
wird »beruhigt« durch die Möglichkeit, die übermächtigen Gerichte seien ihrerseits wissenschaftlicher Objektivierung ausgesetzt.

»Er ist nämlich rachsüchtig«: Auch bei dem Advokaten schließt 186.22–23
die professionelle Verpflichtung auf Recht und Gesetz die
»Rachsucht« nicht aus, sondern scheint diese vielmehr nach sich
zu ziehen.

keiner hat [...] oder durchgesetzt: Die Advokaten praktizieren 192.25–26
das K. durch Titorelli bekannt gewordene Verfahren der »Verschleppung« (vgl. 173,14–15; 211,14).

194.9–11 **der, abgesehen [...] alles hören wollte**: In Blocks Person und Gestalt tritt eine Möglichkeit von K.s zukünftiger Entwicklung vor Augen. Die gestische Interaktion lässt dies erkennen: K. bückt sich und gleicht sich dadurch der Gekrümmtheit Blocks an.

196.27–32 **fensterlosen Raum [...] wahrscheinlich Prozeßschriften.**: Die Beschreibung von Blocks Zelle ist auch lesbar als Schilderung des auktorialen Arbeitsplatzes. Bett und Schreibzeug, die hier noch in unauffälligem Nebeneinander stehen, finden sich darüber hinaus im Apparat der *Strafkolonie* zum produktionsästhetisch wirksamen Zusammenhang entstellt: das Wälzen und »Wenden« des Körpers als archaische Signifikation, die in »Schrift« übergeht.

197.34–35 **legte ein Schriftstück [...] auf das Nachttischchen**: Als Kafka seinem Vater einmal eine eigene Neuerscheinung überreichte, wurde er mit dem Bescheid abgefunden: »Leg's auf den Nachttisch!« Die nächtliche Lektüre des mächtigen Advokaten, einer der vielen Vater-Imagines Kafkas, schließt auch diese Episode mit ein.

200.1–2 **erhob sich halb [...] auf die Kissen**: Für diesen Moment befindet sich der Advokat in der Situation und körperlichen Haltung K.s im Augenblick seiner Verhaftung (vgl. 9,20–21). Andererseits wird K., ohne es zu wissen, erneut seiner selbst in den Augenblicken unmittelbar vor seiner Hinrichtung ansichtig (vgl. Erl. 30,5–6 u. 243,22–27).

203.18–22 **der Advokat führt [...] noch darüber hinaus**: Wenn also die Advokaten ihresgleichen im Advokatenzimmer auf Schultern tragen (vgl. 126,35–127,5), entspricht dies – wie eine Vorübung – ihrer Aufgabe gegenüber den Klienten »diese[r] [besonderen] Rechtssachen«.

207.10–13 **für den Verdächtigen [...] Sünden gewogen werden**: Blocks Überlegung wird im Kontext von Titorellis mehrdeutigem Bild der Justitia zum Kommentar des darin festgehaltenen Motivs der Jagd (vgl. Erl. zu 159,22–25).

208.19–27 **sie zeigte [...] eine Antwort ab.**: Block lässt sich von Leni zu einem Unterwerfungsritual anleiten, welches K., der es voller Abscheu verfolgt, dem Gerichtsmaler Titorelli in der von Kafka gestrichenen Passage von K.s Erlösung selbst empfiehlt (vgl. Erl. zu 263,15–264,28).

Er kniete immer [...] folgsam er ist.«: Auch dieses Szenario stellt (vergleichbar dem Atelier Titorellis) eine Verdichtung der signifikanten topologischen Elemente des Romans dar. Der Raum ist deckungsgleich mit dem Bett; das Fenster führt zu einem kaum passierbaren, dennoch Restlicht gewährenden Schacht. Die Lektüre erscheint wie die Vorbedingung des »Gangbarwerdens« dieses Auswegs. 209.30–35

Verlegen fuhr Block [...] Fell des Bettvorlegers: Auch hier wieder eine präzise gestische Konnotation der Szene: Die Gliedertheit der Hand wird aufgehoben, indem Block die Finger durch das »Fell« führt. Die Geste korrespondiert dem Kraulen des Bartes, wie es der Student sehen lässt (vgl. 65,1–2). Diese Geste weist auf eine Anverwandlung durch die »Sumpfwelt« (vgl. Erl. zu 121,12–15) hin; »Vorbild« ist Lenis Hand mit den zusammengewachsenen Fingern. 212.15–16

So schön [...] vielmehr die Finsternis.: Die »Vermehrung« der vorhandenen »Finsternis« durch eine (meist ferne) Lichtquelle spitzt die permanente Spannung zwischen Licht und Dunkel, die im *Process* herrscht, auf das Äußerste zu. 220.25–28

daß ein mittelgroßer [...] vorbeugen mußte: Die Kanzel erweist sich als ein topologischer Ableger des Dachbodens: ein Raum, dessen »Decke« zwingt, gebückt zu stehen. 223.4–6

mit krummem Rücken: Der Kirchendiener, der K. dem »Gefängniskaplan« zugeführt hat, gehört damit in den Umkreis des Gerichts und weist daher das Kennzeichen dieses Personenkreises auf: die Gebücktheit. 224.22

er rief »Josef K.!«: Der Aufseher, K. selbst, als er die Verhaftungsszene nachspielt, und der Geistliche sprechen den Vor- und Nachnamen K.s aus. Der Aufseher formuliert ihn in Frageform (vgl. 18,34), K. selbst artikuliert ihn mit theatralischer Emphase (vgl. 36,22–29), der Geistliche steigert ihn zum Anruf mit appellatorischem Pathos. 225.14

scharf gesenkten Zeigefinger: Die manuelle Geste des Geistlichen steht in dezidiertem Gegensatz zu der Ostentation der Hand durch Leni: Der auf einen genauen Ort weisende, die Hand »zuspitzende« Zeigefinger ist von deiktischer Eindeutigkeit; Lenis Hand weist hingegen Ansatz zur Entgliederung auf und erscheint in ihrer gestischen Verweiskraft entdifferenziert. 226.3

Die Horizontalität der »Sumpfwelt« und die Vertikalität der »geistlichen« Welt sind auf Handzeichen zurückgenommen. Kafkas Umgang mit mythischen Motiven ist von äußerster Lakonie – ein Umstand, der sich nur dann angemessen beurteilen lässt, wenn man sich die Konjunktur vergegenwärtigt, die Mythisches während der ersten Jahrzehnte des 20. Jh.s in den deutschsprachigen Ländern erfuhr.

226.4–5 **er mußte [...] schon weit zurückbeugen**: Der Vertikalität betonenden architektonischen Struktur des Kirchenraums und der von ihm zum Schauplatz gemachten »geistlichen« Sphäre entsprechend, wird K.s Kopf »gehoben«. Das Zurückbeugen des Kopfes »reflektiert« die Haltung, die K. einnimmt, wenn er z. B. Fräulein Bürstners Hals küsst (vgl. 39,3–4); vgl. Erl. zu 29,29.

227.12–14 **»Du mißverstehst [...] ins Urteil über.«**: Zentrale, die suspensive Logik des Romans benennende Aussage, die Titorellis Beschreibung und Hulds Praxis der »Verschleppung« entspricht.

227.19–22 **»Du suchst zuviel [...] wahre Hilfe ist?«**: Wie die eindeutige Geste des zielsicher weisenden Zeigefingers bereits erkennen lässt (vgl. Erl. zu 226,3), gehört der Geistliche der vertikalen, hierarchisch und »männlich« organisierten Dimension an; als Zölibatär steht er den Frauen fern.

227.30–32 **Der Geistliche neigte [...] Kanzel ihn niederzudrücken.**: Der Geistliche gehört als Gefängniskaplan auch der Sphäre des Gerichts an und zeigt entsprechend die Krümmung des Körpers unter der »Über-Dachung« (vgl. Erl. zu 223,4–6).

227.33–228.3 **Das war kein [...] anderen, auszulöschen.**: Die Zunahme der Dunkelheit bis zu beinahe vollständiger Finsternis bereitet die Erzählung des Geistlichen über das Gesetz und seinen »Türhüter« vor, deren Höhepunkt der das Dunkel blendend durchdringende »Glanz« des Gesetzes ist.

230.28–32 **Schließlich wird [...] des Gesetzes bricht.**: »Das Aufleuchten des unvergänglichen Glanzes aus der Tür des Gesetzes, der sich mehr und mehr verdunkelnde Weg des Menschen auf sein Ende hin: es sind diese Strukturmomente in Kafkas Werk Zeichen einer Radikalität seiner Kunst, an der die geistigen Traditionen seines Denkens zwar ihren legitimen Anteil besitzen, hinter der sie aber, mit Ausnahme der Gnosis und des Alten Testaments, zurückbleiben« (Ries, a.a.O., S. 179). Kafkas Werk kennt keine

»Epiphanien« der Art, wie sie die ihm zeitgenössische Literatur hervorbringt. Der radikale Unterschied zwischen Kafkas Augenblicken der »Erleuchtung« und denen in den Werken James Joyces (1882–1941), Robert Musils (1880–1942) oder auch Marcel Prousts (1871–1922) ist, dass bei Kafka die Epiphanie gleichbedeutend mit dem Tod ist; es gibt bei Kafka kein Leben jenseits der Vision. In diesem Sinne beruft sich Ries auf Benjamins Freund und Briefpartner in Sachen Kafka, Gershom Scholem (1897–1982): »Von dieser Position einer spezifischen Radikalität aus, die in der Paradoxie Ausdruck gewinnt, daß im Immanenten das Transzendente als ständige Möglichkeit eines tödlichen ›Durchbruchs‹ gegeben ist, verdient das Urteil Gershom Scholems besondere Beachtung: ›So gnadenlos wie hier [bei Kafka] hat das Licht der Offenbarung noch nie gebrannt‹« (ebd., S. 179).

Diese »Radikalität« stieß auf Ablehnung selbst bei Kafkas Freund Ernst Weiß (1882–1940), der die Entstehung des Romans anfänglich begleitet hatte. Die Ausweglosigkeit der Deutungen, die der Geistliche seiner Erzählung hinterherschickt, erschien Weiß als Verrat Kafkas an der eigenen Genialität, die in der Parabel sich Geltung verschaffe: »Kafka war diesem entscheidenden Augenblick [des Einfalls der Türhüter-Parabel] nicht gewachsen. Er sah ihn entweder nicht, oder er hatte sich zu sehr an das Schwefellicht der Hölle gewöhnt. Was er gibt, ist nicht einmal Stein. Steine können verehrt werden [...] Staub aber kann es nicht. Kafka zerreibt dieses unvergeßbare Gleichnis, dieses nicht wieder zu ersetzende Erlebnis des Türhüters zu talmudischem Staub. [...] Nun versteht man es, warum Kafka dieses Werk nicht zeigen wollte« (E. W., in: *Berliner-Börsen-Courier*, 26.4.1925, in: J. Born u. a. (Hg.), a.a.O., S. 94–98).

man muß nicht [...] für notwendig halten.«: Die Äußerung 237.7–8 des Geistlichen zeigt Nähe zu gnostischen Gedanken: Nach Auffassung der Gnosis muss jede Möglichkeit zur Realisation gelangen; bliebe sie unrealisiert, führte dies nur zum Fortbestehen der Schöpfung, die von den Gnostikern als böses Machwerk eines Demiurgen-Gottes angesehen wird und durch bedingungslose Exekution des in ihm Angelegten zu seinem Ende gebracht werden soll. Deshalb ist es gnostische Maxime, jede erdenkliche Möglichkeit als ein »notwendiges« Übel anzuerkennen.

239.12–13 **scharf sich über die Finger spannende Handschuhe**: Das Anziehen der Handschuhe bedeutet ebenso Entgliederung wie äußerste Gliederung der Hand, zwei Aspekte, die im Roman immer wieder thematisiert werden: Lenis Hand (vgl. Erl. zu 121,12–15) und des Geistlichen Zeigefinger (vgl. Erl. zu 226,3) markieren dabei die entgegengesetzten Pole. Das Adjektiv »scharf« verweist auf das Handzeichen des Geistlichen (vgl. 226,3), das Partizip »gespannt« auf die Ostentation der Hand durch Leni (vgl. 121,12). In der fast zeremoniellen Bekleidung der Hände bereitet sich die letzte Geste des Romans vor (vgl. Erl. zu 244,22–23).

239.18–21 **Er ging [...] die Vorhänge herabgelassen.**: Vgl. auch 219,26–27.

240.4–12 **Schon auf der Treppe [...] unwiderstehlichen Griff.**: Die Armhaltung des finalen »Gespanns« (vgl. Erl. zu 67,11–30) entspricht in der Genauigkeit ihrer Beschreibung der des Traumprotokolls im Brief an Felice Bauer (vgl. Erl. zu 38,19–26). Auch die Unterstützung durch den »Auskunftgeber« und das Mädchen im Kanzleitrakt erweisen sich als vorausdeutend auf K.s Eskortierung durch die beiden »Herren« (vgl. Erl. zu 79,1–3).

241.9–11 **Aber K. lag [...] gleich zum Bewußtsein.**: Der Anblick Fräulein Bürstners oder einer ihr Ähnlichen löst schlagartig K.s Widerstand auf. Von diesem Augenblick an leistet er laufend Beihilfe zur Beseitigung der eigenen Person. Diese Hilfe besteht in einem dauernden Wechsel zwischen aktiver und passiver, Täter- und Opferrolle. Initiales Vorbild dieser Alternation zwischen Aktivität und Passivität, wie sie K.s Haltung während des ganzen Geschehens prägt, ist Fräulein Bürstner. Die Zweideutigkeit ihrer Gesten vermengt aktives und passives Gebaren für K. ununterscheidbar. Exemplarisch dafür die Szene zu Anfang des Romans, wenn Bürstner, von K. am Handgelenk gefasst, diesen zur Tür zieht (vgl. Erl. zu 38,19–26). Die Vermengung von handelndem und gehandeltem Subjekt wiederholt sich in der Schlussphase in der Ununterscheidbarkeit von Täter(n) und Opfer (vgl. 242,6–9; 242,24–26).

243.11–12 **ging der eine [...] das Hemd aus**: Bei seiner Verhaftung wurde K. vom »Wächter« ein gewisser Kleidungskomment anempfohlen (vgl. 17,33–18,6). Der Ankleideszene im ersten Kapitel entspricht die Entkleidungsszene im Schlusskapitel. Kafka verfasste die »Rahmenkapitel« im ersten Arbeitsgang, wobei die Möglichkeit besteht, dass das Schlusskapitel zuerst entstand.

Aus dem Bett geholt und aufgefordert werden, sich anzukleiden, entkleidet und hingerichtet werden – diese Handlungssequenz erwies sich als Prognose für das Schicksal von Millionen Menschen im 20. Jh.

Die Herren setzten [...] und unglaubwürdige.: Bei seiner Verhaftung »saß [K.] gleich halb aufrecht im Bett« (vgl. 9,20–21). Anfangs- und Schlussszene korrespondieren, was den gestischen Ausdruck K.s angeht, präzise. Seine »Lage« entspricht zu Anfang und am Ende der durchgängigen Zwei- und Vieldeutigkeit alles Gestischen im Roman: Halb aufgerichtet, halb liegend spiegelt sich in K.s Gestalt noch einmal die unauflösbare Vermengung, welche sich im Erotischen als Vermischung von Attraktion und Zurückweisung (vgl. Erl. zu 38,21–26 u. 39,7–9), in Sachen des Gerichts als gegenseitige Durchdringung von Jagd und Recht (vgl. Erl. zu 158,23–26) darstellt und – beides aufnehmend – in der durch Fräulein Bürstners Anblick ausgelösten und heraufbeschworenen Komplizenschaft K.s mit den eigenen Henkern endet (vgl. Erl. zu 241,9–11). 243.22–27

Wie ein Licht [...] War noch Hilfe?: Auch hier ist die Korrespondenz mit dem Anfangskapitel (vgl. Erl. zu 243,11–12) offensichtlich. K. fallen vor und während seiner Verhaftung halbanonyme Beobachter im Fenster gegenüber zur Last (vgl. Erl. zu 10,30–33). Im Augenblick des bevorstehenden Todes scheint es möglich, dass die voyeuristische Augenzeugenschaft in Anteilnahme umschlägt. Aber auch hier sind für K. die Gesten nicht eindeutig zu verstehen. 244.12–18

Er hob [...] alle Finger.: Als Abwehrgeste allein lässt sich die Haltung der Hand im Kontext der Finger-und-Hand-Motivik (vgl. Erl. zu 22,6–7) nicht deuten. Lenis Ostentation ihrer verwachsenen Hand, bei der sie die Finger spreizt, verbindet sich mit K.s Geste ebenso wie die »scharfe« Eindeutigkeit, die der Zeigefinger des Geistlichen reklamiert. 244.22–23

»Man pflegt][...] die Machtmittel kennenzulernen.«: Die Courage, die K. hier an den Tag legt, spricht ebenso wie der Umstand, dass er das Gericht »allmählich« wieder »vergaß« (vgl. 248,26), für eine Platzierung des Fragments im vorderen Teil des 248.5–10

Romans. In dieser Phase fühlt sich K. dem Gericht noch gewachsen. Auch die bewussten Korrespondenzen, die Kafka zwischen Anfangs- und Schlussteil des Romans einrichtete (vgl. Erl. zu 243,11–12), lassen vermuten, dass der Feststellung Lenis im vorletzten (»Dom«-)Kapitel: »Sie hetzen dich«, welche K. resigniert bestätigt: »Ja, sie hetzen mich« (vgl. 219,7–13), die anfängliche Warnung entspricht, nicht die »Machtmittel des Gerichts« »auf sich zu hetzen«; diese Warnung wird, wie später Lenis Feststellung, telefonisch übermittelt.

249.11–12 **seinem Geburtstag [...] vierzehn Tagen war:** K. wird am Vorabend seines 31. Geburtstags hingerichtet. Die Handlung des Romans setzt ein am 30. Geburtstag K.s. Aus diesem Grund würde das Fragment *Fahrt zur Mutter* zu den letzten Kapiteln gezählt haben.

253.20–21 **die große [...] dem Tisch spreizte:** Hasterers Haltung der Hand fügt sich der gestischen Rhetorik ein, die der Roman entwickelt. Neben dem Studenten (vgl. 65,1–9) und K. selbst (vgl. Erl. zu 244,22–23) ist er die Gestalt, welche die »horizontale« Geste Lenis (vgl. Erl. zu 121,12–15) und die »vertikale« des Geistlichen (vgl. Erl. zu 226,3) ostendieren (vgl. 255,28–29).

256.3–5 **Die in der [...] Gesicht zu beobachten.:** Hasterer gegenüber legen die Zuhörer die gleiche Körperhaltung an den Tag wie K. gegenüber dem Geistlichen auf der Kanzel: zurückgelegter Kopf.

262.17–19 **fand er sie [...] ihr zur Seite:** Das »Gespann« (vgl. Erl. zu 67,11–30) erscheint wie eine Spiegelung der finalen Gruppe, welche die beiden »Herren« zusammen mit K. bilden, den sie in die Mitte nehmen und unter seiner eigenen Beihilfe abführen. Auf dem Photo nimmt Fräulein Bürstner K.s Platz ein und vorweg. Als Inbild der Ununterscheidbarkeit von Täter und Opfer löst sie allein durch ihr Erscheinen K.s Widerstand gegen die »Herren« auf, die ihn zum Tode führen (vgl. Erl. zu 241,9–11).

262.31–263.10 **ein Ausländer [...] bietet das Ausland!«:** Michael Müller sieht die extravagant aufgeputzte Gestalt Casanovas als Vorbild des »Ausländers« (a.a.O., S. 72).

263.15–264.28 **So lag er [...] zittrigen Ärmeln ausgestreckt.:** An welcher Stelle das Kapitel *Das Haus* in den Roman einzuordnen wäre, ist nicht zu klären. Mit Sicherheit lässt sich nur sagen, dass es nach K.s Besuch bei Titorelli platziert werden müsste. Folgendes lässt sich darüber hinaus zum Status dieses sicher wichtigsten Fragments des *Process* feststellen: Kafkas kompliziertes Verhältnis zum Schreibakt und zu den Prozeduren der Publikation stellt die konventionelle Bewertung von Streichungen infrage. Brod trug dem zumindest insofern Rechnung, als er in die zweite Ausgabe zur »formale[n] und stoffliche[n] Bereicherung« (vgl. 289,7–8) auch gestrichene Passagen aufnahm. Im Falle der Streichung der Titorelli-Passage im Fragment *Das Haus* ist zur Diskussion zu stellen, ob diese nicht entgegen der initialen »Rahmung« des Romans ein Kafka im Zuge des Schreibens »unterlaufendes« alternatives Ende zum schon feststehenden Ende (der Hinrichtung K.s) darstellt. Michael Müller legt der Figur des »Ausländers« plausibel die (Lektüre-)Gestalt des Casanova zu Grunde (vgl. Erl. zu 262,31–263,10). Casanovas gegen alle Wahrscheinlichkeit gelingender Ausbruch aus den venezianischen Bleikammern beeindruckte Kafka nachhaltig. Im Roman markieren gemäß der Topologie der abenteuerlichen Ausbruchsgeschichte die zahlreichen oben gelegenen oder den Fußboden durchbrechenden Luken die Orte einer möglichen Flucht (vgl. Erl. zu 69,4–5). Da die Traumgestalt des »Ausländers«/Casanovas unmittelbar vor den – gestrichenen – Gedanken an Titorelli auftritt, kann sie durchaus als verdeckte Urheberin der Aktion angesehen werden, in deren Verlauf Titorelli K. aus dem Gerichtsgebäude befreit. Titorelli kann unter der sich dem Assoziationsfluss überlassenden Schreibhand plötzlich zum Befreier werden, weil sich in der Figur des »Ausländers« Kafkas aus der Lektüre stammendes Inbild des Ausbruchs, Casanova, in den Gedankenstrom einschaltete. Die auffällige Verwendung des Wortes »Durchbruch« (vgl. 263,26) für die Befreiung K.s von seinem Prozess spricht ebenfalls für die die Szene inspirierende Ausbruchsgeschichte Casanovas. Die nicht gestrichene Eingangspassage des Kapitels ist in ihrer Schilderung des phantasmagorischen Gerichtsortes mit seinem Albtraumpersonal in einer Breite angelegt, welche die abrupte Elevation, Entrückung und (von Interpreten erwogene) »Erlösung« K.s in keiner Weise erwarten lässt. Der Wechsel des epischen Tempos beruhte eben nicht auf Kalkül, sondern ereignete sich »im Zuge« der von Kafka immer wieder provozierten Verselbstständigung des Schreibakts, welcher in diesem Fall durch die Deckerinnerung an die Casanova-Lektüre vom intendierten Gang des Textes abgelenkt wurde. Eben diese Ablenkung wurde später durch die Streichung wieder »korrigiert«. Kafka hatte entgegen dem fixierten Ende ein anderes, glücklicheres Ende des Romans erschrieben. Auffällig ist, wie sich in der »Durchbruchs«-Passage die wichtigsten Motive des Romans, v. a. aber Reflexe der Türhüter-Parabel, wiederfinden. Titorelli erscheint denn auch wie ein anderer Türwächter, der seinem Schützling ins Licht verhilft, obwohl dieser – nicht anders als der »Mann vom Land« – dabei stirbt. Der geschilderte »Durchbruch« K.s ereignete sich also anlässlich eines Ausbruchs Kafkas aus dem Konzept, das er von Anfang an dem *Process* zu Grunde gelegt hatte. Damit aber hätte sich im Schreib-Prozess ereignet, was Wiebrecht Ries als die zentrale Paradoxie im Werk Kafkas formuliert: »[D]aß im Immanenten das Transzendente als ständige Möglichkeit eines tödlichen ›Durchbruchs‹ gegeben ist« (a.a.O., S. 179).